핀볼
효과

핀볼
효과

사소한 우연들이 이 세상을 혁신적으로 바꾼다

제임스 버크 지음 ┃ 장석봉 옮김

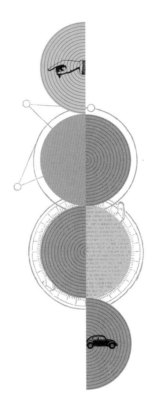

궁리
KungRee

이 책은 변화의 거대한 망을 가로질러 스무 개의 서로 다른 여행을 한다. 이 책을 읽는 방법은 마치 망^{web}을 여행하는 것처럼 수많은 방식이 있다. 가장 간단한 방식은 처음부터 끝까지 차례로 읽는 것이다. 그것은 3500년 전에 문자가 출현한 이래 바뀌지 않고 있는 방식이기도 하다. 아니면 여러분의 선생님이 한 번도 말해주지 않은 방식으로 이 책을 읽을 수도 있다. 여러분은 이 방식을 특별한 여행의 시각표가 다른 시각표, 즉 또 다른 여행과 교차하는 망인 '관문'에 도달할 때 이 책 전체에 걸쳐 있는 많은 지점들에서 시도해볼 수 있다. 그런 관문에서 여러분은 다른 장소의 위치를 알려주는 좌표를 볼 수 있을 것이다.

이 좌표를 이용해서 만약 여러분이 앞뒤로 건너뛰어(옆 난의 숫자들을 통해) 다른 관문으로 가서, 새로운 시각표를 집어 들고 여행을 계속하다 또 다른 관문을 만나면, 이번에도 여러분은 다시 선택을 하고 건너뛸 수 있다. 예를 들어 관문을 확인할 수 있는 좌표들은 책에 다음과 같이 나온다.

22 165 211   …… 1857년 미국 펜실베이니아 주에서 석유[22]가 발견된 이후 증류 과정에서 나오는 파라핀유가 램프용으로 널리 쓰였다.……

이 책에서 '석유[22]'는 스물두 번째 관문이다. 그리고 여백의 '165

211'은 여러분이 건너뛸 관문(165번째 관문, 211쪽)이다. (말하자면, 211쪽 165번째 관문에서 석유와 관련된 이야기가 다시 언급된다는 것이다.—옮긴이)

때때로 당신이 건너뛸 관문이 여러 개인 경우가 있다. 그때는 역사상 많은 사건이 발생한 시기로, 거기서 변화의 경로들이 한꺼번에 여럿 만난다. 행운을 빈다!

이 책에서 여러분이 마주치는 관문은 314개(한 관문에서 건너뛸 관문이 한 개 이상일 경우도 있기 때문에 총 관문은 447개이다.—옮긴이)이다. 이것은 어떤 의미에서는 이 책이 최소한 314개의 서로 다른 방식으로 읽힐 수 있다는 것을 뜻할 수도 있다.

강권할 생각은 없지만 여러분이 그렇게 한다면 변화가 우연히 일어나는 방식이라는 '핀볼효과'를 진정으로 느낄 수 있을 것이다.

핀볼효과는 우리 모두에게 항상 그런 식으로 일어난다. 여러분이 아직 모르고 있을지라도 그것은 여러분에게도 지금 일어나고 있다.

서문

변화라는 아주 비상한 핀볼과정은

어떻게 발생하는가

우리 모두는 거대하고 역동적인 변화의 망 위에서 살고 있다. 이 망은 우리와 다른 사람들을 연결시키는가 하면 과거의 온갖 것들과도 연결시킨다. 그리고 이런 방식으로 우리들 각각은 사건들의 경로에 영향을 주고, 그것은 또한 우리를 우리가 매초 바삐 만들어가고 있는 모든 미래와 연결시킨다. 이러한 연결은 시공간적으로 아무리 멀리 떨어져 있어 보일지라도 실재적(현실적)인 것들이다. 우리의 행동 중에서 망 위에 변화를 일으키지 않는 것은 없다. 우리는 언제 어디에서건 무언가에 영향을 미친다. 모든 사람들이 이러한 과정에 공헌한다. 어떤 방식으로든 우리는 역사를 만들어간다. 우리 자체가 역사이기 때문이다. 망은 우리 존재의 표현이다. 이 사실은 우리 앞에 살았던 사람들 그리고 우리 뒤에 살아갈 사람들의 경우에도 마찬가지다.

　이 책에 실린 스무 개의 여행 하나하나는 망이 어떻게 구축되는가, 그리고 변화라는 아주 비상한 핀볼과정은 어떻게 발생하는가의 한 측면을 드러낸다. 때때로 가장 단순한 행위가 100년 후에는 우주적 반향을 불러일으킬 것이다. 반대로 가장 재앙 수준의 사건이 결국은 평범한, 심지어는 미미한 결과로 이어질 수도 있다.

여기에 제시한 여행들은 예기치 못한 여정을 가게 된다. 이것이야말로 삶 자체이기 때문이다. 우리는 여기에서 시공간상으로 다른 곳에 있는 누군가의 행동으로 여정의 방향이 바뀌어버리는 것을 발견할 수도 있다. 그 결과 오늘날 우리가 살고 있는 이 세계는 지난 수천 년 동안 우연한 사건들이 빚어낸 수백만 개의 상호작용들이 낳은 결과물이라고 할 수 있다.

망은 거대하고 끊임없이 성장하는 시공간의 구로 상상할 수 있다. 이것은 수백만 개의 상호 연결과 교차로들이 있는 길로 구성되어 있고, 망들 각각은 하나의 타임라인(즉 누군가 혹은 무엇인가가 사건들의 연쇄에 영향을 주는 순간들을 나타내는 일련의 점들)이다. 이 망의 한가운데에는 고대의 시작점이 있다. 매순간 팽창하고 성장하는 구의 표면은 현대 세계이다.

이상하게도 현대 세계를 고대, 즉 망의 중심부와 직접적으로 연결시키는 길들이 있다. 예를 들어 소금을 뿌려 악운을 쫓는 것, 사다리 밑을 걸어가는 것을 꺼림칙해하는 것, 혹은 손가락을 교차시키는 것 등은 구석기 시대 조상들이 4만 년도 훨씬 전부터 해왔던 일상적인 행동이었다. 망 위에 있는 우리 주위를 둘러싸고 있는 것은 어떤 의미에서 모든 시간과 장소에 있는 다른 것들과 연결되어 있다.

예를 들어 여러분이 이 책을 읽기 위해 사용하고 있는 램프는 전구 안에 있는 진공에 관해 학습할 수밖에 없었던 이탈리아 광부들 덕분에 400년 전 세상에 첫선을 보일 수 있었다. 아메리카 발견은 우리에게 인류학이란 학문을 가져다주었다. 르네상스의 수경 정원은 기화기氣化器를 가능하게 해주었다. 그러나 이 책에 나오는 이런 예 말고도

망을 만들고 있는 것들은 100만 배도 더 된다.

망에서 이루어지는 모든 여행의 중요한 특징은 그것이 늘 흥미롭고도 놀랍다는 점이다. 이 책은 실제로 발생한 길들을 따라가며 당신을 그 당시의 여행객으로 만든다. 시간이 만들어놓은 여정을 따라가보라. 그러면 거의 모든 길목에서 여러분은 과거 사람들이 그랬던 것처럼 예상 밖의 일들을 경험하게 될 것이다.

이 책의 주요 목적은 두 가지다. 하나는 독자들이 핀볼 방식으로 발생한 변화들로 인해 마치 추리 소설을 읽을 때처럼 흥분을 경험하는 것이다. 또한 독자들이 이러한 여행을 하는 경험을 통해 그들 스스로의 세계와 상호작용 하는 방식, 그리고 그들이 다른 사람들의 행위에 영향 받고 있는 방식에 대해 알게 되는 것이다. 변화 자체, 그리고 이러한 변화가 발생하는 방식에 대해 아는 것은 어느 정도 추측에 의거할 것이다.

이 책의 또 다른 목표는 좀 더 진지한 것이다. 다가오는 정보 시대, 즉 멀티미디어, 인터랙티브 네트워킹, 개인용 컴퓨터, 가상현실 그리고 무제한적인 전송 용량은 모두 일상적인 일이 될 것이고, 이때 우리는 지식과 지식을 어떻게 사용할 것인가에 대해 다른 방식으로 생각할 필요가 있을 것이다. 슈퍼컴퓨터는 이미 인간이 도저히 따라갈 수 없을 정도의 속도로 정보를 만들어내고 있다. 기본 입자들을 연구하는 양자색채역학에는 한 인간의 수명 내에 풀려면 슈퍼컴퓨터를 이용해야만 풀 수 있는 방정식들이 있다.

가까운 장래에 변화의 속도는 인간에게 너무 빨라 단 하나의 분과—여기서 분과는 인간이 어떤 존재이며 살아가면서 무엇을 하는가를 정의한다—에서만 평가될 수는 없을 것이다. 그리고 그 분과들은 지식의 빠른 변화로 인해 마치 깃털 펜과 양피지만큼이나 구식이 될 것이다. 우리는 단지 직업을 유지하기 위해서라도 10년마다 항상 기술을 다시 연마해야 할 것이다.

우리가 통상 연구 개발이라고 지칭해왔던 것들을 기계가 점점 더 많이 떠맡게 됨에 따라, 그리고 전자 대행 장치들(정치, 금융, 여행, 교육, 쇼핑 등 우리 삶의 많은 영역들을 도와줄 데이터베이스를 파고드는)이 우리를 위해 네트워크상에서 작동함에 따라, 이러한 새로운 시스템들은 우리에게 전례가 없었던 접근도 제공해줄 것이다. 이미 인터넷은 생방송 위성 텔레비전 뉴스링크보다 더 빨리 뉴스를 제공해주고 있다.

그러나 만약 우리가 준비를 제대로 못하면 이러한 기술들은 우리 삶을 풍요롭게 해주지는 않을 것이다. 그리고 우리의 지식 기반에 있는 데이터들이 전례 없이 빠르게 구식이 되어감에 따라 데이터를 '아는 것'보다는 데이터에 접근해서 이것들을 서로 연결할 수 있는 능력이 더 중요할 것이다. 내가 이 책에서 보여주고자 하는 것처럼 변화를 일으키는 것은 데이터들 사이의 상호작용이기 때문이다. 혁신의 기본적인 작동 원리는 이것들을 합치고 연결하는 방식이다.

이처럼 망을 상호작용에 의해 초래되는 변화의 패턴들을 감시하는 데 이용하는 것은 가까운 장래에 가장 기본적인 사회적 요구가 될 것이다. 세계는 많은 상호작용을 하고 또한 변화의 영향이 너무나 광범위하기 때문에 기계가 만들어내는 혁신을 기계가 따라가지 못하기도 한다. 변화의 속도는 더욱더 가속화될 것이다. 그리고 내가 이 책에서 과거의 예를 통해 보여주려고 했던 것처럼, 변화는 우리가 미처 준비하지 못한 사회적인 효과를 낳을 수도 있다. 지식이 무엇을 위한 것이고 어떻게 발생하는가에 관한 우리의 관점에 변화가 없다면 말이다.

만약 지식이 인공적인 것이고 혁신이 망 위에서 벌어지는 상호작용의 결과물이라면, 우리가 변화를 좀 더 잘 대처할 수 있는 방법은 우리가 그 상호작용적인 과정에 더 친숙해지는 것이다. 매우 급격하게 변화할 미래에는 전문적인 교육 방식을 통해 어린이들에게 네트워크를 여행하게 하는 것을 기본적인 학습 경험으로 만들어주면 유익할 것이다. 그것은 구텐베르크가 인쇄기를 발명했던 이래로 우리 조상들이 아이들에게 책 읽는 것을 가르친 것과 똑같이 이로운 것이다. 학교는 학생들에게 정작 사용할 때는 한물간 것이 돼버리는 판에 박힌 데이터 목록을 가르치기보다는, 해결책을 찾는 방식을 상상하고 망을 통해서 개인의 특성에 따라 자신들의 방식을 만들어가는 훈련을 시켜야 할 것이다.

우리는 어쩌면, 심지어 지능에 관한 정의를 바꿔야겠다고 생각하게 될지도 모른다. 사람들의 지능을 기억력, 순차적으로 사고하는 능력 그리고 문장력으로 평가하는 대신, 마치 핀볼게임처럼 지식을 우연적으로 꿰어 망 위에 상상력이 풍부한 패턴을 만드는 능력으로 측정하게 될지도 모른다. 이 책의 목표는 이러한 방향에서 첫 번째 단계가 되는 것이다. 그러나 이 외에는 망에서의 이 여행들이 다른 여행들과 같기를 바란다.

나는 이 여정이 재미있고, 세계가 어떻게 함께 맞물려 가는지를 대략적으로나마 훑어볼 수 있고, 정신을 풍요롭게 해주길 바란다.

제임스 버크

을 필름에 담을 수 있는 것은 사진술 덕분이다. 이것은 망이 작동하는 방식을 보여주는 한 예이다.

채 반목과 갈등만을 되풀이했다.

20 ⊙ 네트워크에 막다른 골목이란 없다   443

변화라고 하는 거대한 그물망 속에서는 어떤 것도 홀로 고립되어 존재하지 못한다. 결국 인간의 지식에 대한 결론은 상호의존성이다. 나는 이 책을 읽는 사람들이 시간과 공간을 아랑곳하지 않고 언제 어디서 나타날지 종잡을 수 없게 튀어 다니는 핀볼게임공의 변화무쌍한 질주에 적어도 한 번쯤은 재미 붙여보기를 희망한다. 그물망 구조에서 그리고 인생에서 옳은 길은 하나가 아니다.

1

작은 파동 하나가
변화를 일으킨다

당신이 변화의 거대한 망 어디에서 여행을 시작하는지는 중요하지 않다. 딱히 출발점인 곳도, 그렇다고 출발점으로 삼기에 너무 지루한 곳도 없다. 망이 가진 매력 가운데 하나는 바로 자그마한 파문 하나가 망 전체로 퍼져나가곤 한다는 사실이다. 망 위에서 일어나는 모든 일은 시공간을 가로질러 서로 다른 사건들을 연쇄적으로 일으키고, 마침내 (아마도) 세계 곳곳에 영향을 미친다. 망 위에서 일어나는 모든 일은 파동을 만들어낸다.

이 장의 경우, 파동을 만들어낸 사람은 1906년 런던에 살고 있었다. 그는 카를 네슬러라는 독일인 미용사였다. 그의 여동생은 심한 생머리라서 웨이브를 주려면 머리인두를 사용할 수밖에 없었는데, 그녀는 그걸 무척이나 싫어했다. 여동생을 무척이나 아끼던 그는 그녀의 고민을 해결해줄 방법을 늘 생각했다. 그러던 어느 날 저녁, 창밖을 내다본 그는 빨랫줄이 이슬에 젖어 물결 모양으로 늘어져 있는 것을 우연히 보게 되었다. 다음 날 그는 미용실에서 여동생의 머리카락에 직접 실험을 해보았고, 그의 발견은 규모가 수십억 달러나 되는 미용 산업의 탄생으로 이어졌다.

네슬러는 두꺼운 종이관으로 여동생의 머리카락을 돌돌 만 후 여기에 풀 상태로 만든 붕사를 발랐다. 그런 다음 공기가 통하지 않도록 종이로 관을 감싸고 몇 시간 동안 열을 가했다. 종이를 풀자 웨이브 진 아름다운 머리카락이 나왔고 그 상태가 오랫동안 지속되었다. 그는 무지막지한 실패로 동료들의 비웃음을 사면서도 실험을 관두지 않고 마침내 1911년에는 웨이브를 만드는 과정에 걸리는 시간을 12분으로 단축하는 데 성공했다.

웨이브를 오래 지속시키는 이 새로운 기술은 반응이 좋았다. (그리고 네슬러는 부자가 되었다.) 네슬러가 쓴 알칼리성 붕사는 머리카락을 부드럽게 만들어 머리 모양을 바꾸는 일이 쉬웠다. 또 인두로 오랫동안 열을 가하면 붕사가 빳빳해지면서 머리 모양이 고정되었다. 웨이브를 오랫동안 유지할 수 있다는 사실이 알려지자 이 기술은 순식간에 유행했다. 이제 직장에 다니는 바쁜 여성들도 퇴근 후 머리를 간단히 손질만 하고도 저녁 파티에 나갈 수 있게 되었다. 네슬러는 이 '영구permanent' 웨이브로 큰돈을 벌었다. 이름과는 달리 효과가 고작 하루나 이틀밖에 지속되지 않아서 시간이 지나면 다시 해야 했기 때문이다.

파마가 그토록 많은 이윤을 가져다줄 수 있었던 것은 붕사가 값싸고 구하기도 쉬운 물질이었기 때문이다. 붕사는 미용 외에도 용접과

제련, 유리 제조, 목재나 식품의 방부 처리, 수질연화제, 회반죽, 페인트, 보석용 광택제, 도자기 유약, 소독제의 성분으로 쓰이는 등 용도가 아주 다양했다.

붕사를 채취하고 처리하는 산업은 간단하고 비용도 많이 들지 않았으며 무엇보다도 원료가 풍부했다. 네슬러가 사용했던 붕사는 미국 캘리포니아에서 새로이 발견된 광상(鑛床)에서 채굴되어 잉글랜드까지 배편으로 실려 온 것이었다. 원래는 습지나 호수였다가 마른 땅이 된 그 광상의 표면에 있는 진흙에서 붕사를 걸러내는 것은 간단한 일이었다. 먼저 붕사광을 물에 넣어 끓였다. 그런 다음 밑에 남은 성분을 큰 통에 넣어서 냉각시키면 결정 상태의 붕사가 나왔다. 같은 과정을 반복하면 더 순수한 붕사 결정을 얻을 수 있었다. 이렇게 얻은 결정을 고운 가루로 만들면 실제로 사용할 수 있는 붕사가 되었다.

캘리포니아산 붕사는 데스밸리에서 발견되었는데, 그 계곡의 일부는 해발 85미터 이하로 미국에서 가장 낮은 땅이기도 하다. 그래서 과거에는 엄청난 양의 물이 이 계곡으로 흘러들었고 덕분에 바닥에는 붕사뿐만 아니라 소금이나 질산나트륨 등의 퇴적물이 두껍게 쌓여 있었다. 붕사를 처음 발견했을 때만 해도 사람들은 과연 여기서 채광 작업을 제대로 할 수 있을지 자신할 수 없었다. 소름이 끼칠 정도로 기후가 나빴기 때문이다. 처음 이곳에 채광 캠프를 세웠을 때 가구는 도착한 지 며칠 되지도 않아 말라 뒤틀렸고, 빈 물통은 한 시간만 지나도 쇠테가 늘어나 헐거워졌다. 빨래통에서 담요를 꺼내면 한쪽이 채 나오기도 전에 다른 한쪽이 바싹 말라버렸고, 모래는 달걀을 그대로 두면 익을 정도로 뜨거웠다. 물을 한 시간만 못 마셔도 정신이 돌 정도였다고 말하는 사람도 있었다. 데스밸리, 즉 '죽음의 계곡'

상당히 괴짜였던 존 서터. 그는 새크라멘토 인근에 식민지를 세울 생각이었지만 마음을 바꿔 불모지를 찾아 나서기로 했다.

이란 이름은 이곳을 통과해 서해안으로 가려던 초창기 개척민들 중 많은 수가 이곳에서 목숨을 잃었기 때문에 붙여진 이름이었다.

1841년 이주민들이 어느 정도 캘리포니아에 도착하기 시작했다. 데스밸리를 통과해 그곳에 온 사람들은 지금의 새크라멘토 인근에 있는 뉴헬비셔라는 요새에 정착하곤 했다. 이 요새는 희대의 사기꾼 중 하나인 존 서터가 일군 것이었다. 그는 상당한 괴짜였다. 스위스 베른에서 가게 점원으로 사회에 첫발을 내디딘 그는, 결혼한 후 가게를 열었지만 빈털터리가 되어 1834년에 아내와 다섯 아이를 가난 구렁에 남겨둔 채 황급히 조국을 떠나 뉴욕으로 갔다.

그는 미국, 캐나다, 러시아령 알래스카와 하와이 등을 떠돌다가 마침내 1839년에 여행 중에 만난 뜨내기 두 명과 함께 캘리포니아에 도착했다. 당시 그는 자기를 '대장' 서터라고 부르며, 자신이 교황의 스위스 근위대와 프랑스 왕실 근위대의 대원이었고 프랑스의 황제와 대학 동창이며 스위스 군대의 장교고 미혼이며 경제력도 탄탄하다고 사칭했다.

서터는 처음에는 식민지를 세울 생각이었지만 마음을 바꿔 불모지를 찾아 나서기로 했다. 식민지가 해방되면 그 주민들이 서터에게 식민지 재산 분배를 요구할 수도 있다는 말을 지방 당국자들로부터 들었기 때문이었다. 그는 아메리카 강을 최대한 따라 올라간 다음, 작은 정착촌을 짓기 시작했다. 처음 두 해 동안은 목숨을 부지할 곳을 찾아 이리저리 헤매는 생활의 연속이었지만, 1841년 무렵에는 성채를 쌓게 되었다. 게다가 캘리포니아 해안을 따라 난 정착지를 떠나는 인근의 러시아인들로부터 화려한 색상의 중고 군복을 사 입힌 고용인들도 배치할 수 있었다.

1848년이 되자, 서터 요새는 튼튼한 벽과 대포와 벽돌 건물들을 갖춘 그럴듯한 모습으로 변해 그 지역을 통과하는 개척민들이 정기적으로 들러 물건을 거래하기도 하고 쉬었다 가기도 하는 곳으로 자리 잡았다. 그는 제재소를 세워 목재를 생산해서 개척민들에게 팔면 재정에 도움이 되겠다고 생각했다. 그는 성채에서 80킬로미터쯤 떨어진 상류 지역을 제재소 위치로 선정했다.

1848년 1월 28일, 성채 위로 비가 억수같이 쏟아지던 음산한 밤에 제재소 목수인 제임스 마셜은 온몸이 비에 흠뻑 젖은 채 숨을 헐떡거리며 서터의 방으로 찾아왔다. 그가 그런 몰골로 온 것은 천에 싼 누런 돌 조각 때문이었다. 그 돌 조각은 제재소 근처에서 가져온 것이었다. 문을 걸어 잠근 다음, 두 사람은 서터가 갖고 있던 백과사전에 나오는 지시에 따라 돌 조각을 시험했다. 마셜이 발견한 것은 순금이 함유된 천연 금덩어리였다. 서터와 마셜은 곧 캘리포니아 골드러시[1]에 방아쇠를 당기게 된다.

금을 발견했다는 소식이 누설되기 전인 1848년에만 해도 동부에서 캘리포니아로 온 이주민들은 400명이 채 되지 않았다. 그러나 다음 해에 그 수는 순식간에 9만 명으로 급증했다. 거의 하룻밤 사이에 캘리포니아는 신교도, 가톨릭교도, 라틴아메리카계 사람들로 북적였고, 소달구지 경제는 적당한 가격만 쳐주면 원하는 것을 모두 구할 수 있는 경제로 바뀌었다. 어디로 가야 구할 수 있는 물건인지, 얼마나 구하기 힘든 물건인지는 전혀 문제가 되지 않았다. 골든 웨스트의 꿈, 즉 개천에서 용 나는 거대한 미국판 신화가 탄생한 것이다. 단 하루 만에 1만 5000달러를 번 풋내기 탐광자에 관한 신문 보도를 읽은 도시민들이 채금지를 찾아 나서는 바람에 미국 전역의 도시가 텅 비었다.

채금지에서는 광산업 말고도 부자가 되는 방법이 널려 있었다. 10만 명이 넘는 광부들이 음식과 의류, 주택을 필요로 했기 때문에 소매상인, 농부, 요리사, 미혼 여성을 비롯해 온갖 종류의 자영업자들은 재산을 모으기 위해 캘리포니아로 몰려들었다. 어떤 여성은 자기가 파이를 1만 8000달러어치(당시는 단돈 500달러면 한 가족이 몇 년은 먹고살 수 있었던 시절이다.)나 만들어 팔았다고도 했다. 전하는 바에 따르면, 약 8100평방미터에서 나는 양파의 값이 2000달러나 나갔다고 한다. 오리건산 사과 하나는 무려 1.5달러에 팔렸다. 골드러시에 새로 합류한 사람들의 출신지는 세계 각지에 퍼져 있었는데, 이런 사실은 광업자 공동체 이름에서 극명하게 드러났다. 프렌치 크릭, 케이프 코드 바, 조지아 슬라이드, 차이니스 캠프, 저먼 바, 딕시 밸리, 더치 플랫……

먼저 도착할수록 더 많은 돈을 벌 수 있다는 것은 처음부터 분명한 사실이었다. 금을 가장 쉽게 채취할 수 있는 곳을 선점해야 했기 때문이다. 그러나 포장마차로 미국을 횡단하려면 여섯 달에서 일곱 달이 걸렸다. (지구에서 가장 험난한 지역 가운데 하나인 데다 인디언들의 습격 또는 질병 등이 끊이지 않았다.) 대박에 인생을 건 사람들은 세상에서 가장 빠른 배인 양키 클리퍼선을 타고 혼 곶을 돌아가는 길을 택했다.

클리퍼선은 주로 미국의 조선소에서 건조된 최신형 배였다. 폭이

"금이다! 금이다!" 사람들은 곡괭이와 삽을 들고 캘리포니아로 모여들기 시작했다.

넓고 속도가 느린 당시의 일반적인 화물선들과 달리 경량의 화물을 최대한 빠르게 실어 나를 목적으로 건조된 이 배는 매끈한 선체와 가늘고 뾰족한 뱃머리를 자랑했다. 가장 두드러진 클리퍼선의 특징은 삭구에 있었다. 최초의 '극단적인' 클리퍼선을 물에 띄운 1845년 당시만 해도 그렇게 폭이 큰 돛을 본 사람은 아무도 없었다.

클리퍼선 제작자들은 바람을 최대한 많이 받을 수 있도록 돛대를 추가로 설치해 허리케인 같은 세찬 바람을 유도했다. 클리퍼선의 선장들은 아무리 날씨가 나빠도 배의 항로를 바꿀 일이 전혀 없다고 자랑하기도 했다.

클리퍼선은 캘리포니아 운항을 위한 것이 아니라 차^{2}에 푹 빠져 있는 영국인들을 위해 잉글랜드에서 중국까지 차를 실어 나르기 위해 건조된 배였다. 19세기 중반 무렵, 영국인들은 연간 총 3만 6288톤에 달하는 엄청난 양의 차를 소비하고 있었고, 런던 한 곳에만 차를 취급하는 도소매업자가 3만 명이나 될 정도였다. 영국에서 중국산 차는

2 93 107

사업 기회가 널린 상품이었다. 1850년대에는 신형 양키 클리퍼선이 구형 영국 배를 따돌리고 아무리 나쁜 날씨에도 아랑곳 않고 최상질의 차를 싣고 런던으로 돌아옴으로써 이름값을 톡톡히 했다.

영국의 투기 자본가들이 배에 그렇게 많은 돈을 쏟아 부은 이유는 운송 기간이 길어지면 차 고유의 향을 잃는다고 소비자들이 믿고 있었기 때문이다. 그래서 업자들은 갓 수확한 차 중에서도 향이 가장 좋은 어린 찻잎을 구매한 후, 빠르기로 소문난 배만을 골라 운송을 맡겼다. 클리퍼선은 해양사에서도 가장 흥미롭기로 손꼽히는 경쟁을 거치며 명성을 획득해갔다. 1866년에는 다섯 척의 배가 경기를 벌였는데, 런던까지 장장 101일이 걸린 이 항해는 불과 한 시간도 안 되는 차이로 1등과 2등의 순위가 갈렸다.

이 양키 클리퍼선이 영국의 해상 무역선을 처음으로 물리칠 수 있었던 것이 1846년에 대서양을 횡단해 아일랜드에 엄청난 피해를 입히고 사망자를 낸 미국의 곰팡이 때문이었다는 것은 참으로 아이러니한 일이다.

당시 국토 대부분을 소유하고 있던 잉글랜드의 부재 지주들은 토지를 중개인들에게 정액 계약으로 임대해주고 있었다. 이 중개인들은 한 가족을 겨우 부양할 수 있을 정도로 최소한의 크기로 토지를 나눈 후 터무니없이 높은 가격으로 재임대를 해 폭리를 취했다. 그들은 소작인이 직접 땅을 개량했더라도 계약 기간이 끝나면 아무런 조건 없이 그대로 지주에게 반환해야 한다는 내용으로 계약을 강요했다.

당시는 영양 상태의 개선으로 아일랜드 인구가 유례를 찾아볼 수 없을 정도로 급격히 증가하던 시기였다. 전적으로 감자 덕분이었다. 감자는 재배하기 아주 쉬운 작물이다. 수확철을 제외하고는 일손도 거의 들지 않고, 필요한 장비라고 해봐야 삽 한 자루 정도가 다이기 때문이다. 또 감자에는 단백질, 탄수화물, 무기염류도 풍부하다. 밭 6070평방미터에서 나는 감자와 젖소 한 마리에서 나오는 우유면, 6인 가족이 일 년은 충분히 날 수 있었다. 그러나 만약 곡물로 같은 인원을 부양하려면 비싼 농기구뿐만 아니라 네 배의 땅이 필요했다. 물론 감자 하나에만 의존하는 것은 위험을 초래할 수 있는 일이었다. 한 가지 작물에만 전적으로 의존했다가 상황이 나빠지면 대규모 기아가 발생한다는 것은 불을 보듯 뻔한 일이었고, 실제로도 그랬다.

1842년, 감자마름병이 미국 대서양 해안을 따라 보고되었고, 3년 뒤에는 그곳에서도 발생했다. 역병으로 못쓰게 된 감자가 바다 건너 유럽으로 퍼진 것은 아마 두 번째 발병 시기였을 것이다. 1845년 가을, 역병은 아일랜드로 퍼져 무시무시한 결과를 낳았다. 파낼 때까지만 해도 아무 이상 없어 보이던 감자가 겨우 2~3일 만에 악취를 풍기며 썩어 문드러진 것이다.

식물을 공격하는 곰팡이에서 나온 포자들이 퍼져나가 역병을 일으켰다. 11월에 처음 발생한 이후 불과 두세 달 만에 아일랜드 길거리에는 시체가 즐비하게 늘어섰다. 상황은 산 사람들이 시체를 먹을 정도로 극한으로 치달았다. 기근이 덮치지 않은 지역에도 이질, 콜레라, 발진티푸스, 실명 등이 난무했다.

500년 전 유럽을 휩쓴 흑사병 이래로 이토록 많은 사람이 죽어 나가고 황폐해진 적은 일찍이 없었다. 수백만 명이 목숨을 잃었고, 또 수백만 명이 고향 땅을 등졌다. 아일랜드의 인구는 순식간에 절반으로 줄었다. 영국 정부는 외국의 원조가 없다면 아일랜드의 미래는 없다는, 때늦은 결론을 내놓았다. 잉글랜드가 활용할 수 있는 식량의 양은 아일랜드인들을 구호하는 데 턱없이 부족했다. 그래서 외국 배가 영국으로 상품을 실어 나르는 것을 금지하기 위해 17세기에 제정했던 법[3]을 폐기하고, 미국 군함들이 옥수수 등의 곡물을 싣고 아일랜드로 오는 것을 (총기류의 반입은 금지한다는 조건으로) 허용했다.

3 205 268

상품을 실은 배가 잉글랜드로 들어오는 것을 규제한 법은 운송 독점권으로, 잉글랜드의 선주를 보호하기 위한 것이었다. 이런 식의 법적 규제는 초창기 식민지 개척 시대에 유럽 각국이 널리 시행하던 방식이었다. 그렇게 함으로써 식민지 교역에서 더 많은 이익을 남길 수 있었기 때문이다. 그러나 19세기 초, 미국 식민지를 잃게 되면서 영국의 수입 제한 정책은 곡물 운송을 제한할 정도로 확대되었다. 값싼 미국산 곡물의 대량 유입으로부터 자국의 농민들을 보호하기 위한 것이었다.

문제는 영국이 빠르게 공업화되면서 인구가 급증하고 있었다는 것이다. 보호관세는 상황을 더욱 심각하게 만들 뿐이었다. 곡물 부족 상태가 심각해지면서 싼 곡물의 수입이 허용되기도 했지만 그때도 국내산 곡물과 외국산 곡물 사이의 가격 차이를 메우기 위한 특별관세가 수입 곡물에 부과되었다. 이것은 지방 지주(이들에게는 상당한 정치력이 있었다.)에게는 좋은 일이었지만 소비자(아무런 정치력이 없었다.)에게는 결코 좋은 일이 아니었다.

4 229 313

그러나 아일랜드에서 기근 사태가 벌어질 무렵, 자유무역[4]에 대한 이러한 장벽(당시 모든 상품으로 확대되어 있었다.)은 이미 사업가들의 생활에도 악영향을 미치고 있었다. 싼 물건을 수입할 수 있는데도 굳이 자국에서 나는 비싼 물건을 사서 써야 했기 때문이다. 이러한 상황은 산업 성장에도 부정적인 영향을 끼쳐 일자리 창출도 벽에 부딪혔고, 그에 따라 사회적 압력도 높아져 갔다. 산업화로 인해 도시는 공장 일거리를 찾는 사람들로 가득했고, 일자리를 찾지 못해 분노한 사람들은 폭동을 일으켰다.

반곡물법동맹이 자유무역 운동을 일으킨 것은 필연적이었다. 동맹 창설자 중 한 사람이 리처드 코브던이었다. 직물 염색 공장을 운영하던 그는 평이하면서도 설득력 있는 논거를 제시하며 논쟁을 불러일으켰다. 그는 곡물의 자유무역이 빵 가격의 인하로, 그것이 다시 임금 인하로 이어져 더 많은 고용이 창출될 것이라고 주장했다. 싼 임금은 제조업자들의 국제적인 경쟁력을 높이고 더 많은 생산을 할 수 있게 만들어 노동자를 더 많이 고용할 수 있다는 것이다. 코브던과 그의 동료들은 전국 여론을 결집했고, 동맹은 1841년에 자유무역이라는 강령 하에 의회에 진출하기로 결정했다. 지지를 호소하는 수천 장의 회람장과 전단이 전국에 뿌려졌다.

전략은 성공적이었다. 1844년까지 동맹은 무려 십만 파운드나 되는 기금을 모았다. 그리고 영향력 있는 언론사들과 직접 접촉하기 위해 런던에 새 사무실을 열었다. 아일랜드에 아직 기근이 덮치기 전의 일이었다. 기근이 발생하자 곡물법은 폐지되었다. 그러나 아일랜드인들을 기근에서 구한 법률 개정은 개혁의 필요성에 대한 명확한 근거를 제시한 동맹이 없었다면 불가능했던 일이다. 무엇보다도 동맹은 영국 전역의 압도적인 지지를 끌어내는 데 성공했다.

그리고 동맹이 성공적으로 여론에 호소해 역사상의 이런 국면 전환을 이끌어낼 수 있었던 것은 곡물법의 폐해를 폭로하는 데 사용한 완전히 새로운 방법 덕분이었다. 동맹 선전에는 정부 각료들이 곡물법 적용에 사안별로 예외를 인정해주는 대가로 반대급부를 받고 있다는 폭로도 포함되어 있었다. 동맹이 이런 사실을 쉽게 널리 퍼뜨릴 수 있었던 것은 그보다 5년 전에 사비를 써가며 의회의 또 다른 부패를 폭로하려 했던 롤런드 힐이라는 개혁적인 인물이 있었기 때문이다.

혁명에 대해 막연한 동경을 품고 있던 힐은 조지프 프리스틀리[5]의 선데이 스쿨에서 교사 생활을 시작했고 버밍엄에 새로운 학교를 설립했다. 헤이즐우드 스쿨은 근대적인 교과 과정을 갖추고 있었다. 중앙난방 시설과 가스등 조명 시설이 설치된 그곳에는 과학 실험실도 있었다. 평판이 어찌나 높았던지 제러미 벤덤[6], 로버트 오언[7], 토머스 맬서스 같은 당대의 내로라하는 사회 개혁가들이 앞다투어 학교를 방문할 정도였다.

훗날 이들은 개혁을 향한 힐의 투쟁에 큰 힘을 실어주었다. 힐은 우편물을 배달할 새로운 방식을 찾는 과정에서 의회의 추문을 폭로하게 된다. 그는 여러 해 동안 자비로 우편 제도를 조사했다. 조사 도중 그는 정부 관리와 국회의원들이 특권을 이용해 사적인 화물을 공짜로 보내고 있다는 사실을 알게 되었다. 그중에는 사냥개 한 쌍, 암소, 베이컨, 하녀 둘, 피아노 한 대처럼 특이한 화물도 있었다. 이런 부정 우편물로 인해 영국 재무부는 일 년에 100만 파운드가 넘는 막대한 돈을 낭비하고 있었다.

힐은 비능률 때문에 엄청난 시간과 경비가 낭비되고, 그로 인해 산업 발전이 지체된다는 사실을 알아냈다. 예를 들어 우편 요금이 무게가 아니라 편지 봉투 안에 든 종이의 수에 따라 매겨졌기 때문에 사람들은 종이 뒷장은 물론 조그만 여백에까지 빼곡히 글자를 채워 넣었다. 배달 요금은 발송인과 수취인 사이의 거리에 따라 부과되었다. 그리고 요금은 배달부들이 우편물을 받는 사람의 집이나 사업장에서 징

5 161 208
5 282 400
5 306 454

6 189 249
7 257 353

수했다. 그 결과 우편 배달부 한 사람이 90분 동안 배달할 수 있는 우편물의 양은 67통에 불과했다. 그러나 힐은 우편 배달부들이 요금을 징수하는 일에서 해방되면 같은 시간에 570통을 배달할 수 있다고 계산했다. 게다가 배달부들이 요금을 유용하는 일도 줄일 수 있었다.

힐이 알아낸 것과 같은 문제점들로 인해 수많은 편지들이 비공식적인 방법으로 목적지까지 전해졌다. 예를 들어 잉글랜드와 뉴욕을 오가며 우편물을 배달한 첫 증기선[8]에 실린 공식 우편 행랑 안에는 겨우 편지 다섯 통이 들어 있었던 반면, 다른 불법 행랑 안에는 수만 통의 편지가 들어 있었다. 힐은 제도를 합리적으로 바꿀 것을 제안했다. 마흔 가지가 넘는 우편 요금을 하나로 통일하는 것이었다. 또한 그는 요금을 선불로 하고 모든 주택과 사업장에 편지함을 설치해 '수취인이 돈을 내지 않아도 되는' 편지를 그 안에 넣을 수 있게 하면 배달 속도가 빨라질 거라고 생각했다. 런던데리 후작은 이러한 생각에 반대했다. 그는 비싼 대문에 구멍 뚫기를 원하지 않는 사람들의 편에 섰다.

1837년 힐의 생각이 공개되자 의회 내에 위원회가 설치되고, 전국적인 집회가 열리고, 공개적인 탄원서가 접수되었으며,《런던 타임스》에 기사가 실렸다. 1839년 8월, 페니 우편 요금 법안이 통과되어 1840년 1월 10일에 1페니짜리 우표를 붙인 편지 11만 2000장이 최초로 배달되었다. 반곡물법동맹의 리처드 코브던이 대중에게 동맹의 메시지를 전달할 방법을 찾아낸 것도 바로 그날이었다. 그는 "저기 곡물법이 간다"고 말했다고 한다. 우편 제도 개혁이 자신의 대의에 이로울 것이라는 그의 생각은 옳았다. 맨체스터 한 곳에 일주일 동안 배달된 동맹의 팸플릿은 무려 3.5톤에 달했다. 자유무역을 향한 개혁은 탄탄대로를 달렸다. 두 해 만에 새로운 우편 제도를 통해 배달된 편지가 2억 통으로 증가했고, 정액 우편 요금제는 전 세계로 퍼져 나 갔다.

1840년에서 1855년 사이에 우표 70억 장이 영국에서 인쇄되었다. 종이에 접착제를 덧붙이고 모양을 사각형으로 만든 것은 선불 문제 를 해결하는 과정에서 나온 여러 방법 중에 하나였을 뿐이다. 정작 힐 자신은 미리 도장을 찍어둔 편지 봉투를 선호했다. 우표 디자인 공모 에는 약 2500가지 도안이 응모되었는데, 그중에는 브리태니어 상을 양각으로 인쇄한 복잡한 도안에서부터 빅토리아 여왕을 인쇄한 것에 이르기까지 별의별 것이 다 있었다. 당선은 빅토리아 여왕의 모습을 담은 '페니 블랙'이라는, 지금은 아주 친숙하게 된 우표에 돌아갔다.

우표 인쇄 계약을 따낸 사람은 미국 매사추세츠 주 뉴버리포트 출 신의 제이콥 퍼킨스였다. 그는 자기가 새로 개발한 최신 인쇄 기법을 활용해 수표 인쇄 계약을 딸 희망을 품고 1819년에 잉글랜드로 건너 온 사람이었다. 위조⁹가 횡행하던 시절, 수표에 사실상 복제가 불가능 할 정도로 복잡한 문양을 인쇄할 수 있다는 점은 퍼킨스가 개발한 기 술의 가장 큰 매력이었다. 그러나 영국 지방 은행들의 지원에도 불구 하고 그는 영국 은행을 설득하는 데 실패했다. 1839년 새로운 우표를 만들 사람을 찾고 있던 힐의 눈에 그가 띈 것은 바로 그런 이유 때문 이었다.

이 미국인이 새로 개발한 인쇄 기법이 강철요판인쇄라고 불린 것 은 강철판 위에 문양을 새기는 공정이 인쇄의 첫 단계이기 때문이다. 그 다음 단계는 인쇄공이 판에 새겨진 문양을 연철 롤러에 전사시키 는 것이다. 문양이 롤러에 잘 찍히면 롤러를 담금질한 다음 롤러의 문 양을 구리판 위에 압착했다. 종이에 인쇄할 때는 이 구리판을 이용했다. 미국 방식으로 알려진 이 기술로 페니 블랙이 인쇄되자, 영국 은행도 마침내 마음을 바꿔 퍼킨스의 인쇄 방식으로 수표에 오늘날과 같은 복잡한 문양을 넣기로 했다.

그런데 안타깝게도 퍼킨스는 이 일로 재미를 보지 못했다. 그래서 식민지의 해운을 담당하는 해상용 증기기관을 설계하는 사업을 시작했다. 운명의 장난이라고나 할까? 퍼킨스의 인쇄 기술이 세상에 나올 수 있었던 데는 식민지도 간접적이나마 한몫했다. 17세기 중반 무렵, 믈라카 제도에 모직물을 주는 대신 향료를 받는 무역을 시작했던 영국인들은 믈라카인들이 가벼운 인도산 염색 면직물을 좋아한다는 것을 알고 삼각무역을 시작했다. 영국인들은 영국산 모직물을 인도(당시 영국이 지배하고 있었다)에 팔고 면직물을 사서 믈라카 제도에 판 후 향료를 사서 잉글랜드로 돌아왔다. 그들은 염색 면직물 몇 점도 잉글랜드로 가지고 돌아왔는데, 이것이 높은 인기를 얻자 그대로 만들어 달라고 인도의 장인들에게 맡겼다.

면직물의 인기가 얼마나 높았던지 영국 내 모직물 제조업자들이 한동안 큰 타격을 입을 정도였다. 그러자 외국산 면직물 수입을 막아 국내 산업을 보호해야 한다는 압력이 정부에 가해졌다. 면직물 부족 사태가 일어나자, 곧바로 수요가 더욱 증가한 것은 당연한 일이었다. 18세기 중반 무렵, 부자들은 화려한 색상의 친츠(힌디어로 '화려하게 염색된'이란 뜻)로 만든 커튼이나 실내장식용 덮개를 가지고 있다는 것으로 안목을 과시하곤 했다. 이 새로운 시장으로 진입한 사람은 더블린 외곽의 드럼콘드라에서 일하던 아일랜드인 프랜시스 닉슨이었다. 그는 당시 수입 금지였던 화려한 인도 친츠 문양을 대량 생산할 수 있는 길을 찾아냈다.

친츠는 문양이 복잡해서 생산하는 데 비용이 많이 든다는 것이 문제였다. 꽃·새·구름·시골 풍경 등의 문양을 단색 나무판을 이용해 차례로 세심하게, 그것도 문양 하나하나씩 따로 날염해야 했기 때문이다.

1760년에 닉슨은 구리판으로 날염하는 방법을 개발했다. 이것은 훗날 퍼킨스가 페니 블랙을 인쇄할 때 사용한 방법으로 가는 기술의 첫 단추였다. 닉슨은 구리판을 이용해서 친츠만큼이나 복잡하고 화려한 문양을 찍을 수 있었는데, 롤러에 묻힌 염색풀이 섬유에 정확히 옮겨질 수 있도록 해주는 새로운 증점제 덕분이었다. 이 새로운 날염용 증점제의 성분은 아프리카산 나무에서 나는 천연고무였다. 천연고무는 물에 용해되면 맑은 액체가 되는데 점착성이 강해 롤러에 염료가 잘 묻도록 해주었다. 고무는 염료의 습기가 천에 스며들어 문양에 얼룩이 생기는 것도 막아주었다. 새로운 증점제로는 세네갈산 고무가 주로 쓰였다. 17세기 말, 유럽은 파국 직전까지 간 프랑스 경제, 그리고 그런 프랑스를 구해 낸 한 사람의 활약 덕분에 아프리카로부터 세네갈 고무를 대량으로 수입할 수 있었다.

그의 이름은 장 바티스트 콜베르였다. 랭스 출신 포목상의 아들이었던 그(콜베르 자신은 자기가 옛 스코틀랜드 왕실의 자손이라고 주장했다.)는 "성깔 있어 보이는 얼굴에 휑한 눈, 검고 짙은 눈썹, 엄격해 보이는 외모, 그리고 무례하고 비협조적인 태도……"를 지닌 사람이었다고 한다. 그는 술도 지나치게 많이 마셨다. 1648년, 그는 전에 절세 방법을 상담해준 적이 있던 사람의 상속녀와 결혼해 재산을 모을 수 있었다. 그리고 추기경인 마자랭의 비서로 특채된 후, 그는 마흔둘의 나이로 왕실(결과적으로 온 나라)을 좌지우지하는 자리에 올랐다.

콜베르는 비틀거리는 프랑스의 경제를 재건하기로 마음먹었다. 그러나 이러한 임무는 역사상 가장 사치스러운 군주 가운데 하나였던 왕 때문에 많이 힘들었다. 그는 베르사유 궁전과 루브르 궁전을 지어 나라를 거의 파산 상태로 몰고 간 태양왕 루이 14세[10]였다. 이러한 불리한 여건 속에서도 콜베르는 비록 자신의 평판이 안 좋아지는 대가를 치르기는 했지만 결국 성공했다. 그가 죽자 한 음유 시인(아마도 세금 문제를 안고 있던)은 이렇게 썼다.

10 264 366
10 274 384

> 콜베르가 죽었다오.
> 당신도 알 것이오.
> 프랑스가 가장 가난한 나라가 되어버렸다는 것을.
> 만약 빼앗을 뭔가가 남아 있었다면
> 이 도둑놈이 죽을 리가 없지 않소.

콜베르는 나라의 경제를 유례를 찾아볼 수 없을 정도로 뜯어고치는 조치를 내놓았다. 프랑스의 무역을 촉진하기 위해 그가 취한 전략 가운데 하나는 해외에서 무역을 통해 이익을 남길 수 있는 사람에게는 무조건 세금 우대와 시장 독점권을 부여하는 것이었다. 네덜란드, 프랑스, 포르투갈, 에스파냐, 잉글랜드는 이미 선단을 구성해 외국과 무역[11]을 함으로써 돈을 갈퀴로 긁어모으고 있었다. 콜베르는 프랑스도 이 대열에 합류해야 한다고 생각했다. 그는 여러 투자자들이 모여 신 세네갈 회사를 설립하자 그들에게 노예무역에 대한 독점권을 주었다.

11 157 203
11 243 335

그 당시 사람들은 세네갈 강이 나일 강에 연결되어 있고, 따라서 세네갈 강이야말로 이집트로 가는 가장 쉬운 무역로라고 믿고 있었다.

그들은 세네갈은 사탕수수·면화·비단·인디고 등이 자라기에 알맞은 곳이며, 또 내륙 어딘가에 금으로 된 산이 있다고 믿었다. 그 가운데 사실로 판명된 것은 아무것도 없었지만 프랑스 무역상들이 발견한 것 중의 하나가 바로 세네갈 고무였다. 그들이 가지고 돌아온 그 고무는 프랜시스 닉슨 등이 사용하게 된다.

한편 프랑스에서는 콜베르의 개혁이 나라 전체에 활기를 불어넣고 있었다. 프랑스가 해상 강국이 되는 데 있어 가장 큰 걸림돌은 약한 해군력이었다. 프랑스의 해군은 이미 피폐해질 대로 피폐해져 있었다. 콜베르가 인계받은 것은 텅 빈 무기고와 낙후된 군함 스물두 척이 전부였다. 게다가 바다로 나갈 수 있는 군함은 온 나라에 고작 세 척뿐이었다. 노련한 선원이 몇 명 있기는 했지만 그나마 모두 외국 일을 맡아 하고 있었고, 함대에는 그저 노나 저을 수 있는 노예들밖에 남아 있지 않았다. 콜베르는 해군 기술소를 세워 신형 선박 100척을 건조할 조선소를 세웠고, 항만을 재건하고 무기고를 다시 채웠으며, 장교를 양성할 해군 학교를 설립하고, 신병을 정기적으로 모집하기 시작했으며, 수로학 학교도 열었다. 콜베르가 권력을 잡은 지 10년 후, 해군의 예산은 45배로 늘어났다.

국내 산업에 대한 정책 역시 이에 못지않게 과감했다. 콜베르는 세금 징수 과정에서 발생하는 부정을 뿌리 뽑았고 세율을 단순화시켰다. 그는 통행세를 표준화했고, 프랑스의 산업을 보호하기 위해 수입품에 무거운 관세를 매겼으며, 전국의 도로와 건물을 재정비하는 사업을 벌였고, 도량형을 통일했고, 국토 곳곳에 요새를 건설했다. 뿐만 아니라 정부의 부채를 4분의 1로 줄이고, 새로운 산업을 장려하는 유인책을 마련했고, 업계별로 길드를 조직하도록 했으며, 고블랭 태피스트리 공장¹²이나 담배 산업 같은 것을 국가가 독점하게 했다. 그리 12 123 150
고 엄격한 규칙 적용과 통제를 통해 상공업의 모든 면에서 공정한 경
쟁이 이루어지게 했다. 덕분에 콜베르의 개혁 조치가 끝나갈 때 프랑
스는 재건을 향한 탄탄대로를 걷게 되었다.

콜베르의 개혁이 낳은 가장 거대한 기념물은 지금도 눈으로 감상
할 수 있다. 대서양 툴루즈에서 지중해 마르세유 인근에 있는 세트까
지 240킬로미터를 잇는 아름다운 운하인 미디 운하가 그것이다. 이
것 역시 콜베르가 관여한 사업이었다. (그는 운하로 배가 다닐 수 있도록
강바닥을 준설하는 작업도 시행했다.) 이 사업은 도로 상태가 나빠 전국
으로 화물을 운송하려면 물길을 이용할 수밖에 없었던 상황에서 나
왔다. 운하 건설안은 원래 피에르 폴 리케가 콜베르에게 제안한 것이
었다. 리케는 운하를 건설하면 지중해를 오가는 외국 배들이 에스파
냐를 돌아가는 멀고 긴 항로 대신 프랑스의 운하를 이용할 것이라고
지적했다. 덧붙여 그때까지만 해도 에스파냐의 왕이 독점하던 통행
세도 프랑스의 금고로 가져갈 수 있었다.

1666년에 작업 승인이 떨어지고 공사가 시작되었다. 이 공사는 전
례를 찾아볼 수 없을 정도의 대규모 사업이었고, 이후 유럽에서 건설
된 모든 운하 건설은 이 공사의 공정을 따랐다. 너무 높아 강물을 댈
수 없는 지역에는 인공 저수지를 파서 물을 공급했는데, 이런 식의 공
법을 쓴 것은 역사상 최초였다. 강과 계곡 위로 수로교 세 개가 건설
되었고, 또 150미터가 넘는 유럽 최초의 운하 터널도 뚫렸다. 운하에
는 모두 101개의 갑문이 설치되었는데 베지에(오르브 강과 미디 운하
의 교차점에 자리한 교통·상업의 중심지—옮긴이) 인근에는 8층으로 된
특이한 계단식 갑문도 있었다. 미디 운하는 유럽의 기적이었다. 1681

년 5월, 운하가 개통되는 데까지 총 8년이 걸렸고 공사에 동원된 인원은 모두 1만 2000명에 달했다.

프랑스 역사에 큰 족적을 남긴 세바스티앵 르 프르스트르 보방도 운하 공사와 관련해서 결코 빼놓을 수 없는 기술자 가운데 한 사람이다. 화려한 경력을 지닌 군 장교이기도 한 보방은 콜베르가 추진한 국가 방어시설 증강 사업의 일환으로 프랑스 곳곳에 건설한 요새(지금도 그대로 남아 있다.)로 명성이 자자했다.

보방은 운하 건설이나 전쟁 이외에도 총포용 화약 제조와 건축, 광업, 다리와 도로 건설, 수로학, 측량 분야에서도 자기 재능을 시험하고 있었다. 그는 임업, 돼지 번식, 세무, 식민지 정책, 종교적인 관용, 사나포선私拿捕船, 양봉 같은 다양한 주제에 관한 글도 썼다. 가끔 비꼬는 듯한 유머 감각도 발휘하곤 했다. 1705년 그는 퇴직하면서 〈할 일이 많지 않은 한 남자에 대한 다양한 상념〉이라는 글을 썼다. 또 당시 캐나다에 사는 프랑스인 10만 명 정도가 서기 2000년이 되면 5100만 명까지 늘어날 것이라고 예측했다. 그는 캐나다에 대해서 이렇게 썼다. "근사한 일이라고는 하나도 할 수 없는 가난한 나라라고 말해서는 안 된다. …… 그곳에는 모든 것이 있다."

보방은 미디 운하에 놓인 수로교 세 개 가운데 하나를 설계하고 건설했으며, 운하가 완공되었을 때 그것을 왕 앞에 선보였다. 그는 현대식 소켓 총검도 발명했고, 새로운 종류의 공성술도 개발했다.(이 사내의 재능은 정말 끝이 없었을까?) 그가 만들어낸 공성술은 적의 요새 벽과 평행하게 참호를 파고 그 위를 모르타르로 덮은 후 엄호 사격을 하면서 짧지만 폭이 넓은 참호들을 첫 번째 참호와 직각으로 파고 들어가는 것이었다. 그런 다음 다시 그곳에 대포 등을 설치한 후 평행한 참호를 파고 그것과 직각인 참호들을 또 파나가는 식으로 성벽 가까이 접근해서 보병에게 돌격 명령을 내리는 것이다. 그렇게 하면 적의 포화에 노출되는 시간을 최소화한 채 돌격을 감행할 수 있었다.

보방의 새로운 참호 포위전 기술은 100년 후 프랑스에서 수천 킬로미터 떨어진 요크타운에서 가장 눈부신 성과를 이뤄냈다. 1781년 10월 19일, 이 포위전에서 영국이 항복함으로써 프랑스와 미국의 연합군[13]은 미국독립전쟁을 승리로 이끌었다. 10월 6일에서 19일 사이 ⟨13 230 317⟩에 공격군은 화승총병 3000명에게 엄호 사격을 시키고, 동시에 1500명을 동원해 평행 참호 두 개를 판 후 100문이 넘는 대포를 설치했다. 요크타운은 쑥대밭이 되고 말았다. 패배한 영국군의 퇴각로에는 미국군이 연주하는 ⟨거꾸로 된 세상⟩이라는 곡이 울려 퍼졌다. 정말로 절묘한 선곡이었다.

그러나 세계가 재편된 것은 영국인들에게만 해당되는 사항은 아니었다. 미국의 승리로 고생한 사람들 중에는 전쟁 동안 영국인들을 지지했던 10만 명 남짓한 미국인들도 포함되었을 것이다. 이들 소위 국왕파는 매사추세츠 총독 토머스 허치슨 같은 친영국 식민주의자들뿐만 아니라 불만에 가득 찬 흑인 노예, 청교도 문화에 위협을 느끼는 소수 인종, 회중교회주의자들의 정책에 의해 차별받고 있던 영국 국교회 신도, 그리고 남부 출신자들로 구성되어 있었다. 국왕파는 전체 인구의 약 2할 정도를 점유하고 있었다. 전쟁 동안 빚어진 수많은 군사적 실패는 영국이 미국에서의 국왕파 지지 정도를 과대평가했기 때문이었다.

전쟁에서 진 국왕파는 배신자로 몰려 온몸에 타르 칠을 하고 새털로 덮이는 모욕을 당하기도 했고, 전 재산을 몰수당하기도 했으며, 심지어는 처형당한 사람들도 있었다. 국왕파의 즉결 재판을 담당했던 버지니아 주의 한 판사는 가혹한 판결을 어찌나 빨리 내렸던지 그의 이름을 딴 동사 하나가 새로 만들어질 정도였다. 바로 '린치lynch'라는 동사다. 이런 식의 사후 처리로 인해 종전 후 10만 이상의 국왕파가 미국을 떠나 캐나다와 영국으로 이주했다. 양을 기를 땅을 확보하기 위해 강제 추방이나 학살 등, 간단하지만 효과적인 수단이 동원되고 있던 하이랜즈를 떠나 대서양을 건너온 스코틀랜드인 3만 명이 다른 피난민들과 합류해 노버스코셔에 정착했다.

캐나다로 이주한 사람들의 삶도 그리 순탄하지만은 않았다. 특히 흑인들은 더 힘들었다. 흑인들은 일거리 찾기도 힘들었고, 조만간 미국으로 보내져 다시 노예 생활을 해야 할지도 모른다는 불안감에 사로잡혀 아프리카 시에라리온으로 이주했다. 노버스코셔는 '노버 스케어시티(scarcity: 부족, 결핍, 기근이란 뜻―옮긴이)'라고 불릴 정도로 상황이 열악했다. 전염병과 기아는 흔한 일이었고, 법을 어기면 극도로 가혹한 처벌이 뒤따랐다. 백인에게는 벌금이 부과되었지만 흑인에게는 체벌이 가해졌다. 한 여성은 구두 한 켤레를 훔친 벌로 채찍을 78대나 맞고 나서 한 달 동안 중노동에 처해졌다. 사소한 도둑질일지라도 재범인 경우에는 채찍질 200대가 가해졌다. 오늘날의 가치로 100달러 정도에 해당하는 헌옷을 훔쳤다는 이유로 교수형에 처해진 사람도 있었고, 감자 자루를 훔쳤다가 교수형을 당한 사람도 있었다.

이 북부의 절반짜리 천국에 에이브러햄 쿤더스라는 사람이 왔다. 국왕파였던 그는 필라델피아에서 작은 선단을 운영했었다. (그는 이 선단뿐만 아니라 전 재산을 잃고 도망쳐 왔다.) 노버스코셔의 평판에도 불구하고 그나마 없는 것보다는 나아서 국왕파와 스코틀랜드인들은 계속해서 그곳으로 몰려들었다. 쿤더스는 그들을 실어 나를 운송 수단이 필요했고, 그래서 동업자들을 모아 조선업을 하다가 나중에는 증기선 한 대를 사들여 해운업을 시작했다. 처음에 그는 국왕파 승객들을 태우고 미국 연안을 왕래하다가 스코틀랜드인을 대서양 건너로 실어 날랐다. 그러나 1840년대로 들어서자 이주자 수가 감소하기 시작했다.

그러다 영국에서 시판되기 시작한 페니 우편 제도[14]에 대해 듣게 된 쿤더스는 우편물을 실어 나를 정기 운송편의 수요가 생길 것이라는 사실을 알게 되었다. 몇 주 후, 그는 쏜살같이 런던으로 달려가 계약을 따냈다. 쿤더스의 첫 우편물 배달선은 런던을 출발해 핼리팩스를 경유한 후 해안을 따라 뉴욕까지 갔다. (쿤더스도 배에 탔다.) 이 새로운 해운 회사의 이름은 영국북미증기선우편회사였다. 19세기 중반에 서른 척으로 늘어난 쿤더스가의 선박 수는 호화 유람선[15] 시대의 개막과 함께 계속 증가했다. 20세기가 되자, 쿤더스의 회사는 루시테이니어호와 모리테이니어호 같은 대형 선박으로 대서양 여객선 운행을 석권하다시피 했다. 이 배들은 가장 빠른 배를 상징하는 푸른 리본의 자리를 지키며 호화로움과 쾌적함의 새로운 표준이 되었다.

1969년 역사상 가장 큰 여객선인 퀸엘리자베스 2호가 첫 항해에 나섰다. 그러나 미국, 아니 어쩌면 캐나다의 이민 담당 관리자가 저지른 실수로 이 국왕파 해운업자의 이름은 아직까지도 엉뚱하게 불리고 있다. 퀸엘리자베스 2호를 운행한 회사의 이름은 지금은 '큐나드'라고 불린다. 그리고 다른 모든 호화 유람선처럼 이 배에도 파마를 할 수 있는 승객용 미용실이 있었다.

현재 세계를 누비는 초대형 유람선을 움직이는 기관은 모두 광산

14 189 249

15 237 324
15 299 440

의 물을 빼내려고 시도했던 한 스코틀랜드인의 노력 덕분에 탄생한

것이었다……

2

혁명은 또 다른 혁명을 여는
열쇠가 된다

역사상의 신화들은 좀처럼 쉽게 사라지지 않는다. 사실은 따로 있음에도 신화는 여전히 사람들에게 회자된다. 이런 이야기로 시작해보자. 어머니가 일하시는 주방에서 끓고 있는 주전자를 물끄러미 바라보던 제임스 와트는 문득 증기기관을 생각해냈다. 그리고 그것이 산업혁명의 원동력이 되어 세계를 바꿔놓았다.

사실 그가 이런 생각을 해낸 것은 1765년 글래스고 대학의 정비소에서였고, 계기가 된 사건 역시 자연철학과에서 전시하고 있던 모형 증기기관이 아주 평범한 이유로 고장 났기 때문이었다. 와트는 고장 난 모형 기관에 약간 손을 본 이 일을 계기로, 다트머스에서 철물상을 경영하며 증기기관을 처음 만들어낸 토머스 뉴커먼을 제치고 증기기관의 발명가로 우리에게 남게 되었다.

와트가 이렇게 갑작스레 유명해질 수 있었던 것은 당시 영국이 경제적 호황을 누리고 있었고 그에 따라 원자재, 특히 광물에 대한 수요가 증가하고 있었기 때문이다. 광부들은 점점 더 깊이 갱을 파 들어갔고 그럴수록 그들의 발은 점점 더 젖어갔다. 광산에 물이 차올랐지만 뉴커먼이 만든 기관(실제로는 펌프)으로는 감당하기가 어려웠다. 그러나 와트가 성능을 개선한 기관은 배수 능력이 뛰어났고, 그래서 사람들은 이것만 찾았다. 증기로 작동하는 광산용 배수 펌프 제작자로서 와트의 경력은 확실했다. 그는 그것으로 만족했다. 그가 바라던 것은 그게 다였기 때문이다. 그는 펌프 기관을 다른 식으로 활용할 생각을 미처 하지 못했고, 다른 사람들도 마찬가지였다. 펌프 기관으로 공장용 기계를 돌리는 것은 생각조차 할 수 없는 일이었다. 왜냐하면 펌프의 상하 운동을 회전 운동으로 바꿔주는 '태양-행성형' 관성 톱니바퀴가 나온 것은 그로부터 16년이나 지난 후의 일이었기 때문이다. 이것을 발명한 사람은 한때 와트의 조수이기도 했던 윌리엄 머독[16]이란 사람이다. (면접 때 직접 만든 나무 모자를 쓴 덕분에 일자리를 얻을 수 있었다는 일화가 있다.)

그 기어 장치는 꽤 잘 작동했다. 증기기관의 빔에 달린 연결 막대에는 톱니바퀴가 부착되어 있었다. 빔의 한쪽 끝에 있는 펌프 피스톤이 움직이면 빔의 다른 한쪽 끝이 상하 운동을 했다. 그러면 자유롭게 회전할 수 있는 구동축 끝에 달린 또 다른 톱니바퀴의 톱니와 빔의 톱니바퀴가 서로 맞물렸다. 그리고 연결 막대가 상하 운동을 함에 따라 거기에 고정된 톱니바퀴가 구동 톱니바퀴를 중심으로 돌았는데, 그 모양이 마치 태양 주위를 도는 행성 같아 보였다.

와트의 증기기관은 이러한 회전 운동으로 톱니바퀴들을 돌리고 그러면 벨트가 움직이면서 방적 공장, 제분소, 연삭 공장, 압연 공장, 도기 공장, 제재소, 주물 공장(증기기관으로 용광로의 풀무를 작동시켰다.), 양조장, 녹말 공장, 표백 공장, 기름 공장, 직물 공장 등에 있는 기계를 구동시켰다. 산업혁명에 박차가 가해지면서 1795년 와트는 버밍엄[17]에 공장을 세워 거의 모든 기초 산업 현장에 자신이 만든 이 새로운 기계를 도입했다. 공장은 표준화된 증기기관을 최대한 많이 생산할 수 있도록 확장되었다. 작업은 분업[18]에 적합하도록 공정에 따라 나뉘었다. 와트는 표준화된 부품 하나를 만드는 데 소요되는 시간을 계산할 수 있었기 때문에 성과에 따라 임금을 지불할 수 있었다.

17 136 169
17 221 300

18 78 87

와트의 증기기관 발명은 그렇게 신화가 되어갔다. 사실 와트는 산업혁명을 가능케 한 수많은 생산 기술의 창시자이기도 했다. 그가 발명한 것들 중에는 증기기관만큼이나 역사에 심대한 영향을 미쳤지만 덜 알려진 것이 있다. 일종의 검댕이인 이 발명품이 일상생활에 널리 쓰이게 되면서, 이미 산업화가 어느 정도 진행된 20세기 어느 날 산업혁명에 비견되는 또 하나의 근본적인 혁명이 일어나는 동력이 되었다. 현대 세계에서 이 물질은 생명 그 자체의 기제를 연구하는 길을 열어 두 번째 혁명, 즉 생물학 혁명을 촉발시켰다.

21세기 삶에 근본적인 변화를 몰고 올 이 제2의 혁명은 와트의 증기기관 사업이 행복한 비명이 나올 정도로 엄청난 성공을 거둔 시점으로 거슬러 올라간다. 와트가 잉글랜드 콘월 주의 레드루스(이곳은 갱도가 해수면까지 파져 있어 물이 스며드는 일이 흔했기 때문에 탄광업자들이 와트의 증기 펌프에 지대한 관심을 가지고 있었다.)에 있던 시절의 일이었다. 당시 그는 '태산처럼 쌓여가는 주문장'을 처리하는 업무로 골

머리를 앓고 있었다. 친구에게 보낸 편지에 따르면, 그의 가장 큰 고민은 "똑똑한 사무원을 찾는 일에 힘이 너무 많이 든다"는 것이었다. 1780년에 그는 문제를 해결할 수 있는 방법을 찾아냈다. 이것은 도면, 청구서, 서신 등 온갖 문서의 사본을 만드는 새로운 방법이었다. (촉이 두 개 달린 펜을 만들어 써본 적도 있었지만 소용없었다.) 아이디어의 특허명은 '문서와 서류의 사본을 신속하게 만드는 새로운 방법'이었다. 똑같은 서류를 동시에 여러 장 만들 수 있는 방법을 찾아낸 것이다.

그는 축축한 종이 위에 아라비아고무 성분이 들어 있는 특수 잉크로 서류를 작성했다. 이 종이는 습기가 24시간 동안 유지되었는데, 그 시간 안에 원본에 부드러운 백지 한 장을 대고 누르면 원본에 있는 잉크 자국이 새 종이에 전사되었다. 이 방식은 처음에는 성공을 거두지 못했다. 위조[19]를 조장한다는 이유로 은행이 반대했기 때문이다. 그리고 회계사무소 직원들은 일이 한꺼번에 밀려들거나 "촛불 옆에서 작업"해야 할 때 불편하다고 주장했다. 그러나 그해 말에 그는 이미 시제품을 200개나 판매했다. 의회에서 시범을 보였을 때는 의원들이 회의가 아직 남아 있다는 사실을 깜빡할 정도로 커다란 반향을 불러일으켰다. 그리고 1785년에는 벌써 그가 만든 잉크를 사람들이 널리 사용했다.

그러고 나서 1823년 매사추세츠 주 콩커드 출신의 사이러스 P. 돌킨이 두 가지 물질을 사용해 깜짝 놀랄 만한 기술적 발전을 이뤄냈다. 그는 카본블랙과 파라핀 왁스를 혼합해 종이 뒷면에 압착시켰다. 카본지를 발명한 것이다. 그러나 그의 개발품은 처음에는 그다지 주목받지 못했다. 그러다 1868년에 청과류와 비스킷을 취급하는 회사를 운영하던 스물한 살의 레비우스 H. 로저스가 기구[20]를 타고 하늘을 날았을 때 새로이 주목받게 되었다. 그는 기구 시범과 관련해 AP 통신과 인터뷰를 하기 위해 한 지방지 사무실에 들렀다가 어떤 기자가 돌킨의 카본지를 사용하는 것을 우연히 목격했다. 그 종이에 깊은 인상을 받은 로저스는 기구와 비스킷 사업을 접고 주문서, 영수증, 송장 등을 작성하는 용도로 카본지를 생산하는 사업을 시작했다. 1873년 그는 레밍턴 타자기 회사[21]를 상대로 상품 설명을 했고, 결과적으로 신형 카본지는 빠른 성공을 거두었다.

20 69 79
20 81 90
20 135 168

21 145 181

파라핀 왁스는 카본블랙과 함께 비즈니스의 세계를 바꿔놓았다. 돌킨이 사용한 파라핀 왁스는 원래는 유모혈암油母頁岩을 원료로 생산된 것이었다. 1857년 미국 펜실베이니아 주에서 석유[22]가 발견된 이후 증류 과정에서 나오는 파라핀유가 램프용으로 널리 쓰였다. 램프 시장이 급격하게 성장하고 향유고래 기름은 품귀 현상을 빚고 있던 터라, 파라핀유는 향유고래 기름의 대체품으로 널리 사용되었다. 파라핀 왁스는 파라핀유를 냉각시킨 후 응고시켜 만들었다. 파라핀 왁스는 조명용 이외에도 뉴욕 센트럴파크에 있는 오벨리스크인 클레오파트라의 바늘을 보수해 보존하는 데도 사용되었다.

22 165 211

파라핀 왁스의 사용이 더욱 일상화된 것은 불을 붙이는 새롭고 놀라운 방법 덕분이었다. 수백 년 동안 여행자들은 불씨가 남은 숯을 가지고 다니거나 혹은 불기를 찾아서 불을 밝혔다. 그러나 이동 수단이 발전하면서 점점 더 멀리 그리고 더 빨리 여행하게 되자 사람들은 이런 방식에 불편을 느꼈다. 그래서 19세기 중반에는 새로운 인이 함유된 성냥이 널리 사용되었다. 당시 가장 많이 사용된 성냥은 스웨덴의 룬트스트롬 형제가 발명한 것이었다. 그들이 만든 '안전' 성냥의 끝에는 기존의 흰인 대신 붉은인이 묻어 있었다. 거기에는 그럴 만한 이유가 있었는데, 흰인으로 만든 성냥은 저절로 발화할 때가 있었기 때문이다. (게다가 흰인에는 유독 성분이 있어서 성냥 공장 근로자에게 매우 해로웠다.) 인 성분에 생긴 불꽃이 성냥의 몸통 부분으로 불이 쉽게 옮겨 붙을 수 있도록 룬트스트롬 형제는 성냥의 머리 바로 아래쪽 나무 부분에 소량의 파라핀 왁스를 주입했다.

한편 기이한 부작용도 있었다. 영국인들은 급속하게 팽창하는 도시 인구를 부양하기 위해 무덤까지 도굴한다는, 원치 않는 원성을 샀던 것이다. 제임스 와트의 증기기관과 이에 따른 산업화 덕분에 영국의 제조업 도시들은 무시무시한 속도로 팽창을 거듭했다. 19세기 100년 동안 도시 인구는 나라 전체 인구의 3분의 1에서 5분의 4로 치솟았다. 1851년에 실시된 영국의 인구 조사에서 이미 도시 인구가 시골 인구를 앞지른 것으로 나왔다. 이것은 세계 최초의 일이었다. 전형적인 면직물 생산 도시 가운데 하나인 랭커셔 주의 올덤에서는 1801년에 1만 2000명이던 주민 수가 1901년에는 14만 7000명으로 늘어났다. 같은 기간 영국 전체 인구는 세 배로 늘어났을 뿐이다.

23 175 222　　급속한 인구 팽창은 위생[23]과 보건 상태의 개선에 따른 사망률 감소 때문이기도 했지만 그보다는 먹을거리가 풍부해져 영양 상태가 개선된 것과 더 큰 관련이 있었다. 이것은 독일의 화학자 유스투스 폰

24 71 81
24 214 279　　리비히[24]의 연구와 인 때문에 가능했다. 그는 식물을 태운 후 그 재를 이용해 식물의 구성 성분을 알아냈고, 식물이 토양과 공기에서 양분을 얻는다고 생각했다. 그는 자비를 들여 독일 기센 대학에 세계 최초의 본격적인 화학 연구소를 세웠다. 연구소는 세계 전역에서 온 학생들로 북적였다. 연구소에서 그는 놀라운 효과를 불러올 작물의 성장

법칙을 발견했다. 그의 '최소량의 법칙'은 작물의 산출량은 식물의 생장에 필요한 영양소들 중에 양적으로 가장 부족한 것에 의해 결정된다는 것이다.

그러나 리비히가 발견한 것 중 가장 중요한 것은 인산이 모든 식물의 생장에 필수적이라는 사실이었다. 인산을 만드는 가장 쉬운 방법은 뼈를 가루로 빻은 다음 황산으로 처리하는 것이다. 영국은 이런 방식으로 인산을 만들었는데 1870년에는 생산량이 연간 4만 톤에 달할 정도였다. 리비히는 영국의 이런 엄청난 인산 생산량을 빗대어 영국인들이 과밀한 도시 인구를 부양하기 위해 무덤을 파헤치고 있다고 비난했다.

잉글랜드는 다른 모든 나라의 비옥한 생산력을 강탈하고 있다. 탐욕에 눈이 먼 잉글랜드인들은 이미 라이프치히, 워털루, 크림 반도의 전쟁터를 파헤쳤다. 그들은 시칠리아의 지하 묘지에서 수많은 뼈를 도굴해 본국으로 가지고 왔다. 다른 나라에서 자국으로 빼내 간 비료 성분의 양은 사람으로 따지면 350만 톤에 해당하는 것이다. 그들은 우리의 부양 수단을 빼앗아가 하수구에 버려 바다로 흘러가게 한다. 마치 흡혈귀처럼 유럽, 아니 전 세계의 목 주위를 어슬렁거리며 심장의 피를 빨아 먹는다……

만약 이런 묘지 도굴이 실제로 벌어진 일이었다면, 그것은 아마도 리비히가 쓴 『농학과 생리학에 응용되는 유기화학』 때문이었을 것이다. 이 책은 하룻밤 사이에 세계적인 베스트셀러가 되어 8개국어로 17판을 거듭하며 농업을 과학으로 바꿔놓았다. 이 책에서 그는 가루로 만든 다음 황산 처리 한 인산을 이용해 식물이 쉽게 흡수할 수 있는 비료를 만드는 법을 설명했다. 도처에서 인산에 대한 연구가 활발하게 이뤄졌다. 특히 미국에서는 사우스캐롤라이나, 조지아, 플로리다 주에서 엄청난 규모의 광상이 발견된 이후 인산 비료의 생산량이 급속하게 늘어났다. 생산량의 대부분은 담배 재배자들에게 갔다.

리비히의 연구는 작물 생산량의 급격한 증가로 이어졌고, 그 덕분에 19세기 전반기에 산업 노동자 수백만 명을 먹여 살리는 데 절실하게 필요했던 식량 문제를 해결할 수 있었다. 이제 남은 문제는 식량을 운반할 수단을 찾아내는 일이었다. 그러나 그것 역시 제임스 와트 덕분에 증기기관차란 형태로 이미 코앞에 와 있었다. 증기로 움직이는 최초의 기차(로켓 호)는 조지 스티븐슨[25]이 1829년에 개발해 맨체스터-리버풀 노선에서 운행되었지만, 승객용 열차의 경우 처음에는 상당한 반대에 직면했다. 투자자들은 기차가 별다른 이윤을 내지 못할 거라고 생각했다. 게다가 약 64킬로미터로 달리면 승객이 질식할 수도 있다는 소문까지 나돌았다.

그러나 이러한 작은 문제들에도 불구하고 미국에서는 철도[26]가 믿기지 않을 정도로 팽창을 거듭했다. 1838년 미국 동부에 철도가 놓이지 않은 주라고는 버몬트밖에 없을 정도였다. 그리고 1850년에는 이미 켄터키 주와 오하이오 주까지 철도망이 뻗어 있었다. 철도[27]가 결정적인 구실을 했던 남북전쟁 직후, 철도의 총연장은 5만 6000킬로미터로, 그리고 1890년에는 26만 4000킬로미터[28]로 늘어났다. 이런 식의 팽창은 유례를 찾을 수 없는 일이었다. 대륙을 횡단하는 철도가 완성된 1869년부터 철도 회사 이름에는 대부분 '웨스턴'이라는 단어가 들어갔다.

철도는 여러 시골 마을을 사람들이 북적이는 도시로 탈바꿈시켜

1808년 리처드 트레비식이 울타리 안에 설치한 원형 철로. 런던 시민들은 5실링을 내고 기차가 움직이는 모습을 구경했다.

놓았다. 그러나 철도가 만들어낸 가장 눈부신 발전은 화물 운송과 함께 찾아왔다. 기다랗게 줄을 이룬 기차들은 밤새 덜컹거리면서 구슬피 울리는 기적 소리와 함께 미국의 엄청난 천연 자원과 농산물을 동부의 산업 중심지와 대도시로 실어날랐다. 빠른 운송을 위해 마흔 개가 넘는 철도 회사들이 협력 체제를 구축해 화물을 논스톱으로 목적지까지 운송했다. 그 결과 화물 요금이 떨어져 1865년에 100억 톤마일이던 화물 운송량이 1890년에는 720억 톤마일로 급증했다. 1876년에는 전체 곡물 운송의 5분의 4가 철도를 통해 이뤄졌다. 가축을 산 채로 운반하기 위해 특수 가축차가 개발되었다. 1870년대에 이미 냉동차가 나와 일리노이 주에서 생산된 신선한 딸기를 동부로 실어 날랐고, 뉴욕 시민들은 수십 년 만에 다시 신선한 우유를 맛볼 수 있게 되었다.

무엇보다도 철도는 (특히 유럽에서) 과거에는 가볼 엄두조차 내지 못하던 곳까지 사람들이 이동할 수 있게 해주었다. 사람들은 자기가 사는 도시 바깥의 사람들과 결혼하기 시작했고, 덕분에 유전자도 섞이기 시작했다. 증기기관차 생산이 증가하면서 연료로 쓸 석탄 생산량도 급격히 증가했다. 또한 석탄은 석탄 가스를 만드는 원료로도 쓰였다. 석탄 가스는 석탄 증류[29]의 부산물이었다. 채산성 있게 석탄 가스를 만드는 기술을 처음 개발한 사람은 한때 제임스 와트의 조수로 일했던 윌리엄 머독('유성' 기어 장치를 만들어 와트의 증기 펌프가 회전 운동을 할 수 있게 해주었다.)이었다. 새로운 가스등은 일반인들이 여가 시간에 더 많이 독서할 수 있도록 도왔고, 야간 학교의 탄생을 촉진했다. (그리고 의도했던 것은 아니지만 교육받은 직업여성의 탄생을 낳기도 했다.)

이제 서양 경제는 교육을 제대로 받은 생산직·사무직 근로자를 충분히 공급받을 수 있게 되었다. 기차를 타고 이동하는 판매원들이 팔 상품을 만드는 데 필요한 원자재도 효율적으로 공급받을 수 있었다. 미국이 초강대국으로 우뚝 서는 데 필요한 단 하나의 난제는 이 모든 것들을 하나의 통신망으로 엮어낼 효율적인 방식의 부재였다. 비록 예기치 못한 간접적인 방식이긴 하지만 철도가 이 문제를 푸는 데 중심적인 구실을 해냈다. 1851년, 서로 다른 방향으로 달리는 기차가 같은 선로를 운행할 때 발생하는 문제(정면충돌 같은 대형 사고의 원인이 되는)가 전신[30]에 의해 멈출 기차와 진행할 기차로 조율되었다. 인간의 말을 직접 전송하는 전화에 모스 부호가 자리를 내주는 것은 시간 문제였다. 전화의 중요한 발전은 철도 회사의 전신 기사로 사회에 첫발을 내디뎠던 토머스 에디슨[31]에게 크게 빚졌다.

전화기 사용이 일반화되었을 때 가장 큰 골칫거리는 멀리 떨어진 곳에서 전화를 걸 때 통화의 감이 떨어져 큰 소리로 말해도 알아듣기 힘들다는 것이었다. 그래서 에디슨은 카본블랙(전에 사이러스 P. 돌킨이 먹지를 만들 때 사용했던 검댕이 물질)을 생각해냈다. 카본블랙은 그다지 새로울 것 없는 소재였지만 입자가 고왔기 때문에 이집트인들(인도와 중국인들도)은 기름등잔에 낀 그을음을 모아 잉크와 눈 화장품을 만드는 검은색 안료로 사용했다. 19세기 초에는 그을음을 석탄가스로 만들다가 나중에는 크레오소트[32]를 포함한 콜타르유를 태워서 만들었다.

기본적으로 전화는 음성이 송화구 안에 있는 금속판을 진동시키는 방식으로 작동한다. 진동판이 전자석에 흐르는 전류에 변화를 일으키는 것이다. 바뀐 전류는 전화선을 타고 흘러 상대방 수화기의 전자석을 진동시켜 자기장을 변화시킨다. 이러한 자기장의 변화는 다시 상대편 수화기의 진동판을 진동시켜 원래의 음성[33]을 복원해낸다. 에디슨과 그의 후원사인 웨스턴 유니언은 이 장치에서 나오는 소리를 증폭시킬 수 있는 방법을 찾고 있었다. 그러던 차에 1877년 누군가가 전하에 민감한 카본블랙을 써보면 어떻겠냐고 제안했다. 압력을 가하자 정말로 카본블랙의 전기 저항에 변화가 생겼다. 그래서 에디슨은 카본블랙을 실험해보았다. 그는 먼저 벨[34]의 전화기를 송화기와 수화기로 떼어놓은 다음(그 둘은 같은 상자 안에 있었기 때문에 간섭 현

30 114 137
30 235 321
30 275 386

31 41 56
31 55 74
31 104 117

32 65 77
32 140 173

33 51 72

34 54 73

상을 일으켰다.), 카본블랙을 압축해 만든 판을 송화기의 진동판과 전자석 사이에 끼워 넣었다. 웨스턴 유니언 사의 간부들을 대상으로 한 첫 시연은 큰 화젯거리가 되었다. 탄소판은 50년이 지나도록 전화기에 그대로 사용될 정도로 잘 작동했다.

1880년대에 전화는 교외의 탄생에 일조함으로써 도시의 모습을 급격하게 바꿔놓았다. 말이 끄는 시가 전차를 이용해 도심 밖으로 나갈 수 있게 된 것은 이미 오래전의 일이었다. 그러나 시내의 본사와 공장들 사이에 효율적인 의사소통 수단이 없었기 때문에 도심 밖으로 이주하는 것은 여전히 쉬운 일이 아니었다. 특히 사업주들이 힘들었다. 그런데 전화가 바로 그 수단을 제공했다. 산업화로 인한 땅값 상승은 도심에 큰 집을 마련하고 사는 데 드는 비용을 증가시켰다. 어쨌든 신흥 중산층들은 공장 근처의 셋집에서 북적거리며 사는 노동자들 곁을 떠나고 싶어 했다.

땅값 상승은 마천루 건설도 촉발시켰다. 이제 건축가와 건설사 사장들은 휘파람을 불거나 심부름꾼을 보내는 대신에 실무자들과 건물 위아래에서 전화로 대화를 나눌 수 있게 되었다. 얼마 안 있어 도심의 비용 증가에 위기를 느낀 소규모 소매업자들이 교외로 매장을 옮기기 시작했다. 그들은 도심에 있는 도매업자[35]에게 전화로 주문을 넣었다. 이러한 변화 덕분에 19세기 말에는 좀 더 개인적인 형태의 교통수단을 이용하는 사람들을 위한 시장이 큰 규모로 늘어났다. 이러한 요구에 헨리 포드[36]가 T형 차로 화답했다. 이 신형 차도 카본블랙 덕분에 곧 내구성 있는 타이어[37]를 달 수 있게 되었다. 카본블랙을 첨가하면 고무의 산화 속도가 급격하게 떨어져 물리적 강도와 내구성이 훨씬 더 증가한다는 사실이 1904년에 밝혀졌다.

35 115 139

36 166 211

37 67 78
37 144 174

바로 그때 역사의 흐름을 바꿔놓는 기묘한 사건이 벌어졌다. 도시 인구를 먹여 살리는 데 한몫한 인산염과 당시 사람들의 일상을 바꿔 놓은 전화를 가능케 한 전기가 한자리에서 만난 것이다. 이 사건의 주인공은 일자리를 찾지 못해 전전긍긍하던 과학자였다. 진공관 안에 있는 금속 조각에 전하를 흘려보내면 신비스러운 입자들의 흐름[38], 즉 음극선이 방출된다는 사실은 이미 오래전부터 알려져 있었다. 음극선을 구멍에 통과시켜서 연필 굵기의 가는 광선으로 모은 다음 자기장을 걸면 진로가 휘어졌다. 그리고 인산염을 바른 유리판에 음극선을 쏘이면 음극선이 부딪히는 곳에서 빛이 난다는 사실도 알려져 있었다.

38 52 73
38 239 332

당시의 과학자들이 이 현상에 관심을 가진 것은 음극선을 연구하면 진공 상태에 가까운 곳에서 전기가 어떻게 작용하는지에 대해 뭔가를 알아낼 수 있지 않을까 하는 기대 때문이었다. 음극선이 뭔가 다른 것도 해낼 수 있으리라는 데 관심을 가진 사람은 아무도 없었고, 따라서 그것을 어떤 실용적인 목적으로 사용할 방안 같은 것도 없었다. 19세기 말은 X선[39]의 발견에 한껏 고무되었던 시절이어서 모두들 진공 상태에서 X선만큼 기적적인 일을 해내는 또 다른 선을 찾는 데 온 신경을 곤두세우고 있었다.

39 116 142
39 226 304

바로 이 시점에서 이야기는 극적인 전환점을 맞는다. 독일의 물리학자 페르디난트 브라운은 자신이 진공관 안에서 일어나는 방사 현상에 지나치게 매달렸다는 내키지 않는 결론에 도달했다. 진공관, 전류, 음극선, 형광 유리판을 가지고 할 수 있는 실험은 더 이상 단 하나도 없었던 것이다. 그래서 1896년에 그는 아직 연구되지 않은 채로 남아 있는 유일한 것을 조사해 보기로 했다. 바로 음극선 자체였다. 그보다 몇 해 전에 하인리히 헤르츠가 전류는 일정하게 반복되는 주기가 있고 그러한 주기의 초당 반복 횟수, 즉 진동수로 정의될 수 있다는 사실을 밝혀낸 바 있었다. 그러나 이러한 주기를 눈으로 확인한 사람은 아무도 없었다. 브라운은 음극선을 이용하면 그것을 눈으로 볼 수 있고, 그것이 성공하면 발전소에서 일하는 기술자들이 전류를 모니터할 수 있게 될 것이라고 생각했다. 발전소에서는 전력 공급을 일정하게 유지하면서도 진동수에는 변화를 일으키지 않는 일이 매우 중요했다. 그러나 당시만 해도 그렇게 할 수 있는 방법이 전혀 없었다.

브라운은 진공관을 만들었는데 목 부분이 형광판을 향해 열려 있었다. 그는 진공관의 목 부분에 소형 전자석을 설치했다. 그러자 거기서 나오는 자기장이 입자 광선의 움직임에 영향을 주었다. 전자석이 만든 전자기장은 전류의 음양 변화에 반응해 광선에 영향을 주기도 했다. 이런 식으로 브라운은 광선으로 하여금 점이 인광(형광)판 곳곳으로 이동할 수 있게 해주었고, 한편 그것이 전류의 변화에 반응해서 위아래로 움직이는 동안 인광 빛을 내는 사인파로 그 흐름이 보이게 했다. 오실로스코프라는 이름이 붙은 브라운의 이 발명품은 전류의 특성을 밝혀내는 데 사용되었다. 매우 정밀한 분석 도구인 오실로스코프는 현대 텔레비전[40] 수상기의 개발로 이어졌다. 수상기의 영상은 앞뒤로 주사되는 입자들의 광선으로 구성되어 있었는데, 화면의 맨 위에서 맨 아래까지 줄을 이루면서 흘렀다.

한때 토머스 에디슨[41]의 먼로파크에서 일했던 스물여덟 살의 미국인 에드워드 애치슨이 카본블랙을 다시 역사의 무대로 복귀시킬 수 있었던 것은 브라운의 전류를 측정하는 능력 덕분이었다. 애치슨은 1880년 유럽에서 일하고 난 후 미국으로 돌아와 전등을 설치하는 일

40 50 71
40 280 393

41 31 53
41 55 74
41 104 117

을 시작했다. 더 이상 전기 발전 산업에서 큰 기회를 얻을 수 없었기 때문에 애치슨은 발전기 제조 산업과 산업용 연마제에서 틈새시장을 보았다.

애치슨이 처음에 생각해낸 것은 연마용 공구에 사용될 인조 다이아몬드를 만드는 것이었다. 그래서 그는 점토와 코크스 가루를 혼합해 초고온의 전기로에서 융합하는 실험을 시작했다. 그 결과물이 탄화규소라는 화합물이었고, 애치슨은 여기에 카보런덤이라는 이름을 붙였다. 카보런덤은 다이아몬드 다음으로 단단한 물질로 판명 났다. 이 새로운 물질의 뛰어난 연마력 덕분에 그는 1893년에 시카고에서 열린 콜럼버스 국제박람회[42]에 전등을 공급한 회사인 웨스팅하우스와 계약할 수 있었다.

42 73 84
42 109 119

애치슨이 섭씨 4150도의 고온에서 규소가 거의 순수한 흑연만 남긴 채 증발되어 버린다는 것을 발견한 것은 카보런덤이 지나치게 과열된 우연한 사건 때문이었다. 당시 실론에서 수입된 흑연은 카본블랙의 희귀한 형태로, 마모에도 강하고 초고온에도 극히 잘 견디는 물질이었다. 곧바로 애치슨은 흑연을 이용한 전극과 발전기 브러시와 전지電池의 특허를 얻었다. 그러나 몇 십 년 후 히틀러의 로켓 기술자들은 흑연을 좀 더 무시무시한 용도로 사용했다.

1942년 10월에 '복수 무기 2호'[43] 줄여서 V-2라고 불리는 나치의 치명적인 무기가 처음으로 발사되었다. 발트 해의 페네뮌데에 있는 발사대에서 발사된 이 로켓은 길이가 14미터가 넘고 직경이 1.5미터에 달했다. 무게는 28톤이나 나갔고, 추진제가 1분 이상 연소하면서 발사되어 시속 약 5800킬로미터가 넘는 속도로 고도 90킬로미터까지 날아올랐다. V-2호의 최초 사거리는 약 320킬로미터였다. V-2호

43 119 144

는 1944년부터 종전될 때까지 1000기 이상이 영국을 향해 발사되었다. 히틀러의 꿈은 뉴욕까지 사정거리 안에 넣을 수 있도록 이 로켓의 성능을 높이는 것이었다. 로켓을 위한 연소 시간을 늘리기 위해서는 흑연이 필수였다. 흑연은 초고온에서도 변형 없이 장시간 견딜 수 있었기 때문에 로켓 배출기에 장착된 공기 역학적 제어 날개에 사용할 수 있는 유일한 소재였다.

이 장은 와트가 일으킨 첫 번째 혁명으로 시작했다. 흑연은 이제 또 다른 혁명을 여는 열쇠가 된다. 1895년으로 되돌아가서, X선에 대한 열풍은 브라운이 음극선을 분석하기로 마음먹는 데도 영향을 미쳤지만 X선의 정체에 대한 사람들의 관심을 불러일으키기도 했다. X선을 발견한 빌헬름 뢴트겐은 X선이 극도로 진동수가 높은 파동이라고 생각했다. 안타깝게도 그것을 증명하는 유일한 방법은 빛과 똑같은 간섭무늬를 X선도 만들어내는지를 알아보는 것이었다. 간섭 현상은 빛이 동시에 여러 표면에 부딪혔다가 튀어나올 때 생긴다. 회절 과정에서 반사된 빛의 파동이 퍼져나갈 때 파동들이 겹쳐지면서 서로를 증가시키거나 감소시키는 간섭 현상이 일어난다. 간섭 현상이 일어나면 어두운 부분과 밝은 부분이 번갈아 나타나는 간섭무늬가 생긴다. 문제는 극도로 파장이 짧은 X선이 튕겨나갈 때 간섭 현상이 발생할 수 있을 정도로 간격이 조밀한 표적을 과연 무엇으로 만들 수 있는가이다.

그 바로 몇 해 전에 프랑스의 지질학자 르네 아위가 암석의 결정이 일정한 형태로 쪼개지는 경향이 있다는 사실을 알아냈다. 암석의 결정은 더 잘게 쪼개도 크기만 작아질 뿐 형태는 늘 일정했다. 아위는 이런 현상을 바탕으로 암석의 결정이 격자라는 일정한 원자 구조로

DNA의 존재를 처음으로 증명한 제임스 왓슨과 프랜시스 크릭.

이루어져 있다는 이론을 내놓았다. 1912년 독일의 물리학자 막스 폰 라우에는 결정이 규칙적인 원자 배열을 가지고 있다는 것이 사실이라면, X선의 파동이 튕겨 나와 간섭무늬를 만들 수 있을 정도로 규칙적이면서도 극도로 미세한 간격을 가진 표적을 그 원자 격자들로 만들 수 있을 것이라고 생각했다. 라우에의 가설은 결정에 X선을 쬐면 전자들이 튕겨 나오면서 '제2의' X선들을 만들어내고, 그것들이 서로 간섭 현상을 일으킨다는 것이었다. (만약 그렇다면 뢴트겐이 믿었던 것처럼 빛은 파동을 이루며 움직이는 것이 된다.)

이러한 목적에 사용하기 가장 적합한 결정은 흑연이었다. 왜냐하면 흑연은 다른 물질들에 비해 원자가 전자들을 묶어두는 힘이 약하고, 따라서 X선을 쬐었을 때 발생하는 에너지에 더 쉽게 반응할 수 있기 때문이다. 첫 실험의 결과는 라우에가 생각했던 대로 나왔다. 제2의 X선들은 중심 광선 주위에 부채꼴로 퍼져 나가면서 인화지⁴⁴에 부딪혀 노출되었다. 점차 주 X선 축 주위에 회절로 생기는 밝고 어두운 친숙한 간섭무늬가 생겨났다. X선도 빛의 한 형태였던 것이다. 그러나 훨씬 더 흥미로운 것이 있었다. 이 실험을 통해 회절 무늬가 결정의 원자 구조에 따라 다르게 나타난다는 것이 명백해졌고, 고체 물질을 파괴하지 않고도 확인이 가능해졌다. X선 결정학이 탄생한 것이다.

44 191 251

1952년 프랜시스 크릭과 제임스 왓슨이 단백질 분자의 3차원 구조를 확인할 수 있었던 것도 바로 이 기술 덕분이었다. 그들은 단백질 분자가 이중 나선의 형태로 되어 있으며, 그것이 이미 자기들이 화학적으로 추론했던 것과 일치한다는 사실을 밝혀냈다. 단백질 분자들의 X선 회절 무늬는 DNA 분자의 존재를 증명해주었다.

DNA의 발견 덕분에 과학은 생물학 혁명의 길로 진입했다. 생물학자들은 병을 치료하거나 예방하는 유전자 요법, 맛이 더 좋은 토마토나 냉해를 덜 입는 딸기, 그리고 새로운 종류의 생명체를 만들 수도 있는 유전자 조작 기술을 개발해 가고 있다. 특히 인간이 가지고 있는 'DNA 도서관', 즉 인간을 인간답게 만드는 작용을 하는 게놈을 해독하는 연구도 진행 중(기본적인 해독 작업은 2003년 4월에 완료되었다.—옮긴이)이다. 건강한 사람과 병에 걸린 사람, 흑인과 백인, 심지어는 머리가 좋은 사람과 멍청한 사람이 어떻게 나뉘는지를.

세계는 와트의 증기 펌프가 처음으로 촉발시킨 산업혁명의 광범위한 사회적 영향에 대해 준비되어 있지 않았다. 우리는 과연 그가 특허 받은 '사본을 신속하게 만드는 방법'이 두 번째로 촉발시킨 생물학 혁명에는 준비되어 있는 것일까?

DNA의 첫 번째 X선 회절 무늬를 볼 수 있었던 것은 X선이 원자들에 부딪혀 튕겨 나오는 방식을 사진으로 볼 수 있었기 때문이다……

필름 위에 새겨진
역사

혁신과 변화라는 거대한 망에서는 사물들이 서로 떼려야 뗄 수 없을 정도로 긴밀하게 연결되어 있는 경우가 많다. 어떤 것이 망 안에 존재하는 것은 그와는 또 다른 어떤 것이 그곳에 존재하기 때문이다. 프랑스 르망에서 열리는 자동차 경주대회에서 선두차가 결승선을 통과하는 순간, 그 모습은 세계 언론과 카메라의 집중 조명을 받고 기록되어 후대로 전해진다. 승리하는 장면을 필름에 담을 수 있는 것은 사진술 덕분이다. 그리고 이것은 망이 작동하는 방식을 보여주는 한 예이다.

　필름을 장착하고 사진을 찍은 후 사진관으로 보내 인화하는 일련의 과정에 대한 아이디어는, 뉴욕 주 로체스터 출신의 조지 이스트먼이란 미국인의 머리에서 나온 것이었다. 1870년 어느 날, 그는 기대했던 승진에서 누락되었다. 열네 살에 학교를 졸업한 이래 줄곧 근무해온 은행이었는데도 말이다. 그래서 그는 은행을 그만두고 그동안 모아둔 돈으로 '사진업계의 제작자이자 도매업자'로 나섰다. 당시만해도 사진을 찍는 일은 골치 아프고 번거롭고 게다가 돈도 많이 드는 일이었다. 유리 음판, 화학 약품을 담을 양동이에다 덩치 큰 목제 카메라까지 필요했기 때문이다. 그는 이 과정에 대한 실험이 끝나자 이렇게 선전했다. "셔터만 누르십시오. 나머지는 우리가 맡겠습니다."

연구 초기 단계였던 1884년에 이스트먼은 젤라틴과 브롬화은을 섞은 유제를 종이 두루마리 위에 입혔다. 새로운 아이디어는 아니었다. 이미 1875년에 레온 바르니케라는 사람도 이와 똑같은 실험을 했었다. 이스트먼은 종이 두루마리를 장착해 노출시킨 후 유리 위에 엎어서 붙인 다음 마지막으로 종이를 벗겨냈는데, 이것 역시 새로운 아이디어는 아니었고 결과도 좋지 않았다. 종이는 찢어지고 유제에는 기포가 생겼고 사진은 흐릿했다. 그러나 기본적인 접근 방식은 틀리지 않았다.

그러고 나서 이스트먼은 답을 찾아냈다. (이 답은 원래 뉴저지 주 뉴어크에 사는 잘 알려지지 않은 목사인 핸니벌 굿윈이 찾아낸 것인데, 이스트먼의 변호사들이 500만 달러로 그의 가족들과 합의했다고 말하는 사람도 있다.) 굿윈과 이스트먼의 발명품은 유연하고 투명하고 불연성인 재료를 써서 띠처럼 만든 것이었는데, 사진용 화학약품들과 함께 사용하기에 완벽한 불활성 재료[45]였다. 1895년 무렵이 되자, 이스트먼이 생산한 두루마리 형태의 필름을 장착한 사진기는 한 손에 잡을 수 있을 정도로 작아졌다. 코닥이라고 불리는 사진기였다. 새로운 코닥 사진기는 사진술을 길거리 아마추어 사진가들의 호주머니 속으로 넣었

45 108 119

1928년, 토머스 에디슨(오른쪽)과 함께 있는 조지 이스트먼. 에디슨은 이스트먼의 필름을 그의 활동 사진기에 사용했다.

다. 그리고 이스트먼과 그의 동료 단둘이 시작한 회사를 1만 3000명 이나 되는 직원을 고용하는 회사로 만들었다.

굿윈과 이스트먼이 사용했던 그 경이로운 물질이 얇은 띠 모양으로 만들어져 사진술의 혁명을 이룰 수 있었던 것은 전적으로 1876년 《뉴욕 타임스》에 보도된 기사 "아프리카 코끼리, 엄청난 살육에 겁먹다" 덕분이다. 수많은 백인 사냥꾼들이 아프리카 전역에서 엄청난 수의 코끼리를 총으로 잡고 있다고 전해졌다. 실론 출신의 소령 로저스라는 사람은 평생 동안 2000마리 이상을 사냥했다고 했다. 모든 살육 행위의 원인은 유럽과 미국에서 상아의 시장 규모가 과거 30년 동안세 배로 커졌다는 데 있었다. 1864년에 영국에서만 상아 45톤을 수입했다. 코끼리 엄니 하나의 무게가 평균 27킬로그램이므로 영국에서 수입한 양에 해당하는 상아를 얻기 위해서 일 년에 코끼리 $8333\frac{1}{3}$ 마리가 죽어야 했던 것이다. 그토록 힘겹게 구한 상아는 대부분 장식품과 당시 가장 인기 있었던 실내 스포츠인 당구를 위해 쓰였다. 최고급 당구공은 최상의 코끼리 엄니, 그중에서도 가운데층(전체 엄니의 고작 50분의 1에 해당)으로 만든 것이었다. 상아로 만든 당구공은 금이 가거나 홈집이 생기는 일 없이 2년 이상 쓸 수 있었다. 따라서 아프리카 덤불에서 날아온 뉴스는 서양 세계의 플레이보이들에게는 좋지 않은 소식이었다.

1869년에 미국의 대표적인 당구공 제조회사인 펠런 앤드 콜랜더가 상아 대체물을 만들어내는 사람에게 1만 달러를 상금으로 주겠다고 제안했다. 이 제안은 뉴욕 주 올버니에서 인쇄업을 하던 존 하이엇과 아이제이어 하이엇 형제의 눈을 잡아끌었다. 그들은 진짜 상아와 전혀 분간할 수 없는 대체물을 만드는 데 성공했다. 그들이 만든 대체물은 당구는 물론 장식품 시장에도 일대 혁명을 몰고 왔다. 새로운 재료는 섭씨 100도 정도에서 연화되었기 때문에 원하는 모양을 만들기가 쉬웠다. 그것은 단단하고 균질하고 탄성이 있었고 더불어 높은 인장력까지 있었다. 게다가 물, 기름, 묽은 산에도 강했다. 처음에 그것은 고무, 구타페르카, 뼈, 상아, 조개껍질, 뿔과 같은 천연 재료를 대체했다. 그리고 그것을 상아 혹은 산호나 호박, 진주, 오닉스, 대리석처럼 보이게 만들 수도 있었다.

그것의 사용 범위는 믿을 수 없을 정도로 커져 갔다. 인형, 꽃병, 손잡이, 빗, 단추, 악기, 지팡이, 칼자루, 전선 피복, 장난감, 스포츠용품, 골무, 만년필, 코르셋, 아이스 피처, 피아노 건반, 체스 게임용 말, 도미노, 주사 상자, 싸구려 보석류, 식탁용 소금 그릇, 비누 받침대, 열쇠고리, 온도계, 줄자, 브러시 손잡이, 거울대, 바늘겨레, 면도용 솔, 단추걸이[46], 장갑 골, 머리핀 꽂이, 우산과 지팡이 손잡이, 구둣주걱, 쟁반, 화장품 통, 액세서리 함, 못 통, 장갑 박스, 포마드 통, 바셀린 통, 보석함, 고약 통, 콜드크림 통 등은 그것이 쓰이는 극히 일부일 뿐이었다. 이 새로운 물질은 또한 프랑스 쥐라에 있는 오요낙스라는 작은 마을에 활력을 불어넣었다. 19세기에 오요낙스는 빗과 선글라스의 중심지가 되었다.

하이엇 형제의 발명품은 노동자의 의상도 바꿔놓았다. 이 새로운 재료는 결코 해지지 않는, 그리고 항상 금방 다림질한 것처럼 보이는 옷깃이나 소맷부리 속 보형물을 만드는 데 쓰였다. 이것들은 은행과 전신 사무실에서 필수품이 되었다. 이 신제품은 또 다른 용도로도 쓰였다. 하이엇 형제가 올버니 덴탈이라는 회사를 열어 상아 의치를 대체했다. 구매를 권유하는 말 중 일부는 그 상품을 만드는 데 장뇌 성분을 썼기 때문에 이에서 '상쾌한' 냄새가 난다는 것이었다. 그러나 1875년 《뉴욕 타임스》에 보도된 것처럼 그 치아는 가끔 폭발하기도 했다.

하이엇 형제의 발명품은 아이제이어에 의해 셀룰로이드라는 이름으로 불렸다. 이것은 프랑스의 화학자 앙리 브라코노가 질산과 감자(당시 이 작용은 야채 화학이라고 불렸다.)를 가지고 놀던 때인 1833년의 일이다. 1838년에 또 다른 프랑스인 테오필 쥘 플루즈는 감자를 종이로 대체했다. 마침내 1846년에 바젤 대학의 화학 교수인 크리스티안 쇤바인이 종이와 감자를 원면으로 대체하고 황산을 첨가함으로써 그 과정을 완성해 새로운 비밀 병기를 생산했다. 그러나 그 비밀은 오래 가지 않았다. 폭발하는 원면이었기 때문이다.

폭발하는 원면과 함께 일어날 수 있는 몇 가지 것들이 있었다. 1847년 매사추세츠 주 보스턴에서 어떤 사람은 폭발하는 원면에 에테르를 섞어서 그것을 몸에 난 상처에 바르는 방부제로 바꿔놓았다. 또 다른 사람은 그것을 방수가 되는 곰 가죽 모자를 만드는 데 이용했다. 그러나 또 다른 사용(하이엇 형제에 의해 시도된)은 그것을 장뇌와 섞은 후 가열하고 짜내서 셀룰로이드로 바꾸는 것이었다. 그러나 가장 인상적인 사용법은 그것을 손에 넣을 수 있는 모든 군인들에 의해 왕성하게 사용되는 방식이었다.

면화약(棉火藥, 당시에 그렇게 부름)은 몇 가지 극히 가치 있는 특징을 지닌 경이로운 무기였다. 그것은 일반적인 화약보다 세 배나 강력했다. 또한 연기도 불꽃도 없어서 이것이 발사되는 것을 적이 볼 수 없었다. 이 두 가지 특징만으로도 포병들 사이에서 면화약의 성공은 보장되었다. 다른 여분의 사소한 이점들은 습기에 강하고, 열에 영향받지 않고, 그리고 총열을 더럽히지 않는다는 것이었다. 이 모든 것들은 통상 화약 사용과 연관된 문제점들이었다.

1864년 처음으로 사용되기 시작한 면화약은 1880년에 이르러 엄청난 호응을 얻었고, 덕분에 황동제 탄약통의 수요도 덩달아 늘어났다. 면화약을 실제로 사용할 때 발생하는 유일한 문제는 폭발력이 너무 강하다는 점이었다. 면화약을 생산하는 공장에서 예상치 못한 폭발 사고도 자주 일어나 잉글랜드 패버섐의 한 마을 전체가 파괴되기도 했다. 그리고 나서 스웨덴의 부유한 방화광인 알프레드 노벨[47](바쿠에 있는 러시아 유전 개발로 많은 재산을 모았다.)이 면화약에 에테르와 알코올을 섞어서 니트로셀룰로오스로 만들었다. 그는 이것을 니트로글리세린과 섞은 후, 다시 톱밥과 혼합했다. 1868년 이 혼합물에는 다이너마이트[48]라는 이름이 붙었다. 포탄은 (그리고 모든 종류의 군사용 미사일은) 전보다 훨씬 더 많이 하늘을 가득 채웠다.

47 138 172
47 148 184

48 139 172
48 149 184

어느 날 이 과도한 폭발력은 콩코드 비행기와 원자폭탄으로 이어졌다. 오스트리아 빈에서 한 사람의 탄환이 누군가의 귀를 '핑'하고 소리를 내며 지나갈 때 어떤 일이 생기는지에 호기심을 가진 덕분이었다. 이런 일이 전투에서 일어날 때, 생존자는 두 번의 강한 충격에 의해 흔들린다는 것은 잘 알려진 사실이었다. 하나는 총에서 기인한다. 에른스트 마흐는 두 번째 원인을 조사해 보기로 마음먹었다. 그는 지각知覺에 대단한 흥미를 가진 심리학자였다. 그는 안톨리크라는 헝가리의 고등학교 교사가 전기 스파크와 그을음 실험에 대해 쓴 보고서를 읽은 적이 있었다. 마흐는 탄환을 발사해 그을음이 있는 유리관을 가로질러 뻗은 매우 가느다란 철사 줄 두 개를 끊었다. 탄환이 철사 줄을 끊었을 때, 두 개의 강력한 전기 스파크가 생기면서 카메라의 셔터가 빠른 속도로 작동했다. 사진에는 탄환의 V자형 선수파船首波에 의해 교란된 그을음이 첫 번째 스파크가 일어났을 때 사진기에 잡힌 모습과 탄환 뒤에 남은 난기류가 두 번째 스파크가 일어났을 때 잡힌 모습이 담겼다.

마흐는 선수파가 음속보다 더 빠르게 발생한다는 것을 밝혀냈다(그는 이 속도를 '1'이라고 불렀다. '마하 1'은 소리의 속도를 묘사하는 데 쓰인다). 이 선수파는 하나의 충격파이고, 빛이 유리관을 통과해 들어오는 방식이 난류에 의해 구부러져서 띠 모양처럼 보이는 것을 만들기 때문에 마흐는 그것을 사진 찍을 수 있었다. 이 기술은 슐리렌 사진('schlieren'은 독일어로 '줄'을 의미한다.)이라고 불렸고, 마흐 이후의 모든 공기역학 실험에 사용되었다. 훗날 물리학자들이 히로시마에 원자폭탄을 투하할 때 폭탄을 가장 효과적으로 폭발시킬 위치를 결정하는 데 도움을 준 것이 바로 새로 발견된 이 충격파 효과였다. (지금은 마흐 효과라고 불린다.)

마흐는 충격파를 눈에 보이게 할 수 있는지를 알아보는 데 관심이 있었다. 왜냐하면 그는 관찰할 수 있는, 혹은 감지할 수 있고 양화할 수 있는 현상만이 실체를 가지고 있다고 믿었기 때문이다. 그는 "만약 감지할 수 없다면 그것을 잊어라."라고 말했다. 또한 보편적 절대는 없으며 사람들이 주관적으로 관찰하는 오직 국부적인 현상만이 있을 뿐이라고 주장했다. 이런 식으로 감각에 대한 그의 다른 실험들은 우주 비행사 훈련의 선구가 되었다. 그는 회전하는 거대한 기계 위에서 길이 4미터의 막대기의 끝에 있는 의자에 자원자들(머리에 종이봉투를 뒤집어썼다.)을 끈으로 묶고 돌렸다. 일단 속도가 붙으면 그 피실험자들은 회전하는 중에 감각을 잃어버렸는데, 이것은 감각이 완전히 주관적이라는 마흐의 주장을 증명하는 것이었다. 마흐에게는 모든 것들이 관찰자에 따라 달랐다.

이러한 생각들은 또 다른 흥미를 가진 쪽인 알베르트 아인슈타인(그 역시 히로시마에서 일어난 사건[49]과 밀접한 관련이 있다.)에게 너무도 기쁜 소식이었다. 아인슈타인은 마흐의 작업을 그 시기 대부분의 물리학자들을 위한 지적인 '모유'라고 칭하면서, 항상 상대성 이론에 대한 자신의 아이디어를 마흐의 영향으로 돌렸다.

상대성 이론을 제외하고도 할리우드와 영화 산업의 존재에 대해 우리는 이번에도 아인슈타인에게 감사해야만 한다. 이러한 연관은 20세기 초만 해도 아무도 빛이 무엇인지 몰랐기 때문에 생겨났다. 때때로 빛은 동심원의 그 원천으로부터 잔물결로 일면서 파장과 진동수를 보여주며 그것이 마치 파동인 것처럼 움직인다. 이러한 작용은 간섭무늬를 만드는 것에 의해 증명될 수 있다. 반면 빛은 마치 그것이 입자들로 구성되어 있는 것처럼 행동하기도 한다. 이것은 1873년에 처음으로 알려졌다. 아일랜드의 대서양 연안에 있는 대서양 횡단 터미널에서 한 전신 기사가 자신의 장비가 창문을 통해 들어오는 햇빛의 양에 따라 전류를 방출하는 것을 보았다. 태양이 강할수록 전류는 많았다. 밤에는 어떤 전류도 존재하지 않았다. 이것은 빛이 금속 셀렌 저항기와 충돌하기 때문에 셀렌이 빛에 반응해서 전기를 방출하고 있다는 것을 증명했다.

변화의 망을 가로지르는 길에는 중요한 교차로들을 형성하는 어떤 사건들이 있는데 이것은 그중 하나다. 그 망 위에서 벌어지는 많은 여행들은 교차로들을 통과한다. 제임스 와트도 그중 하나다. 극한 셈법도 그렇다. 낭만주의 운동, 뉴턴, 인쇄, 콜타르도 그렇다. 마찬가지로 셀렌의 발견은 중요한 연결을 의미한다. 이 발견은 너무나 기본적인 것이라서 이후 수많은 혁신과 변화의 방아쇠를 당기게 된다.

예를 들면 1884년까지 파울 닙코라는 독일인이 셀렌을 와이어를 통해 내보낼 수 있는 그림 신호로 바꾸는 시도를 하면서 영상 주사 원판 위에 셀렌을 이용했다. 그러나 그는 전자 주사를 개발하는 데까지는 성공하지 못했다. 비록 그의 연구가 초창기 텔레비전[50]에 사용될 기술을 확립하는 데 기여하기는 했지만 말이다. 아무튼 셀렌을 방출하는 전류가 빛의 파동과 관련 맺는 방식으로 생겨나는 것이 아니라 전하의 개별적인 폭발로 생겨난다는 것은 명백했다. 폭발은 빛의 강도에 따라 그 수가 증가하는 전자들로 구성되어 있다. 그러나 실험에서 빛의 진동수가 변화했을 때 전하는 변하지 않았는데, 이것은 만약 전하가 어떠한 방식으로건 빛의 파동과 관계를 맺는다면 기대할 수 있는 것이다. 전자 방출 속도만이 파장 진동수의 증가와 함께 빨라졌

50 40 56
50 280 393

을 뿐이다. 아인슈타인이 이 수수께끼를 해결했다. 빛은 파동처럼 움직이고 동시에 입자(그는 이것을 광자라고 불렀다.)처럼 움직인다. 빛의 움직임이 어떻게 보이느냐는 그것을 측정하는 방식에 따라 달라진다. 관찰자는 입자의 수를 셀 수도 있고 파동 진동수를 계산할 수도 있지만 그 둘을 동시에 할 수는 없다.

이 극히 중대한 과학적 전환은 영화 산업 종사자들에게는 전혀 의미가 없는 것이었다. 그들에게 셀렌이 빛으로부터 전기를 만들어내는 방식은 오직 하나만을 의미했다. 그것은 유성영화였다. 만약 셀렌을 다양한 전하에 의해 변동하는 빛에 반응시켜 전자를 방출하게 만들 수 있다면, 그것은 소리의 고저에 반응하는 막의 진동에 셀렌을 방출시킬 수도 있음을 의미했다. 그러면 변동하는 빛은 노출된 필름의 움직이는 띠 위에 명암 프린트를 생산할 수 있었다. 이 필름이 처리될 때 빛은 명암 프린트를 통과해 비치고, 통과한 빛의 변화량은 또 다른 셀렌 셀cell을 칠 것이다. 이것이 일어났을 때 셀은 광자의 변화하는 수를 방출하고, 그것은 변화하는 전하를 만들고, 소리가 필름 위에 녹음되었을 때 처음 막을 진동시켰던 원래의 소리[51]를 재생시킨다. 일리노이 대학의 교수인 티코친스키(이 문제를 1900년부터 1918년까지 연구했다.)에 따르면, 그것은 녹음 필름이 어떻게 작동하는가의 문제였다. 불행하게도 그가 만들어낸 소리는 영화관에서 듣기에 너무 약했다. 그는 연구를 포기했고 할리우드의 명예 전당에 한 자리를 차지할 기회도 잃었다.

그 문제는 리 디 포리스트라는 할리우드식 이름을 가진 한 사람에 의해 풀렸는데, 그는 이것이 없었다면 세계가 여전히 전자기적으로 조용한 장소였을지도 모르는 장치를 발명했다. 백열전구 안은 진공이며, 백열 필라멘트에서 나오는 입자들[52]이 뜨거운 필라멘트로부터 차가운 전구의 금속 기판으로 흐른다는 것은 이미 알려져 있었다. 디 포리스트는 이 흐름을 증폭기처럼 사용할 수 있을 것이라고 생각했다. 필라멘트에서 나오는 전하는 음전하이기 때문에 양의 기판을 향해 흐른다. 그러나 만약 작은 금속 격자를 필라멘트와 기판 사이에 놓으면 이 격자는 전기적으로 음이 되고, 음전하를 미는 힘에 의해 흐름을 멈추게 된다. (음과 음은 서로를 밀어내기 때문이다.) 그러나 그 격자 위에 가장 작은 양전하가 놓여질 때조차 필라멘트에서 나오는 입자의 흐름은 강력하게 격자를 향해 끌리고, 그것을 따라 급증하고 훨씬 더 빠른 속도로 금속 기판을 친다. 만약 격자 위의 작은 양전하가 약한 신호(셀렌에 의해 방출되는 것과 같은)에 의해 발생한다면, 신호는 전자의 흐름으로 인해 강하게 증폭되고, 그러한 증폭은 그 흐름이 금속 기판에 도달해 더 강한 신호를 내며 기판을 친다. 이런 식으로 '오디언(디 포리스트가 그의 장치에 붙인 이름)'은 필름에서 소리가 나오게 하는 장치로 만들어진 작은 신호를 증폭시켰다. 이때부터 영화 관객들은 소리를 들을 수 있었다.

그리고 디 포리스트는 사람들이 새로이 발명된 라디오[53]로 상당히 약한 신호 방송을 듣고 있다는 문제를 해결했다. 그는 자신이 만든 작은 오디언 관을 여러 개 연결해 약한 신호를 수백만 배로 증폭시키고 신호 수신 범위를 수백 배로 증가시킬 수 있었다. 디 포리스트는 1910년에 엔리코 카루소의 콘서트 실황을 전송함으로써 이를 증명했다. 디 포리스트는 뉴스와 오락 세계에 새로운 매체를 제공하는 일 이상의 것을 해냈다. 그의 증폭 기술은 온갖 종류의 장거리 통신을 가능하게 해주었다. 오디언이 개발되기 전까지 전화[54]는 320킬로미

52 38 55
52 239 332

53 236 322

54 34 53
54 276 388

터 이상을 연결할 수 없었다. 그러고 나서 1914년에 선을 따라 신호를 밀어올리기 위해 일정한 간격으로 선을 따라 디 포리스트의 증폭기가 설치된 덕분에 처음으로 뉴욕과 샌프란시스코 사이에 전화 연결이 가능해졌다. 또한 최초로 여섯 개의 대화가 동시에 전화선 하나로 이뤄지는 것이 가능해졌고, 각각의 대화는 서로 다른 주파수로 전송되었다. 그리고 증폭된 전파 신호는 마침내 텔레비전과 위성 통신으로 이어졌다.

디 포리스트가 오디언을 생각해낼 수 있었던 것은 뉴저지 주 웨스트오렌지에 사는, 세계에서 가장 유명한 (그리고 자기 선전을 가장 잘하는) 발명가 토머스 에디슨[55]의 실험실에서 그보다 몇 해 전에 있었던 우연한 일 덕분이었다. 1883년 에디슨은 새로운 백열전구를 연구하던 중 전구의 꼭지쇠 주위에 생기는 탄소 찌꺼기 때문에 전구가 더러워진다는 것을 우연히 알았다. 그는 이미 꼭지쇠를 작은 금속판으로 봉해두었다. 이 현상이 음극 입자들의 흐름에 의해 생겨나고 있다는 것도 깨닫기 전에 그 발명가는 이것에 겸손하게도 에디슨 효과라는 이름을 붙였다. (심지어는 특허까지 얻었다.) 몇 년 후에 디 포리스트는 자신의 오디언에 그 효과를 활용했다. 그러나 그는 항상 에디슨의 공적을 거부했다.

에디슨은 전신 조작원으로 일했을 때부터 이미 명성을 향한 길을 걷고 있었다. 그는 철도 회사에서 일했는데 그곳에서 전류, 회로, 자기, 혹은 자기와 유사한 물질을 실험하다가 끊임없이 해고의 위협을 받기도 했다. 다른 많은 기업가와 발명가들에게 그랬던 것처럼 에디슨에게 많은 기회를 준 것은 전례 없는 미국 철도[56]의 팽창이었다.

철로가 서쪽으로 계속 확장됨에 따라 도처에 새로운 시장이 열렸다. 철도 건설 인부들이 오고 있다는 소문만으로도 도시들이 하룻밤 사이에 마법처럼 생겨났다. 동시에 숲이 급속하게 사라졌다. 19세기 중반에 숲은 미국 역사상 파괴될지도 모를 첫 천연자원이 되었다. 만약 철도가 그런 가속도의 비율로 계속 팽창을 거듭한다면, 수십 년 내에 미국의 숲은 모두 사라질 위기였다. 이러한 초창기의 환경 문제는 예기치 못한 결과를 야기하는 것으로 판명됐다.

철도는 목재를 다리, 마차, 기차, 승무원의 숙박시설, 기관차의 연료(한 달에 3000코드), 전신주, 그리고 무엇보다도 철로를 제자리에 고정시키는 침목으로 사용하였다. 1850년의 미국의 철도 길이는 약 1만 4500킬로미터였다. 에디슨이 살던 시대인 1890년까지 철로의 전체 길이는 약 26만 4000킬로미터[57]가 되었다. 일꾼들은 하루에 철로를 16킬로미터 이상 깔고 있었다. 철로 16킬로미터를 깔기 위해서는 침목 2만 개가 필요했다. 이것은 매일 약 2000그루의 나무가 소요된다는 뜻이다. 1856년에 일리노이 주 록아일랜드와 아이오와 주 데이번포트를 연결하는 518미터짜리 다리에는 목재 30만 4800미터가 쓰였다. 미시건 주(이 주의 스트로브잣나무는 침목으로 애용되었다.)가 19세기 말 고갈 상태에 이를 정도로 벌목되었다는 것은 그리 놀랄 만한 일이 아니었다. 광대한 원시림의 나무들은 십여 개의 삼림철도에 실려 태평양까지 철로를 건설하는 일꾼들에게 수송되었다. 그곳은 금이 발견되는 캘리포니아[58]였다.

1850년에 미시건 주 새기노 근처의 제재소 여섯 곳에서 일 년에 통나무를 약 91만 4500미터 잘랐다. 19세기의 말에는 새기노의 제재소 여든 곳에서 매년 약 914만 4000미터를 잘랐다. 1856년이 되자 일리노이 주는 "나무 한 그루 없는 평원"으로 불리고 있었고, 시카고 50킬

57 28 50

58 1 23

로미터 안에는 땔감으로 쓸 나무조차 없었다. 목재 매매는 수많은 백만장자를 만들었다. 그들 가운데 하나인 에즈러 코넬은 쟁기를 파는 일을 포기하고 웨스턴 유니언 전신 회사에 기둥을 납품하는 사업을 시작했다. 때맞춰 그는 이 회사의 주주 가운데 한 사람이 되었고, 뉴욕 주 이서커(이곳에 그는 전에 철도를 놓았었다.)에 자신의 이름을 붙인 대학을 세울 정도로 엄청난 돈을 벌어들였다.

그러나 목재 문제의 진짜 원인은 그것이 계속되었다는 것이다. 철로용 침목과 전신주에 쓰이는 목재는 썩어서 부실해지는 것을 방지하기 위해 5년에서 7년을 주기로 교체해줘야만 했다. 그러다 1856년 미국의 숲은 파괴 위기를 모면했다. 갈레나와 시카고에서 처음으로 철길을 밝히는 데 사용된 신식 조명 덕분이었다. 바로 가스등이었다. 역설적이게도 이것을 증기기관과 연관해서 보면, 가스등을 실행 가능하고 경제적인 제안으로 만든 (그리고 결국 철도의 약탈로부터 숲을 구한) 최초의 사람은 제임스 와트의 동료인 윌리엄 머독[59]이었고, 그는 1792년 잉글랜드에서 석탄으로 가스를 생산하는 방법을 처음으로 상용화했다. 1802년 그는 맨체스터 외곽에 있는 와트의 공장에 가스버너를 설치했었다.

석탄 가스는 석탄[60]을 코크스로 만드는 간단한 과정을 통해 만들어진다. 그을음을 방출하는 데 그것을 여과하면 밤에 충분히 볼 수 있을 정도로 밝고 노란빛을 내며 함께 탔다. 1812년 런던 거리에 새롭게 등장한 가스등 덕분에 노상강도를 피해 안전하게 산책할 수 있었고, 1821년에는 가스등이 켜진 브라이턴 파빌리온에서 콘서트가 열렸다. 1829년에는 밤에도 집에서 책을 읽고 공장에서도 밝은 상태로 일할 수 있었다. 이 무렵 석탄 가스를 공급하는 가스등 회사는 200개

59 16 44
59 103 117

60 29 52
60 103 117

에 달했다. 그리고 19세기 중반에는 가스 공장이 미국의 모든 도심에 생겨났다.

잉글랜드에서 가스등 반대자들은 가스 산업이 포경 산업[61]의 기반을 깎아내린다고 주장했다. 고래 기름은 이전에 등불을 밝히는 주요한 원천이었고, 가스등으로 고래에 대한 수요가 줄자 잘 훈련 받아 영국 해군에도 활용 가능했던 고래잡이꾼들의 수가 줄었다. 당시 잉글랜드는 나폴레옹 전쟁을 수행하느라 바빴고, 해군은 숙련된 선원들이 부족해서 심각한 곤란을 겪고 있었다.

석탄 가스는 북아메리카의 숲에서 발생한 것 말고도 또 다른 환경 재앙을 야기했다. 코크스화로 석탄 가스를 만들 때 발생하는 주요한 쓰레기는 콜타르[62], 즉 악취를 풍기는 검은색 찌꺼기로 대부분 가스가 발생했다. 이것들은 가까운 강이나 연못에 투기되었다. 19세기 중반에는 런던의 템스 강에서 나는 악취를 참을 수 없어 의회의 회기를 중단해야 할 정도로 오염이 심했다. 이 일을 계기로 타르 문제에 대한 진지한 논의가 시작되었다. 강물에 투기하지 않고도 타르를 처리할 수 있는 다른 방법을 찾기 위해 조사반이 구성되었다. 해결 방법은 독일의 한 화학자에게서 나왔다. 그것은 타르를 증류하는 것이었다. 타르를 증류하면 그 과정에서 등유, 인공 염료[63], 방부제[64], 아스피린 등의 유용한 부산물이 많이 나왔다. 또 하나의 부산물이 미국의 숲을 구했다. 크레오소트[65]라는 걸쭉하고 기름기가 많은 검은 액체였다. 나무는 야외에 그대로 놔두면 보통은 7개월 만에 썩는데, 크레오소트를 바른 나무는 35년이나 멀쩡했다. 이 방법이 어찌나 널리 쓰였는지 뉴올리언스에서는 크레오소트를 바른 나무로 블록을 만들어 길을 포장할 정도였다.

그러나 너무나 유별난 운명의 일격에 의해 어느 날 나무들이 모두 사라져버리는 데 일조했던 철도를 구한 것 역시 콜타르였다. 19세기 초, 찰스 매킨토시라는 한 스코틀랜드인이 콜타르의 또 다른 부산물인 나프타가 고무를 부분적으로 용해시킨다는 사실을 발견했다. 그래서 그는 용해된 고무로 면직 천의 한쪽을 칠하고 그 위에 다른 천을 붙인 방수용 우비[66](오늘날에도 영국에서는 이 옷을 매킨토시라고 부른다.)를 만들어 큰돈을 벌었다.

66 144 174

나프타 용해 기술 덕분에 고무가 다양한 용도로 새로이 발견되었다. 그러나 문제는 고무[67]가 변화가 매우 심한 물질이라는 것이었다. 예를 들어 매킨토시는 아주 무더운 날에는 그가 만든 비옷이 '땀에 젖고' 영하에서는 갈라진다는 사실을 발견했다. 이러한 실제적인 문제에 대한 답은 혁신이란 것이 늘 그렇듯 우연히 발견되었다. 1839년 매사추세츠 주 록스버리에 있는 인디아 고무 회사에서 일하던 한 젊은이가 생고무로 실험을 하다가 고무와 황의 혼합물을 뜨거운 난로 위에 우연히 떨어뜨렸다. 다음 날 아침, 그는 고무가 녹지 않고 대신 마치 가죽처럼 새까맣게 타버린 것을 보았다. 그는 만약 고무가 타는 것을 적절한 시기에 중단시킬 수 있다면 고무를 방수용 가죽처럼 만들 수 있을 것이라고 생각했다. 황은 고무가 더 높은 온도 범위에서도 형태와 탄성을 그대로 유지할 수 있는 방식으로 가황(그가 만든 말이다.)시켰다. 그래서 이제 그는 고무를 필요에 따라 딱딱하고 탄력 있게 만들 수 있었다.

67 37 54

1844년 이 젊은 미국인은 이 공정으로 특허를 얻은 후, 서양에서 가장 큰 제조업 회사 가운데 하나를 시작했다. 그는 회사에 자신의 이름을 붙였다. 이 젊은이의 이름이 바로 굿이어이다. 회사의 성공에도 불구하고 그는 빚더미에 올라앉았다. (파리의 채무자 감옥에 갇힌 적도 있었다.) 1860년 뉴욕에서 발명가들이 일반적으로 그러하듯 그도 무일푼으로 생을 마감했다.

그러나 굿이어의 새로운 제품은 자전거[68]를 타는 사람들에서부터 매킨토시의 유행에 민감한 고무 의상 고객들까지 모든 것을 바꿔놓았다. 이때까지 고무를 가장 많이 소비하는 시장은 신발이었다. 가황 덕분에 장화와 구두는 가황 방식으로 제작되었다. 그리고 1857년에 고무접착제가 증기로 가열된 가황 몰드 방식으로 제작되었다. 고무접착제는 고무 신발창을 붙이기 위한 용도로 생산되었다. 19세기에 유행한 콜레라로 인해 스포츠와 건강에 대한 중산층의 관심이 커지자 영국인들은 캔바스톱과 고무 안창으로 만들어진 새로운 유형의 운동화를 생산했다. 밑창과 윗부분의 연결 부위에 가는 밴드를 한 줄로 길게 두른 이 신발의 생산자들은 이것이 배 옆에 그어진 선, 즉 화물 적재량의 안전 한계를 표시하는 선의 모습과 비슷하다고 생각했다. 그래서 이 새로운 신발을 그 선의 발명자 이름을 따서 프림솔이라고 불렀다. 그러고 나서 1865년에 사이클화가 나왔고, 1876년에는 야구화가 나왔다. 1880년대에는 새로운 아스팔트 트랙과 코트의 등장으로 고무 러닝화에 대한 수요가 증가했다. 그러나 고무 산업을 진짜 커다란 사업으로 바꾸어놓은 것은 수백만의 바닥용 방수포, 방수복, 그리고 방수 텐트의 수요를 만들어낸 미국남북전쟁이었다.

또한 남북전쟁은 미래의 비옷 재료에도 영향을 미쳤다. 북군은 1862년 페어오크스 전투에서 높은 고도에서 적의 활동을 정찰하기 위해 줄로 연결된 기구들을 처음으로 사용한 기구 부대[69]와 함께 악명 높은 성공을 거뒀다. 후에 메시지는 줄로 묶인 기구를 통해 언덕이

68 77   85
68 281 395

69 20   47
69 81   90
69 135 168

굿이어는 미치광이 소리까지 들어가며 고무 연구에 몰두했다. 그러나 그에게 돌아온 대가는 불행히도 거의 없었다.

많은 지역의 신호원들 사이로 보내질 수 있었다.

독일 귀족 출신의 한 장교가 미국 연방군에 배치된 것은 기구 부대를 관측하라는 명령 때문이었다. 그는 자신이 본 것에 너무 감동 받아서 독일로 돌아와 직접 기구 전함을 만들고 그것에 자신의 이름을 붙였다. 체펠린이었다. 1917년 제1차 세계대전 동안 체펠린을 이용해 잉글랜드를 폭격한 일은 현대적인 대규모 전쟁의 공포를 주요 도시들에 처음으로 선보인 것이었다. 그리고 거대한 비행선은 사실상 어떠한 날씨에서도 작전을 수행할 수 있었다. 왜냐하면 비행선의 거대한 기낭은 고무화된 방수 재료로 만들어져서 비를 맞아도 아무 문제가 없었기 때문이다. 이제 사람들은 비행선을 추진시킬 수 있는 수단을 찾는 데 노력과 지원을 아끼지 않게 되었고 덕분에 새로운 내연 기관이 개발되었다. 그리고 이것은 체펠린의 프로펠러를 돌리는 데 처음으로 사용되었다.

고무 산업의 모습을 바꿔놓고, 사실상 철도를 요절낸 것은 자동차의 도래였다. (그리고 이것이 유발한 도로 건설 프로그램이었고, 그것은 미국을 철도 이용객들의 땅에서 자동차 운전자들의 땅으로 만들었다.)

새로운 고무 시장의 성공 열쇠는 얼마나 빨리 제조업자가 상품을 생산할 수 있는가에 있었다. 이번에도 다시 한 번 콜타르가 마술을 부렸다. 1856년에 런던에 있는 영국왕립화학학교의 연구자들이 또 다른 콜타르 부산물을 분리해낸 것이다. 독일의 교수 아우구스트 호프만[70](독일로 돌아와 저명한 유기화학자 리비히[71]의 제자가 되어 있었다.)은 유능한 조수들이 실질적인 작업을 할 수 있는 연구소를 설립했고, 그들은 이곳에서 콜타르가 더 많은 제품들이 나올 수 있는 단일 화학 베이스(아닐린이라고 알려짐)로 이루어져 있다는 이론을 조사했다.

70 141 173
71 24 48

초창기 이전 제품들 중에는 아닐린 염료라고 불린 새로운 인공 착색제들이 있었고, 그것들은 프리드리히 바이어[72] 같은 독일인들에 의해 성공적으로 시장에 선보여졌다. 바이어는 거대한 독일 화학, 제약, 플라스틱 산업을 계속해서 창조해 나갔다. 그리고 나서 20세기 초, 고무에 아닐린을 첨가하면 자동차 타이어용 튜브를 가황하는 데 걸리는 시간이 3분의 2 이상 단축된다는 사실을 발견했다. 그것은 완성된 타이어를 더 질기게 만들어 보통의 주행 상태에서 더 오래 견딜 수 있게 했다. 프랑스 르망(승자를 확인하는 데 사진 판독이 처음 쓰인 곳이기도 하다.)에서 열리는 24시간 자동차 경주 같은 악조건에서도 충분히 견뎌낼 정도였다.

72 142 173

세계의 여가 습관이 바뀐 것은 초창기 고무 타이어 가운데 하나가 자전거에 장착되었을 때였다……

발명과 기술

그리고 삶의 속도

온갖 편리한 것들을 다 만들어내는 기술 덕분에 현대인의 생활은 매우 편해졌다. 한 세기 전만 해도 하인 십여 명은 필요했을 일보다 더 많은 일들을 이제는 가사용품이 해준다. 현대 가정주부들의 손가락 끝에는 로마의 그 어느 황제보다도 더 큰 힘이 들어 있다. 그리고 노트북 컴퓨터 한 대만 있으면 제2차 세계대전 당시 연합국이 활용할 수 있었던 자료 처리 능력을 전부 합친 것보다 더 많은 것을 일개의 개인이 이용할 수도 있다.

그러나 이러한 온갖 기술로 인해 현대인들의 생활은 광적일 정도로 빨라지고 말았다. 과거처럼 점심 식사를 하며 여유롭게 사업 상담을 할 시간이 더 이상 없다. 바쁜 날에는 식사조차 제대로 할 수 없다.

그래서 미리 만들어져 있는 패스트푸드를 전자레인지에 넣고 데운다. 포장지에는 음식을 만들기 위해 시간을 들일 필요도 없고 신선한 식품보다 건강에도 더 좋다는 선전 문구까지 적혀 있다. 현대 과학이 만들어낸 이러한 신통한 기술 덕분에 이제 즉석 식품(온갖 인공 감미료와 영양 성분이 추가되어 있다.)은 진짜보다 더 좋기까지 하다.

이 장에서 설명하는 연쇄적인 사건들은 우리의 생활을 좀 더 편리하게 만든 한 발명품에서 시작되었다. 아주 잘 어울리는 시작이라고 할 수 있다. 1893년 시카고 출신의 휘트컴 저드슨은 갈고리형 잠금 장치라는 작은 장치를 만들어 특허를 취득한 후, 돈을 넣는 주머니가 달린 벨트나 담배 주머니에 쓸 수 있도록 디자인했다. 이 장치는 옷을 여미는 데 사용했던 갈고리단추를 개량한 것이었다. 저드슨이 한 일이라고는 안전을 위해 끝에다 갈고리형 잠금 장치를 하나 더 덧붙인 것뿐이었다. 갈고리형 잠금 장치는 1893년에 열린 콜럼버스 국제박람회[73]에서 선풍적인 관심을 불러 모았다. 한편 1908년 피츠버그[74]의 웨스팅하우스 발전소에서 일하다 뉴욕으로 건너와 걸고리 단추 공장을 운영하고 있던 스웨덴의 전기 기술자 이데온 순드베크는 분리형 조임 장치로 특허를 신청했다. 오늘날 지퍼라는 이름으로 불리고 있는 이 장치는 1918년에 미국의 해군복에 쓰였고 영국의 의류업체들은 그것을 스커트와 드레스에 달았다. 1930년으로 들어서면서는 어디서나 볼 수 있는 흔한 물건이 되었다.

흥미로운 사실은 1893년 저드슨이 처음 특허를 받았을 때만 해도 이 물건의 용도는 구두를 조이는 것이었다는 점이다. "더러운 90년대"라고 불린 그 시절에는 발목이 훤히 노출될 정도로 밑단이 올라간 과감한 스커트가 유행했다. 이런 과도한 노출을 피하기 위해 점잖은

73 42 57
73 109 119
74 26 50
74 181 229

여성들은 부츠를 신었다. 그중에는 단추[75]가 스물네 개나 달린 것도 75 46 66
있었다. 저드슨의 아이디어는 이런 '괴물'들을 채우는 데 걸리는 시간
을 단축하는 것이었다. 타자기, 전화 교환, 인쇄, 기계, 전신 등의 산
업이 활황을 이루며 여성의 일자리[76]가 늘어나고, 사람들의 주머니가 76 146 182
불룩해지면서 새로운 여가 산업이 창출하던 1800년대 중반 이래 부
츠 시장은 성장을 거듭하고 있었다.

특히 활황을 이룬 것은 자전거[77] 산업이었다. 자전거타기는 남녀를 77 68 79
77 281 395
불문하고 대유행했다. 덩달아 자전거에 어울리는 새로운 패션도 유
행했다. 긴 치마를 입고 자전거를 탈 때 생기는 난처한 문제를 해결해
주는 새로운 의상이 이내 등장했다. 뉴욕 주 세니커 출신의 어밀리어
블루머가 만든 독창적인 퀼로트가 대유행한 것이다. 패션에 민감한
모든 여성들이 이내 퀼로트를 입기 시작했다. 그러나 이것을 입으면
발목이 더 많이 드러나기 때문에 훨씬 더 긴 부츠가 필요했다. 이렇듯
변화를 거듭하던 부츠와 신발 시장은 여성에게 더 많은 일거리를 만
들어주었다.

이 이야기의 주인공은 다섯 여성과 결혼해 아이를 열여덟이나 얻
는 중혼자다. 그는 그 다섯 명과 동시에 결혼 상태를 유지하고 있었
다. 그는 실수를 방지하기 위해 모든 딸을 메리라고 불렀다. 이 천하
의 바람둥이는 개성이라고는 하나도 없는 배우였다. 연기는 "어색하
고 과장이 지나치다"는 평가를 받았다. 결국 연기를 포기한 그는 산
업계를 뒤흔들 출셋길로 나가게 되었다.

뉴욕, 로체스터, 볼티모어, 시카고 등을 돌며 여자 뒤꽁무니나 쫓아
다니며 15년을 보낸 아이적 메릿 싱어는 그런 생활을 접고 1844년에
오하이오 주 프레드릭스버그에서 타자기에 들어가는 나무 글자판을

깎는 일을 시작했다. 글자판을 깎아주는 기계를 발명한 그는 피츠버그에서 인생의 전기를 마련했다. 그러나 기계는 잘 팔리지 않았고 그래서 그는 뉴욕으로, 다시 보스턴으로 근거지를 옮겼다. 그는 이곳에 한동안 정착했다.

그가 살던 아파트 위층에는 재봉틀을 만드는 일을 하는 펠프스라는 남자가 있었다. 덕분에 싱어는 재봉틀에 관심을 갖게 되었다. 그걸로 한몫 챙길 수 있다고 생각한 그는 시중에서 구할 수 있는 모든 샘플을 조사한 후, 돈벌이가 될 만한 개량품 두 대를 만들었다. 그는 벨트와 연결된 구동바퀴를 돌아가게 하는 크랭크에 발판을 부착하고, 또 천 위에 대고 누르는 '노루발'을 덧붙였다. 그가 추가한 이 두 부속품은 기계의 성능을 크게 높였지만 싱어가 부자가 된 것은 이 때문이 아니었다.

싱어가 큰돈을 벌 수 있었던 것은 전적으로 그의 동업자인 에드윈 클라크의 마케팅 능력 덕분이었다. 재봉틀을 국제 산업계를 흔들어 놓을 만한 상품으로 만들고 기존과는 판이한 새로운 판매 기술을 도입할 수 있었던 데에는 싱어보다는 아마 클라크의 역할이 더 컸을 것이다. 예를 들면 싱어와 그의 사업 방식을 알리는 광고를 실어 고객들에게 무료로 배포한 《싱어 가젯》을 생각해낸 것도 클라크였다. 그리고 5달러만 미리 내고 나머지 돈은 매달 이자와 함께 지불하면 재봉틀을 살 수 있는 방법을 도입한 것도 클라크였다. 구형 기계를 가져오면 일정 금액을 보상해주는 방식, 광고 타깃을 여성으로 정하고, 여성을 고용해 재봉틀 시연을 보이게 한 것, 교회 신자들이 재봉틀을 할인된 가격으로 살 수 있게 해서 제품의 이미지를 높인 것, 그리고 재봉틀을 쓰면 아내의 자유 시간이 더 많이 늘어날 것이라는 믿음을 소비자에게 준 것도 바로 그였다.

클라크의 시도는 그 누구도 상상치 못했던 놀라운 성과를 거두었다. 싱어는 1856년까지만 해도 재봉틀을 연간 2654대 생산했는데, 불과 4년 만에 10만 대 이상을 팔았다. 1861년에는 미국보다 유럽에서 판매량이 많았고, 6년 후에 회사는 영국·프랑스·아르헨티나에 공장을 둔 세계 최초의 다국적 기업으로 성장했다. 싱어 사는 제품을 대량 생산하는 한편, 당시 급성장하고 있던 통신 판매 사업을 시작했다. 미국을 다녀간 사람들은 싱어가 패션을 민주화한 것에 대해 한마디씩 남겼다. 미국의 상점에서는 판매원들이 고객들 보다 오히려 옷을 더 잘 입는 것처럼 보이기까지 했다.

19세기 말이 되자 자전거타기 열풍 그리고 새로운 야외 여가 활동과 함께 온갖 다양한 종류의 신발이 등장하기 시작했는데, 이때 제화업자들은 단추가 달린 긴 부츠의 연결부를 만드는 데 싱어가 만든 재봉틀을 이용했다. 그의 재봉틀은 가죽을 박기에도 부족함이 없을 정도로 튼튼해서 1858년부터는 갑피를 재봉하는 데도 널리 쓰였다. 남북전쟁이 일어나 부츠의 수요가 늘자 구두창, 대다리, 뒤축과 발가락 부분을 바느질하는 기술에 변화가 생겼다. 구두 골 숙련공 한 사람이 수작업으로 하루에 구두 60켤레를 만드는 데 반해, 이 신형 기계를 쓰면 하루에 400켤레 이상을 만들 수 있었다.

재봉틀은 장식용 바늘땀, 레이스 구멍, 단춧구멍을 만드는 데도 쓰였다. 온갖 과대 선전과 판매 수법이 동원되긴 했지만 싱어의 놀라운 성공은 기본적으로 그가 수천 대의 재봉틀을 빠르고 싸게 생산할 수 있었기 때문이었다. (수리도 빨리 할 수 있었다.) 재봉틀은 교환해서 끼울 수 있는 동일한 규격의 부품들을 이용해 생산 라인[78]에서 조립되 78 18 45

었고, 덕분에 고장 난 부분을 쉽게 수리할 수 있었다.

이런 식으로 생산된 최초의 기기는 재봉틀이 처음은 아니었다. 뉴잉글랜드의 시계제작공들은 18세기 말 이래로 나무 시계에 들어가는 부품들을 대량 생산하고 있었다. 그들은 부품들을 봉선반 위에 올려놓고 작업했다. 한편 선반은 축에 감긴 긴 줄에 의해 움직였다. 줄의 한쪽 끝에는 환봉丸棒이, 다른 한쪽에는 발판이 부착되어 있었다. 줄이 발판에 작용하는 압력에 의해 아래로 잡아당겨지면, 봉이 구부러지면서 줄이 움직였고 그와 동시에 가공물을 움직이는 축이 회전했다. 발판이 풀리면 봉은 곧게 펴지면서 줄을 당기고 축을 반대 방향으로 회전시켰다. 일꾼들은 매번 반대 회전을 할 때 가공물에 절삭 공구를 이용해 작업했다.

19세기 중반, 코네티컷 주 뉴헤이븐에서 저롬 촌시라는 사람이 금속제 시계 부품을 최초로 대량 생산하기 시작했다. 그는 아마도 같은 도시 사람인 일라이 휘트니가 개발한 기술을 활용했을 것이다. 1790년대로 되돌아가 보자. 빚에 찌들어 돈이 몹시 궁했던 휘트니는 미국 정부가 발주하는 사업의 계약을 따내려고 백방으로 노력하고 있었다. 이 일만 성사되면 빚을 청산할 수 있는 길이 보일 것이라고 믿은 그는 자기가 머스킷을 만들 수 있다고 정부를 설득했다. 전에 그는 목화씨를 자동을 빼주는 기계인 조면기繰綿機를 발명해 생산했었다. 이 혁신적인 기계는 인건비를 대폭 감소시켜 미국 남부산 면화[79]의 가격 경쟁력을 높여주었다. 당시 세계 최고의 면직물 생산국이었던 영국은 그동안 인도산 면화를 선호했지만 이제 상황은 완전히 바뀌었다.

1798년 휘트니는 정부의 무기 조달 의사를 두고 상하 양원 사이에서 벌어진 논쟁을 다룬 기사를 우연히 보고 재무부 장관에게 편지를

79 102 117

썼다. 편지 내용은 조면기 시장이 과열되고 있는 상황에서 "물로 작동하는 특정한 기계류"를 써서 1만 개에서 1만 5000개 사이의 머스킷을 제작할 노동력과 노하우가 자신에게 있다는 것이었다. 사실 그의 조면기 공장은 (팔려고 내놓은 조면기 스무 대와 그의 도구, 재료와 함께) 불타 무너져버렸다. 휘트니의 총 제작 능력에 관한 한 그 기계류는 아직 만들어지지 않았고, 게다가 그는 평생 한 번도 머스킷을 만들어본 적이 없었다. 그러나 이것은 정부에게는 그다지 중요해 보이지 않았다. 정부는 빠른 결과물에만 애달아 있었고 그래서 전장에서 쉽게 교체될 수 있는, 동일하고 호환성이 있는 부품을 만들 수 있다는 휘트니의 제안에 솔깃했다. 사실을 은폐하고 호환성을 당국에 시연한 후(그가 한 것이라고는 나사돌리개로 몇 개의 안전장치를 대체한 것이 다였다.), 휘트니는 13만 4000달러의 계약을 맺고 뉴헤이븐으로 돌아와 일을 시작했다.

1801년 그는 첫 제작품을 납품했다. 프랑스에서 돌아온 토머스 제퍼슨[80]이 작동법이 실린 팸플릿을 그에게 보내준 덕분이었다. 제퍼슨은 1784년에서 1789년까지 프랑스에 있었다. 그곳에서 오노레 르 블랑이라는 남자를 만난 적이 있었는데 그가 제퍼슨에게 자기가 발명한 머스킷 발사 장치들을 분해했다가 다시 무작위로 결합하는 시범을 보여줬다.

80   113   135
80   213   278
80   295   427

제퍼슨은 파리에서 새로운 공화국과 여러 유럽 열강들 사이의 무역 협정을 책임진 미국의 대표단으로 활동했다. 일 년 후 프랑스 주재 대사가 된 그는 지성인들의 모임에 나가기 시작했다. 제퍼슨은 항상 과학 전반, 특히 농학과 기상학에 열중했고, 유럽 여행 중에 우연히 만난 혁신들을 기록해두었다. 잉글랜드의 물나사, 이탈리아의 쌀

81 20 47
81 69 79
81 135 168
생산, 프랑스의 운하, 그리고 암스테르담의 건설 기술, 파리에 있는 동안은 기구 비행[81]과 포도 재배술(최상급 부르고뉴산 포도를 수확할 수 있는)에도 흥미를 보였다. 제퍼슨의 모임에는 콩도르세(제퍼슨은 그와 함께 장래 프랑스의 국가구조에 대해 논의했다.)나 라 로슈푸코 같은 당대의 대표적인 사상가들이 다수 포함되어 있었다.

1786년 제퍼슨은 한 남자를 만났다. 제퍼슨은 그 사람이 쓴 책을 몇 년 전에 읽은 적이 있었다. 뷔퐁 백작이라고 불리는 조르주 루이 르클레르였다. 왕립식물원 원장을 지내기도 하고 자연사에 관한 수십 권의 기념비적인 책을 쓴 그는 당대 과학계의 존경을 한 몸에 받고 있던 사람이었다. 그는 50권의 책을 썼는데 그중 생전에 출판된 것만도 36권이나 되었다. 그중 가장 유명한 것은 1778년에 출판한 다섯 번째 책 『자연의 신기원』이었다. 그는 이 책에서 행성이 태양과 혜성의 충돌로 생겨났다는 학설을 내놓았다. 또한 지질의 역사를 시기별로 재구성했는데, 지구의 역사를 창세기의 7일에 대응하는 7단계로 나눴고 각 단계는 약 3만 5000년이라고 했다.

뷔퐁은 또한 미국을 헐뜯기 좋아했는데, 프랑스의 다른 과학자들(이들 역시 미국에 가본 적이 없다.)도 그렇게 하기를 권했다. 프랑스의 엉터리 출판물들 중 일부는 미국의 기후 조건이 모든 면에서(특히 크기 면에서) 유럽의 동물들보다 열등한 것을 낳았다고 하는 과학자들의 주장들을 담고 있었다. 미국의 원주민들이 성욕이 부족한 발육부전이라는 주장도 있었다. 그리고 미국의 광대한 지역이 짙고 악취가 나는 안개에 덮여 있다고 했다. 또 그 나라가 도마뱀·뱀·무시무시한 곤충들로 들끓고, 루이지애나의 개구리는 무게가 17킬로그램이나 나가고, 매독이 그 지방 특유의 것이라고도 했다.

이러한 어처구니없는 주장들에 대한 제퍼슨의 반응은 뉴햄프셔 주지사인 존 설리번에게 말코손바닥사슴과 와타피사슴, 순록 등 대형 사슴의 뼈와 가죽을 보내달라고 요청하는 것이었다. 그러고 나서 제퍼슨은 미국의 동물들이 작지 않다는 것을 증명하기 위해 이것들을 왕의 진열실에 전시했다. 뷔퐁은 『자연사』 다음 번 판본에서 내용을 정정하겠다고 약속했지만 그전에 세상을 떴다.

과학계의 모든 인사들이 그러하듯 제퍼슨과 뷔퐁 역시 새로 발견된 동물들(당시 미국에서는 동물 화석이 연이어 발견되고 있었다.)에 대한 관심이 지대했다. 그것들의 뼈가 '존재의 대사슬'에 있는 간극을 메울 증거가 될 수도 있기 때문이었다. 존재의 대사슬은 2000년 전 아리스토텔레스가 처음 제안한 이후 계속 명맥을 유지하고 있었다. 이 개념은 모든 생명체의 형태는 창조의 순간에 이미 정해지며, 질의 우열에 따라 점액질에서부터 인간을 거쳐 천사까지 아주 미세한 단계를 이루며 아래에서 위로 배열되어 있다는 믿음에 토대를 두고 있었다. 그러나 사슬이 처음부터 완전한 형태로 창조되었다면 종들 사이의 간격이 거의 없어야 자연스럽지만 실제로는 너무나 큰 간극들이 있었다. 따라서 학자들은 인류가 아직 발견하지 못한 생물들을 상정해야만 했다.

이전 세기에 영국왕립협회는 자신들의 의무가 "이러한 비밀이 완전히 드러날 때까지 사슬의 모든 연결을 추적해서 우리들의 손으로 그것들의 작용을 발전시키거나 모방하는 것이다. 이것이야말로 진정으로 세계를 지배하는 것이다. 사물의 온갖 다양성과 등급에 질서를 부여하면, 우리는 그 맨 꼭대기에 서서 모든 것들을 굽어보며 우리의 삶을 더 안락하고 평화롭고 풍요롭게 하는 데 그것들을 이용할 수 있을 것이다."고 생각했다. 사슬에 존재하는 모든 생물을 확인해서 명명하는 데 성공하면 하느님의 계획이 총체적으로 드러날 것이라고 생각한 것이다.

17세기 사상가들을 사로잡은 것은 '눈에 보이지 않을 정도로 미세한 변화'가 사슬 위에 있는 하나의 종, 또 다른 종의 연결과 어떤 관계가 있는가였다. 사슬은 얼마나 많은 부분으로 나뉘는 걸까? 그리고 그 부분들은 얼마나 작게 다시 나뉘는 걸까? 점진적인 변화라는 이런 문제는 훗날 진화라는 개념을 낳지만, 사슬에 존재하는 것처럼 보이는 이런 '간극들'은 17세기만 해도 인간의 지식이 완전하지 않다는 증거로 비쳤을 뿐이다.

이러한 견해를 가장 강력하게 대변한 사람은 수학자이자 철학자인 독일의 고트프리트 라이프니츠[82]였다. 그는 눈에 보이지 않을 정도로 작은 생명체의 형태들을 확인하기 위해 애썼다. 예를 들면 라이프니츠는 종들 중 일부와 그것들의 형태 사이에 존재하는 미세하지만 분명한 간극들 속에 극미한 실체들이 있다고 주장하며, 그것들을 가장 작은 입자, 즉 '모나드'라고 불렀다. 라이프니츠는 인간의 감각으로는 도저히 알아차릴 수 없는 유기체가 존재하며, 유기체들의 형태 사이에 존재하는 미묘한 차이를 알아내는 것은 불가능하다고 여겼다. 그는 '크기가 너무 작아서 보통의 관찰로는 도저히 알아낼 수 없는 생명체들이 무한히 많다'고 생각했다.

극미한 것들을 계산하는 데 도움이 되는 수학의 한 유형을 이미 개발한 바 있던 라이프니츠는 세밀한 것들에 관심이 많았다. 당시 천문학자들은 그러한 문제에 특히 관심이 많았다. 중력이 행성의 움직임에 영향을 미친다는 사실이 새롭게 발견되면서 태양 궤도에 있는 천

82 231 317
82 253 349
82 309 456

체들의 가속률을 계산할 필요가 있었기 때문이다. 이것을 달성하기 위한 라이프니츠의 체계는 '극한 셈법'으로 알려졌다.

라이프니츠가 눈에 보이지 않을 정도로 작은 생명체들이 실제로 있다고 생각한 이유 중 하나는, 한때 그가 델프트라는 네덜란드의 도시에 살았기 때문이다. 그때 그는 현미경학의 노대가이자 관료인 안토니 판 레이우엔훅[83]을 만난 적이 있었다. 그는 당시 자신이 직접 발명한 새로운 형태의 확대경을 통해 극히 놀라운 것을 발견했다. 한때 그는 포목점 점원으로 일했는데, 1667년 사업차 잉글랜드에 갔다가 자신의 포목상용 확대경을 이용해 그린 것보다 몇 배는 더 자세하게 그려진 비단 섬유의 그림들을 보았다. 이러한 새로운 광경을 낳은 데 사용되었던 그 기구는 현미경이라고 불리는 것이었다. 성능이 더 좋은 것을 개발한 레이우엔훅은 세상을 바꿔놓았다. 그는 인간의 맨눈으로 보기에 너무나 작은 생명체를 찾는 데 그것을 사용했다.

83 254 349
83 310 457

이 시점까지 니어마이어 그루, 마르첼로 말피기, 로버트 훅과 같은 학자들은 현미경을 이용해 식물의 절단면, 코르크, 해부한 동물의 혈관, 기관지, 물고기 비늘 같은 죽은 생물들을 조사했다. 그러나 레이우엔훅은 자신의 현미경을 통해 움직이는 아주 작은 물체들을 보고 그것들이 살아 있다고 결론을 내렸다. 이러한 가정은 생물학의 발달에 있어서 중요한 것이다. 레이우엔훅은 약 270배로 확대하는 유리를 이용해서 완전히 새로운 세계를 보기 시작했다.

1676년 그는 런던의 영국왕립학회에서 자신이 발견한 '작은 동물들'에 관해 쓴 열여덟 장의 편지로 세상을 떠들썩하게 했다. 그는 살아 있는 원생동물, 그리고 파열되어 원형질이 밖으로 드러나 있는 세포에 대해 썼다. 이후 그가 쓴 편지 300개 중에는 박테리아·윤형동

안토니 판 레이우엔훅은 사람 머리카락 크기 40분의 1에 불과할 정도로 크기가 작은 것도 관찰했고 그러한 것들을 세밀한 그림으로 남겼다.

물 · 정자 · 꿀벌과 이의 침^{針} · 간디스토마 · 개구리 기생충 · 액자 혈구 · 배아와 조류^{藻類}를 그려 넣은 것도 있고, 진드기들의 교미 과정을 묘사한 것도 있다. 1677년 한 편지에서 그는 가장 작은 '동물'의 발견을 발표했는데, 그는 이것 3000만 마리를 모아야 고작 모래 알갱이 하나의 크기라고 말했다.

레이우엔훅의 발견은 모든 사람들을 놀라게 했다. 그중에는 1690년에 델프트에서 자수성가한, 반문맹인 포목상과는 성격과 환경 모두 완전히 딴판인 젊은이도 있었다. 그의 이름은 크리스티안 하위헌스였다. 네덜란드 헤이그의 부유하고 유명한 가문에서 태어난 그는 여행 경험이 아주 많은 사람이었다. 하위헌스 가문은 의심의 여지가 없는 최상류 계급이었다. 그들은 데카르트를 초대하기도 했다. 하위헌스의 아버지는 영국의 기사 작위를 받은 사람이었다. 하위헌스 자신은 레이던 대학에서 수학과 법률을 공부했고, 파리와 런던에서(이곳에서 뉴턴과 그 밖의 중요한 사람들을 만났다.) 시간을 보낸 열광적인 실험자였다. 렌즈 가는 기술(렌즈 갈기는 당시에는 최첨단 취미였다.)을 연마한 다음 그는 형제들과 함께 망원경을 제작해 1655년에 타이탄과 토성⁸⁴의 고리들을 발견했다. 1656년까지 그는 최초의 진자시계와 그것이 어떻게 작동하는가에 관한 이론을 내놓았다. 그러고 나서 유사^{遊絲}를 디자인하는 일을 계속했다. 하위헌스는 또한 당시 최첨단 분야인 수학, 유체정역학, 천문학, 기계론적 철학, 탄도학, 우주론 등을 취미 삼아 조금씩 공부했다.

84 132 157
84 252 349

이 도회지 인텔리로 하여금 렌즈가 어떻게 작동하는지 조사하도록 이끈 것은 바로 렌즈 갈기였다. 그의 연구 결과는 빛이 일련의 충격파이며 이것이 입자들의 충돌에 의해 생성되는 파면^{波面}에서 퍼져나가 미세한 입자들 사이에 파동을 만든다는 제안을 담은 한 편의 논문으로 나타났다. '에테르'라고 하는 그 입자들은 눈에 보이지도 않고 형태도 없고 무게도 없는 물질이며 우주에 있는 모든 것들을 투과할 수 있다.

1677년 하위헌스는 빙주석^{氷柱石} 결정에 빛을 쪼이면 이상한 현상이 일어난다는 사실을 알게 되었다. 빛은 결정을 통과할 때 두 부분으로 나뉘는데 그중 하나는 유리가 빛에 미치는 것과 같은 정상적인 방식(이것도 하위헌스가 연구했다.)으로 굴절되지만, 다른 하나는 지금까지 알고 있던 것과는 전혀 다른 방식으로 굴절되었다. 그는 이러한 현상이 일어나는 것은 빙주석 결정이 두 가지 매질로 되어 있으며, 그중 하나가 빛의 방향을 '비정상적인' 방식으로 바꿔놓기 때문이라고 생각했다. 그러나 그는 방해석 결정을 통과한 '비정상적인' 광선을 한 번 더 결정에 통과시키면 왜 결정의 방향에 따라 빛의 진행 방향이 기이하게 변하는지는 설명할 수 없었다. 두 번째 결정을 회전시키면서 광선을 통과시키면, 광선은 점차 약해져 사라져버렸다가 다시 완전한 강도로 되돌아왔다.

하위헌스가 몰랐던 것은 그 '비정상적인' 빛이 편광이라는 사실이었다. 첫 번째 결정을 통과한 빛은 한 평면에서만 진동했다. 빙주석의 이런 성질은 1828년 스코틀랜드 지질학자 윌리엄 니콜이 에든버러에서 했던 연구에 도움을 주었다. 그는 샌더슨이라는 보석세공인이 사용하는 기술을 개량해서 극도로 얇은 결정과 암석 조각을 만들었다. 그는 이 조각을 이용해 광물의 내부 구조를 현미경처럼 세밀하게 관찰할 수 있었다. 그러나 그가 개발한 기술은 거의 알려지지 않았다. 암석에서 발견한 구멍에 관해 겨우 소논문 두 개만을 발표했기 때문에 읽은 사람이 거의 없었던 것이다.

1828년 니콜은 빙주석을 쪼갠 다음 젓나무에서 나오는 수지인 캐나다 발삼을 써서 다시 두 조각을 접합시켰다. 발삼의 굴절률 때문에 편광은 빙주석 결정을 직선으로 통과할 수 있지만 정상 광선은 발삼에 의해 반사되었다. 같은 방식으로 만들어진 두 번째 빙주석 조각을 첫 번째 것 옆에 놓고 회전시키면, 편광이 흐려지기도 하고 밝아지기도 했다. 그는 '니콜 프리즘'이라고 불린 이 도구의 첫 번째 빙주석 조각에서 나온 편광을 특정한 물질에 통과시키면, 그 물질의 구조에 따라 편광의 강도가 영향을 받는다는 사실을 밝혀냈다. 편광의 강도가 원래대로 되돌아올 때까지 니콜 프리즘의 두 번째 빙주석이 돌아간 회전 각도는 물질의 구조에 따라 좌우되었다. 따라서 회전 각도를 확인하면 물질의 화학적 조성을 알 수 있었다. 이런 성질을 갖고 있는 물질은 '광학적 활성체'라고 불렸다. 1840년에는 니콜 프리즘과 관련된 이러한 기술이 설탕을 분석하는 데 사용되었다. 설탕에 있는 자당蔗糖의 양이 설탕 용액을 통과하는 편광에 영향을 주기 때문이었다.

당시 설탕은 오늘날의 석유만큼이나 중요하고 비싼 상품이었지만(여러분은 니콜의 획기적인 뉴스를 기대했을지도 모르겠다.) 니콜을 유명하게 만든 것은 설탕 분석이 아니었다. 그가 명성을 얻게 된 것은 스코틀랜드의 용광로 관리자인 제임스 닐슨의 노력 덕분이었다. 그는 빨갛게 달구어진 관 사이로 차가운 공기를 통과시켜 온도를 섭씨 300도까지 올려 용광로에 불어넣었다. 이런 방법을 쓰면 같은 양의 석탄으로 세 배나 더 많은 철을 생산할 수 있을 정도로 석탄의 효율을 높일 수 있었다. 더욱더 중요한 것은 이 기술을 쓰면 당시 랭커셔에서 흔히 볼 수 있지만 사용하기 힘들 정도로 질이 낮은 석탄도 사용할 수 있었다. 1835년 무렵이 되자 스코틀랜드에 있는 모든 제철공장에서 닐슨의 기술을 사용했고 덕분에 스코틀랜드는 산업 중심지가 되었다. 1829년에서 1845년 사이에 스코틀랜드의 연간 선철 생산량은 2만 9000톤에서 47만 5000톤으로 급증했고, 생산된 철은 교량, 분수식 수도, 제당 장비[85], 심지어는 장식 잉크스탠드의 재료로까지 수출 85 218 297 되었다. 이러한 급격한 수요는 채탄 붐을 불러왔고, 종국적으로는 니콜과 그가 개발한 투명한 박편의 명성으로 이어졌다.

그 다음으로 벌어진 일들은 잉글랜드 북부 출신의 아마추어 식물학자 헨리 위덤과 관련이 있다. 그는 고대 식물 화석의 내부 구조에 미쳐 있었다. 1829년 에든버러에서 「고대 세계 초기의 식물」이란 제목의 획기적인 논문을 발표한 그는 니콜을 만났다. 그들은 니콜의 박편 기술에 대해서 토론했다. 자기가 그토록 좋아하는 고대 식물 화석의 내부를 자세히 볼 수 있다는 생각에 흥분을 감추지 못한 위덤은 니콜이 개발한 기술을 이용해 식물, 물고기, 이빨, 나무 등의 화석 표본 수십 개를 관찰했다. 그 화석들은 스코틀랜드의 석탄 광부들이 파낸 것이었다. 1831년 위덤은 자신이 발견한 사실들을 「몇 가지 화석 식물에 관한 관찰」이란 제목의 논문으로 발표했다. (그는 여러 편의 논문을 발표했지만 전해지지 않는 것들도 있다.) 이 글에서 그는 자신의 발견이 전적으로 니콜 덕분이었음을 밝혔다.

한편 그 글을 읽은 사람들 중에는 헨리 소비라는 사람이 있었는데, 그 역시 강박증이 있었다.(요크셔 셰필드 출신인 그는 자기가 가는 곳마다 어머니를 모시고 다녔고 결혼도 하지 않았다.) 니콜이 발견했던 암석 구멍들에 압도된 소비는 미세암석학의 기초를 닦아 "현미경을 산에 들이댄 남자"로 불리게 되었다. 소비는 암석에 들어 있는 화석 생물이 아니라 암석의 구조 자체에 관심이 있었다. 그래서 그는 1849년에 니콜의 박편 기술과 니콜 프리즘을 이용한 화강암 연구로 지질학자들에게 화성암의 기원에 관한 중요한 자료를 제공했다. 그는 불규칙하게 소용돌이치는 물에 모래와 미사微砂가 어떤 식으로 침전되는지에 대해서 연구한 후 돌에 있는 미세한 잔물결 무늬를 조사하기도 했다. 퇴적암이 최초에 어떤 식으로 형성되었는지를 알아내기 위해서였다. 이런 일련의 연구를 통해 그는 암석에 미세한 구멍들이 생긴 원인이 물인지 열인지 혹은 압력 때문인지를 설명할 수 있게 되었다. 이런 정보는 훗날 지구의 연대를 조사하는 사람들이나 지질학자들에게 매우 귀중한 자료가 되었다.

86 105 118
86 198 255

1864년에 분광기[86]라는 새로운 발명품이 나오자마자 소비는 그것을 현미경과 결합시켜 분광현미경을 발명했다. 그는 미지의 물질을 물에 용해시키고 빛을 비춘 후 프리즘에 통과시켰다. 그러면 미지의 물질 속에 있는 성분들은 특정한 파장을 갖는 빛을 흡수했다. 그 결과 프리즘을 통과한 후 보이는 스펙트럼의 특정 부분에 검은색 줄이 생기는데 그 부분은 원래 특정 파장의 색이 있어야 할 자리이다. 따라서 이 선들을 보면 미지의 물질에 있는 어떤 성분들이 빛을 흡수한 것인지를 알 수 있었다.

소비는 분광기를 이용해 유기체의 독, 새알, 식물, 조류藻類, 사람의 머리카락, 균류菌類와 용광로의 매연 등 온갖 것을 분석했다. 그가 단풍잎이 왜 노랗게 혹은 빨갛게 변하는지에 관심을 갖기 시작한 것은 1867년이었다. 그는 가을에만 단풍이 드는 원인이 잎 속에 있는 엽록소가 햇빛 부족으로 분해되기 때문이라는 것을 발견했다. 그는 이 노랗고 빨간 새로운 물질에 카로틴이라는 이름을 붙였다. 왜냐하면 그것은 당근(당근은 영어로 carrot—옮긴이)에 그 특유의 색을 주기 때문이다. 카로틴은 일부 식물과 동물이 빨강이나 노랑을 띨 수 있는 화학 물질이라는 것이 증명되었다. 카로틴이 발견된 또 다른 것으로는 홍학의 깃털, 바다가재의 껍질, 살구, 달걀 노른자위, 토마토 등이 있었다. 그 후 1876년 로마에 살고 있던 독일인 교수 프란츠 볼은 카로틴이 인간의 눈에도 있다는 사실을 알아냈다.

생리학자였던 볼은 전기물고기를 주로 연구했다. 1873년 그는 로마 대학의 비교해부학 연구소를 맡아달라는, 거절할 수 없는 요청을 받았다. 3년 후 그는 개구리의 망막을 연구했는데, 그때 보통의 붉은 망막 색소가 강한 빛을 받으면 표백된다는 사실을 알게 되었다. 그 후 그는 베를린으로 가서 이러한 현상을 헤르만 폰 헬름홀츠[87]나 에른스 87 233 319

트 프링스하임[88] 같은 선임 과학자들에게 시범을 보였다. 헬름홀츠와 대화를 나눈 후 볼은 망막 속의 물질이 표백되는 것에 대해 더욱 흥미를 갖게 되었다. 그 화학 물질은 나중에 로돕신으로 불리는 것을 갖고 있었다. 현미경을 이용해 실험한 후 볼은 자신이 관찰했던 그 색 변화가 망막 막대세포의 바깥층에 있는 혈소판들의 변화 때문이라는 것을 알게 되었다. 이 조직들은 어둠에 적응한 동물들에게서는 항상 빨갛지만 늘 밝은 빛에서 지내는 동물들에게서는 표백되기 때문에, 볼은 이 붉은 색이 항상 밝은 빛에 의해 없어지며 어두운 빛으로 돌아올 때마다 매번 그것을 본래 상태로 되돌린다고 생각했다. 그 후 이 '영양물'이 카로틴의 한 형태라는 것과 카로틴 결핍은 망막 색소의 합성을 막아 야맹증의 원인이 된다는 것이 밝혀졌다. 그러나 이러한 종류의 식이성 영양 결핍의 측면은 전적으로 일부 자와 섬의 닭들이 보인 이상한 행동 때문에 알려진 것이었다.

닭들의 그런 행동을 처음으로 눈여겨 본 사람은 크리스티안 에이크만이라는 젊은 군의관이었다. 그는 사람들을 쇠약하게 만들어 네덜란드의 식민지 관리들을 곤란하게 했던 열대 질병인 각기병의 원인을 조사하는 임무를 맡고 있던 네덜란드 군위원회의 조수였다. 1886년 위원회는 각기병이 일종의 감염체에 의해 발병한다고 확신했다. 위원회는 증거를 모은 후 에이크만에게 의학 학교를 맡기고 네덜란드로 돌아갔다.

그가 뭔가 이상한 점을 발견한 것은 바로 이때였다. 병원에 있는 닭중에 일부가 각기병과 매우 비슷한 증상을 보이며 비틀거리고 있었던 것이다. 별다른 이유도 없이 닭들이 그런 증상을 보이다가 갑자기 건강을 되찾는 모습을 보기 전까지만 해도 사실 그는 아무런 관심도 없었다. 그러나 조사해본 결과, 그 일은 병원의 요리사가 새로 오자마자 생긴 것으로 드러났다. 요리사는 닭에게 병원 식당에서 나온 음식물 찌꺼기를 주지 않았다. 왜냐하면 유럽 사람들에게 제공되는 음식 중에 껍질을 벗긴 고가의 쌀이 포함되어 있기 때문이었다. 대신 요리사는 자와 섬 원주민들이 먹는 껍질을 벗기지 않은 쌀을 닭에게 주기 시작했다. 도정되지 않은 쌀을 먹기 시작한 닭들은 곧 건강을 되찾았다. 껍질을 벗기지 않은 쌀에 닭의 건강에 필수적인 뭔가가 있는 것이 분명했다. 이 쌀을 먹지 않은 닭들은 각기병에 걸렸기 때문이다. 네덜란드로 돌아온 에이크만은 이것을 동료들과 함께 분석한 후 이 필수 성분은 쌀의 껍질에 있으며 껍질을 벗기는 동안에 사라져버린다는 사실을 발표했다. 그렇다면 그 필수 성분은 무엇이었을까?

해답은 제1차 세계대전 발발과 함께 나왔다. 당시 영국은 자국이 필요로 하는 밀의 80퍼센트를 미국에서 들여오고 있었다. 그러나 독일 잠수함들은 영국으로 들어오는 많은 배들을 격침시켰고, 이 때문에 1917년 봄까지 200만 톤이나 되는 밀이 바다 속으로 수장되어 영국 정부의 곡물 재고량은 겨우 3~4주 분으로 감소했다. 1918년 1월 1일 정부는 식량 배급제를 도입할 수밖에 없었다. 준비의 일환으로 왕립학회의 위원회는 한 사람이 건강하게 하루를 나는 데 필요한 열량을 평균적으로 4000칼로리 내외라고 추산했다. 고기, 버터, 마가린 등의 식량 배급은 이 수치에 맞춰 이루어졌다. 그러나 핵심적인 문제는 당국이 배급하는 식량이 과연 고른 영양 섭취에 적합한가였다.

이 문제를 조사한 사람은 프레드릭 가울런드 홉킨스였는데, 당시 그는 멧노랑나비 날개의 염색 기제에 관한 연구로 명성을 얻은 화학자였다. 이 과정의 핵심은 요산의 작용이었고 그래서 홉킨스는 요화학의 전문가가 되었다. 음식물 섭취와 오줌의 구성 성분 사이의 관계에 대해 관심을 갖게 된 그는 곧 식이 단백질에 관한 연구를 시작했다.

1911년 쥐를 대상으로 실험한 후, 홉킨스는 「정상적인 식이에서 영양 보조 인자의 중요성을 보여주는 식이 실험」이라는 획기적인 논문을 완성했다. 그가 발견한 것은 쥐에게 필요한 것보다 더 많은 먹이를 주더라도 그중에 우유가 없으면 죽는다는 것이었다. 우유 안에 들어 있는 영양 보조 인자는 단백질 트립토판이었다. 얼마 후 그는 전쟁 중 식량 보급과 관련된 왕립학회의 위원회에 참여해 영양 보조 인자의 정체에 대해 좀 더 폭넓게 조사할 수 있었다. 그리고 1919년 위원회는 보고서 한 편을 내놓았다. 보고서의 제목은 그 영양 인자들의 새로운 이름을 포함하고 있었다. 「비타민의 실제적인 중요성」.

홉킨스는 영양학적 조사의 일부로 마가린을 조사했다. 왜냐하면 마가린은 배급되고 있기는 했지만 공급량이 부족하다는 우려가 있었기 때문이다. 그는 마가린에 들어 있는 비타민 A의 양이 제조 공정 중에 심각하게 감소된다는 사실을 증명했다. 이러한 결과를 바탕으로 1926년에 비타민이 강화된 마가린을 상점에 처음으로 선보였다. 이후 수십 년 동안 식품에 여러 첨가물들이 더해졌고, 마가린이 첫 번째 첨가물이었다. 그 후 더욱더 많은 비타민이 발견되었다. 비타민 이름에는 알파벳이 사용되었는데, 그것은 각각의 비타민의 성분이 제대로 밝혀지지 않았기 때문이었다. 오늘날 거의 모든 식품에는 비타민이 강화되어 있고, 마가린의 첫 '개량품'이 그랬던 것처럼 사람들은 그것을 진짜보다 더 좋은 것으로 여기고 있다.

음식의 맛을 개선하는 일은 무엇이든 언제나 환영받는다. 그리고 중세 시대에 그러한 개선 하나가 역사를 바꿔놓았다……

미각과 광기의
함수관계

시장은 변화가 일어나는 방식에 심대한 영향을 미친다. 아무리 높은 값을 주고라도 핫 피클을 구하려는 사람이 많다면, 그것을 구하기 위해 아무리 먼 거리라도 마다하지 않을 사람이 분명 있을 것이다. 예를 들어 오늘날이라면 잠시도 망설이지 않고 냄비에 넣을 후추, 계피 등의 향신료를 두고 중세에는 싸움을 벌이기도 했다. 당시 그것들의 가치는 왕의 몸값과 맞먹었다.

과거 11세기에 유럽인들이 향신료에 미친 듯 열광하게 된 발단을 제공한 것은 상속법이었다. 사람들의 삶이 안정을 잃어가고 있던 당시, 법은 장남이 유산을 모두 독차지할 수 있도록 규정하고 있었다. 당시만 해도 부의 주요한 원천은 토지였다. 따라서 장남이 아닌 아들들은 교회에 들어가는 것 말고는 출셋길을 찾기 힘들었다. 성직자의 길을 걷지 않는 이들은 하릴없이 빈둥거리기 일쑤였고, 개중에는 나쁜 무리들과 어울리는 자들도 있었다. 이런 자들이 일으키는 소란과 난동에 대해 당국이 내놓은 첫 대응책은 마상 경기를 여는 것이었다. 종자從者들은 마상 경기 대회를 통해 출셋길을 확보할 수 있었다. 그것도 단지 다른 사람들을 고꾸라뜨리는 것만으로 말이다. 기사 계급으로 진입하는 데 필요한 최소한의 재산은 마상 경기 대회에 나가면 쉽게 구할 수 있는 것들이었다. 창, 검, 안장, 갑옷 등 전장에 나갈 때 필요한 장비들 말이다. 이러한 물건들을 소유하려면 이것들을 이미 가지고 있는 누군가를 무찌르면 되었다. 대회 규칙에 따라서는 상대방을 죽일 수도 있었다.

11세기에 이런 사소한 사회 문제의 해결책으로 등장한 것이 바로 십자군[89]이었다. 이 모험은 장남이 아닌 아들들을 거리에서 중동행 배로 일거에 내몰았다.

젊은이들의 생각을 그쪽으로 돌리는 것은 생각보다 어렵지 않았다. 십자가를 지는 것, 즉 성스러운 땅을 기독교의 관리 안으로 되돌리는 일에는 어느 정도 보상이 따랐고 그중 일부는 영적인 보상이었다. 그러나 전리품이나 약탈품에 대한 기대도 그것만큼이나 매혹적이었다. 십자군 전사들은 원정 도중 손에 넣은 것은 무엇이든 다 차지할 수 있었다. 그것은 매우 손쉬운 일이었고 그들은 이내 약탈자가 되어갔다. (이 점이야말로 십자군들의 성격을 가장 잘 드러내준다.)

그러나 예루살렘으로 가는 길은 가시밭의 연속이었다. 그중에서도 최악은 물이 새는 배를 타고 발칸처럼 강도가 들끓는 지역을 통과하는 문제였다. 무수한 십자군 전사들이 오늘날 크로아티아와 몬테네

십자가를 지는 것, 즉 성스러운 땅을 기독교의 관리 안으로 되돌리는 일에는 어느 정도 보상이 따랐고 그중 일부는 영적인 보상이었다.

그로에 해당하는 지역을 통과하지 못한 채 쓰러져갔다. 다행히 무사히 지나가는 데 성공한 사람들은 중세의 최고 홍등가에서 잠시 쉬면서 휴식을 취하고 원기를 보충했다. 콘스탄티노폴리스, 즉 휘황찬란한 비잔티움 제국의 거대 도시는 그곳에 도착한 십자군 전사들의 혼을 쏙 빼놓았을 것이 분명하다. 십자군 전사들은 똥이 나뒹굴고 쥐가 들끓는 지저분한 마을 출신이었다. 그들에게 콘스탄티노폴리스는 퇴폐와 음모와 동방의 약속, 그리고 그 무엇보다도 자기들은 한 번도 맛보지 못했던 천상의 음식이 가득한 곳이었다.

당시 유럽인들이 해먹던 요리는 "먹기에 적합하지 않다"는 말이 그나마 후한 평가였을 정도로 형편없었다. 겨울에는 오래된 염장 생선이나 약간의 식물 뿌리 말고는 먹을 것이 없었다. 그나마 여름에는 고기와 물고기를 먹을 수 있었지만 그것들을 신선하게 유지할 수 있는 방법이 전혀 없었기 때문에 썩는 일이 다반사였다. 음식은 정말로 끔찍해서 "빵에나 어울리는" 음식 정도로만 지칭되었다. 그래서 동방의 향신료를 처음으로 경험했던 십자군은 더 이상 바랄 것이 없을 정도였다.

향신료 무역은 지중해에서는 새로운 일이 아니었다. 1세기에 아시아와 아프리카 동해안에서 제정 로마로 건너간 87개 품목 중에서 44개가 향신료였다. 당시 로마의 상선들은 인도에서 육계피와 후추를 실어왔는데 이것들은 공식적으로 제국의 "필수 사치품"이라고 불렸다. 한 세기 후에는 대상들이 로마와 중국 사이에 새로 열린 비단길[90]을 따라 생강을 가져왔다. 향신료는 서기 5세기에 야만인들에게 포위되었던 로마의 한 도시가 후추 1360킬로그램을 넘겨주고 위기를 모면한 적도 있을 정도로 아주 귀한 물건이었다.

암흑시대 이후, 즉 유럽과 중동 사이에 교류가 다시 시작되었을 때 국제무역의 재개를 촉발한 것은 향신료였다. 이 상품은 빚을 청산할 때 은 대신 쓸 수 있을 정도로 귀했다. 베네치아는 후추, 육계피, 생강, 정향, 샤프란 등을 환적하는 중개지 구실을 하며 동방과 서양 사이에 새롭게 떠오른 화물 집산지였다. 그래서 1453년[91]에 콘스탄티노폴리스가 튀르크인들의 수중에 떨어지자 향신료 무역에 드는 비용은 하늘 높은 줄 모르고 뛰었다. 운임은 급등했고 육로는 엄청나게 위험했다. 결국 어느 땐가는 향신료의 소매가격이 원가의 열 배까지 솟구쳐 올랐다. 비용이 좀 덜 드는 새로운 교역로를 찾아야만 했다. 그리고 이 문제는 결국 서양의 식민지주의를 촉발했다.

15세기에 포르투갈인들(그 뒤로 에스파냐인, 네덜란드인, 영국인, 프랑스인들)은 동양으로 가는 새로운 길을 발견한 후, 폭리를 취하는 튀르크인들을 상대하는 대신 직접 그곳으로 가서 향신료를 구해왔다. 새로운 항로는 아프리카 끝을 돌아 인도양으로 가거나 혹은 남아메리카의 맨 밑을 돌아 태평양을 가로질러 가는 것이었다. 1418년 인도 코지코드에 도착한 바스쿠 다 가마는 항해에 든 비용의 60배에 해당하는 값비싼 향신료를 가지고 돌아왔다. 네덜란드와 영국은 둘 다 동방 무역만을 목적으로 하는 대규모 무역회사를 설립했다.

이러한 모험사업을 통해 얻을 수 있는 이익은 통상 200퍼센트가 넘을 정도로 어마어마했다. 100퍼센트 이하인 경우는 극히 드물었다. 프랜시스 드레이크 경[92]은 배 한 척으로 단 한 차례 원정을 해 엘리자베스 여왕의 일 년치 수입보다 더 많은 값나가는 화물을 싣고 돌아왔다. 이러한 부의 원천은 놓치기에 너무도 아까웠기 때문에 17세기 말이 되자 서양의 주요 열강들은 하나같이 인도와 동남아시아에 식민지를 세웠다. 92 262 362

그러나 맛에 대한 광기는 향신료를 멀리 떠나 있었다. 유럽인들 중에서도 특히 잉글랜드인들은 순무 같은 새로운 작물을 농사지어 겨울용 가축 사료로 사용한 덕분에 사시사철 신선한 고기를 먹을 수 있었다. 돌려짓기 덕분에 수확량도 늘어났고 그에 따라 훨씬 더 많은 식량을 얻을 수 있게 되었다. 이제 유럽인들의 미각을 사로잡은 것은 달콤한 차[93]였다. 설탕이라는 새로운 사치품이 카리브 해와 브라질[94]에서 점점 더 많이 들어오고 있었다. 차와 설탕은 향신료가 그랬던 것처럼 만족할 줄 모르는 시장을 만들어냈다. 93 2 25
94 251 346

설탕은 네덜란드가 사탕수수 재배지인 수리남과 뉴욕을 맞바꾸고, 프랑스가 사탕수수 밭에 대한 대가로 캐나다를 포기할 정도로 이익이 엄청나게 남는 상품이었다. 중국산 차는 17세기 중반 유럽에 첫선을 보인 후 18세기 무렵에는 유럽, 특히 네덜란드와 잉글랜드에서 없어서는 안 될 필수품 대접을 받았다. 1784년 잉글랜드에서 수입 차에 부과되던 세금이 거의 폐지되었을 때 그 효과는 대단했다. 겨우 2년 만에 연간 수입량이 2720톤에서 9072톤으로 늘어났고, 그중 대부분은 다시 아메리카로 보내졌다.

95 125 152   유일한 골칫거리는 차를 공급하는 중국 상인들이 금괴나 은괴[95]로만 대금을 지불하라고 고집한 것이었다. 잉글랜드 상품 중에 중국 시장에서 제대로 팔리는 상품은 일반 시계나 차임 시계 혹은 오르골 정도였고, 따라서 심각한 무역적자가 발생하기 시작했다. 1793년 매콜리 경이 영국에서 생산된 공산품 견본을 가지고 중국에 대사로 갔을 때, 그가 중국의 황제 건륭제로부터 들은 것은 "희한하고 값진 물건이기는 하지만, 짐은 별로 관심이 가지 않소. …… 우리는 없는 것이 없다오. 짐은 희한하고 교묘한 것에는 아무런 가치도 두지 않으니 당신네 나라에서 만든 물건들은 아무런 쓸모가 없소."라는 말뿐이었다.

그러나 영국은 차를 사는 데 필요한 자금을 마련할 방법을 찾아야만 했다. 차 수입으로 생긴 적자 때문에 경제가 휘청거리고 있었기 때문이다. 상황은 계속해서 악화되어 갔다. 1761년부터 1800년까지 영국은 광둥에서 1만 5422톤(90퍼센트가 차였다.)의 상품을 샀지만, 반대로 자국 상품은 고작 5896톤밖에 팔지 못했다. 한동안 인도산 면 수출이 도움을 주기도 했지만, 1823년부터 중국도 자국에서 면을 생산하기 시작했다.

18세기 말 영국은 나폴레옹[96]과 전쟁을 치르느라 정신이 없었고, 차를 살 금괴와 은괴도 극도로 부족했다. 그러나 다행히도 대안은 가까운 곳에 있었다. 당시 인도에서는 전투에 나설 병사들은 용기를 얻기 위해, 평민들은 일상의 고단함을 덜거나 원기를 보충하기 위해 사용하던 특산물이 하나 있었다. 문제의 상품은 아편[97]이었다. 당시 영 국의 지배하에 있던 인도 전역에서 대량으로 재배되던 양귀비에서 추출되었다.

중국에서 아편은 한때 약으로 알려졌지만 그 중독성 때문에 정부에 의해 엄격하게 통제되었다. 수입은 불법이었고, 중국과의 무역 독점권을 가지고 있던 영국 동인도회사는 아편을 중국으로 들여오면 무역 특권을 잃을 수도 있다는 경고를 받았다. 그래서 영국 동인도회사는 중개하는 일만 했다. 그들은 아편이 담긴 화물에 '초석'이라고

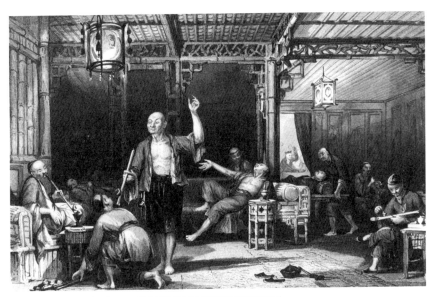

중국 광저우에만 아편굴이 5600개가 있을 정도로 아편은 대유행이었다.

쓴 표지를 붙이기도 하고, 정크선을 몰고 오는 중국인 밀수꾼들과 해안에서 접선해 아편을 넘겨주기도 했다. 어느 경우든 영국인들은 자신들의 연루 사실을 그럴싸하게 위장할 수 있었다. 어찌나 많은 인도산 아편이 중국으로 흘러 들어가고 있었던지 19세기 초에는 초창기와는 달리 금괴와 은괴의 흐름이 역전될 정도였다.

이것은 아편 무역이 이제 영국 국가 재정의 필수적인 요소라는 것을 의미했다. 1800년대 런던은 믈라카 해협과 자와 섬 주변 해역에 쏠린 프랑스와 네덜란드의 관심을 염려하기 시작했다. 아편 화물을 인도에서 중국으로 실어나르려면 그곳을 반드시 통과해야 했기 때문이다. 이런 위험에 대해 영국인들이 취한 최초의 대응은 말레이시아의 섬 피낭에서 영국의 영향력을 강화하는 것이었다. 이 일을 계기로 동인도회사에서 일하는 젊고 유능한 한 행정 관료에게 사람들의 이목이 집중되었다.

스탬퍼드 래플스는 1805년 피낭으로 가 총독의 부관이 되었다. 사교 활동에 한눈파는 일 없이 말레이어를 배우며 부지런히 일만 한 결과, 그는 곧 사람들의 이목을 끌게 되었다. 말레이 원주민들을 사귀고 일처리를 공정하게 한 그는 좋은 평판을 얻었다. 그는 말레이인들과 옷도 똑같이 입고 음식도 같은 것을 먹었다. 1807년에는 총독의 수석 비서관이 됨으로써 앞날을 보장받게 되었다. 그는 믈라카에 관해 인상적인 보고서를 작성했고, 덕분에 말라야(서말레이시아—옮긴이)의 총독 대리인이 되었다. 이곳에서 그가 맡은 임무는 네덜란드가 장악하고 있던 자와 섬을 영국이 차지할 가능성이 있는지를 자와인들에게 타진하는 은밀한 일이었다. 자와인들이 호의적인 반응을 보이자 영국군은 래플스를 선도함에 태우고 자와 섬을 향해 떠났다.

침공은 성공적이었고 래플스는 부총독으로 임명되었다. 그는 부총독이 되자마자 자기가 관할하는 지역의 구석구석으로 여행을 다니기 시작했다. 공적인 임무도 있었지만 자연학과 관련된 수집품에 대한 강박적인 탐닉도 한몫을 했다. 그는 날아다니는 것이건 헤엄치는 것이건 뛰어다니는 것이건 종류를 가리지 않고 무엇이든 다 수집했다. 덕분에 그는 그림 · 책자 · 지도 2000여 점, 살아 있거나 죽은 표본 수천 점을 가지고 런던으로 돌아올 수 있었다. 표본 중에는 세계에서 냄새가 가장 고약한 꽃도 있었는데, 그는 이 꽃에 라플레시아라는 이름을 붙였다.

당시에는 자연사가 선풍적인 유행을 타고 있었다. 1802년 윌리엄 페일리가 자연사를 대단히 인기 있는 주제로 띄워놓았기 때문이다. 잉글랜드 북부 출신으로 사실상 무명 목사였던 그가 쓴 『자연 신학』이 베스트셀러가 되었다. 당시의 지식인들을 사로잡은 문제는 하느님이라는 존재가 합리적인 논증에 의해 증명될 수 있는지였는데, 이 주제와 관련된 논문이 수백 편이나 쏟아져 나올 정도였다. 그러나 페일리는 자신의 '설계에 의한 자연'이란 접근 방식을 들고 나와 그 모든 주장들을 능가해버렸다.

페일리가 든 비유 중 가장 유명한 것은 '자연'은 수많은 부품으로 구성되어 있으며, 각각에 모두 특정한 목적이 있고, 그 모든 것은 전체로서 기능을 다하기 위해 함께 작동하는 '시계'와 같다는 비유였다. 그는 자연의 모든 부분이 하나의 목적을 가지고 있다고 생각했다. 예를 들면 동물의 각 부분은 유기체의 특별한 필요와 관련된 특정한 기능을 수행한다. 그는 딱따구리의 부리, 새의 기름샘(깃털이 물에 젖는 것을 방지한다.), 두루미의 긴 다리(발에 물갈퀴가 없어서 헤엄을 칠 수 없다.), 거미의 거미줄(먹이를 쫓아 날아다닐 수 없기 때문에 대신 거미줄로 함정을 만든다.) 같은 예를 들었다. 페일리는 기능 지향적인 이런 특징들이야말로 설계자 하느님의 존재를 증명해주는 것이라고 결론을 내렸다.

페일리의 책이 불러일으킨 흥분은 이미 고조되어 있던 분류학(식물분류학의 창시자인 존 레이[98]는 페일리의 영웅 가운데 한 명이었다)에 대한 관심, 특히 18세기 스웨덴의 식물학자인 카를 폰 린네의 저작들에 대한 관심을 더욱더 크게 만들었다. 린네는 생물을 분류하고 각각에 이름을 붙였는데, 그러한 작업을 통해 자연에 대한 하느님의 본래 계획을 알 수 있게 될 것이라고 주장했다. 동물과 관련하여 그러한 관심은 그 자체로 동물학이라는 새로운 과학과, 연구를 위해서 동물을 수집해야 한다는 생각으로 표출되었다. 1817년 잉글랜드로 잠시 돌아온 래플스(그의 가슴속은 수집품에 대한 생각으로 가득 차 있었을 것이다.)는 저명한 자연사학자인 조지프 뱅크스에게 과학계가 동물학에 발벗고 나서야 한다고 제안했다. 1824년 래플스는 고국으로 완전히 귀국한 후, 자신의 이러한 생각을 또 다른 저명한 과학자인 험프리 데이비 경에게 간절히 전했다. 데이비 덕분에 래플스는 1826년 새로 발족한 런던의 동물학, 즉 '노아의 방주학회'의 초대 회장으로 임명되었다. 그리고 마침내 (회원들만을 대상으로 한) 동물원의 문이 열렸다. 실제로 런던의 한 언론에 실린 기사에 따르면, 학회는 "빈곤한 사람들이 입장해서 동물원이 불결해지는 것"에 상당히 우려하고 있었다.

험프리 데이비 경은 당시 가장 잘나가는 과학자 가운데 한 사람이었다. 그는 전기 연구로 스물세 살 때 런던왕립연구소의 화학 조교수직에 올랐다. 그곳에서 그는 직류 전기[99]에 관한 일련의 강연을 성공적으로 했다. 그리고 화학과 교수직을 얻을 수 있게 해주었던 염색과 농업화학에 대해서도 강의를 계속했다. 그는 스물다섯 살에 벌써 왕립학회 회원으로 선출되었다. 나폴레옹은 영국과 전쟁 중임에도 전기화학(나폴레옹은 이 분야의 창시자이기도 하다.)에 대한 연구를 인정해 데이비에게 메달을 수여했다. 데이비는 1812년에는 기사 작위까지 받는 주요 인사가 되었다.

데이비는 광산의 안전 문제에 매달렸다. 1813년 잉글랜드 북부 타인 강변의 게이츠헤드에서 92명이 사망하는 끔찍한 메탄 폭발이 일어났다. 그는 메탄이 어떤 조건에서 폭발하는지를 알아보기 위한 일련의 실험을 한 후 그의 이름을 따서 오늘날 데이비램프라고 불리는 광부용 안전 램프를 고안해냈다. 램프의 불길을 금속망으로 감싸면 불꽃의 열이 주변의 기체를 발화시키는 일을 막을 수 있다는 사실을 발견한 것이다. 이 발명으로 그는 상금 2000파운드와 왕립학회의 표창을 받았다.

한편 글도 제대로 모르는 한 탄갱 제동수가 자기가 비슷한 시기에 데이비와 유사한 램프를 발명했다고 주장했지만 아무런 특허도 인정도 받지 못했다. 그가 발명한 램프(구멍이 뚫린 금속 보호재가 있었고 불꽃은 그 구멍을 통해 나왔다.)가 이미 탄광에서 사용되고 있었고 기본적으로 동일한 원리로 작동하고 있었는데도 말이다. 격분한 그의 지지자들은 수천 파운드를 모금해 그에게 2등상을 주었다. 이 돈은 그의 분노를 달래주지는 못했지만 훗날 광부용 램프보다 훨씬 큰 족적을 역사에 남길 수 있는 작업에 쓰이는 자금이 되었다. 그가 두 번째로 생각해낸 것이 나폴레옹 전쟁에 막대한 지출을 하고 있던 영국의 고민을 해결하는 데 도움을 주었기 때문이다.

전쟁은 인플레이션을 일으켜 물가를 급등시켰다. 특히 광산주들은 석탄을 조금이라도 더 싸게 수송할 수 있는 방법을 찾기 위해 혈안이 되어 있었다. 왜냐하면 당시 짐수레를 끄는 말들에게 먹일 사료 값이 거의 '로켓'처럼 상승해 있었기 때문이다. 그런데 얄궂게도 '로켓'은 석탄을 더 빠르고 싸게 운송할 수 있는 새로운 발명품의 이름이었다. 그 실패한 램프 제작자 조지 스티븐슨[100]은 이 발명품으로 세상을 바꾸게 되었다. 로켓 호가 광산업자들에게 열광적인 호응을 얻은 이유는 그것의 연료로 자신들이 만든 생산품이 사용된다는 데 있었다. 로켓 호가 널리 퍼져 석탄 이외에도 다른 것들을 운송하는 데 쓰면, 로켓 호는 그들 생산품의 큰 고객 중 하나가 되는 것이기도 했다.

로켓은 기관차였다. 이것은 스티븐슨의 혁명적인 증기발생기 덕분에 초창기 다른 기관차의 디자인에 비해 뛰어났다. 기관차의 성공 비결은 가능한 최고로 높은 압력의 증기를 만들어내는 데 있었다. 스티븐슨은 증기발생기에서 발생하는 뜨거운 물을 화실火室에서 굴뚝으로 연결되는 고온 증기 배출구를 통해 보내는 일련의 구리관 스물네 개를 고안해 이 과제를 해결했다. 관들은 더 많은 가열 표면적을 제공했고, 그 결과 기관의 실린더들을 움직이는 엄청난 양의 고압 증기가 발생했다. 그 힘으로 피스톤의 크랭크가 움직였고, 그러면서 기관차의 바퀴들이 돌아갔다.

1829년 리버풀 앤드 맨체스터 철도 회사는 레인힐의 한 철도 구간에서 상금 500파운드를 건 대회를 열었다. 결과는 로켓 호의 낙승이었다. 한편 대회에 참가한 또 다른 기관차인 노벨티호는 꼴찌로 들어왔고, 그 기관차를 만든 스웨덴 출신의 기술자는 어찌나 낙담했는지 뉴욕으로 이주해버렸다. 존 에릭슨(스웨덴어 이름은 요한 에릭손이다.—

옮긴이)이라는 그 남자의 좌절은 미국 남북전쟁에 결정적인 영향을 미쳤다.

에릭슨은 기관차뿐만 아니라 스크루를 만드는 데도 재능이 있었다. 그는 스크루로 움직이는 배인 로버트 F. 스톡턴호를 만든 적도 있었다. 이 배는 돛이 있기는 했지만 대서양을 성공적으로 횡단했다. 덕분에 그는 미국 해군부와 접촉할 수 있었다. 그는 링컨 대통령에게 연방 해군의 철갑선 건조에 일조하고 싶다는 편지를 보냈다. 10여 년 전 크림전쟁[101] 이래로 군 관계자들은 목조 선박이 포격에 취약하다 101 174 221 는 사실 때문에 고심하고 있었다. 그런데 바로 그때 에릭슨이 모니터호라는 완전히 새로운 종류의 배를 만들겠다고 제안한 것이다. 링컨은 그의 제안을 받아들였다. 1861년 10월, 브루클린의 콘티넨털 제철사에서 첫 번째 용골이 놓여졌다. 그리고 100일 후 배가 완성되어 1862년 1월 말에 진수되었다.

모니터호는 당시로서는 전무후무한 배였다. 배수량이 987톤이었고, 실린더형 회전 포탑에는 약 30센티미터의 포 두 문이 설치되어 있었다. 증기로 움직이는 프로펠러로 6노트까지 속도를 냈다. 또한 이물에서 고물까지 모두 철판으로 덮여 있었다. 이 배의 가장 큰 장점은 흘수가 낮아서 링컨의 남부 해안 봉쇄 계획에 매우 적격이었다는 점이다. 수심이 낮은 강어귀에서도 작전을 펼칠 수 있었고, 게다가 높이가 매우 낮았기 때문에 지상에 있는 포대에서 맞추기가 매우 어려운 목표물이었다. 회전 포탑은 배가 정지한 상황에서도 360도로 발사할 수 있었다.

모니터호가 유럽의 모든 해군이 선망하던 남군의 전함 메러맥 호를 상대로 첫 교전을 벌인 후, 링컨은 여섯 대를 더 주문했다. 모니호는 봉쇄 작전에서 한몫을 단단히 했고, 덕분에 남군에 전비를 대던 주요 원천인 면화 수출을 막는 데 도움이 되었다. 봉쇄 계획에는 다수의 남부 항구 점령이 포함되어 있었다. 그중 하나가 사우스캐롤라이나 주의 섬 포트로열이었다. 1861년 북군이 장악한 이 섬은 북부 해군의 방어 진지이자 수리 기지로 이용되었다.

1862년부터 포트로열에서는 미국 역사상 가장 특별한 사회적 실험이 실시되었다. 포트로열 실험이라고 불린 이 실험은 섬에 사는 흑인 노예 1만 명에게 자유와 함께 자신들의 지방 정부를 선출할 권리를 부여하는 것이었다. 노예를 부리던 전 주인들이 포기한 땅 1만 6000에이커는 '피난민, 해방민, 소유권 포기 토지 담당국'에 의해 전쟁 기간 동안 몰수되어 에이커당 1.25달러라는 장기 저리로 자작농들에게 돌아갔다. 한 가족에게 주어지는 자유 토지는 최대 40에이커로 제한되었다. 예일, 하버드, 브라운 대학 졸업생들이 운영하는 직업학교들도 세워졌다. 이곳에서 그들은 읽기, 쓰기, 지리, 바느질, 산수 등을 가르쳤다.

전쟁이 끝난 1865년부터 플랜테이션을 소유한 백인들은 하나둘씩 슬그머니 원상태로 되돌아오고 있었다. 그들은 워싱턴에 엄청난 로비 공세를 퍼부었고, 한편 흑인들은 토지에서 이익을 제대로 거두지 못하고 있었다. 마침내 당국으로부터 '사면된' 남부 백인에 한해 땅의 대부분을 재소유할 수 있다는 허락이 떨어졌다. 극소수의 소규모 자작 농지가 흑인들의 손에 남기는 했지만 실험은 전체적으로 실패로 드러났다. 그래서 시아일랜즈는 전부터 유명했던 해도면^{海島綿}의 생산지로 되돌아갔다. 면화는 서인도가 원산지지만 18세기 말에 이미 사우스캐롤라이나 해안에서도 성공적으로 재배되고 있었다. 면화는 질기면서도 감촉은 비단 같고, 길이 4센티미터를 넘는 순백색 섬유질이 었기에 고급품 취급을 받았다. 19세기 중반 시아일랜즈산 면화는 속 옷과 여성용 페티코트에 사용되었다. (한때 미국 남부 여성들은 페티코 트를 열여섯 개까지 겹쳐 입는 것을 격식으로 여겼다.)

당시 남부의 경제는 면화에 전적으로 의존하고 있었는데 수확량의 대부분은 영국으로 실려갔다. 영국의 산업혁명은 사실 면화 제조업 위주였다. 잉글랜드에는 1780년까지만 해도 100개의 방적 공장이 있 었지만, 1830년에는 그 수가 1000개 이상으로 급증했다. 1820년 무 렵부터 영국이 수입하는 면화의 80퍼센트가 미국산이었다. 노예 노 동과 조면기[102] 덕분에 미국산 면화는 이미 인도가 도저히 따라올 수 없을 정도로 높은 가격 경쟁력을 갖고 있었던 것이다. 남북전쟁 때문 에 공급에 일시적인 차질이 생긴 적도 있었지만 1880년 무렵에는 정 상적인 수준으로 돌아와 있었다. 가스등 덕분으로 방적 공장은 밤낮 을 가리지 않고 요란하게 돌아갔다.

증기를 동력으로 쓸 수 있게 된 이래로 주요 면직물 제조 도시들은 하나같이 탄광 지대, 그중에서도 주로 잉글랜드 중부 랭커셔 지방에 자리 잡고 있었다. 석탄 가스[103]를 만들 원료의 공급원이 코앞에 있는 곳이었다. 그리고 가스등은 주야간 교대 작업을 통해 생산량을 두 배 로 늘릴 수 있게 해주었다.

공장의 화재 위험성도 급격하게 감소했는데 그것은 과거 촛불 스 물세 개에 해당하는 불빛을 이제 가스등 하나로 해결할 수 있었기 때 문이다. 가스등은 19세기 중반으로 들어서면서 널리 확산되었다. 영 국 대도시의 거리를 밝히던 가스등은 1850년에는 토론토에, 1872년 에는 도쿄에 설치되었다. 에디슨[104]은 저렴한 조명을 원하는 도시들

102　79　88

103　29　52
103　60　76

104　31　53
104　41　56
104　55　74

을 겨냥하면 수지맞는 시장을 확보할 수 있다는 생각을 했다. 그는 자기가 전기의 값을 싸게 만들면 촛불은 부자들의 만찬에나 쓰이게 될 것이라고 주장했다. 그는 1882년 뉴욕 펄 가에 처음으로 전등용 발전소를 열었다. 이것은 가스등 산업에 대재앙이 되었고 가스등에 대한 투자는 급감했다. 로베르트 분젠[105] 밑에서 공부했던 한 오스트리아인(그래서 그는 가스에 대해서 잘 알고 있었다.)이 3년 후 가스등 회사의 수명을 수십 년까지 연장할 수 있는 방법을 발견했다.

105 86 98
105 196 254

카를 아우어 폰 벨스바흐는 빈에 있는 왕립인쇄국 관리의 아들이었다. 그는 하이델베르크 대학에서 분젠이 운영하던 실험실에서 연구하던 중 '희토류稀土類'에 관심을 갖게 되었다. 희토류 중에 어떤 것을 가열하면 극도로 밝은 빛이 난다는 사실을 알게 되었기 때문이다. 그는 해도면으로 만든 납작한 끈에 질산토륨과 세륨[106]을 스며들게 해서 가스 불꽃에 대면 백열광이 나온다는 사실을 발견했다.

106 311 460

1885년 벨스바흐는 이 아이디어를 이용한 가스맨틀로 특허를 얻었다. 가스맨틀을 쓰면 가스등[107]의 조도가 일곱 배나 증가되어 공장주들은 비용을 줄이면서도 생산은 늘릴 수 있게 되었고, 덕분에 가스산업은 제1차 세계대전 전까지 활황을 유지할 수 있었다. 당시만 해도 전기 값이 매우 비쌌기 때문이다. 가스맨틀은 가스를 연료로 쓰는 캠핑용 램프 등에 아직도 쓰이고 있다. 벨스바흐는 여생을 희토류 연구에 바쳤지만 그가 받은 공식적인 인정은 맨틀에 관한 독창적인 연구와 관련된 것이었다. 그는 오스트리아의 준 남작 작위를 받았다. 그는 눈 한 번 깜빡거리지 않고 자기의 귀족 가문 모토를 '더 밝은 빛More Light'으로 정했다.

107 290 418

한편 다양한 직물 제품이 생산되기 시작하면서 실을 만들고, 감고,

천을 짜는 환경을 제어하는 수단에 대한 수요가 증가했다. 온도와 습도 조절은 특히 중요했다. 본격적인 공기 조절 설비는 1838년에 미국의 직물 공장들이 처음으로 설치했다. 그 장치들에는 회전펌프로 작동하면서 습기를 분사하는 노즐이 달려 있어서 적정 습도가 유지되어 실이 끊어지는 것을 막을 수 있었다. 1890년에는 팬으로 공기를 얼음 위로 보내 카네기 홀을 냉방시키고 또 이스트먼 코닥[108] 사의 재고 필름을 안전하게 보관하는 일을 도왔다.

108 45 64

그러나 공기 조절을 뜻하는 영어 '에어 컨디셔닝'이란 말을 처음 만들었다고 주장할 수 있는 이들은 실제로는 면직물 제조업자들이었다. 이 용어는 스튜어트 크레이머라는 미국의 면화 제조업자가 1907년에 미국면직물제조업자협회에 제출한 한 서류에서 처음 사용되었다. 여기서 에어[air]라는 말은 공기를 가리키는 것이 아니라 습도 조절이 면직물의 상태에 끼치는 영향을 가리키는 표현이었다. 공기 조절을 위해 최초로 만들어진 과학적 장치는 (용어의 현대적 의미에서) 1902년 기술자인 윌리스 캐리어에 의해 대체적인 윤곽을 갖추기 시작했다. 그는 냉각수를 구리 코일을 통해 순환시킨 다음, 공기를 그 위로 내보내 코일의 온도와 공기의 속도에 변화를 줌으로써 실내의 온도를 조절했다.

그러나 온도 조절과 관련된 획기적인 발전은 효율적인 절연체의 발달과 함께 찾아왔다. 이것의 성공은 기본적으로 두 벌의 유명한 '유리 드레스' 덕분이었다. 그중 하나는 에스파냐의 에우랄리아 공주를 위해 디자인된 것이었고, 다른 하나는 브로드웨이의 스타 조지어 케이반을 위해 만들어진 것이었다. 1893년 시카고에서 열린 콜럼버스 세계박람회[109]에 전시되었던 이 옷들은 현재 오하이오 주 털리도에

109 42 57
109 73 84

있는 미술공예박물관에 있다.

이 옷들은 실제로 입을 수 있는 것은 아니고 선전 가치 때문에 만들어진 것이었음에도 대중에게 엄청난 인기를 끌었다. 외관상 이것들은 광택이 많이 나는 새틴처럼 보였는데, 유리 섬유를 비단과 섞어 짰기 때문이었다. 게다가 제작비도 엄청나게 많이 들었다. 제조업자는 털리도에서 유리 공장을 운영하는 에드워드 드러먼드 리비였는데, 그는 마이클 오언스라는 젊은 관리자를 고용하고 있었다. 오언스는 리비와 함께 1903년에 오언스 바틀 머신 컴퍼니를 세웠다. 이 회사는 이후 오언스-일리노이라는 미국에서 손꼽히는 대형 유리 회사로 성장했다.

그러나 유리 제조업을 급성장시킨 것은 제1차 세계대전 동안에 수요가 급증한 쌍안경, 카메라, 미사일 발사용 제어 장비, 그리고 영화 영사기용 렌즈에 쓰일 고품질 유리들이었다. 당시만 해도 미국은 이런 고품질 유리를 대부분 독일에서 수입하고 있었다. 독일과 전쟁이 벌어지자, 미국 내 재고는 급격하게 바닥났다. 미국국립연구위원회는 국가 안보를 위해서는 적어도 여섯 가지 유형의 유리가 국내 생산업자에 의해 생산되어야 하며, 군 조달용으로 하루에 최소 유리 900킬로그램이 필요하다고 결정했다. 유리 제조업은 빠르게 대형화, 과학화의 길로 들어섰다.

유리실을 만들어 전기 절연물과 거름천을 만들 수 있게 되어 유리 섬유의 생산이 중요한 발전을 이룬 것은 전쟁이 끝난 후 오언스-일리노이 사와 미국 유리 산업의 선도 기업인 코닝 사가 협력 연구를 시작했을 때였다. 그 결과 초경량 절연재인 유리솜이 탄생했다. 유리섬유는 유리를 고온의 백금 상자, 즉 도가니에 넣어 녹인 다음 작은 구멍을 통해 실처럼 뽑아내 만들었다. 이렇게 만들어진 유리실은 여러 가닥이 합쳐 꼬아진 후 드럼에 감겼다. 이 제품은 직물처럼 짜인 후 단단한 형태로 만들어질 수 있었다. 이것은 제2차 세계대전 동안 비자성 지뢰나 투하 연료 탱크, 그리고 단열재의 재료로 다양하게 쓰였다.

제2차 세계대전이 끝난 후, 오언스-코닝 사는 새로운 제품을 길거리에서 대중을 상대로 선전했다. 회사의 직원들은 자명종 시계를 유리섬유로 만든 상자 안에 넣으면 밖에서 소리가 들리지 않는다는 것을 보여주기도 했고, 유리섬유로 만든 단열재에 아이스크림을 넣고 오븐에서 파이와 함께 구우면 아이스크림이 녹지 않는다는 것을 보여주기도 했다. 그리고 덩치 큰 미식축구 선수를 유리섬유로 만든 가느다란 끈에 매달아 유리섬유가 얼마나 강한지 시범을 보이기도 했고, 구경꾼 중에 아무라도 나와서 망치로 유리섬유를 조각내보라고도 했다. (물론 아무도 성공하지 못했다.)

1951년 찰스 타운스는 워싱턴 D.C.에 있는 한 공원의 벤치에 앉아 있다가 아이디어 하나를 떠올렸고, 이것은 장차 유리섬유의 용도를 획기적으로 바꿔놓았다. 그런데 우연히도 그의 아이디어는 벨스바흐가 했던 연구와 이어져 있었다. 수중 전파 송신 전문가였던 타운스가 해군연구청과의 약속을 기다리는 도중에 분자들을 진동시켜 마이크로파 복사를 방출시킬 수 있을지도 모른다는 생각을 갑자기 떠올렸기 때문이다. 실험실로 돌아온 그는 암모니아 분자들을 들뜨게 해보기로 했다. 그것들은 열이나 전기에 의해 에너지를 얻게 되면 초당 2400억 회 진동한다. 그는 들뜬 상태가 된 이 분자들을 마이크로파 광선에 노출시켜도 같은 수로 진동할 것이라고 생각했다. 그렇게 하면 암모니아 분자들은 더 많은 에너지가 실린 마이크로파를 방출하게 될 것이다. 이 마이크로파들은 또 다른 암모니아 분자들과 충돌해 그것들도 들뜬 상태로 만들어 마이크로파를 발산하게 하는 일종의 연쇄 반응을 일으킨다.

1953년 타운스의 실험은 방사 유도 방출에 의한 마이크로파 증폭, 즉 메이저^{MASER}라는 과정을 통해 마이크로파 광선을 만들어내는 단계까지 진행되었다. 1960년 시어도어 메이먼은 루비의 분자들을 이용해 그 다음 단계를 진행했다. 메이먼은 루비로 막대를 만든 후 양끝을 평평하게 다듬고 양끝 모두에 은을 입힌 다음, 거기다 크세논 섬광 램프로 에너지를 공급했다. 루비 막대의 투명한 끝 부분을 통해 빛이 들어오면 루비 분자들은 자기를 띠며 그 빛과 같은 수로 진동했다. 그둘은 상호작용을 하며 단일한 진동수를 가진 흔한 마이크로파를 방출했다. 이러한 방출은 점점 더 강도를 더해가다가 양끝의 은에 부딪혀 왕복하고, 마침내 믿을 수 없을 정도로 강력하고 간섭성이 큰 광선을 만들어냈다.

세기가 증가하는 이런 과정은 유도 방출에 의한 빛의 증폭, 즉 레이저로 불리게 되었다. 실험이 좀 더 진행됨에 따라 최적의 소재는 루비가 아니라 극도로 순수한 유리에 네오디뮴을 섞은 것이라는 사실이 밝혀졌다. 네오디뮴은 벨스바흐가 가스맨틀을 만들 때 이미 발견해 사용했던 희토류였다. 극도로 강력한 광원인 네오디뮴 레이저는 다른 재료들을 들뜨게 해서 훨씬 더 강력하고 간섭성이 뛰어난 광선을 만들어내는 데 사용될 수 있었다.

놀랍고도 새로운 이 광원은 초창기 아폴로 계획 때 광선이 지구에서 달까지 가는 동안 겨우 40~50센티미터 정도밖에 퍼지지 않을 정도로 간섭성이 뛰어났다. 레이저 광선은 철을 자를 때나 인간의 망막을 자를 때 정확성과 편리성 면에서 별 차이가 없을 정도로 강력하다. 오늘날 레이저 광선은 광섬유를 이용한 온갖 네트워크에 디지털 신호를 실어나르고 있다. 또한 거리를 극도로 정밀하게 측정하는 데도 레이저 광선이 사용된다. 한편 의사들은 레이저 내시경을 이용해 몸의 내부를 밝게 해 비침습성 수술을 하기도 한다. 레이저 광선을 쓰면 다른 장기의 손상 위험 없이 콩팥돌을 분쇄할 수도 있다. 레이저는 홀로그램 제작, 공기[110] 중에 있는 미세 오염물 탐지, 뇌의 내부 스캔, 재료의 결함 탐지, 더 정확한 화재 경보에도 이용될 뿐만 아니라 지표면에 생긴 작은 변화를 우주에서 탐지해 지진의 위험을 미리 알려주기도 한다.

그러나 최근에 이루어진 레이저 사용 중에서 가장 극적인 것은 걸프 전쟁 동안 스마트 폭탄에 적용된 것이다. 걸프 전쟁 동안 스마트 폭탄은 엄청난 파괴력을 선보였다. 항공기 한 대가 폭탄들을 투하하면 목표물의 정확한 위치 지정이 임무인 또 다른 항공기에 탑재된 레이저가 머리카락 굵기 정도의 빛을 발사한다. 그러면 폭탄들은 그 빛을 따라가다 불과 몇 밀리미터 정도의 오차 범위 내에서 목표물에 적중한다. 중세의 향신료 무역과 함께 중동에서 시작된 이 이야기에 걸맞게도 스마트 폭탄 투하를 제어하는 항공기의 스위치 이름이 '피클'이었다는 사실은 역설적이다. 게다가 조종사들은 폭탄을 투하할 준비가 끝나면 '핫 피클'이라고 말했다. 스마트 폭탄은 유연한 대응이 필수인 새로운 냉전 환경에서 더욱더 절실해진 신속 대응군 무기들 중에서도 가장 최신이었다. 여기까지는 그렇고……

110 197 254
110 240 334

6

팽팽하고도
유연한 대응

전쟁의 승리는 어떠한 상황에도 적절하게 대응할 수 있고, 전선을 마음먹은 대로 옮길 수 있으며, 필요한 시간과 목표에 맞춰 막강한 화력을 정확하게 퍼부은 후 아무런 손실 없이 순조롭게 철수하여 어디서든 다시 사용할 수 있는 군사력을 갖춘 군대에게 돌아가는 경향이 있다. 이러한 유연한 대응은 항상 승리의 열쇠가 되어왔다.

초창기의 무기 중에 그런 유연한 적응력을 갖춘 것 가운데 하나가 바로 활이었다. 언제 어디서건 자유자재로 사용할 수 있는 특수한 종류의 활이 어떤 일련의 사건들을 촉발시켰고, 그것이 유연한 군사적 대응을 가능하게 한 현대의 어떤 한 발명품으로 이어졌다. 역설적이게도 만약 그 발명품이 없었다면 우리는 냉전 이후 혼란스러운 시대에서 살아남지 못했을 수도 있다. 이 역사적 무기는 중세 시대의 긴 대형 활이다.

긴 활이 어디에서 유래했는지 아무도 모르지만 가장 오래된 기록에는 웨일스로 나온다. 기랄두스 캄브렌시스('웨일스의 제럴드'라는 필명으로 유명함)는 당대의 시대적 상황과 사람들의 삶에 대해 매혹적인 연대기를 남긴 사제나 관리들 중 한 명이었다. 1188년 그는 성지로 향하는 3차 십자군 원정대에 참여할 병사들을 모집하기 위해 나선 볼드윈 대주교와 함께 웨일스 전역을 누볐다. 기랄두스는 진기한 풍물과 전승으로 가득한 여행기를 썼다. 그중 한 이야기가 바로 당시로부터 6년 전쯤 애버게이브니 성이 포위 공격을 당했던 사건이다. "병사 두 명이 다리를 뛰어 건너 한 성탑으로 피신했다. 그들 뒤에서 활을 쏘던 웨일스의 궁수들이 그 탑의 떡갈나무 문을 향해 활을 쏘아댔는데 두께가 거의 손바닥 너비나 되는 나무문을 화살촉이 관통할 정도로 강력했다. 그 화살들은 문에 박힌 채 기념으로 보존되었다." 실제로 기랄두스는 문제의 그 화살들을 보았다. 그는 똑같은 종류의 활에 대한 이야기를 또 하나 남겼다. 거기에는 화살에 맞아 부상당한 어떤 병사에 관한 이야기가 나오는데, 화살이 갑옷을 입은 넓적다리를 지나 안장을 뚫고 들어가는 바람에 말이 죽었을 정도였다고 한다.

14세기의 잉글랜드 왕들은 웨일스 출신 궁사들로 구성된 궁수 부대를 두고 있었다. 뛰어난 활쏘기 기술과 사거리가 360미터나 되는 긴 활로 무장한 그들은 상대방을 두려움에 떨게 했다. 그들은 적군을 향해 옆으로 서 있었기 때문에 적의 화살에 쉽게 맞지 않았다. 숙련된 궁수는 분당 열다섯 발을 쏠 수 있었다. 동료 병사들이 화살을 쏠 준비를 하는 동안 다른 줄의 병사들이 앞으로 나와 화살을 적에게 비 오듯이 퍼부었는데, 그 효과는 엄청나게 위력적이었다. 잉글랜드와 프랑스 사이의 크레시 전투에서는 여덟 시간 동안 50만 발이 넘는 화살이 발사되었다고 한다. 궁수 대대가 갖는 엄청난 전술적인 가치는 상황이 급박하게 바뀔 때 기병이나 창병과는 비교도 안 될 정도로 신속하게 대응할 수 있다는 데 있었다. 그들이 사용하는 가벼운 활과 매우 긴 사거리 덕분이었다.

긴 활로 무장한 궁수들은 중세 시대의 슈퍼스타들이었다. 아마도 역사상 가장 유명한 궁사는 수백 야드나 떨어진 목표를 화살로 정확히 적중시키는 전설적인 능력을 가진 로빈 후드일 것이다. 로빈 후드는 제시 제임스보다도 더 많은 신화로 둘러싸여 있다. 올리브 그린색 옷을 입은 그 남자에 관한 언급은 1377년 무렵에 쓰인 랭글랜드의 시 〈농부 피어스〉, 그리고 이미 인구에 회자되고 있던 그에 관한 속요들에서 볼 수 있다.

로빈 후드는 서로 다른 여러 사람들로 묘사되어왔다. 한 문헌에서 그는 노팅엄의 셔우드 숲에서 동료들과 함께 부자들에게 약탈한 것을 가난한 사람들에게 나누어주는 매력적인 악인으로 등장한다. 이것은 아마도 가장 신뢰할 수 없는 이야기일뿐더러 뒷받침할 수 있는 증거도 없다. 또 다른 곳에서 그는 풍요를 기원하는 5월제와 관련된 민속 신화의 영웅으로 등장한다. 이 밖에도 그는 조상이 물려준 유산과 지위를 잃고 쫓겨난 후 그것들을 되찾기 위해 싸우는 귀족, 노르만족의 침략에 맞서 싸우는 잉글랜드의 유격대원, 리처드 왕에게 충성해 십자군 전사로 활약하다 왕이 서거하고 그의 사악한 동생 존이 왕위를 차지하자 정의를 위해 싸우는 사람, 에드워드 2세의 궁정 신하 등으로 나온다. 또한 처벌을 피해 반스데일 인근의 숲에 사는 요크셔 출신의 도망자 로빈 후드로 나오기도 한다.

　당시의 이 다양한 판본들은 하나같이 그를 대단히 용기 있고, 무기를 다루는 기술도 뛰어난 민중의 영웅으로 다룬다. 이러한 의미에서 로빈 후드는 고대 메소포타미아 이래 민중 문학에서 지속적으로 반복되는 주제를 표현하고 있다고도 할 수 있다. 평범한 사람들을 일상생활의 단조로움에서 벗어나게 해주는 유토피아적인 초인 말이다. 이런 종류의 이야기는 법 집행이 자의적이고 불만의 원인이 해소되지 않는 사회에서는 흔히 있다.

　로빈 후드 전설 중 가장 매력이 덜한 (그리고 진실에 가장 가까울) 판본은 최근 버크셔의 에어라는 마을에 있는 치안 법원의 행정 문서 더미에서 발견된 것이다. 그 법원 문서에는 윌리엄 로브호드라는 한 도망자가 언급되어 있는데, 그는 1261년에 남자 셋과 여자 둘이 함께

긴 활로 무장한 궁수들은 중세 시대의 슈퍼스타들이었다.

무리를 이뤄 강도 행각을 벌였다는 혐의로 고발된 자였다.

로빈 후드가 실제로 누구였는지(그가 13세기 어느 시기에 실제로 살았다는 데는 의심의 여지가 없다.)와 상관없이 벌어졌을 법한 일은 훗날 제시 제임스를 둘러싸고 일어났던 것과 똑같았을 것이다. 그의 이름을 사칭하는 자들이 어찌나 많았던지 서로 다른 장소와 서로 다른 시대에 수많은 로빈 후드가 나타날 정도였다.

십중팔구 로빈은 신화가 아닐 것이다. 그러나 마리안 아가씨는 분명 신화다. 그녀를 그와 연관시키는 전통에도 불구하고 그의 모험을 다룬 중세의 어떠한 이야기에도 그녀는 단 한 차례 등장하지 않는다. 그 둘이 함께 나오는 이야기는 실제로 16세기 전까지만 해도 전혀 없었다. 로빈과 마리안 사이의 연애담은 아마 플랑드르의 아라스라는 도시에서 1283년에 만들어진 음악극에 의거했을 것이다. 그러나 이 작품은 잉글랜드나 그린우드 숲, 그리고 추방과는 전혀 관계가 없다. 파리에서 대위법을 공부한 것으로 추정되는 이 작품의 작가는 아르투아의 백작 로베르 2세의 궁정 음악가로 활동하던 아당 드 라 알이었다. 이 음악극, 더 정확하게 목가극은 백작의 군대가 이탈리아 남부로 갔을 때 백작과 함께 갔던 그가 사람들을 즐겁게 해주기 위해 썼을 것이다. 백작은 자신의 사촌인 시칠리아의 왕 앙주의 샤를 1세에게 군대를 지원하려고 그곳에 갔었다.

드 라 알의 음악극은 향수병에 걸린 병사들에게 위안을 주었을 것이다. 삶에 대해 낭만적이고 유쾌하고 그리고 약간은 세속적인 인생관을 가지고 살다가 귀향하는 이야기 말이다. 이 작품은 고대 그리스에 기원을 둔 문학 형태로, 주로 소박한 마을 사람(보통 양치기 청년과 양치기 아가씨)과 그들을 속이려는 도시 사기꾼 사이의 만남이 특징이다. 전통적인 목가극 형식의 노래와 춤이 담긴 막간극들로 구성된 이 작품에는 꽤 단순한 에피소드들이 곳곳에 삽입되어 있다. 이 작품에 도시 출신 기사의 꼬임에서 간신히 벗어나는 여주인공 마리옹이 등장한다. 마리옹은 기사의 꼬임에 넘어가 양을 내팽개쳤다가 그의 의도가 불손하다는 것을 알아차리고 무사히 시골 남자친구의 품으로 돌아오는데, 이 남자친구의 이름이 바로 로뱅이다.

아라스에는 드 라 알 같은 사람들이 할 수 있는 일거리가 있었다. 당시 이 도시는 2만 명이 넘는 사람들이 거주하는 번화한 곳이었고, 이미 200명의 시인과 음악가가 살고 있었다. 목가극 〈로뱅과 마리옹〉은 도시 밖에서 양을 돌보는 시골 사람들, 그리고 양이나 양모로 이익을 챙기는 도시민들 사이의 관계에 관한 사회적 주석이라고도 할 수 있다. 플랑드르와 마찬가지로 아라스의 부도 양모 위에 구축된 것이었다. 북해와 접해 있고 쉽게 항해할 수 있는 강들이 교차하는 평탄지에 있는 플랑드르[111]는 중세 시대 초부터 무역의 중심지이자 손꼽히는 양 목축 지역이었다. 당시 직물업은 중세 유럽의 산업을 주도했고 플랑드르는 유럽의 직물업을 주도하고 있었다. 드 라 알이 활동하던 시기에 아라스, 그리고 겐트나 이프르처럼 직물업이 크게 발달한 도시들은 급격하게 성장하며 관할권을 주위의 시골로 넓혀가고 있었다.

플랑드르를 중심으로 한 이 최초의 산업 혁명은 오로지 수평직기 덕분이었다. 날실을 들어올리는 발판이 달려 있는 이 직기는 아랍에서 전래된 것이었다. 이러한 혁신으로 직조공이 손으로 직조기의 북을 더 자유롭게 더 빨리 조작할 수 있게 됨으로써 더 많은 이익을 남길 수 있었을 뿐만 아니라 더 긴 천을 짤 수 있었다. 모직 일에 오랜 경험을 갖고 있던 플랑드르 사람들은 13세기 유럽 최고의 직조공들

111 203 265

이었다. 플랑드르산 천은 세계 곳곳으로 팔려나갔고, 제조업자들은 염료를 구하러 동인도 제도에서 발트 해까지 가기도 하고, 염료를 정착시켜 더 빨리 색을 내게 하는 백반석을 찾아 중동의 광산까지 가기도 했다.

플랑드르 사람들이 이런 놀라운 성공을 거둘 수 있었던 이유 중의 하나는 12세기 말 유럽 전역으로 퍼져나간 새로운 의복에 있었다. 양모 코트가 부자들 사이에서 유행하면서 기존의 아마포 옷을 대체한 것이다. 수요는 공급을 넘어섰고, 어찌나 주문이 많았던지 플랑드르 사람들은 부족한 양모를 잉글랜드에서 수입해야 할 정도였다. 산업은 급속히 성장했고 무역이 전문화되기 시작했다. 천을 짜고 난 다음의 후반 작업도 전문화되었다. 천을 두들겨 기름과 때를 제거하는 사람, 헐거운 매듭이나 실을 골라내는 사람, 천을 특수 용액에 적신 다음 열이나 압력을 가해 부드럽게 만드는 사람, 천의 표면을 긁어서 보풀이 일게 하는 사람, 보풀을 잘라내는 사람, 천에 난 구멍을 메우는 사람 등등.

무엇보다도 플랑드르의 경제를 확실하게 지켜준 것이 하나 있었다. 그것은 국가의 주요 천연자원을 대표하는 양 수십만 마리를 키울 수 있는 땅을 더 많이 확보하기 위해 바다를 뒤로 밀어내는 능력이었다. 이미 12세기에 플랑드르 사람들은 간척 기술로 유명했다. 그러나 13~14세기에 있었던 큰 기후 변화로 해수면이 상승하고 엄청난 위력의 홍수가 방파제들을 덮쳤다. 1421년 11월 19일 밤, 홀란드 농경지 약 1억 2800만 평이 침수되어 마을 일흔두 개가 파괴되고 10만 명이 익사했다. 그 다음 1468년, 1526년, 1530년, 1532년, 1551년에도 연이어 대형 재난이 찾아와 더 큰 침수가 발생했다. 그중에서도 가장 큰 피해는 1570년 만성절에 발생했다.

범람이 있고 나서 100년쯤 후인 16세기 말, 네덜란드가 유럽 최고의 수력 기술자들을 보유한 나라가 되어 있었다는 것은 그리 놀라운 일이 아니었다. 그들 중 한 사람이 바로 시몬 스테빈이라는 남자였다. 그의 생애에 관해서는 알려진 것이 별로 없다. 1548년 브뤼헤의 부유한 집안에서 사생아로 태어난 그는 그 도시의 재정을 담당하는 관청에서 사회생활을 시작했다. 20대 때 이미 폴란드, 러시아, 노르웨이를 여행한 그는 여행을 마친 후 레이던 대학에서 공부했다. 30대 후반에 수력학 기술자로 자리를 확고하게 잡은 그는 댐, 수문, 갑문뿐만 아니라 모래톱의 형성에 관한 글을 썼다. 간척지 유지에 필수적인 주제들에 대해서도 썼다.

스테빈은 풍차 설계 전문가이기도 했다. 네덜란드에서 풍차는 주로 물을 길어 올리는 데 쓰였다. 왜냐하면 그곳 평야에는 수차를 이용할 만큼 유속이 빠른 강이 별로 없었기 때문이다. 그는 또한 기어 휠에 달린 톱니의 크기와 수도 계산해냈다. 그렇게 함으로써 물을 필요한 높이까지 끌어올리기 위해 날개의 단위 면적당 바람의 압력이 얼마나 필요한지를 계산해냈다. 이 계산 결과를 토대로 그는 날개가 한 번 회전할 때 길어 올릴 수 있는 물의 양을 알아낼 수 있었다.

르네상스 후기의 동시대인들 대부분이 그러했듯 스테빈의 관심사는 수학, 천문학, 항해, 군사 과학, 음악 이론, 시정학市政學, 지리학, 주택 건축과 부기 등 다양한 분야를 포괄하고 있었다. 그러나 그들과 달리 스테빈은 지방어의 가치를 믿었다. 그는 네덜란드어가 의미를 명확하게 전달할 수 있는 뛰어난 언어라고 생각했고, 그가 쓴 글들은 실제로도 명쾌하고 매력적이었다. 안타깝게도 네덜란드어를 아는 사람은 네덜란드인 말고는 거의 없었기 때문에 훗날 그의 글이 우연히 번역되기 전까지 매우 독창적인 그의 저서 대부분은 주목받지 못했다.

일반 독자들도 읽을 만한 책들 중 하나가 1582년에 쓰인 『이자 계산표』였다. 스테빈은 이 책에 단리와 복리의 규칙들을 설명하고, 할인액과 이자액을 빠르게 계산할 수 있는 표를 실었다. 회계에 관한 관심이 이렇게 갑작스럽게 커진 이유는 네덜란드 경제가 전례 없는 호황을 누리고 있었기 때문이다. 혁신적인 신형 배인 플류트[112]의 개발 112 206 268 덕분에 무역은 빠르게 성장하고 있었다.

이 배는 도르래 장치를 써서 돛을 올리고 내릴 수 있었기 때문에 선원의 수를 크게 줄일 수 있었다. 디자인 또한 갑판 시설물을 줄여 화물을 다루는 데 필요한 공간을 많이 남겨두었다. 또한 바닥도 대부분 평평하게 만들었고, 선창도 컸다. 이러한 모든 특성들의 결합으로 배는 저렴하면서도 효율성을 갖추게 되었고, 또한 얕은 흘수 덕분에 연안과 강의 운송에 이상적이었다. 16세기 말 네덜란드는 상품을 자국 항구로 들여와 다시 플류트로 유럽 전역에 나름으로써 운송업과 재수출을 사실상 독점하다시피 했다.

넘치는 돈을 주체하지 못하던 네덜란드는 이자를 받고 자금을 빌려주는 환은행換銀行을 설립하는 새로운 단계로 진입했다. 1585년 스테빈은 사업을 위한 사업을 채택함으로써 네덜란드의 부를 한 단계 더 끌어올렸다. 그는 『10분의 1』이란 제목의 29페이지짜리 소책자에서 주요 수학 기호 표시법을 바꿔놓았다. 이것은 회계원의 삶을 더 편안하게 해주었을 뿐만 아니라 엄청나게 복잡한 계산을 단숨에 할 수 있는 길을 열어 다음 세대의 천문학자들이 새로운 발견을 하는 데 도움을 주었다. 스테빈의 산술 혁명은 수를 계산하는 완전히 새로운 방법을 도입한 것이었다.

당시까지만 해도 1보다 작은 수들은 $1\frac{2}{3}$처럼 정수를 써서 나타내는 분수를 이용해 계산했다. 이러한 식의 계산은, 예를 들면 $1\frac{19}{32}+3\frac{12}{62}-8\frac{46}{83}$=?처럼 분수가 많을 경우 시간을 엄청나게 잡아먹었다. 힌두아라비아 수 체계는 이미 유럽에서 널리 쓰이고 있었으며, 숫자들 역시 오늘날과 거의 비슷한 형태로 정착되어 있었다. 소수점 역시 중세 시대부터 사용되고 있었기 때문에 꽤 널리 알려져 있었다. 스테빈이 고안해낸 새로운 아이디어는 소수를 분수에 적용하는 것이었다. 소수를 이용해 계산하면 매우 간편했기 때문에 스테빈의 새로운 계산법은 마치 들불처럼 퍼져나갔다.

스테빈이 제안한 이 새로운 시스템은 화폐 주조에도 적용되었지만 대중들로부터 즉각적인 주목은 받지 못했다. 사실 그의 이러한 생각을 주목한 사람은 18세기 말까지 아무도 없었다. 한편 바다 건너 저 멀리 있는 어떤 나라에서는 그 나라로 이민 온 사람들의 다양한 국적만큼이나 많은 종류의 돈으로 가득 차 넘치고 있었다. 1782년 아메리카합중국이 건국되었을 때, 이곳에는 자국 통화가 없었다. 미국인들은 에스파냐의 도블론과 두로, 포르투갈의 모에다 · 요한네스, 프랑스의 리브르 · 수 · 피스톨 · 기니, 영국의 파운드 · 실링 · 펜스 그리고 다양한 두카, 센트, 크라운, 페세타 등을 썼다. 이 동전들은 모두 주나 연방에 따라 값어치가 달랐다.

화폐와 관련된 이런 혼란을 말끔하게 해결한 사람은 뉴욕 주 상류 집안 출신의 명사였다. 그는 한쪽 다리가 없었지만 공포 시대 동안 프랑스에 미국 공사로 파견되었고, 대륙회의에서 대표로 활동했던 경력을 갖고 재무장관 보좌역으로 명성을 날리던 거버니어 모리스였다. 1782년 그는 미국에서 유통되고 있는 외국 통화에 관한 보고서를 국회에 제출하라는 지시를 받았다. 그는 보고서 말미에 미국의 통화에 십진법을 적용해야 한다는 자신의 계획을 덧붙였다. 통화 단위가 에스파냐 달러(100센트가 1달러)가 되어야 한다고 생각한 토머스 제퍼슨[113]은 모리스의 계획을 받아들였고, 화폐 단위를 에스파냐어인 페소에서 P와 S를 따 $로 나타냈다. 모리스보다는 제퍼슨이 더 유명한 거물이었기 때문에 역사는 이런 아이디어를 처음 내놓았던 사람이 모리스였다는 사실을 망각했다. 그러나 모리스는 여러 면에서 달러만큼이나 큰 족적을 역사에 남겼다.

113 80 89
113 213 278
113 295 427

1803년 그는 뉴욕 주의 측량 책임자 시미언 드윗에게 "이리 호의 물을 빼서…… 인공호로 흘려보내 이리 호 지역을 허드슨 강과 직접 연결시켜 보자"라고 자신의 생각을 말했다. 제퍼슨은 이 제안에 대한 전반적인 호응에도 불구하고 이런 일은 시대를 100년은 앞서 가는 것이라며 탐탁지 않게 여기다가 경제계의 압력이 무시하기에 너무나 커진 1810년에야 연방의 자금을 풀었다. 뉴욕 주의 주지사 드윗 클린턴은 대중의 지지를 끌어내기 위해 대규모 집회를 개최했다. 그러나 이리 운하 건설 법안이 의회에서 통과되고 그 다음 해에 건설이 시작된 것은 무엇보다도 모리스의 지속적인 노력 덕분이었다.

7년 후에 완공된 이 운하는 이리 호에서 허드슨까지 길이가 무려 584킬로미터나 되었으며, 이중 갑문 5개를 포함해 갑문이 모두 87개였다. 운하는 공학 세계의 경이였다. 그러나 엄청난 길이에 비해 규모는 폭이 수면에서 12미터, 바닥에서 8.5미터, 깊이가 고작 1.2미터에 불과할 정도로 평범했다. '클린턴 도랑'이라고 불리곤 했던 것도 아마 이런 이유 때문이었을 것이다.

1825년 10월 25일 이리 운하 개통식에서 뉴욕 주지사 드윗 클린턴이 이리 호의 물을 대서
양에 붓고 있다.

준공식이 벌어진 1825년 10월 25일, 운하의 물길 전체를 따라 축
하연이 열렸다. 말이 끄는 배들의 축하 행렬이 운하를 따라 뉴욕 시까
지 간 다음, 클린턴은 새로운 결합을 상징하는 의미로 물통 두 개 분
량의 이리 호 물을 대서양에 부었다. 운하가 성공적으로 운영됨에 따
라 모리스의 예언이 정확했음이 드러났다. 화물 운송료는 운하가 건
설되기 전에 비해 10분의 1로 떨어졌고, 운하 주변을 따라 산업이 활
기를 띠었다. 운하 건설 10년 만에 수입이 건설비용을 넘어섰고, 뉴
욕이 미국의 주요 관문항으로 입지를 굳혔다. 하루에 이민자 1만
2000명이 이 길을 따라 디트로이트로 이동했으며, 시카고를 마을에
서 도시로 바꿔놓았다. 1852년 뉴욕에 도착한 이민자 30만 명 대부분
은 이 운하를 통해 서쪽에서 온 사람들이었다. 운하를 기념하는 노래
와 이야기가 만들어지기도 했다. 필립 프리노라는 시인은 운하를 파
는 작업이 미처 끝나지도 않았는데 이리 운하가 불멸할 거라고 노래
했다.

불굴의 용기를 지닌 자들과 몸을 아끼지 않는 노동자들의 삽이

울퉁불퉁한 땅을 갈아엎었다.

운하는 안전한 채로 남으리라,

해가 존재하고 달이 지속되는 한.

프리노의 낙관주의는 변화라는 것을 무시했다. 준공된 지 겨우 20년 만에 이민자들을 서부로 실어나를, 전혀 새로운 방식을 만들어낼 건축 공사가 대운하 바로 옆에서 시작되었다. 그것은 이리 운하뿐만 아니라 다른 운하 모두를 하루아침에 퇴물로 만들어버렸다. 그것은 철도였다. 철도는 너무도 쉽게 운하를 제쳤다. 덜 돌아가도 되었고, 울퉁불퉁한 지역에도 적은 비용으로 건설할 수 있었고, 물을 늘 공급해야 할 필요도 없었고, 유지비도 적게 들었기 때문이기도 했지만, 가장 중요한 것은 말이 끄는 바지선보다 더 빨리 움직일 수 있는 최초의 화물 운송 수단이라는 점 때문이었다.

1845년 뉴욕과 이리 사이에 철도가 개설되면서 이리 호와 허드슨 강이 처음으로 연결되었고, 그와 함께 현대적인 경영 기법이 도입되었다. 이리 철도 회사의 초창기 관리자 중 한 명인 찰스 마이넛은 신설된 철도 노선이 직면한 난제를 해결한 사람이다. 문제는 단선 기차들이 안전하게 교차하기 위해 측선에서 대기하면서 생기는 지연이었다. 뒤늦게나마 분명한 해결책을 찾아야 했다. 1851년 마이넛은 선로 옆으로 전신[114]을 연결해서, 진입하는 기차에 언제 대기하고 언제 진행해야 할지를 알려주었다. 이런 절차는 곧이어 표준화된 시각표 신호 체계를 낳았고 이 체계는 이후 30년 동안 쓰였다.

1854년에 새로운 관리자인 대니얼 매컬럼은 철도 관리가 엉망임

114 30 53
114 235 321
114 275 386

을 알고 피라미드형 조직도를 고안해 상세하고도 정확한 관리 정보가 조직 내에 어떻게 작동해야 하는지를 보여주었다. 그가 만든 조직도는 1달러에 판매되기도 하고 영국의회에서도 토론되었을 뿐만 아니라,《애틀랜틱 먼슬리》에 실릴 정도로 사람들의 주목을 받았다. 그는 한 시간, 한 주, 한 달마다 보고하는 체계를 갖추고, 관리자들이 전신을 이용해 부하 직원들과 연락을 취하도록 했다.

매컬럼이 현업에 있을 때 펜실베이니아 철도 노선이 신설되었다. 펜실베이니아 철도 회사의 사장이었던 에드거 톰슨은 향후 철도의 수익성은 화물을 싣고 목적지까지 직접 운송하는 데 달렸다고 보았다. 그래서 그는 직계 참모 경영, 즉 조직의 '사업부' 개념을 발전시켰다. 이 시스템은 펜실베이니아 철도 회사가 미국에서 가장 큰 사업체로 성장할 수 있었을 만큼 효과적이었다. 1880년대에 이 회사는 5만 명을 고용하고 있었다.

다음으로 볼티모어-오하이오 철도 회사가 매컬럼과 톰슨의 작업을 종합해 행정·재무·집행·법무 부서를 독립적으로 두었다. 마침내 1869년 루이빌-내슈빌 철도 회사의 부사장이었던 앨버트 핀크는 모든 면에서 가장 중요한 경영 정보를 어떻게 알아내느냐와 관련된 방법을 개발해냈다. 그렇게 하기 위해 그는 회계와 우송 부서가 수집한 모든 재정과 통계 자료들을 재정리해 그것들을 비용의 특성에 따라 기존의 계정을 재편성했다. 그런 다음 핀크는 그 자료들을 네 개의 일반적인 범주로 분류한 후 역들이 각각 어떻게 운영되고 있는지를 비교해 역들 사이에 비용 차이가 왜 나는지를 알아냈다.

이러한 모든 개선은 미국식 '사업부' 형태 조직과 함께 생겨난 것이다. 지역 부서의 장들에게 철도를 통제하고 조정할 전권을 부여함으로써 본부에서 수백 킬로미터나 떨어진 곳에서 발생하는 일들을 유연하게 대처할 수 있게 했다. 또한 철도 사업은 전문직 전속 관리자들을 처음으로 고용해 그들이 공식적인 경영 위계 속에서 일하며 광대한 거리에 걸쳐 있는 철도를 대규모로 경영하고 수백 가지 유형의 상품과 서비스뿐만 아니라 수천 명의 고객을 관리하게 했다. 철도가 현대적인 기업 구조를 발명한 것이다.

거의 같은 시기에 철도 덕분에 생겨난 상업이 철도의 경영 조직을 그대로 모방하기 시작했다. 백화점이었다. 철도와 마찬가지로 백화점 역시 수많은 상품 목록, 높은 상품 회전율, 수백 개의 판매 시점에서 구매하는 수천 명의 고객들, 이 시스템을 따라 고속으로 움직이는 다양한 상품들, 낮은 이익률, 그리고 재고와 현금 흐름에 관한 정보를 매일매일 검토할 필요가 있었다.

새로 생겨난 백화점들은 상업에 혁명을 일으켰다. 백화점들은 전신·철도·증기선·우편 업무를 활용하고, 철도와 똑같은 '부문별' 경영 구조도 도입했다. 1870년대에 시카고의 마셜 필드나 뉴욕의 스튜어트스 같은 백화점들은 기본적으로 도매상의 성격을 지니고 있어서, 전체 매출액 중 소매가 차지하는 비중이 15퍼센트에 불과했다. 그러나 1880년대에는 거리와 도시 교통[115] 여건의 개선, 고가高架 철도와 도시 인구의 급격한 증가로 소매 쪽의 비중이 더 커졌다.

115 35 54

샹들리에, 대리석 바닥, 신고전주의풍 출입구, 판유리를 끼운 창, 원형 건물, 갤러리 등을 갖춘 이 새로운 상업 궁전 안에서 쇼핑은 문화적인 체험이 되었다. 판매되는 상품의 종류는 이들 가게들이 처음 생겼을 때 팔기 시작했던 직물류는 물론이고, 보석, 유리그릇, 은그릇 같은 사치품에서 시계, 책, 손수건, 장갑, 조화, 깃털, 가구, 양말과 속

옷류까지 다양했다.

이 새롭고도 '편리한' 쇼핑이 이루어지는 대형 백화점에 종사하는 사람 수는 미국의 웬만한 도시의 인구보다 많았다. 쇼핑객들은 '게스트'라고 불렸고, 그들은 미장원, 레스토랑, 실내 연주, 화장실, 우체국, 배달과 수리 서비스 등의 온갖 편의를 누렸다. 서비스에 드는 비용, 건물과 설비에 드는 경비, 많은 직원 수, 낮은 이익률은 백화점 직원들이 손님들이 더 많은 돈을 쓰고 갈 수 있게 하는 새로운 방법을 반드시 찾아야 한다는 것을 뜻했다.

그 방법을 보여준 사람은 오하이오 주 러베너 출신의 헨리 퍼슨스 크로웰이었다. 1881년 그는 파산한 방앗간 하나를 2만 5000달러에 사들인 후, 전에만 해도 가난에 찌든 스코틀랜드인이나 독일인 혹은 말이나 먹던 것을 사람들이 소비하게끔 하는 사업을 시작했다. 그는 사람들이 귀리를 좋아하도록 설득했다. 그는 최초의 본격적인 산업 광고 캠페인을 했는데, 광고의 모든 요소들은 특정 대상층을 염두에 두고 만들어졌다.

먼저 그는 퀘이커교도가 미소 짓고 있는 얼굴을 상표의 이미지로 선택했다. 퀘이커교도들은 거래를 할 때 공정하며 청결하고 정직하다는 평판을 듣고 있었기 때문에 사람들의 신뢰를 받고 있었다. 그래서 그는 자신의 제품을 '퀘이커 귀리'라고 불렀다. 퀘이커 브랜드는 당시에 사용되고 있던 다양한 종류의 광고 기법을 최초로 통합한 것이었다. 크로웰이 한 인쇄 광고는 "뭐니 뭐니 해도 가장 중요한 것은 건강이다"라든지 "세계적으로 곡물을 먹는 나라의 사람들은 고기를 먹는 나라 사람들보다 노역을 더 잘 견딜 수 있다" 등의 문구로 영양을 강조했다. 그는 경품, 환불 보증, 상자에 인쇄한 쿠폰, 유명 인사들의 보증서, 과학자들의 추천사 등을 도입했다. 그리고 심지어는 무료 견본과 함께 서부를 여행하는 '퀘이커 기차'까지 만들어냈다.

그러나 크로웰이 현대적 머천다이징에 가장 크게 기여한 것은 포장 활용법이었다. 그는 주부들의 호감을 끌어내기 위해 귀리를 상자에 담았다. 상자 포장은 제품의 순수성과 품질 관리를 보증해주고, 가격 대비 무게의 표준화를 이룰 수 있었다. 또한 운송과 진열도 용이했기 때문에 상점 주인들과 배송업자들에게도 좋은 인상을 남겼다. 크로웰은 현대적 기법의 마케팅을 개시했고, 놀라울 정도로 큰 성공을 거두었다.

지금까지 소비자를 구매하도록 설득했다면, 이제 남은 일은 공장 노동자들을 설득해서 생산하는 일만 남았다. 1924년에 노동자들의 동기 부여에 관한 중요한 연구 결과가 나왔는데, 이 연구는 그 후 생산과 인사 관리 전체에 걸쳐 영향을 미치게 되었다. 조사는 시카고 소재의 웨스턴 일렉트릭 사의 호손 공장에서 일하는 직원 2만 9000명을 대상으로 실시되었다. 공장의 환경이 작업 효과에 미치는 영향을 알아내기 위한 이 조사는 5년 넘게 진행되었다. 조사자들은 일반적인 작업 절차의 변화뿐만 아니라 조명, 실내 온도, 습도, 작업 시간, 휴식 시간, 음식 섭취, 야간 수면 시간, 주당 작업 시간, 휴일 주기 등에 변화를 주어가며 연구를 시작했다.

처음 2년 동안 실험한 결과, 생산성에 영향을 미치는 주요 요소가 피로인 것 같았지만 이상한 현상이 관찰되기 시작했다. 한 작업장의 노동자들에게 작업 조건이 개선될 것이라고 말했지만 사실은 그렇지 않았다. 그런데도 생산량이 증가한 것이다. 그리고 실제로 작업 조건을 개선하고 노동자들에게 그런 사실을 알려준 후, 다시 비밀리에 조건을 원상태로 돌려놓아도 생산량은 여전히 높은 상태를 유지했다. 연구원들은 철저한 인터뷰 조사를 마친 후에야 실제로 어떤 일이 벌어졌는지 알 수 있었다. 실험을 준비하는 일에 노동자들을 참여시킨 것만으로도 인간관계와 작업 능률이 개선되기에 충분했던 것이다. 개선된 조건에 대한 단순한 기대감만으로도 작업 능률이 오르는 사례가 몇 차례 있었고, 심지어는 아무것도 개선된 것이 없을 때도 같은 결과가 나오기까지 했다. 이것은 일반적으로 '플라세보(또는 호손) 효과'라고 알려진 현상의 첫 사례였다. 단지 뭔가 개선이 이루어지고 있다는 믿음만으로도 노동자의 신체와 감정 상태가 변하는 것이다.

이러한 발견들은 하버드 대학의 생리학과 교수인 월터 캐넌이 진행하던 연구를 뒷받침해 주었다. 몇 년 전 그는 인체의 소화 기제를 찍은 새로운 X선[116] 사진들을 보고 흥미를 느껴 위에 문제가 있는 환자들에게 황산바륨이 섞인 음식(오늘날에는 바륨식이라고 불림)을 주기 시작했다. X선을 투사하면 소화관을 지나는 바륨식을 통해 위의 움직임을 알아낼 수 있었다. 이를 통해 캐넌은 허기와 관련된 현상을 조사하게 되었고, 그것이 위 수축에 의해 생겨나며 입의 건조와 관련 있음을 발견했다.

놀라거나 불안해지면 실험용 동물들의 위가 갑자기 활동을 멈추는 것을 본 캐넌은 감정이 신체 계통에 미치는 영향으로 관심을 돌리게 되었다. 캐넌이 동물의 교감신경계를 제거하자, 그 동물은 신체 상태의 변화에 제대로 반응하지 못했다. 신체의 상태가 변할 때 통상적으로 혈류 속에 생성되는 어떤 물질이 나타나지 않은 것이다. 캐넌은 그것이 물리적 혹은 감정적 상태의 변화에 신체가 적절하게 반응하는 일을 돕는 일종의 화학적 전달체일 것이라고 생각했다.

116 39   55
116 226 304

캐넌은 증상을 일으키는 화학적 반응들이 사라지고 나서도 그런 생리적 반응들이 지속되는 일이 자주 있다는 것을 관찰함으로써, 신체가 스트레스에 대처할 때 아드레날린이 하는 역할을 확인할 수 있었다. 어떤 상황에서 취할 수 있는 가장 적절한 대응이 '싸우거나 도망치는 것'일 때, 부신은 몸속에 다량의 포도당을 방출하게 한다. 혈액은 복강(소화를 위해 혈액이 일상적으로 필요한 곳)에서 심장, 폐, 팔다리로 이동한다. 1920년대에 캐넌은 고등동물들에게는 온갖 신체 상태와 감정 상태에 대응해 몸을 안정적으로 유지시키는, 복잡하고 다양한 자기 조정 기제들이 있다고 주장했다. 1932년에 출간된 『인체의 지혜』라는 선구적인 책에서 그는 내적인 안정성을 이루려는 이러한 기능을 지칭하기 위해 '항상성'이라는 용어를 고안해냈다.

캐넌은 말년에 동료인 하버드 의대의 생리학자 아르투르 로센블루에스와 절친하게 지냈다. 훗날 제2차 세계대전 초기에 로센블루에스는 MIT의 교수인 수학 천재 노버트 위너와 함께 캐넌의 작업에 대해 토론했다. 당시 위너[117]와 그의 조수 줄리언 비걸로는 대공포對空砲와 관련된 문제를 연구하느라 바빴음에도, 항상성이 인간에게 어떻게 작용하는지에 대해 이야기를 나눌 정도로 열심이었다. 그들은 신체의 자세와 관련된 감각기관과, 눈에서 보내는 신호들이 뇌에 어떻게 작동하기에 사람이 컵이나 연필을 떨어뜨리지 않고 정확하게 들어올릴 수 있는지에 특히 흥미를 갖고 있었다.

로센블루에스와 나눈 대화를 통해 위너는 자신이 사이버네틱스('키잡이'를 뜻하는 그리스어에서 유래함)라고 이름 붙인 일반 개념을 만들어 비걸로와 함께 대공포[118] 연구에 적용시켰다. 그들은 이 개념을 목표물의 이전 진행 궤도에 관한 불완전한 레이더 데이터를 처리해

117 122 148

118 238 326

이후 위치의 근사치를 알 수 있게 해주는 수학적 알고리즘으로 표현했다. 이 데이터를 활용하면 대공포대는 목표물이 날아갈 궤적과 포탄의 궤적을 함께 고려해 포를 발사할 수 있었다.

이 새로운 시스템은 M-9 프리딕터라는 대공포 조준 산정기의 형태로 1944년에 처음 등장했다. 첫 몇 주 동안 영국 해협 주변 지역을 목표로 날아오는 V-1 미사일을 막아낸 결과는 대단히 성공적이었다. 독일의 미사일[119] 공습이 있었던 마지막 달 첫 주에 영국은 목표물의 24퍼센트를 파괴했다. 미사일 공습 마지막 날에는 독일이 발사한 104기 중 68기가 위너의 사이버네틱스 시스템으로 제어된 대포에 의해 격추되었다. 덕분에 영국은 위기를 넘겼다.

전쟁이 끝난 후, 사이버네틱스는 온갖 종류의 컴퓨터화와 자동화의 주요 특징이 되었으며, 피드백 원리는 곧 여러 유형의 공장용 기계들에 적용되었다. 사이버네틱스를 현대적으로 활용한 예 중에 좀 더 극적인 것은 관성 항법 장치이다. 관성 자이로스코프[120]는 항공기나 미사일이 날아가는 방향을 감지하고, 가속도계는 작은 속도 변화에도 모두 반응한다. 관성 자이로스코프와 가속도계는 전기 모터로 작동하는데, 만약 방향이나 속도가 바뀌어 이 두 장치의 상태가 변하면 전기 모터는 그것을 감지해낸 후 데이터들을 피드백 해서 불과 수천분의 일 초 안에 그 장치들을 최초의 상태로 돌려놓는다. 이러한 보정을 하는 데 필요한 전하는 그 장치들이 최초에 설정된 상태에서 얼마나 움직였는지에 좌우된다. 이 장치들에 시계를 덧붙이면 항공기나 미사일의 현재 위치를 알아낼 수 있는 데이터를 얻을 수 있다.

긴 활 덕분에 인간은 현대 전쟁에서 전장의 환경 변화에 따라 미사일의 진로를 보정해 수백 킬로미터나 떨어진 곳에 있는 목표물을 한

치의 오차도 없이 명중시킬 수 있도록 유도해주는, 사이버네틱 피드백을 이용하는 극도로 유연한 미사일 시스템을 활용해 전투를 수행할 수 있게 되었다. 관성 유도 장치가 탑재된 현대 미사일은 원거리 목표물을 몇 십 센티미터 정도의 오차 범위 내에서 명중시킬 수 있다. 로빈 후드라도 자부심을 느꼈을 정도로 정확하게.

탐지 체계와 대안 수단을 갖춘 오늘날의 첨단 전쟁은 대개의 경우 사람들이 직접 맞서서 싸우기 훨씬 전에 원거리에서 시행된다. 이런 전술들이 세상에 태어날 수 있었던 것은 어떤 한 사건 때문이었다. 너무나 빈번히 일어나는 사건들 중 하나……

새로운 패러다임을 만드는

좋은 기회

현대의 많은 기술은 전혀 의식하지 못할 정도로 곳곳에 퍼져 있다. 우리는 아무것도 없는 것처럼 쉽게 다른 것들과 상호작용하는 정보시스템에 대해 언급할 때 "투명"하다고 말한다. 현대 기술의 목표는 사람들이 뭔가를 사용할 때 그것의 존재를 모를 정도로 '사용자 친화적'인 혁신을 이뤄내는 것이다. 가장 좋은 예 중 하나가 비닐랩(플라스틱랩)일 것이다. 비닐랩은 주위에서 흔히 볼 수 있고, 없으면 불편하고, 사용하기 편리하고, 무엇보다도 (문자 그대로) 투명하다. 거의 대부분의 기술이 언제 어디서건 늘 그렇듯, 이것 역시 우연의 산물이다.

비닐랩은 2차 세계대전 초기에 처음으로 사람들의 관심을 끌기 시작했다. 당시 독일의 폭격기[121]들은 거의 맘대로 잉글랜드를 야간 공   121 119 144

습 하고 있었다. 독일군이 마주치는 장애물이라고는, 당시만 해도 상당히 제한적인 성능밖에 없는 조기 경보 레이더의 신호를 토대로 관제사들의 지시를 받는 전투기 몇 대뿐이었다. 경보는 그다지 신속하지 않았다. 게다가 잉글랜드의 남동 해안을 따라 설치된 레이더는 대형 안테나 장치가 필요한 장파 신호를 사용하고 있었기 때문에 쉽게 독일군의 목표물이 되었다. 그래서 영국은 더 작은 안테나 장치를 써서 레이더 신호를 보내는 방법을 간절히 원했다. 그렇게 하지 않으면 전쟁이 시작되자마자 끝장날 판이었다.

그들이 모르고 있었던 것은 이 문제가 1933년 3월 24일, 영국의 화학회사인 ICI의 연구원들이 특수 유리 용기(폭탄이라고 불림)를 이용해 초고압 상태에서 염료를 만들 때 이미 풀렸다는 사실이다. 그 '폭탄'들 중 하나가 폭발했을 때 매끈하고 흰 물질의 잔재가 연구원들의 눈에 띄었다. 똑같은 일이 몇 차례 더 일어났다. 그리고 마침내 1935년에 그 잔재가 중합체(重合體: 분자가 중합하여 생기는 화합물)의 성질을 갖는 분자이고, 방수성이 뛰어나고, 무엇보다 전기절연성이 뛰어나다는 사실이 확인되었다. 이 물질에는 폴리에틸렌이라는 이름이 붙여졌다. 정규 생산은 필름 형태로 만드는 기계를 써서 이 물질에 바람을 불어넣는 방식으로 이루어졌다. 이것은 비눗물을 묻힌 철사 고리로 비눗방울을 만드는 것과 거의 비슷하다.

폴리에틸렌은 전쟁 발발 직전에 이미 생산되고 있었다. 그러나 레이더와 결합되어 그 진가가 드러난 것은 절연성이 좋은 물질을 찾고 있던 핵무기 연구팀의 손에 폴리에틸렌이 들어가고 난 다음의 일이었다. 바로 이러한 절연 성질 덕분에 훨씬 더 작고 더 높은 주파수의 레이더 장치[122]를 만들 수 있게 되어 영국은 군사적 이점을 얻을 수 있었다. 그리고 상대적으로 약한 이 레이더의 신호는 더 이상 새나가지 않게 되었다. 주파수가 높아진 만큼 목표물에 맞고 돌아오는 신호도 정확해졌고, 레이더 장비도 배나 비행기에 충분히 탑재할 수 있을 만큼 작았다. 1943년에는 파장이 3밀리미터인 레이더를 탑재한 영국의 전투기들이 야간에 출격해 독일의 폭격기들을 격추했고, 영국의 함대는 어둠 속에서도 적의 전함들과 성공적으로 교전을 벌였다. 그 결과 U-보트의 손실이 커진 독일은 대서양 전투를 중단할 수밖에 없었다.

폴리에틸렌을 만드는 데 주로 이용하는 방법은 앞서 언급했듯이 기포를 형성하는 것이다. 플라스틱이 기포를 만드는 이유는 커다란 분자들이 결합해 강력한 인장 강도와 내구성을 갖는 긴 사슬을 형성하기 때문이다. 플라스틱이 비누와 비슷한 성질을 갖는 것도 이 때문이다. 같은 이유로 비누 역시 높은 내구성을 보일 수 있다. 19세기에 스코틀랜드의 과학자 제임스 듀어는 3년 동안이나 터지지 않고 '부풀어' 있는 비눗방울을 만든 적이 있다.

플라스틱과 비누가 똑같은 성질을 갖는 것은 둘 다 '콜로이드' 물질이기 때문이다. 이것은 플라스틱과 비누가 막에서 쉽게 분산된다는 것을 뜻한다. 비누의 경우 분자들이 미셀이라는 커다란 덩어리를 형성하는데, 이것이 물건의 때를 빼는 과정에서 핵심적인 구실을 한다. 비누의 친수성 분자들은 때와 기름 입자들을 둘러싸고 천 혹은 피부에서 약간 잡아당긴 후 공 모양으로 변해 떨어져 나온다. 이러한 입자들은 물 위를 자유롭게 떠다닌다. 이때 미셀이 이 입자들을 둘러싸서 천의 표면에 다시 붙는 것을 방지해주기 때문에 천 혹은 피부가 깨끗한 상태로 유지되는 것이다.

오직 비누 하나로 국민 영웅이 되어 위대한 예술가들의 구애를 받고 영예를 한 몸에 누리는 일은 흔치 않지만, 이런 일이 미셸 외젠 슈브뢸에게는 실제로 일어났다. 그는 젊은 시절 프랑스 파리에서 화학자로 사회생활을 시작해 비누의 원리를 처음으로 발견했다. 1811년 그는 염료와 식물성 기름의 혼합물, 그리고 기름이 나오는 수지에 관한 연구를 시작했다. 연구를 진행하면서 지방을 조사하던 그는 지방산을 발견했다. 1823년 그는 자신의 첫 번째 주요 논문을 발표했는데, 거기에 비누가 지방산과 염기로 구성되어 있다고 썼다. 슈브뢸은 비누를 만들기에 적당한 지방산의 종류를 나열함으로써 비누 제작을 과학화했다. 그리고 지방산은 양초를 만드는 데도 사용될 수 있기 때문에 양초 제작 역시 그에 의해 과학화되었다. 슈브뢸 덕분에 이제 세상은 밝고 상쾌한 향이 나는 곳으로 바뀌었다. 관련된 사람들은 모두 다 이런 사실을 알고 있었다. 슈브뢸은 금세 유명해졌다. 102세의 나이로 그가 세상을 떴을 때, 프랑스는 애도의 날을 선포했다.

슈브뢸이 비누에 관심을 가진 데는 또 다른 이유가 있었다. 그는 이미 세계적으로 유명한 파리 소재 고블랭 태피스트리 공장[123]의 염색 담당 책임자였다. 염료가 천에 정착될 때 비누와 같은 원리가 작용하는데, 슈브뢸은 물이 쉽게 빠지지 않는 좀 더 선명한 천연염료를 만들려고 시도했다. 이 문제를 놓고 씨름하던 중 그는 색의 선명도가 착색의 강도가 아니라 바로 옆에 놓여 있는 색들의 색조에 더 영향을 받는다는 사실을 알아냈다. 이런 식으로 색들을 병치하면 한 가지 색만 볼 때와는 다른 효과가 났다. 이러한 '동시 대비' 현상의 발견은 새로운 색상 도구의 발명으로 이어졌다. 그는 삼원색, 즉 빨강·파랑·초록을 스물세 가지 혼색과 섞은 다음, 모두 일흔두 가지 색으로 이루어진 색상환을 만들었다. 이어서 그는 검정색과 하얀색으로 각 색의 명도를 조절해 1만 5000가지 색조로 구성된 색상환을 만들어냈고, 그 후 모든 염색업자들이 그것을 사용했다.

그러나 효과에 따른 슈브뢸의 색 배치는 직물 산업에 기여하는 것 이상을 해냈다. 프랑스의 '과학적' 인상주의 운동을 촉발시켜 미술 세계를 바꿔놓은 것이다. 쇠라, 시냐크, 피사로 같은 화가들이 그림을 그릴 때 슈브뢸의 동시 대비의 법칙을 활용했다. 그들은 다양한 색의 점들을 연이어 찍어 제3의 색채 인상을 만들어 독특하고 아른아른한 효과를 창조해냈다. 인상주의가 유명해진 것도 바로 이러한 효과 때문이었다. 슈브뢸의 아이디어 중 가장 위대하고 값진 예는 아마도 쇠라의 〈그랑자트 섬의 일요일 오후〉에서 찾아볼 수 있을 것이다.

슈브뢸이 색의 대비에 집착하게 된 계기 중 하나는 아마도 자신이 일하던 고블랭 공장이 더 다양한 색조의 태피스트리를 생산해야 할 필요성을 절박하게 느끼고 있었기 때문이다. 50년 전, 이 공장의 책임자였던 프랑수아 부셰는 중국의 소미술품에 관심이 많았다. 18세기 중반부터 프랑스인들의 취향은 신비스러운 동양에서 건너온 장식 예술품에 사로잡혀 있었다. 시누아즈리[124](chinoiserie: 근세 유럽 미술에서 성행한 중국적인 기풍─옮긴이)가 크게 유행했다. 새로운 유행은 문양이 훨씬 복잡해진 태피스트리를 낳았다. 직공들은 가볍지만 다양한 재료들을 쓰기도 하고, 비단실·린넨실·모직실·면실을 섞어서 대단히 미묘한 효과를 만들어냈다. 슈브뢸이 1만 5000가지가 넘는 색상환을 만들게 될 정도로 엄청난 수의 색조가 필요했던 것도 바로 이런 복잡한 문양들 때문이었다.

중국에서 건너온 물건들에 대한 프랑스인들의 열광은 1762년에 정부가 나서서 고블랭 공장에 특별 부서를 만들게 할 정도로 극성이

124 242 335

었다. '중국 작업장'이라고 불린 이 부서의 목적은 중국과 일본 제품의 모조품을 제작하는 것이었다. 그중에서도 특히 인기가 많았던 것은 칠기 가구였다. 품질 좋은 모조품을 생산해 대중의 수요를 만족시키게 되면, 정부의 빈약한 금 보유고가 더 가벼워지는 일을 막을 수 있었던 것이다. (중국은 수출품에 대한 대금을 금[125]으로만 받았다.)

125 95 108

일본의 칠기 가구가 유럽에 처음 소개된 것은 1610년이었다. 장식장 일곱 개가 네덜란드 동인도회사 소유의 배 '붉은 사자'호에 실려 네덜란드에 도착했다. 칠기공예품은 희소한 데다 수요도 많았기 때문에 값이 하늘 높은 줄 모르고 치솟았다. 칠기공예품을 사려는 사람들이 줄을 서서 대기했고, 칠기공예품 회사는 공급원을 구할 또 다른 방법을 찾기 위해 혈안이 되었다. 문제는 중국과 아시아로 가는 기존의 두 항로(아프리카 남단을 돌아 인도양을 가로질러 가는 항로와 남아메리카 남단을 돌아 태평양을 가로질러 가는 항로)를 포르투갈과 에스파냐가 각각 통제하고 있다는 데 있었다.

그래서 네덜란드인들은 대체 항로, 그리고 가능하다면 좀 더 짧은 항로를 찾아나섰다. 15세기 말 이래로 카보트 가문 같은 탐험가들은 캐나다의 북극해와 알래스카를 거쳐 태평양까지 가는 북서 항로를 찾으려고 시도했지만 실패했다. 사람들 모두 그런 항로가 있다고 확신했다. 그렇게 먼 곳까지 가본 사람이 아무도 없었기 때문에 그런 시도가 불가능한 것은 아니지만 어려운 일이라는 것을 알지 못했다. 잉글랜드의 항해가 헨리 허드슨은 자신의 운을 시험해보기로 했다. 포카혼타스 이야기로 유명한 존 스미스에 대해 알고 있었던 그는 스미스가 말한 거대한 호수들이 태평양을 가리키는 것이라고 생각했을지도 모른다. 그래서 1607년 네덜란드 동인도회사가 북서 항로를 찾아보라는 제안을 했을 때 그는 이미 반은 설득당한 거나 마찬가지였다.

네덜란드인들을 위해 항해를 떠난 그는 그린란드를 거쳐 스피츠베르겐으로 갔다가 다시 그린란드로 돌아왔다. 그는 좀 더 북쪽으로 가려고 시도했지만 매번 빙원에 가로막혔다. 그는 스피츠베르겐 앞바다에 고래가 엄청나게 많다는 사실이 밝혀지기 전에 결국 포기하고 고향으로 돌아갔다. 1619년 네덜란드는 암스테르담 섬 인근에서 포경[126] 산업을 시작했다. 이제 배(주로 에스파냐의 갈레온선)에 실린 물건들 중에서 가장 큰돈이 되는 것은 고래였다. 고래의 수염은 솔, 손잡이, 체, 포장천, 석궁, 침대 받침, 침대 바닥, 묶음쇠, 소파틀에 쓰였고 코르셋, 의복 주름, 여성복 등의 형태를 유지시켜주는 보강재로도 쓰였다. 고래의 지방은 양초와 비누를 만드는 데 쓰였고, 기름은 램프의 연료로 쓰였다. 포경 산업은 투자 대비 500퍼센트의 이익을 남겼고, 낮은 대출 비용 덕분에 네덜란드는 곧 대서양 최대의 포경 산업국이 되었다. 스피츠베르겐 인근의 고래가 그토록 많은 이윤을 남길 수 있었던 것은 그곳 기온이 매우 낮아 고래의 몸을 덮고 있는 지방이 많았기 때문이다. 네덜란드는 그 후 300년 이상 포경 산업으로 계속해서 돈을 벌어들였다. 따라서 허드슨의 항해는 완전한 실패는 아니었던 셈이다.

그 항로가 실현 가능하다고 허드슨을 처음 설득했던 사람은 플란키우스라는 필명으로 더 잘 알려진 피에터 플라부트였다. 플란키우스는 동인도회사를 세우도록 처음으로 정부를 설득했던 사람이었다. 그는 또한 북쪽 항로를 제안하기도 했다. 위대한 지도 제작자 메르카토르의 제자였던 그의 견해는 진지하게 받아들여졌다. 메르카토르가 유럽 전역에서 유명해진 것은 그가 당시 유럽 최고의 인쇄업자인 크

126 61 77

리스토프 플랑탱[127]에게 출판을 의뢰했기 때문이었다.

안트베르펜에 있던 플랑탱의 인쇄소(지금까지도 그곳에 그대로 있다.)에는 인쇄기 스물네 대가 돌아가고 있었다. 플랑탱은 프랑스제 속옷, 포도주, 가죽용품, 거울 등을 대리인을 통해 파는 부업으로도 많은 돈을 벌고 있었다. 그 대리인은 스웨덴에서 알제리까지 곳곳에 지점을 두고 있었다. 그러나 플랑탱에게 큰돈을 안겨준 것은 신성한 책들이었는데, 에스파냐의 왕 펠리페 2세와 트렌토 공의회 덕분이었다. 16세기 중반 루터 때문에 신자들이 가톨릭교회를 버리고 개신교로 개종하는 일이 벌어졌다. 1656년 이 문제에 어떻게든 조치를 취해야 한다고 결정한 로마는 이탈리아 북부에 있는 도시 트렌토로 주교들을 소집해 회의를 열었다. 회의는 수십 년 동안 이어졌고, 마침내 네 가지 결정이 나왔다. 이 네 가지 결정은 오늘날 바로크 예술이라고 알려진 것을 활용해 선전을 더 효과적으로 하는 것, 예수회에 반대파들을 단속할 권한을 주고 유럽 전역에 대학을 세우는 것, 전례서들을 표준화해 모든 사람들이 동일한 의식을 치르고 동일한 기도문을 낭송하는 것, 그리고 마지막으로 금서 목록을 정하는 것이었다.

플랑탱을 부자로 만든 것은 표준화된 전례서들이었다. 그는 새롭게 승인된 미사경본을 4만 부나 인쇄했다. 또한 완전히 새로운 종류의 '과학적' 성서를 펴내겠다는 플랑탱의 제안을 펠리페 2세가 법령으로 승인했다. 이 작업은 펠리페 2세의 대리인인 아리아스 몬타노의 엄중한 감시를 받으며 1568년에 시작되었다. 11년 후 드디어 완성된 작업은 장기적으로 볼 때 성서 그 자체를 뛰어넘는 파급 효과가 있었다. 이 새로운 성서의 '과학적' 특징은 성서에 나오는 동전, 예언자들의 계보, 유대의 의학, 아람족의 도량형, 성서 언어 사전과 문법, 이스라엘의 식물상과 동물상, 성지 지도 등을 담고 있는 부록에 있었다.

플랑탱은 이러한 부록 작업을 하기 위해 수많은 전문가들을 모았었다. 맡은 임무가 끝나자 그들은 출판을 통해 새로이 얻은 경험을 자신들의 관심 주제를 독립적인 학문 분야로 확립하는 데 활용했다. 우리는 이러한 '지식의 대오 이탈'이 가져다준 궁극적인 효과를 과학 혁명이라고 부른다. 과학 혁명은 이들 새로운 전문가들이 식물학, 의학, 지도학 등의 주제를 다룬 그리스 로마 시대 문헌들을 비판적으로 조사하고 탐구하는 데 자신들의 편집 기술을 적용시키면서 시작되었다.

새로운 금서 목록을 만드는 작업 초창기에 목록에 오른 책 중 하나는 얄궂게도 애초 로마 교황청이 위임했던 책이었다. 당시 일반적인 태양계 모델은 아리스토텔레스적인 것(지구를 태양계의 중심에 놓은 오류를 범했다.)이었기 때문에 부활절 날짜(태양과 달의 상대적인 위치를 토대로 계산되었다.)에 눈치 채지 못할 만큼의 오류가 생겼다. 그러나 성축일을 제대로 지키는 것은 개인의 구원에 필수적이었기 때문에 정확한 부활절 날짜를 반드시 알아내야 했다. 그래서 교회는 폴란드의 천문학자이자 성직자인 미쿠아이 코페르니크(니콜라우스 코페르니쿠스[128]로 더 잘 알려져 있음)에게 이 문제를 해결하라고 지시했다. 그는 지구를 태양 중심에서 떼어내 태양 주위를 도는 궤도 안으로 이동시킴으로써(다른 행성들도 궤도 안으로 옮김) 이 문제를 풀었다. 그러나 이러한 배치는 인간이 우주의 중심에 있다는 성서의 내용과 상반되는 것이었다. 1523년에 출판된 코페르니쿠스의 책은 이단으로 판정받고 금서 목록에 올랐다.

그리고 나서 1610년 이탈리아인 수학 교수 갈릴레오 갈릴레이[129]는 1608년에 한스 리퍼르헤이[130](그의 후원자인 마우리츠 판 나소우는 쌍안경은 자신이 이전부터 너무도 가지고 싶었던 것이라 전쟁터에서는 사용하지 못하도록 했다.)라는 네덜란드의 한 무명 안경제작자가 발명한 '보는 장치'라는 신기한 신형 기기를 통해 관측한 것을 그림으로 그려서 이것들과 함께 천문학이라는 고양이를 신학이라는 비둘기들에게 풀어놓았다. 망원경은 이미 1609년부터 파리와 런던에서 제작되고 있었다. 망원경에 관한 이야기를 들은 갈릴레오는 직접 망원경을 만들었다. 갈릴레오는 위험하게도 자신의 새로운 기구를 이단적인 용도로 쓰려 했다. 그는 달의 산맥, 태양의 흑점 같은 현상을 관측했다. (그러나 교회는 천체가 흠결이 전혀 없는 완벽한 구여야 한다고 말했다.) 그러나 최악은 그가 목성 주위를 도는 달을 본 것이었다. (교회는 모든 것이 지구를 중심으로 돈다고 말했다.) 마침내 그는 금성의 태양면 통과를 관찰함으로써 또 하나의 중죄를 더했다. 금성의 태양면 통과는 태양계가 태양 중심으로 운행되는 것이 사실일 경우에만 가능한 일이었다. 갈릴레오가 발견한 것을 책으로 만든 『별세계의 보고』는 세상을 발칵 뒤집어 놓았다.

1611년 갈릴레오는 로마로 가서 예수회 수사들에게 자신이 발견한 것들에 대해 설명했다. 그들이 어찌나 감동했던지 로마 대학(예수회의 지적 중심지)은 곧 천문학의 중심이 되었다. 그럼에도 갈릴레오가 퍼뜨린 학설은 교회의 가르침과는 정반대였다. 예수회의 조언을 받아들인 로마 교황청은 갈릴레오의 새 저서 『두 개의 중요한 세계 체계에 관한 대화』의 출판을 일시적으로 연기하라고 제안했다. 교회의 가르침을 새로운 사실에 적용할 시간이 필요하며, 이러한 조치가 다 완료되면 자유롭게 출판해도 된다는 것이었다. 그러나 타협이라고는 모르는 이 남자는 로마를 무시하고 책을 출판했다. 1632년 그는 이런 완고한 고집 때문에 평생 가택 연금과 향후 절대 출판 금지라는 대가를 치렀다.

최고의 아이러니는 갈릴레오와 같은 시대 사람으로, 망원경의 성능을 개선하고 갈릴레오보다 더 많은 것을 관찰했던 사람이 잉골슈타트 대학에서 히브리어와 수학을 가르쳤던 독일 예수회의 사제 크리스토프 샤이너였다는 사실이다. 그는 흑점도 관찰했지만 이것들을 작은 행성으로 여겼다. 샤이너는 길이가 고작 30센티미터 정도밖에 되지 않고 볼록렌즈와 오목렌즈가 각각 하나씩 달려 있어서 겨우 달의 한쪽 면밖에 보지 못했던 갈릴레오의 망원경을 개량했다. 샤이너는 눈 쪽에 성능이 좋은 볼록렌즈를 달고, 반대 쪽에는 배율이 좀 더 떨어지는 렌즈를 썼다. 이 망원경은 초점거리가 약 61센티미터였고, 비록 역상이지만 또렷한 상을 얻을 수 있었다. 초점거리를 늘리면 배율을 무제한 늘릴 수 있었다. 이러한 개선은 결국 밧줄과 도르래로 매단 길이가 45.7미터나 되는 망원경[131]을 탄생시켰다. 비록 이런 긴 기구들은 약한 바람에도 흔들렸지만 토성의 위성[132]과 고리들, 화성의 '운하들(샤이너가 처음으로 관측함)', 그리고 목성의 띠 같은 17세기의 발견을 가능하게 했다. 언젠가는 프랑스의 한 천문학자가 달에 있는 동물들을 보려고 길이가 300미터나 되는 망원경을 만들 계획을 세우기도 했다.

이 신형 망원경들은 선원들의 삶을 더 안전하게 만들어주기도 했다. 프랑스의 천문학자 카시니 같은 사람들이 시간에 따른 별의 정확한 위치 그리고 목성의 위성들의 위치를 알아내 항해사용 항성표를 더 정확하게 개선할 수 있었기 때문이다. 항성표는 천체의 위치를 측정하는 데도 사용되었는데, 현재 보이는 한 천체의 위치를 똑같은 시

131 199 256

132 84 95
132 252 349

각에 다른 곳에서 볼 때의 위치와 비교하기 위해서였다. 위치의 차이와 시간의 차이를 알면 항해사는 자신이 얼마나 동쪽 혹은 서쪽으로 와 있는지를 알 수 있었다. 그러나 지구가 1분에 약 240만 센티미터씩 회전하기 때문에 별의 위치에 겨우 호의 1도만 오차가 생겨도 배의 위치가 약 240만 센티미터나 차이 났다. 그리고 시야가 나쁠 때 이런 오차는 목적지로 가는 길을 잃게 할 수도 있었다. 따라서 별의 위치를 아주 정확하게 알아야만 했다.

프랑스의 한 탐사대가 남아메리카 적도 근처에 있는 카옌에 파견되었을 때 상황은 더욱더 복잡해졌다. 탐사대의 천문학자들이 자신들이 가지고 간 시계의 추가 파리보다 카옌에서 더 느리게 움직인다는 것을 알아낸 것이다. 그들은 이런 차이가 생기는 것은 추의 무게가 덜 나가기 때문이라고 생각했다. 그리고 만약 그것이 사실이라면 지구는 완전한 구일 수가 없었다. 완전한 구형이라면 중력은 어디에서든 똑같을 것이다. 유력한 이론은 물질의 기둥들이 지구의 중심에서 표면으로 뻗어 있는데, 적도 쪽 기둥들이 덜 조밀하고 따라서 중력도 덜하다는 것이었다. 이 이론은 왜 추의 무게가 덜 나가는지 그리고 왜 느리게 움직이는지를 설명해주었다. 만약 기둥들이 적도에서 덜 조밀하다면 그것들은 더 많이 뻗어나가야 하고, 이것은 행성의 직경이 북극·남극보다 적도에서 더 길어야 한다는 것을 뜻한다.

지구가 완전한 구형이라고 믿고 있던 전통적인 신자들은 이러한 가정을 받아들이기 어려웠고 격렬한 논쟁을 벌였다. 뉴턴과 영국인들은 지구는 극지방이 좀 더 찌그러진 회전 타원체라고 주장했다. 그러나 프랑스인들은 그런 주장에 동조하지 않았다. 이것은 학문적인 논쟁 그 이상이었다. 만약 지구의 형태가 잘못되었다면 그것을 토대로 만든 지도 역시 잘못된 것이고, 그 지도를 보고 항해하는 것 역시 잘못된 것이다. 클로디즐리 셔블[133]이라는 특이한 이름을 가진 영국 133 283 404 함대의 장군이 정확하지 못한 항해를 하는 바람에 1714년 지브롤터에서 돌아오다가 안개가 자욱하게 낀 어느 날 실리 제도 해상에서 암초에 부딪혔고, 이 사고로 배가 난파되고 선원 2000명이 죽고 그 자신마저도 목숨을 잃었을 때 상황은 새로이 급박하게 돌아갔다.

이러한 분쟁들(그리고 항해와 관련된 문제들)을 해결하는 방법은 단 한 가지였는데, 그것은 적도에서 경도 1도 그리고 저 멀리 북쪽에서 또 1도를 측정해 그 둘의 차이가 얼마인지를 알아보는 것이었다. 1735년 프랑스의 과학자 라 콩다민이 페루에 파견되었다. 일 년 후, 모페르튀가 이끄는 두 번째 탐사대가 라플란드로 떠났다. 모페르튀가 경도 1도를 측정하는 데 쓴 기술은 아주 정확한 시각에 아주 정확하게 별의 위치를 측정해서 지구 위 한 점의 위치를 결정하는 것이었다. 그런 다음 그는 같은 별이 같은 날 밤에 1도 달라질 때까지 북쪽으로 일직선으로 이동했다. 그 지점에서 그는 자신이 이전 위치에서 이동한 거리를 기록했다.

이 일은 쉬워 보이기는 했지만 사실은 무지 어려웠고, 무엇보다도 극도로 정확하게 측정해야만 했다. 떠나기 전, 모페르튀는 당시 첨단 기기 제작의 중심지인 런던으로 가서 3미터짜리 망원경을 구입했다. 이것은 기부에 달려 있는 마이크로미터 나사와 렌즈 위에 은선으로 만든 조준용 십자선에 의해 아주 정확하게 조준할 수 있었다. 극단적인 온도 변화가 이 기구에 미치는 영향을 보정하기 위해 작업하는 일 년 동안 망원경에는 용수철이 장착되어 있었다. 모페르튀는 최신형 진자시계도 구입했다.

이런 기기들을 이용해 원정대는 라플란드에서 측정한 위도가 프랑스에서 측정한 위도보다 더 길다는 사실을 알아냈다. 그러고 나서 1738년 페루로 갔던 프랑스의 원정대는 적도에서는 위도가 더 짧다는 새로운 소식을 갖고 돌아왔다.

결국 영국인들이 옳았던 것이다. 이제 정확한 지도를 만들 수 있게 되었다. 영국인들을 기쁘게 한 것은 이것 말고도 또 있었다. 그것은 라플란드에서 그렇게 좋은 결과를 만들어냈던 기기가 바로 조지 그레이엄이라는 잉글랜드의 뛰어난 기기제작자의 손에서 나왔다는 사실이었다. 그를 (당시에도 그리고 지금까지도) 유명하게 만든 일등 공신은 그가 직접 만든 시계였다. 이 시계는 톱니 막대가 달린 독창적인 발명품으로 당시 모든 진자시계를 괴롭히던 문제를 해결했다.

이 문제는 시계를 구동시키는 기본적인 에너지가 구동축에 감겨

1714년 10월 22일 밤, 클로디즐리 셔블 경이 타고 있던 배가 실리 제도의 암초와 충돌했다. 이 참사를 계기로 영국의회는 경도 문제에 관심을 갖게 되었다.

있는 줄에 달린 추에서 나오기 때문에 생기는 것이었다. 줄에 달린 추가 서서히 떨어지면 줄은 구동축을 잡아당겨 회전시켰고, 그러면 축에 장착된 톱니바퀴가 회전했다. 그러나 톱니바퀴의 회전이 멈추면 안쪽으로 향한 납작한 금속 못들(팰릿이라고 불리는 배열) 때문에 아주 미미한 양만큼 풀렸다. 이 팰릿들은 활을 거꾸로 놓은 것처럼 생긴 금속 띠의 양끝에 각각 장착되어 있었다. 이 띠의 윗부분 중앙은 진자에 부착되어 있었다. 진자가 왕복 운동을 하면 그 활꼴의 양끝은 좌우로 움직이고 팰릿이 흔들리면서 톱니바퀴의 톱니를 물었다. 진자가 흔들리면 팰릿 하나가 바깥쪽으로 흔들려나가고, 그러면 톱니바퀴가 돌았다. (구동축이 추에 의해 당겨져 회전하기 때문이다.) 이 시점에서 다른 팰릿이 흔들리면서 다음 톱니를 물어 잠시 잡고 있다가 진자가 다시 반대 방향으로 움직이면 뒤로 빠지면서 톱니를 놓아주고, 이런 식으로 움직임은 계속되었다.

정확성을 맹신하는 사람들(예를 들면 경도를 확인하러 파견되었던 프랑스의 탐사대)이 직면한 문제는 추가 제멋대로 흔들릴 수 있다는 것이었다. 이런 일이 일어나면, 즉 팰릿이 톱니를 어설프게 물었다 놓았다 하면 톱니바퀴의 회전에 사소한 지연이 초래되었다. 별의 위치를 확인하는 사람들에게 이런 부정확성은 도저히 용납할 수 없는 일이었다. 시간 측정에서 생기는 아주 사소한 오차는 계산 결과에 치명적인 영향을 미치기 때문이었다.

조지 그레이엄이 이룬 발전은 이 모든 것을 바꿔놓았다. 그가 해낸 것은 진자가 불규칙하게 흔들리더라도 팰릿이 톱니를 후퇴시키지 않게 한 것이었다. 그는 오늘날 직진식 탈진기라고 하는 배열 속에 팰릿을 재설계했다. 그의 재설계는 톱니가 회전하는 방식과 관련해 팰릿들의 측면 모양을 바꿨다. 즉 톱니가 돌아가면 납작한 팰릿의 끝이 톱니를 꽉 물어 움직이지 못하게 했다. 진자가 다시 한 번 흔들리면 팰릿의 다른 쪽 곡선형 끝이 톱니를 밀어젖혔다. 따라서 톱니바퀴는 매번 잠겨서 멈췄다. 그레이엄의 탈진기는 시계 바늘을 매우 부드럽고 정확하게 움직이도록 해주었고, 그래서 정확한 시간을 재는 것이 한결 쉬워졌다. 모페르튀가 별의 위치를 확인할 때 극도로 세밀한 계산을 할 수 있었던 것은 편리해진 이 시계 덕분이었다.

직진식 탈진기는 모든 부문에서 정확성에 대한 기대치를 올려놓았는데, 산업화를 겪으며 급성장하던 19세기 도시들의 시당국 역시 마찬가지였다. 그들은 멋진 시청 건물에 시계탑을 만들어 달았고, 이것은 새로운 문제를 일으켰다. 박쥐의 배설물, 기름과 먼지가 구동 바퀴 위에 쌓이고, 외부에 노출된 시계 바늘 위로 얼음이나 눈이 쌓였다. 두 경우 모두 구동 바퀴가 부드럽게 움직이지 못했고, 진자와 팰릿들이 구동 바퀴와 상호작용하는 방식에도 영향을 줬다. 결과적으로 시간 측정도 부정확해졌다.

영국의회가 나서서 시계탑을 세우라고 지시했을 때 지방 정부가 처한 이런 어려움은 국가적인 문제가 되었다. 시계가 채 완성되기도 전에 대영 제국에서 (그러므로 물론 세계에서) 가장 정확한 시계라고 선전된 것이었다. 문제는 에드먼드 베킷 데니슨(훗날 그림소프 남작이라는 작위를 받음)이라는 변호사에 의해 해결되었다. 그는 진자와 팰릿 사이에 고정된 연결 부위를 없앴다. 데니슨이 한 개조는 진자가 왕복 운동할 때 금속팔을 밀어제쳤는데 그 팔들은 독립적으로 회전하는 하나의 팰릿에 부착시킨 것이었다. 추의 막대에 의해 팰릿의 팔이 밀려나가게 되면 이것의 다른 끝은 구동축에서 나와 붙어 있는 세 개의 날 중 하나를 놔주었다. 시계의 추 때문에 생기는 압력을 받은 구동축은 다음 날이 회전해 다른 팰릿을 잡을 때까지 회전했다. 그러고 나서 진자가 다시 흔들릴 때 풀려나 팰릿을 밀어냈다.

이 장치의 성공 비결은 각 팰릿이 진자에 의해 밀려난 다음, 팰릿에서 멀어지면 팰릿의 팔이 그 자체의 무게로 인해 아래로 내려와 멈춤 위치에 놓이고, 그러면 다음 주기로 들어가기 위해 구동축을 멈출 준비를 한다는 데 있었다.

데니슨의 아이디어는 빅벤을 어찌나 정확하게 만들어놓았는지 오늘날 라디오와 방송에 영국을 대표하는 시계로 나올 정도가 되었다. 이제 빅벤의 종은 우리 여행의 출발점이었던 비닐랩만큼이나 사용자 편이성도 높고, 있는지 없는지 느낄 수 없을 정도로 영국인의 생활과 문화의 일부로 완전히 자리 잡았다.

시계는 호환 가능한 부품을 이용하는 세계 최초의 기술 가운데 하나였다. 그리고 19세기에 미국의 시계 제작자들은 이 기술을 머스킷 제작공들에게 배웠다……

8

역사는 이따금
특이한 연관을 만든다

총은 20세기 말 전 세계적으로 뉴스 기사에 등장하는 단골 메뉴이다. 한 공중납치범이 조종사의 머리에 총을 들이대고 서 있고, 비행기 안의 승객들이 기진맥진한 채로 두려움에 떨고 있는 모습을 많이 볼 수 있다. 사격 능력이 뛰어난 경찰들이 공중에 떠 있는 헬리콥터 안에서 사살 명령을 기다리고 있고, 구급차들은 부상자들을 돌보기 위해 속속 도착한다. 얄궂게도 오늘날 이런 비극적 상황 속에 등장하는 세 요소, 즉 항공기·무기·의료 기술은 변화의 길목에서 서로 연결되어 있다. 이 세 가지는 모두 각각 다른 두 가지가 없었다면 세상에 나오지 못했을 것이다.

구급차 안에는 평화적으로건 폭력적으로건 사태가 종료된 후 부상

134 152 192

당했거나 목숨이 위급한 사람들을 치료할 현대적인 응급 치료 장비들이 구비되어 있다. 오늘날 이러한 응급 처치에서 절대 빠져서는 안 될 요소를 꼽는다면, 항생제[134]를 제외하고는 마취 가스일 것이다. 마취 가스는 사회 초년병 시절 쥐꼬리 조직 실험을 하며 보냈던 19세기 프랑스의 생리학자 폴 베르가 개척한 것이다. 그는 미모사에 관한 고전적인 연구로 유명했다. 그는 미모사를 건드리면 왜 움츠러드는지 알아내기 위해 미모사를 마취시켰다. 미모사의 그런 움직임은 잎자루 부분에 있는 엽침^{葉枕}이란 조직에 있는 세포들의 부피가 압력으로 인해 식물이 손상되는 것을 방지하기 위해 변하기 때문에 생기는 것이었다.

베르는 압력과 관련된 것이라면 무엇이든 다 흥미를 보였다. 1868년 그는 철제 방을 만든 다음, 높은 압력과 낮은 압력이 잠수부와 등반가에게 미치는 영향을 연구하면서 자기 자신을 실험 대상으로 삼았다. 그는 산소의 압력이 낮으면 맥박이 빨라지면서 두통과 어지럼증이 생기고, 시야가 흐려지고, 구역질이 나고, 두뇌 회전이 느려진다는 사실을 알아냈다. 산소의 압력이 높으면 독성 반응이 생겼다. 베르는 또한 '잠수병 통증'은 다이버들이 수면으로 너무 빨리 돌아오는 경우 혈액 속에 질소 기포가 발생해서 생기는 것이라는 사실도 알아냈다. 그러나 베르가 알아낸 가장 중요한 사실은 기체의 작용은 기체의 양이 아니라 오로지 기체의 압력하고만 관련이 있다는 것이었다.

베르는 웃음가스(아산화질소)가 마취와 질식을 동시에 일으키는 이유를 알아내고자 많은 공을 들였다. 마침내 그는 1.5기압에서 산소 6분의 1과 웃음가스 6분의 5를 혼합한 기체를 쓰면 호흡에 필요한 산소도 충분하고 웃음가스의 효과도 충분히 나타난다는 사실을 알아냈

영국의 풍자만화가 제임스 길레이가 그린 시사만화. 이산화질소 또는 웃음가스에 대해 강의하고 있는 험프리 데이비를 묘사하고 있다.

다. 베르는 기구 조종사들과 함께 그 결과를 실제로 확인해 보기로 했다. 조종사들은 고도와 압력을 달리해가며 공기를 호흡하는 실험을 했다. 1875년 베르는 자신의 압력실에서 비행 대원들을 훈련시킨 후, 높은 고도에서 현기증을 느낄 때 들이마시라며 소창자로 고압 산소 자루를 만들어 그들에게 주었다. 비행에 나선 가스통 티상디에는 베르가 지시한 대로 자루를 이용해 살아 돌아왔지만 그의 동료들은 목숨을 잃었다. 베르는 자신의 연구 결과를 담은 「기압계의 압력」을 발표했고, 이 논문은 제1차 세계대전 때 항공의학의 필수 참고문헌이 되었다.

기구는 베르가 활동하던 시대에 이미 높이 7600미터까지 날아올라 날씨 조사와 사진 촬영(파리에서 이루어진 첫 공중 촬영은 1858년이었다.)에 활용되었다. 19세기 초, 나폴레옹의 군대도 이미 기구를 공중 정찰용으로 활용했다.

135 20 47
135 69 79
135 81 90

인간이 기구[135]를 타고 하늘을 날 수 있게 된 것은 제지업 덕분이었다. 최초로 기구에 열광한 사람들인 조제프와 자크 몽골피에 형제는 파리 인근에서 제지 공장을 운영하고 있었다. 덕분에 그들은 모형 기구와 그것에 쓸 연료를 만드는 데 필요한 원자재를 풍부하게 이용할 수 있었다. 형제가 처음 이 일에 뛰어든 것은 아마도 지브롤터의 포위를 깰 좋은 안을 내는 사람에게 주어질 상 때문이었을 것이다. 1781년 에스파냐군은 그곳에서 두 해 동안이나 영국군에 의해 포위당했는데, 에스파냐 편에 서서 참전하고 있던 프랑스도 이 문제에서 자유로울 수 없었다.

기구를 타고 지브롤터까지 가서 영국군 머리 위를 날 수 있다고 생각한 몽골피에 형제는 1782년 11월 15일 파리 밖 아노네란 곳에서 실험을 시작했다. 촘촘한 비단으로 덮개를 만들고, 잘게 썬 건초와 양털을 태워 연료로 사용한 첫 실험용 기구는 공중으로 20미터를 날아올랐다. 1783년 6월 4일, 천에 종이를 덧댄 직경 11미터짜리인 이 기구는 무게 180킬로그램인 모래주머니를 싣고 높이 1800미터까지 날아올랐다. 안타깝게도 유인 기구 비행은 아직 지브롤터 공격에 대항하기에는 준비가 미흡했다.

1783년 최초의 열기구 비행이 파리 부아 드 볼로뉴에서 있었다. 기구는 두 명의 아마추어 조종사 피아트르 드 로지에와 달랑드 후작을 태우고 약 900미터까지 공중으로 올라 26분 동안 12킬로미터를 날아갔다. 이 비행은 한 달 전에 있었던 실험 비행에 뒤이은 것이었다. 당시 몽골피에 형제는 왕과 여왕이 참관하는 가운데 닭과 양과 오리를 각각 한 마리씩 기구에 실어 날아올렸다.

왕이 좋아했던 것은 공중에 떠오른 동물들을 보는 것 말고도 또 있었다. 그것은 베르사유 궁전의 정교한 분수들을 보는 것이었다. 인근 센 강에서 고압으로 물을 공급받아 분수를 가동시키는 데는 어마어마한 비용이 들었다. 그곳에는 수차의 힘으로 움직이는 양수장이 있었는데, 분수를 가동하기 위해 급조한 것이었다. 1795년 조제프 몽골피에는 해변에서 휴일을 보내다가 외부의 동력 없이 낮은 압력으로 물을 보내 비용을 절감할 수 있는 좋은 방법을 찾아냈다. 그는 조류가 바위들 사이에 난 틈을 통과하면서 폭발적으로 돌진해 오는 것을 보고 아이디어를 떠올렸다. 그는 이런 개념을 이용하는 장치를 수격 펌프라고 불렀다.

1805년 첫 수격 펌프가 흐르는 강물 바닥에 설치되었는데, 강물이 스톱밸브가 장착된 탱크 안으로 낮은 압력으로 흘러 들어갔다. 수압이 일정하게 오르면 밸브가 닫혔다. 그러면 탱크 안의 물이 눌리면서 그 압력으로 압축실로 밀려 들어갔다. 밀려 들어간 물 때문에 압축실 안에 있던 공기가 압축되는데, 공기가 최대로 압축되면 유입 밸브는 닫히고 배출 밸브가 열리면서 압축실에 갇혀 있던 물이 배출관을 통해 밀려나갔다. 그리고 나서 공기의 압력이 떨어지면 더 많은 물이 안으로 들어가고 물 흡입구 밸브가 열리면서 이 과정이 다시 반복됐다. 수격 펌프는 이런 재주를 분당 120회나 부릴 수 있었다.

19세기 초, 프랑스 전역에는 도시에 물을 공급하는 용도나 관개시설 혹은 운하용으로 700대나 되는 수격 펌프가 작동되고 있었다. 버밍엄[136]에 있던 제임스 와트의 공장도 이 수격 펌프 한 대를 구매했다. 훗날 수격 펌프는 웨일스에 브리태니어 다리를 지을 때, 그리고 뉴욕에 허드슨 터널을 뚫을 때 사용되었다. 그러나 수격 펌프의 성공과 정부의 약속에도 불구하고 마신 드 마를리를 교체하기 위한 자금은 전혀 집행되지 않았다.

수격 펌프는 발명되고 나서 약 50년쯤 후에 이탈리아의 통일 문제로 정치적 분기점을 맞기도 했다. 19세기 중엽, 사르데냐의 왕(그는 북부 이탈리아의 많은 지역을 다스렸다.)은 자신의 사보이 지방에 대해 뭔가를 해야 할 시간이 되었다고 생각하고 알프스의 낙후된 지역(즉 북부)을 개발하는 일에 매달렸다. 이러한 작은 정치적인 문제를 제외하고도 알프스는 또 다른 어려움을 갖고 있었다. 북유럽 전체의 철도 체계가 그곳에서 멈출 수밖에 없었던 것이다. 상인들은 비싼 비용을 감수해가며 배로 산맥을 돌아갈 수밖에 없었다. 여행자들, 특히 근동

1783년 11월, 몽골피에 형제는 최초로 유인 열기구 비행 실험에 성공했다. 이 열기구에는 두 사람이 탔는데 그중 한 사람인 피아트르 드 로지에는 훗날 이와 유사한 비행을 하다 사망했다.

이나 극동에 있는 여러 제국에서 왔다가 되돌아가는 여행자들도 상황은 마찬가지였다. 알프스라는 장벽 때문에 모든 사람들이 많은 돈을 지출하고 있었고, 그래서 사람들은 이 문제를 해결할 뭔가 새로운 혁신적인 방안을 늘 찾고 있었다.

1857년 8월 15일, 엠마누엘 왕과 나폴레옹 왕자가 참석한 가운데 몽스니 고개[137] 아래에서 터널(사르데냐와 프랑스에서 각각 절반씩 공사비를 지불함) 공사가 시작되었다. 사보이의 마단에서 이탈리아의 도시 토리노 인근에 있는 바르도네키아를 연결하는 터널이었다. 기술자들이 폭약을 설치하기 위해 손 드릴로 구멍을 뚫는 작업을 시작했는데, 이것은 터널 공사가 하루에 약 20센티미터쯤 진행된다는 것을 뜻했다. 이 속도로는 완공까지 40년이 넘게 걸릴 것으로 추정되었다. 그래서 1861년, 독일인 수석 기술자 조멜리에는 속도를 좀 더 올리기 위해 몽골피에의 수격 펌프를 개조해 압축 공기의 힘으로 공기착암기를 돌리기로 결정했다.

수격 펌프는 산 쪽으로 50미터 더 높은 곳에 있는 저수지에서 관을 통해 내려오는 물을 동력으로 사용했다. 산에서 내려오는 물의 힘으로 수차가 돌아가면서 피스톤을 움직여 물을 파이프로 밀어 올려 공기를 압축하는 것이다. 밸브 장치들이 열리고 닫히는 동작을 통해 공기와 물의 양을 따로따로 조절했다. 그런 다음 물은 관을 통해 터널로 내려가 레일 아홉 개가 장착된 무게 12톤의 자동 급진 착암기를 회전시켰다. 착암기들은 공정마다 깊이가 다른 구멍 80개를 뚫으면서 앞으로 나갔다. 그러나 주요한 구멍 세 개는 폭약을 장착해 뚫었다.

이 새로운 착암기들 덕분에 터널을 하루에 15미터나 뚫을 수 있었다. 작업 속도가 스무 배나 빨라진 것이다. 이제 몽스니 터널 공사(혹

137 179 227

은 그와 비슷한 다른 공사들)는 평생 해야 할 작업이 아니었다. 드디어 1870년 크리스마스에 터널이 완공되었다. 총 길이 12.8킬로미터, 사망자 28명, 폭약 295만 4000발, 공사비 300만 파운드가 든 대공사였다. 그러나 이탈리아의 통합은 좀 더 기다릴 수밖에 없었다. 일꾼들이 착암기를 쓰고 있는 동안 이탈리아 독립전쟁이 일어났고, 사보이는 프랑스의 영토가 되었다. 그러나 프랑스는 이미 비용의 절반을 지불했었다. 몽스니 터널 공사가 대성공으로 끝나자 열성적인 투자자들, 특히 스위스의 투자자들은 주저할 이유가 전혀 없었다. 30년 안에 생고타르 터널, 아를베르크 터널, 생플롱 터널이 개통되어 사람들은 오리엔트 익스프레스를 타고 칼레에서 이스탄불까지 어디든 여행할 수 있게 되었다.

조멜리에와 또 다른 몽스니 수석 기술자 세 명이 모두 심장마비로 사망했다는 것보다 더 얄궂은 일은 없을 것이다. 이들 모두는 터널 공사를 하면서 신형 폭약을 아주 많이 사용했다. 니트로글리세린은 이미 1846년 아스카니오 소브레로라는 이탈리아인이 발견했지만 이것을 제조하는 일은 아무래도 위험한 일이었다. 그러나 1862년 한 스웨덴인과 그의 아들이 니트로글리세린을 조금이나마 더 안전하게 만드는 방법을 알아냈다. 안타깝게도 제조 공정은 아직 충분히 안전하지 않았다. 1864년 스웨덴 헬레네보리에 있는 그들의 공장 전체가 폭발해 그 스웨덴인의 동생이 사망하는 사고가 발생했다. 그러나 니트로글리세린을 생산하는 안전한 방법을 찾아내려는 노력은 계속되었고, 1867년 알프레드 노벨[138]은 니트로글리세린과 규조토를 혼합해 다이너마이트[139]라는 신형 폭약을 생산하는 방법을 개발해 특허를 얻었다. 몽스니 터널에서 처음 사용된 다이너마이트로 그는 폭발적인 돈

138 47 68

139 48 68

세례를 받았다.

아이러니는 몽스니 터널 공사의 수석 기술자 세 명이 걸린 심장마비가 실은 터널 발파 작업에 큰 도움을 주었던 바로 그 화학물질로 예방될 수 있었다는 것이다. 1867년부터 니트로글리세린이 심장의 통증과 협심증 증세를 완화시키는 혈관확장제(니트로글리세린 1퍼센트와 알코올 90퍼센트)로도 사용되었다. 소량의 니트로글리세린만으로도 심장동맥 등의 혈관을 확장시켜 혈류가 증가하고 혈압이 떨어지는 효과를 낼 수 있었다.

폭약 부작용 중 안타까운 점 하나는 장기간 그것을 다루다 보면 당시의 의사들이 '다이너마이트 두통'이라고 그럴듯하게 이름 붙인 증세가 나타난다는 것이었다. 이 증상은 니트로글리세린을 협심증 약의 형태로 복용하면 완화되곤 했다. 긴장 혹은 피곤 때문에 목동맥이 수축되면 두통이 생길 수도 있는데, 이때 이 약을 먹으면 동맥이 확장되었다.

이러한 처방은 신약이 개발되어 고통의 세계를 바꿔놓을 때까지 계속되었다. 1853년 프랑스의 화학자 샤를 제라르는 살리실산의 한 형태인 아세틸살리실산이라는 것을 만들었다. 제라르가 만들어낸 것은 원래는 한 독일인이 느릅허리풀에서 추출해낸 살리실산에 기반을 둔 것이었다. 살리실산은 두통 치료에 효과가 있기는 했지만 그 독일인은 추출 과정에서 너무 과도하게 시간을 끌다가 연구를 중도에 그만두었다. 1890년대에 독일의 화학자들은 너나없이 콜타르[140]에서 화학물질을 분리해내는 일에 매진하고 있었다. 그 질척질척한 것은 가스등의 부산물로 버려지는 오물이었다. 아우구스트 호프만[141]은 바이어[142] 사에서 일하면서 페놀이라는 화학물질을 발견했다. 이것을 쓰면 '인공' 아세틸살리실산을 싸고 빠르고 쉽게 만들 수 있었다. 그 것은 acetyl에서 A, 느릅허리풀의 이름인 Spirae ulmaria에서 SPIR, 그리고 어디서 따왔는지를 모르는 IN이 결합되어 aspirin(아스피린) 이란 상표가 붙은 제품이었다. 이제 두통은 다시는 '다이너마이트' 하 지 않게 됐다.

페놀의 또 다른 이름은 석탄산이었다. 그래서 때늦은 감이 있지만 석탄산은 소독의 목적으로 사용되었을 수도 있을 것이다. 그러나 이 소독제가 더 이상 처방되지 않게 된 것은 결국 이 역사적인 이야기를 이 장의 시작 부분에 등장하는 공중납치 사건으로 이끈다. 1834년 또 다른 독일 화학자 프리들리프 룽게가 석탄산에서 증류한 크레오소트 를 목재의 방부제로 쓸 수 있다는 사실을 알아냈다. 그리고 1857년에 는 탄저병[143]에 걸린 소를 석탄산으로 치료해보려는 시도가 잉글랜드 의 칼라일에서 있었지만 실패로 돌아갔다.

칼라일에서 진행되었던 실험에 대해서 들은 글래스고 대학의 외과 교수 조지프 리스터는 파라핀에 용해한 석탄산을 상처에 바른 후 모 슬린으로 덮어 상처 부위에 인공적으로 딱지를 만드는 치료법을 개 발해 1867년에 발표했다. 그 후 그는 스코틀랜드의 발명가 매킨토시 가 원래는 비옷의 재료로 만들었던 고무를 천에 얇게 입혀[144] 드레싱 으로 이용했다. 당시만 해도 아무도 이유를 모르기는 했지만 수술 후 감염으로 인한 사망은 흔한 일이었다. 그러나 리스터가 복잡골절 환 자 열세 명에게 이 새로운 드레싱을 사용한 결과 모두 기적적으로 살 았다.

이 기간 동안 수술실에 있는 사람들은 합병증을 막는 일에 온 힘을 기울여야 했다. 이런 상황은 "수술은 성공했지만 환자는 사망했다"는

143 32 53
143 64 77
143 65 77

144 37 54
144 66 78

상투어를 낳았다. 당시의 의료계는 제대로 인식하지 못하고 있었지만 대규모 감염 사태는 말 못할 정도로 불결한 병원의 환경 때문이었다. 대체로 사람들은 죽을 각오를 하고 병원에 갔다. 그러나 리스터의 치료법과 석탄산의 사용으로 수술실은 도축장보다는 나은 무언가가 되어갔다. 리스터의 성공은 많은 부분 벤저민 리처드슨이라는 지독히도 따분하고 금욕적인 자전거광의 노력 덕분이었다. 그는 극도의 차가움이 마비를 일으킨다는 놀라운 관찰을 한 적이 있었다.

리처드슨은 마취과 의사였다. 리스터를 포함해 다른 모든 사람들처럼 그 역시 석탄산을 연구에 이용했다. 그는 냉동시킨 석탄산이 피부를 마비시키지만 그 과정에서 피부조직이 손상된다는 사실을 발견했다. 그러던 중 1867년 어느 날 한 젊은 여성이 그의 이마에 오드콜로뉴를 몇 방울 떨어뜨렸을 때, 그는 그것이 증발하면서 피부를 식히는 기능을 한다는 것을 알아차렸다. 그는 집으로 돌아와 에테르스프레이를 발명했다. 에테르는 이미 알려져 있던 마취제였다. 이제 외과의들은 잇몸, 부스럼, 가슴 등 마취가 필요한 부위는 어디든 그 부분만 골라서 분무할 수 있게 되었다.

당시 런던에서 열린 파티나 극장에서 널리 유행한 신형 '향수 뿌리개'와 의료용 분무기 간의 연관성이 리스터 때문인지 아닌지는 확실하지 않지만, 아무튼 그것이 의학계 인사들의 눈길을 끌었던 것만큼은 확실할 것이다. 1871년에 리스터는 원래 리처드슨이 만든 것으로 여겨지는 고무공 분무병을 써서 자신의 수술실을 고운 석탄산 분무로 가득 채우기 시작했다. 그리고 외과의사들이 수술 전에 반드시 암송해야 할 새로운 문구 "뿌립시다"를 덧붙였다. 분무는 효과적이었지만 물질이 피부에 닿으면 쏘는 듯한 느낌이 들었기 때문에 환자들은 불평했다. 그중에는 빅토리아 여왕도 끼어 있었다. 1887년 그 스프레이는 의료진 입장에서 봤을 때 전반적으로 더 위생적인 방법에 자리를 내주고 버려졌다.

이것을 다음 단계로 진행시킨 사람은 독일의 기술자인 빌헬름 마이바흐였다. 1893년 마이바흐는 자신보다 더 유명한 동료인 고틀리프 다임러와 함께 일하고 있었다. 마이바흐는 분무의 원리를 이용해 기화기를 발명했고 이것을 신차에 장착했다. 다임러는 그 신차를 메르세데스로 명명했다(이 유명한 이름은 원래는 판매 책임자의 딸 이름이었다). 기화기가 공기와 연료를 분무 상태로 만들어 실린더로 내보내면 점화 플러그가 그 혼합물을 폭발시켜 실린더 피스톤을 상하로 움직이게 했다. 마이바흐의 기화기가 성공할 수 있었던 것은 '플로트 공급'의 원리를 활용한 데 있었다. 가솔린은 중력에 의해 플로트가 있는 작은 방으로 공급된다. 그곳으로 간 연료는 공기 흡입관에 난 작은 구멍까지 연결된 관을 따라 이동한다. 그리고 실린더 피스톤의 운동에 의해 연료관에서 빨려나온 후 실린더로 들어오는 공기와 섞여 미세한 분무 상태가 된다. 플로트는 니들 밸브를 막거나 열어서 연료 탱크에서 플로트실로 가는 연료의 양을 조절한다. 이런 방식으로 플로트실에 든 연료의 높이는 아주 정확하게 유지된다. 이러한 플로트 원리는 거의 모든 자동차에 적용되었는데, 이렇게 하면 연료와 공기를 정확한 비율로 섞는 문제를 해결할 수 있었다.

마이바흐의 엔진에서 실린더들의 상하 운동은 자동차 바퀴나 혹은 매우 빠른 속도로 회전해야 할 필요가 있는 그 밖의 다른 모든 것들에 연결된 축의 회전 운동으로 변환되었다. 이 과정은 제트엔진 앞쪽 끝에 달려 있는 터보팬과 비슷했다. 터보팬은 분무된 연료가 연소하면서 과열된 공기를 배출하기 위해 회전했다. 한편 이러한 공기는 이 장의 첫 부분에 등장하는 공중납치된 비행기를 추진시키는 엔진의 뒤쪽에서도 뿜어져 나온다.

납치된 비행기에서 창밖을 살펴보고 있는 놀란 승객들이 그 좌석에 앉게 된 것은 대체로 한 가지 이유 때문이다. 그들 혹은 그들의 여행사는 전 세계 항공 예약 시스템 중의 하나를 이용해 이 운명의 비행기 티켓을 구입했었다. 한 국가를 아우르는 최초의 예약 시스템은 1949년 8월 러시아가 원자폭탄을 실험한 충격적인 일 덕분에 생겼다.

그 폭발에 당황한 미국인들은 자신들의 국방을 총체적으로 재검토하기 시작했다. 미국인들은 대규모 폭격기 제작 프로그램을 도입하고 컴퓨터로 연결된 최초의 방어 미사일망을 설계했다. 캐나다와 알래스카 북쪽 해안선을 따라 4800킬로미터 정도 되는 호와 배핀 섬의 동쪽에 있는 포인트 배로에 새로운 원거리 조기 경계망의 일환으로 50곳 이상의 레이더 기지가 세워졌다. 그 기지들은 여섯 구역으로 편성되어 각각 해안선 800미터씩을 맡았다. 320킬로미터 떨어진 곳에 있는 항공기들을 탐지하고 추적할 수 있는 북쪽의 기지에서 내보내는 신호는 콜로라도 주 샤이엔 산기슭에 신설된 국가방위사령부로 보내졌다. 이제 미국은 북극 지역을 통한 공격의 경고를 통해 네 시간 안에 대처할 수 있게 되었다. 모든 원거리 조기 경계망 기지와 사령부를 연결하는 컴퓨터들은 신호를 종합하고 연관시켜 방위 영공의 전체적인 상황을 알 수 있게 해주었다.

1953년 봄 어느 날, 원거리 조기 경계망에서 일하던 IBM의 한 기술자가 샌프란시스코 발 뉴욕 행 아메리카항공사 비행기를 탔다가 우연히 그 항공사의 회장 옆에 앉게 되었다. 자신들의 이름이 스미스라는 사실을 알게 된 두 사람은 대화를 시작했다. 역사는 이렇게 짧은 시간 동안 만들어지는 법이다. IBM 연구원은 옆자리 승객에게 원거리 조기 경계망이 움직이는 원리에 대해 설명했다. 이야기를 들은 옆자리 승객은 IBM의 공중 방어 컴퓨터들을 이용하면 정보 네트워킹이 완벽한 항공 예약 시스템을 구축할 수 있다는 사실을 금방 알아차렸다. 아메리카항공이 1962년에 그 시스템을 도입했을 때 이것은 반자동 비즈니스 환경 조사^{SABER}라고 불렸다. 이것은 후에 모든 예약 시스템의 원형이 되었다.

SABER는 수천 개의 대리점과 예약 터미널과 티켓 판매대를 연결했다. 또한 승객의 연락처, 식사 주문, 그리고 호텔과 자동차 예약 등과 관련된 정보들을 지속적으로 업데이트했다. 그리고 곧 비행 계획, 유지 보수 보고, 승무원 스케줄, 연료 유지 등 항공사를 운영하면서 실시간으로 점검해야 할 것들로, 과거보다 훨씬 복잡한 방식으로 확대되었다. SABER는 항공 교통을 복잡성과 규모 면에서 완전히 새로운 수준으로 올려놓았고 자동화된 새로운 항공 교통 통제 시스템인 프로젝트 비콘을 촉발시켰다. 이것은 1966년 애틀랜타 공항에서 처음으로 서비스되었다. SABER가 수천 개의 단말기를 연결시켜 불과 몇 초 사이에 엄청난 양의 데이터를 처리하게 되자, 복잡한 항공 여행 관련 업무가 쉽게 해결되었다. 이것은 좀 더 관리 업무가 뛰어나고 효율적인 조직화가 필요한 모든 산업에 이러한 시스템을 적용함으로써 얻게 될 잠재적인 이익도 업계에 증명했다.

역사가 이따금 만드는 특이한 연관들 중에 하나로, SABER 그리고 컴퓨터의 첫 탄생이 어떻게 하나의 사건으로 거슬러 올라가는 지가 설명된다. 1798년 나폴레옹의 이집트 원정에 참여했던 한 장교는 이집트인들이 카슈미르에서 수입한 멋진 비단 숄을 보았다. 그와 그의 동료들이 이 비단 숄을 선물로 프랑스에 보내기 시작하자 프랑스 여성들은 열광했다. 나폴레옹의 아내 조세핀 왕비는 이것을 4000개나 샀다. 숄 한 쌍(숄은 전통적으로 두 개를 동시에 만들었다.)을 만드는 데 몇 년이나 걸렸는데, 그 감이 어찌나 고운지 결혼할 때 결혼반지에 끼워 선물로 주는 전통이 있을 정도였다. 카슈미르에서 숄은 가신들이 바치는 공물에 대해 제후들이 답례로 주는 선물이었다. (숄은 결국 '선물'을 뜻한다.)

파리에서 유행한 패션을 영국에서도 모방했다. 애초에 그 숄은 상류층 소비자들을 겨냥해 비단과 양모로 제작되었지만, 그 후 선풍적인 인기를 얻게 되자 제조업자들은 대량 생산을 위해 면으로 생산하기 시작했다. '캐시미어' 숄 공장은 잉글랜드의 노리치, 허더즈필드, 브래드퍼드뿐만 아니라 프랑스의 랭스와 리옹에도 세워졌다. 그중에서도 가장 성공적인 공장들은 페이즐리에 있었다. 당신이 페이즐리 무늬의 타이나 스카프를 매고 있다면, 그 무늬가 시작된 곳이 바로 페이즐리다. 1860년대 후반에는 모든 사람들이 캐시미어 문양의 숄을 걸치고 있었고, 그것은 가장 보편적인 결혼선물이었다. 숄의 무늬는 이슬람 세계에서 다산과 번영을 상징하는 복잡하고 전통적인 소나무나 전나무 방울 문양이 특징이었기 때문에 모방하기가 어려웠다. 그러나 잰 체하는 빅토리아 시대의 영국에서는 이런 사실을 굳이 알리지 않았고, 심지어는 19세기 후반에 이 패션이 절정을 이룬 미국에서도 상황은 마찬가지였다.

1890년 미국의 인구 통계 조사를 하던 허먼 홀러리스라는 한 젊은이가 인구수를 자동으로 계산할 수 있는 방법을 간절히 찾고 있었다.

그리고 이제 우리는 변화의 망 위에서 역사가 반복해서 건너게 될 정도로 근본적인 영향을 미치는 교차로들 가운데 하나와 다시 한 번 마주치게 된다. 홀러리스는 섬유업에 종사하는 친척으로부터 고가의 비단 캐시미어 숄에 들어가는 복잡한 문양을 짤 수 있는 신형 직조기에 관한 이야기를 들었다. 자카르식 직조기라고 불린 그것은 천공 종이를 이용해 문양을 직조했다.

이 직조기는 종이에 구멍이 난 부분으로만 바늘이 통과해 필요한 실을 집어 올려 복잡한 무늬도 자동으로 짤 수 있게 해주었다. 홀러리스는 이 아이디어를 채택할 때, 1달러짜리 크기만 한 종이 카드들을 사용했다. 왜냐하면 당시 이미 1달러 지폐를 분류하는 기계가 사용되고 있었기 때문이다. 카드에 난 구멍은 데이터를 나타냈다. 예를 들어 만약 당신이 필라델피아에 사는 그리스계 남성이고 목수라면 카드에 난 각각의 구멍이 이러한 사실들을 표시해주었다. 용수철이 달린 전기선들이 구멍을 통과하며 다른 쪽 면과 접촉하면 그 신호가 계수기의 바늘을 움직여 데이터에 해당하는 값을 기록했다. 그런 다음 1달러 지폐 계수기에 기초한 분류 장치와 함께 모든 데이터는 고속으로 수집되고 분석될 수 있었다. 홀러리스는 숫자를 세고 수집하고 분석하는 것에 대한 아이디어로 다른 사람들과 사업체를 차렸고 회사의 이름을 인터내셔널 비즈니스 머신이라고 바꿀 정도로 성공했다.

1910년 인구 조사를 준비하고 있던 기술자인 존 파워스(홀러리스와 함께 일한 적이 있다.)는 1908년에 당국으로부터 홀러리스의 특허를 침범하지 않는 선에서 다른 장치를 만들어달라는 제안을 받았다. 인구조사국이 홀러리스의 기계가 너무 비싸다고 생각했기 때문이다. 파워스는 카드의 개념을 좀 더 다른 목적으로 사용했다. 그는 카드에 난 구멍이 수표나 재고품 목록에 있는 숫자, 혹은 대차대조표의 합계, 판매 수치 등을 표현하는 기계를 고안해냈다. 각각의 카드는 마흔다섯 개의 열이 있었고 각 열에는 아홉 개의 구멍이 있었다. 데이터를 처리하는 동안 전기 분류 기계는 금속 브러시를 이용해 대조나 분석이 필요한 카드들을 찾아냈다. 카드 밑으로는 전류가 흐르고 카드가 이곳을 통과할 때 전류가 구멍을 통과하면 브러시가 이를 감지하는 식이었다. 이 기계는 시간당 카드 1만 5000개를 분류한 후 특정 구멍(즉 데이터)으로 확인된 것이 모두 몇 개인지를 계산해내는 표 작성 장치와 연결되어 있었기 때문에 통계와 기록, 온갖 종류의 재고 관리에 이상적이었다. 더 이상 따로 장부가 필요하지 않았다. 1913년 새로운 연방 소득세를 걷어야 하는 세무관리들에게 이보다 좋은 소식은 없었다. 그들은 자동화에 본능적으로 민감한 사람들이었다.

그러나 표 작성 장치가 성공할 수 있었던 진짜 열쇠, 그리고 이 장의 처음에서 언급한 공중납치 사건은 파워스가 카드에 구멍을 뚫은 방식과 관련이 있다. 파워스는 작은 키 열 개가 있는 키보드를 고안해 0에서 9까지의 숫자를 천공했다. 열에 있는 구멍 하나가 천공되면 카드는 다음 열이 천공될 수 있는 위치로 자동으로 옮겨갔다. 그가 고안한 기계의 디자인을 고려해 볼 때, 그가 1920년대에 경영 관리의 엄청난 성장(특히 회계, 재무, 마케팅 관리)에 상당한 기여를 한 사무기기 회사와 합병한 것은 자연스러운 일이었다. 그의 천공 장치에 있는 키보드는 타자기의 자판을 이용했고, 그래서 1927년 그의 회사는 레밍턴 타자기[145] 회사의 일부가 되었다. 이 회사 역시 당시 미국 최대의 사무기기 회사였던 랜드 사의 일부였다. 랜드 사는 색인 카드에서 서류 캐비닛까지 4000가지가 넘는 사무용품을 생산하고 있었다. 주로

145 21 47

은행, 보험회사, 도서관, 정부기관 등을 상대했다. 모두 정확한 기록 보존에 관심이 많은 곳이었다.

이 모든 사무 작업을 촉발시킨 첫 요인은 타자기였다. 1867년 크리스토퍼 숄즈라는 인쇄업자가 피아노 건반으로 새로운 기계를 발명했다. 그는 또한 현대식 쿼티 자판 배열도 만들어냈는데, 이것은 자주 쓰이는 자판들을 가까이 배치하면 서로 엉기기 쉽다는 원리에 기반을 둔 것이었다. 그러나 타자기 제작에서 가장 큰 문제는 필요한 만큼의 정확도를 확보할 부품들을 만들 수 있는 장비가 숄즈에게 없다는 점이었다. 그래서 1873년 그는 자신의 설계안을 뉴욕 주 일리온에 있는 E. 레밍턴 앤드 선스라는 회사로 가져갔고, 1888년 빠른 타자 속도 덕분에 레밍턴의 호평을 얻었다. 더 중요한 것은 그것이 여성들에게 처음으로 사업의 세계를 열어주었다[146]는 점이다.

146 76 85

남북전쟁이 끝난 후, 자신의 공장에 설치되어 있는 정밀 제작 기계들을 활용해서 생산할 제품을 찾고 있던 레밍턴 사는 숄즈의 아이디어를 사들였다. 애초에 호환식 부품들을 제작하기 위해 개발되었던 레밍턴 사의 기계들은 타자기에 들어갈 부품 제작에 적격이었다. 1873년 이전 그 기계들은 약간 다른 용도로 쓰이고 있었다. 레밍턴은 그 기계들을 신형 무기를 생산하는 데 사용했다. 야외 테스트 때부터 미국 병기부와 공동으로 개발된 그 회사의 분리형 회전식 노리쇠 장치는 세계적으로 인기를 끈 군용 소총에서 빠져서는 안 될 요소가 되었다. 폐쇄기와 공이치기는 센터핀 위에 경첩으로 연결되어 있었는데 총열 축에 직각으로 장착되었다. 이러한 정렬 방식은 발포 순간에 완벽한 밀봉 효과를 주었고, 그때 두 부품은 서로를 강하게 때렸다. 사용된 탄환은 기부 가장자리에 기폭약이 있는 프랑스식이었고 폐쇄기에는 탄피테 위쪽 부분이 공이치기 쪽으로 노출되어 있는 슬롯이 있었다. 레밍턴 사의 소총은 덴마크, 스웨덴, 이집트, 프랑스, 미국 군에 100만 정 이상 팔려나갔다.

자동 권총의 개발을 가능하게 한 것 역시 림파이어 탄환이었다. 물론 권총 디자인의 왕은 샘 콜트였는데, 그의 회사는 남북전쟁 기간 동안 레밍턴 사의 유일한 경쟁 업체였다. 그 유명한 탄창 회전식 권총은 원래 한 영국인이 개발한 것으로, 콜트가 1830년에 캘커타의 영국 군대를 방문했다가 아이디어를 훔친 것으로 전해지고 있다. 그러나 1831년 설계도와 나무 모형을 가지고 돌아오기는 했지만 생산에 들어갈 자금을 모으는 일은 쉽지가 않았다. 그래서 한동안 그는 새롭게 발견된 마취제인 아산화질소의 의학적인 성질을 설명해주는 강사로 나서 돈을 모았다. 사람들을 끌어모으기 위해 그는 자기가 '콜트 박사'이며, 과학 학위를 갖고 있다고 선전했다. 물론 전부 사기였다.

1836년 콜트는 간신히 돈을 모아 탄창 회전식 권총 제조 사업을 시작했지만 이내 파산했고, 군대를 대상으로 또 다른 돈벌이 사업을 생각해냈다. 1841년 그는 수중 지뢰에 대한 아이디어를 떠올려 서브마린 배터리 사를 세우고, 미국 정부로부터 시연에 필요한 자금 6000달러를 지원받았다. 그는 러시아로부터도 같은 목적의 방문 초대를 받아냈는데, 당시 러시아는 조직적이고 체계화된 지뢰 개발 프로그램을 가지고 있는 유일한 나라였다. 한편 1842년, 콜트는 미국에서 시범을 보이는 데 필요한 화약을 충분히 확보했다. 그는 수백 미터의 구리선(그는 이것을 워싱턴 스퀘어에 살던 이웃인 새뮤얼 모스[147]에게서 빌렸다)을 통해 전기 신호를 보내 뉴욕 항에 떠 있는 폐선의 선체에 설치된 화약 상자를 폭파시켰다. 그 후 포토맥 강에서 구경꾼 8000명이

147 30 53
147 215 292

지켜보는 가운데 8킬로미터 떨어진 곳을 지나는 배를 폭파했다. 그러나 어떻게 그런 일을 해냈는지 밝히지 않았기 때문에 미국 해군은 그 아이디어를 어디다 써야 할지 모르겠다고 말했다. (탑과 관측자와 거울을 이용했다는 소문이 있었다.) 그리고 그것으로 끝이었다.

148 47 68

어쨌든 이미 콜트는 러시아에서 알프레드 노벨[148]보다 한 수 위의 대접을 받았다. 그는 선도 필요 없고 누군가가 탑에 올라가 신호를 보낼 필요도 없이 똑같은 일을 해낼 수 있다는 사실을 증명했다. 러시아의 자금 지원과 국방의 대의명분 하에 그는 회사를 설립했다. 거기서 그는 수중 로프에 개별적으로 묶어 수면 아래로 몇 십 센티미터쯤 떠다니게 할 수 있는 지뢰를 만들었다. 각각의 지뢰는 60센티미터짜리 용기 두 개로 구성되었다. 그 안은 화약으로 채워졌고 그 위에는 연필 크기 정도 되는 납-유리 용기가 있었다. 이것 안에는 황산이 들어 있었고 칼륨의 염소산염과 설탕의 혼합물 위에 매달려 있었다. 배의 선체와 접촉해 납이 구부러지면 유리가 깨지면서 황산이 그 혼합물에 빠지고, 즉시 열과 함께 화염이 치솟아 화약이 폭발했다.

149 48 68

그 기술에 호감을 보인 러시아는 노벨(당시 다이너마이트 발명으로 세계적인 폭파 전문가로 인정받고 있었다.)에게 지뢰[149] 수백 개 제작을 의뢰했다. 이 새로운 무기의 첫 사용으로 발트 해 연안의 항구들을 성공적으로 방어한 러시아는 그것들을 크림전쟁 동안 세바스토폴 연안에 뿌렸다. 이러한 행위는 연합군이 세바스토폴에 상륙해 공격하기 어렵게 만들었고, 같은 이유로 발라클라바 인근 항구에 닻을 내려야만 했

150 173 221
150 178 227

던 보급선의 지원도 어렵게 만들었다. 1854년[150] 11월 14일, 엄청난 허리케인이 불어 함대 전체가 침몰해 연합군이 끔찍할 정도의 빈약한 보급품으로 겨울 전투를 치러야만 했던 곳이 바로 이곳이었다.

1854년 크림 반도에서 치른 겨울 전투는 영국군을 소름끼치는 상태로 몰고 갔다. 하워드 러셀이 질병에 걸리거나 부상당한 병사들에 대해《런던 타임스》에 쓴 기사들 때문에 잉글랜드에서는 소요가 발생했다. 그해 10월, 플로렌스 나이팅게일과 간호사 스물여덟 명이 크림 반도로 출발했다. 나이팅게일은 경이로운 여성이었다. 그녀는 자신의 일에 방해가 될지도 모른다는 이유로 청혼을 거절할 정도로 간호에 대한 뜻이 확고했다. 1854년 런던의 미들섹스 병원에서 콜레라 환자를 치료하던 중 그녀는 크림 반도에 영국 간호사들이 없다고 호소하는 신문 기사를 읽었다. 불과 며칠 만에 그녀는 배에 올랐다.

그곳에 도착한 나이팅게일의 눈에 비친 것은 차마 필설로 묘사하기가 곤란할 정도였다. 병원은 시체 안치소였다. 병원 집기도, 간호사도, 치료 담당자도 없었다. 매트리스와 바닥은 오물과 배설물로 뒤덮여 있었다. 수술대는 전혀 없고, 외과의사 대 부상자의 비율이 2 대 500이었다. 설사 증세를 보이는 환자가 1000여 명이나 되었지만 요강은 고작 스물네 개밖에 없었고, 담요나 셔츠도 전혀 없었다. 클로로포름과 에테르는 1847년 이래 유럽과 미국에서 일반적으로 쓰였음에도 그것들을 크림 반도에서 사용할 수 있도록 제공하려는 사람은 아무도 없었다. 군 행정가들은 "집행에 너무 시간이 많이 걸린다"고 생각했던 것이다. 부상당한 병사들은 쓰러진 그 자리에서 죽거나 혹은 질질 끌려와서 동료들의 치료를 받았다. 전쟁터에 파견된 의사들이 이용할 수 있는 교통수단은 아무것도 없었고, 허리까지 차는 진흙과 눈을 헤치고 도착할 때쯤이면 너무 늦어버리는 경우가 대부분이었다. 부상자 중 일부는 병원선에 실리기도 했지만 그곳의 상태는 병원보다도 더 나빴다. 런던에서 활동하는 군의학 전문가들은 세균을 죽이는 데 흡연이 효과적이며, 콧수염을 기르면 병원균을 걸러낼 수 있다고 권하기까지 했다.

나이팅게일은 《런던 타임스》가 대중을 상대로 모금한 돈 3만 파운드를 지원받았다. 즉시 그녀는 셔츠, 속옷, 주전자, 양말, 수술대, 빗, 수건, 비누, 적절한 영양을 공급할 수 있는 음식 등에 돈을 썼다. 그녀는 크림 반도로 가서 병원 주방을 담당하도록 개혁 클럽의 주방장을 설득하기까지 했다. 그녀가 도착하고 나서 6개월 후, 44퍼센트에 달하던 사망률은 2퍼센트까지 떨어졌다.

이 놀라운 여성은 위생병과를 설치하고, 병원의 벽을 회반죽으로 하얗게 칠하고, 하수구를 병동 위쪽으로 이전시키라고 군 당국을 지속적으로 압박했다. 다음 해 6월, 나이팅게일의 가열한 로비 덕분에 군의무대가 발족했다.

전쟁이 끝난 후 질병에 관해 나이팅게일이 보고한 것과 군 측의 반응을 담은 1000페이지에 달하는 보고서가 나왔다. 그것에 따르면 군대에 입대한 대부분의 남성은 17세에서 35세까지 가장 건강한 나이였는데도 사망률이 민간인의 두 배에 달했다. 크림전쟁에서 목숨을 잃은 병사 1만 8058명 중 실제로 전투 도중 사망한 사람은 고작 1761명에 불과했다. 나머지 1만 6297명의 사망 원인은 병원이었다. 이런 통계를 접한 왕립위원회는 정부 정책에 강력하게 항의했다.

나이팅게일과 그녀의 보고서에 커다란 영향을 받은 사람들 중에 한 사람이 스위스의 박애주의자인 장 앙리 뒤낭이었는데, 그 역시 1859년 프랑스와 오스트리아 사이의 전쟁 중 벌어진 솔페리노 전투에서 비슷한 경험을 한 적이 있었다.

1864년, 그의 노력에 힘입어 (그리고 나이팅게일의 유럽 홍보에 도움을 받아) "전쟁터에서 부상당한 군인들의 처우를 개선하기 위해" 제1차 제네바협약이 체결되었다. 이 협약에서는 적십자라고 불릴 새로운 국제기구의 창설을 위한 기본적인 규정들이 마련되었다. 적십자의 상징 마크는 오늘날 구급차에서 볼 수 있는데, 이번 역사 여행의 시작점이 되었던 공중납치 장면에도 등장한다.

세계 전역의 병의원은 기적의 의약품들 중 하나인 항생제에 크게 의존하고 있다. 그러나 이것의 개발은 모든 가능성에 반해 이루어진 것이다……

9

예측할 수 없는
과학적 발견

어떤 의미에서 과학은 예측이 전부다. 어떤 과학 이론이든 그 이론의 타당함을 인정받으려면 자연이 언제 어디서 어떤 변화를 일으킬지 정확히 예측할 수 있어야 하기 때문이다. 재미난 것은 이와는 정반대로 정작 과학자 자신들은 매일같이 반복하는 연구 과정에서 언제 어디서 어떤 일이 일어나 과학적 발견을 낳게 될지 대부분 전혀 예측하지 못했다는 점이다. 발견 과정에는 으레 행운과 우연이 어지럽게 뒤섞여 있기 마련이기에 세심하고 합리적인 계획의 결과가 발견으로 이어진 경우는 손에 꼽을 정도다. 다른 역사 속 사건들이 그렇듯, 과학도 때로는 운명이란 수레바퀴가 어떻게 굴러가느냐에 따라 좌지우지되기는 마찬가지였던 것이다.

이것은 중요한 과학 이론의 경우에 특히 더 잘 들어맞는 것처럼 보인다. 아인슈타인도 자기가 상대성이란 개념을 떠올리게 된 것이 광선을 타고 날아다니는 꿈 덕분이었다고 말한 바 있다. 세균학을 촉발시킨 것 역시 조직 배양 접시에 염색액을 엎지르는 바람에 박테리아가 염색된 우연한 실수 덕분이었다. 홀러리스가 계산기용 천공 카드를 발명한 것 역시 직물업에 종사하고 있어서 구멍이 뚫린 종이 두루마리를 이용한 방적 기술을 알고 있는 친척 덕분이었다. 비닐랩은 영국의 한 화학 실험실에서 일어난 우발적인 폭발 사고가 남긴 결과였다. 아무리 위대한 혁신과 변혁을 낳는 사건으로 이어질 일이었다고 하더라도 말이다.

출발 초기부터 지금 시작하는 일이 중요한 혁신과 변화를 낳게 될 것이니 내기를 해도 좋다고 자신만만하게 장담할 수 있는 사람은 한 명도 찾아보기 힘들었을 것이다. 재미난 것은 의학 역사에서 가장 위대한 발견 가운데 하나로 꼽을 만한 것이 다른 곳도 아니고 바로 도박장에서 시작되어, 그 희박한 성공 확률을 뚫고 절묘하게 꼬리에 꼬리를 물고 이어진 결과로 이루어졌다는 점이다. 1915년 연합국 측은 프랑스 북부 휴양 도시 불로뉴쉬르메르에 자리 잡은 카지노 하나를 넘겨받아 야전 병원으로 쓰고 있었다. 그곳에서 육군 의무대에 자원입대한 세균학자들 중 일부가 병사들에게 예방 접종하는 업무를 담당하고 있었다. 자원입대한 세균학자 가운데 젊은 의사 알렉산더 플레밍도 끼어 있었다. 플레밍은 당시 이미 매독[151] 치료 전문가로 명성을 날리고 있었다.

카지노에 차린 야전 병원에 머무는 동안 의무대원들은 부상당한 병사들을 대상으로 상처 부위에 왜 감염이 발생하는지 그 원인을 밝히는 조사를 진행했다. 총탄이나 포탄 파편이 살 속으로 파고드는 과정에서 군복 조각이 조금만 딸려 들어가도 상처 부위에 감염을 일으키는 주된 원인이 될 수 있다는 사실이 곧 밝혀졌다. 당시까지만 해도 그와 같은 경우에는 일반적으로 방부제를 진하게 타서 상처 부위에 뿌리는 것이 가장 좋은 처방이었다. 그런데 경우에 따라서는 부상당한 신체 조직의 깊은 곳까지 방부제가 충분히 스며들지 않았을 뿐만 아니라 방부제가 인체를 감염으로부터 보호하는 체내 미생물들을 파괴하는 일이 발생하기도 한다는 사실이 의무팀에 의해 확인됐다.

전쟁이 끝나고 런던에 돌아온 플레밍은 신체 조직을 손상하거나 면역 체계를 파괴하는 일 없이 세균만 제거할 수 있는 방법을 찾는 연구에 힘을 쏟기로 마음먹는다. 이제 플레밍은 재능 있는 학자가 아닌 다른 소문으로 다시 한 번 명성을 날린다. 그 명성이란 런던에서 플레밍처럼 자기 실험실을 정리정돈 안 하고 쓰는 사람도 드물다는 것이었다. 플레밍은 패딩턴에 있는 세인트 메리 병원에서 실험하다 만 관찰 표본들을 세척도 하지 않아 세균이 남아 있을지도 모르는 조직 배양용 접시에 일단 담아둔 채 퇴근하는 일이 잦았다. 몇 주가 지나자, 그렇게 열 몇 개는 될 접시에 담아둔 채 되는 대로 방치한 표본들이 제멋대로 자라나 실험실은 엉망이 되었다. 플레밍도 그렇게 자라난 표본들에 무슨 특별한 변화가 있는지 없는지 일일이 살펴보지 않고 바로 방부제로 접시를 세척했다.

1928년 9월 초 어느 날, 플레밍은 휴가를 마치고 돌아와 여느 때와 다름없이 너저분한 실험실로 출근했다. 휴가를 떠나기 전 그는 박테리아의 다양한 색에 대해 조사하던 중이었고, 그래서 코, 목구멍, 살갗의 감염 부위뿐만 아니라 종기, 고름집에서 채취한 연쇄상 구균을 약 열 개의 접시에 나누어 배양하고 있었다. 플레밍은 그 가운데 접시 몇 개는 별 생각 없이 리졸이 든 얕은 쟁반 속에 절반쯤 잠기게 담근 다음 평상시처럼 대충 살펴보고는 씻어버리려고 했다. 그런데 그 순간 놀랄 만한 일이 벌어졌다. 그 접시들 중 하나에 곰팡이 얼룩이 생겼는데 그 주위에는 세균이 하나도 남아 있지 않았기 때문에 마치 곰팡이들이 세균을 먹어치운 듯한 형상을 하고 있었던 것이다. 이것은 플레밍에게 노벨상을 안겨준 뜻하지 않은 발견이었다. 조사 결과 그 곰팡이가 바로 페니실린[152]이었다.

152 134 166

페니실린 곰팡이가 자라나고 그것을 플레밍이 알아채기까지 정확히 어떤 일들이 있었는지 그 정황을 자세히 알게 된다면, 도박꾼들도 그렇게 승률 낮은 도박에는 판돈을 걸지 않는 법이라고 손사래 쳤을 것이다. 무엇보다 중요한 것은 실험실 창문이 열려 있었고 그래서 곰팡이 포자가 바깥 쪽 거리로부터 날아들어 올 수 있었다는 점이다. 그리고 접시에 배양한 연쇄상 구균이 이상하게도 잠복 과정에 들어가지 않았다. 7월 27일~8월 6일까지 실험실 실내 온도는 곰팡이가 자라는 데 최적의 온도인 섭씨 16~20도 사이를 유지했다. 그 시기가 지나서야 여름철다운 더운 날씨가 정확히 연쇄상 구균이 자라나기에 알맞은 기간 동안 이어졌다. 휴가를 마치고 돌아온 플레밍은 다른 접시도 많았는데 웬일인지 하필 그 접시부터 집어들었다. 그리고 그날 따라 무슨 조화였는지 접시를 곧바로 방부제 용액 속에 집어넣지도 않았다. 만약 그랬다면 연쇄상 구균이나 페니실린 곰팡이가 모두 방부제에 죽어버렸을 것이다.

실험실을 정리정돈하고 사는 것과 거리가 멀었던 플레밍이 발견한 페니실린은 병원균을 직접 죽이는 것은 아니었다. 그것은 병원균 증

플레밍은 사람의 몸에 해를 입히지 않고도 세균을 죽일 수 있는 약을 만들어냈다.

식을 방해하는 물질을 생산하여 세포 분열 과정 중에 있는 병원균 세포를 부풀게 함으로써 세포벽이 허물어지게 하고, 마침내는 세포 자체를 파괴하는 작용을 했다. 재미난 것은 세균의 병리학적 과정을 최초로 규명한 인물은 플레밍과는 정반대로 결벽증에 가까울 정도로 정리정돈을 잘 해놓고 사는 사람이었다는 점이다. 직업윤리에 투철했을 뿐만 아니라 한 치의 실수도 용납하지 않는 엄격함으로 '독일 의학의 교황'으로 존경받았던 의사 루돌프 피르호였다. 그는 훌륭한 연구자가 되고자 한다면 무엇보다 "얼음처럼 차가운 열정"을 덕목으로 갖춰야 한다고 강조한 인물이기도 했다.

피르호는 정치적으로는 자유주의를 신봉했다. 그는 폴란드어를 사용하는 소수의 인구가 거주하는 곳이자 먹을 것이 없어 주민들이 고통받는 곳이었던 상 슐레지엔 지방을 휩쓴 발진티푸스 조사를 의뢰

받은 1847년 겨울, 자유주의에 처음으로 눈뜨게 되었다. 1848년 3월 그곳에서 3주 동안 머물렀던 피르호는 훗날 그 시기가 자신의 정치적·과학적 신념이 자리 잡는 데 '결정적'인 구실을 한 시기였다고 회고한다. 사회학적·인류학적·역학적 분석에 기초를 두고 발진티푸스 발병 원인을 조사한 피르호는, 그 책임은 전적으로 정부에 있음을 분명히 했다. 피르호는 상 슐레지엔 지방에 필요한 것은 의약품이 아니라 다시는 그와 같은 재앙이 되풀이되지 않을 사회적 여건을 마련하는 것이라고 역설했다. 그가 내놓은 개혁안은 조건을 달지 않는 완전한 민주주의를 도입하고, 폴란드어를 공용어로 인정하고, 국가와 교회를 분리하고, 도로 건설 계획을 수립하고, 세금을 공정하게 부과하고, 전면적인 무상 교육을 실시하는 것이었다.

그해 3월 하순, 상 슐레지엔 지방에서 돌아온 지 얼마 되지 않아 피르호가 그토록 바라 마지않던 혁명이 독일에서 일어났다. 그는 베를린에 방어벽을 쌓고 혁명을 진압하는 정부군에 대항하는 시가전에 동참했다. 그해 가을에는 새로운 독일 국민의회 의원에 당선되었다. 그리고 다음 해에 바로 의원직을 버리고 스물여덟 살 나이로 뷔르츠부르크 대학교에서 제안한 교수직을 받아들여 그곳에서 장차 자신에게 명성을 안겨다줄 연구에 착수했다. 피르호는 의욕에 불탔고, 지칠 줄도 몰랐다. 개인 연구 말고도 2000쪽에 달하는 원고와 저서를 썼고, 그러는 사이에 끊임없이 여행을 다녔으며, 매일 밤을 대부분 새우다시피 했다.

피르호가 2년 동안 현미경을 들여다보며 연구한 성과를 1851년 『세포 병리학』으로 내놓음으로써 의학 역사는 일대 전환점을 맞게 되었다. 피르호에 따르면, 세포는 생명 활동의 기초 단위이며 각각의 세포는 분열 과정을 거쳐 또 다른 세포를 낳는다. 몸이 아픈 것도 건강한 것도 모두 세포 때문이다. 이로운 세포도 해로운 세포도 없다. 세포는 단지 자신이 타고난 기능을 수행할 뿐이다. 따라서 병을 정확히 진단하고자 한다면 세포 병리학이 아닌 다른 비결은 있을 수가 없다. 질병을 일으키는 주범이 바로 병든 세포이므로 효과적인 치료의 비결은 세포가 병든 개별 인체 기관 수준에서 질병을 공격하는 것이다. 이제 환자는 더 이상 신비스러운 '전체'가 아니라 단지 세포가 모여서 작동하는 십여 종의 기관과 계통으로 구성된 조직체에 불과했다. 이런 식으로 질병을 몸 전체의 막연한 상태가 아니라 국부적인 현상으로 정의한 피르호의 새로운 이론은 외과 시술에 엄청난 힘을 실어주었다. 이제 병든 부위를 잘라내기만 하면 질병 그 자체를 없애버릴 수 있다는 자연스러운 기대를 외과의사들이 갖게 되었기 때문이다. 그뿐만 아니라 피르호가 제시한 세포 이론은 특정 세포에 화학적 친화성이 있는 약물을 사용함으로써 화학 요법이 한 단계 발전하는 전기도 마련해주었다.

피르호는 책에서 자신의 정치적 지향점을 밝혔다. 그는 인체를 평등한 개체들로 구성된 자유로운 국가, 민주적인 세포 국가에 비유했다. "세포들은 모두 동일한 능력을 갖고 있지는 않지만 모두 동등한 자격을 갖는, 각자 자유로운 상태를 유지하고 있을 뿐만 아니라 세포와 세포가 서로 의지함으로써 유기체 전체에 구심점을 분산해놓았다. 그리고 어느 한 부분이 필요한 영양분을 완전히 독차지하는 일이 일어나지 않게 함으로써 그와 같이 자유로운 상태를 지속한다." 이와 같이 사회와 의학을 하나로 통합해 인식하는 독특한 관점을 지닌 까닭에 피르호는 일찌감치 공중보건 분야를 일군 초창기 전문가 가운데 한 사람으로 꼽히기도 했다. 그는 1870년에는 베를린에 하수 처리 망을 갖추도록 권고하기도 했다. "치료보다도 예방이 먼저"라는 우리에게 익숙한 표현을 고안한 사람도 바로 피르호였다.

1874년 학문적으로나 인격적으로나 반듯하기 그지없었던 피르호에게 웬 사내가 찾아온다. 둘은 닮은 구석이라고는 하나도 찾아볼 수 없는 너무나 다른 성격이어서 어떻게 그들이 둘도 없는 친구가 됐는지도 의문스러웠다. 그 사내는 많은 사람들에게 뻔뻔스러운 사기꾼 같은 인간으로 손가락질 받던 인물이었다. 오만하기로는 인류 역사에서 둘째가라면 서러워할 인물이었고 자수성가한 인물이란 것도 틀림없는 사실이었다. B. H. 슈뢰더 사는 그의 첫 직장이었다. 이 회사의 사장은 1846년 러시아 상트페테르부르크 지부에서 염료 영업 총판 대리인으로 근무하던 그에게 한 통의 편지를 썼다. "서로에게 가장 일어나지 않길 바랐던 일이 일어나게 된 것을 애석하게 생각합니다. 회사와 연락을 주고받는 과정에서 귀하는 우리 회사 직원이라면 그래서는 안 된다고 생각했던 언사를 사용했습니다. …… 회사에서 어떤 조치를 취해야 한다는 주장은 하지 말기 바랍니다. …… 귀하는 귀하에게도 직위와 권한이 있다는 의견을 개진하지만 그와 같은 직위와 권한은 귀하와 회사 사이에 결코 공유한 바 없었던 사항임을 알려드립니다."

하인리히 슐리만은 자신이 업무에 부적합한 사람이었다는 사실을 순순히 인정할 사람이 아니었다. 슐리만이 얼마나 극과 극을 오간 인생을 산 사람이었는지를 알게 된다면 얼마든지 그러고도 남을 사람이었다는 사실도 금방 납득할 수 있을 것이다. 1850년 골드러시[153]가 절정에 다다랐을 무렵, 슐리만도 캘리포니아로 황금을 찾아 나섰다.

153 1 23

그리고 2년 후에 갑부가 됐다. 1853년에는 결혼을 하지만 재앙도 그런 재앙이 없었다. 그해에 그는 상트페테르부르크로 복귀해 도매상으로 독립했다. 1856년 그는 그만하면 독점이라고 해도 괜찮을 만한 독점권을 따낸 덕분에 러시아에서 수입하는 인디고 염료 가운데 3분의 2에 달하는 물량을 손에 넣었다. 재산은 더욱더 불어났고 슐리만은 거부가 됐다. 1863년 그는 자산을 다 처분하고 세계 여행에 나섰다. 그러나 불편해서 못 참겠다고 매사에 불평불만을 늘어놓고, 풍토병에 걸려 고생하고, 정치적인 격변에도 아랑곳하지 않던 그의 성격 탓에 곤란한 상황을 스스로 자초하기 일쑤였다.

1868년 슐리만은 프랑스 파리 소르본에서 일 년 동안 머물며 프랑스어, 아랍어, 고대 그리스어, 고대 이집트어, 고고학, 비교언어학을 공부했다. 그곳에서 슐리만은 원대한 계획을 구상했다. 그것은 호메로스가 『일리아드』와 『오디세이』에서 읊은 헬레네, 파리스, 아킬레우스에 관한 역사적 진실과 트로이아 전쟁의 전모를 반드시 밝혀내고야 말겠다는 웅대한 계획이었다. 슐리만은 트로이아 유적을 찾아내고야 말겠다는 결심을 굳히고, 호메로스가 시로 묘사해놓은 내용을 유일한 길잡이 삼아 방대한 동부 지중해 지역을 구석구석 답사했다. 그러고 나서 터키 북부 히사를리크에 있는 작은 구릉지대를 트로이 유적지로 지목했다.

슐리만은 미국 시민권을 따기 위해 인디애나폴리스에 잠시 체류하고 나서 부인과 이혼하고, 그리스인 소녀를 신부로 맞아들였다. 훗날 고백한 바에 따르자면, 그것은 신부가 호메로스의 시를 읽을 줄 알았기 때문이었다. 슐리만은 히사를리크 지역의 트로이 유적지 땅을 통째로 사려고 했지만 이와 같은 시도는 실패로 돌아갔다. 공식적인 발굴 허가권을 따는 수밖에 없었다. 슐리만은 언덕을 가로질러 넓은 도랑을 팠고, 이 과정에서 자신이 생각하기에 발굴 대상으로 삼을 만한 것이 못 된다고 판단되는 것들은 문서 기록도 남기지 않은 채 모두 파괴했다. 그러나 그와 같은 판단은 잘못된 것이었다. 1872년 유럽에 잠시 들른 슐리만에게 저명한 고고학자들 대부분이 그와 같은 파괴 행위를 이제 그만 중단하라고 요청했지만 모두 헛수고였다.

이 시기가 바로 슐리만이 피르호를 방문해 첫인사를 나눴을 때이고, 만남을 주선한 사람은 호메로스 전공자이자 영국 수상이기도 했던 글래드스턴이었다. 피르호는 의학 저서뿐만 아니라 그리스 항아리에 자주 나타나는 얼굴상을 주제로 다룬 글을 쓴 적도 있다. 슐리만은 피르호처럼 사람들로부터 두터운 신망을 쌓은 인물이라면 자신에게 쏟아지는 악평을 불식하는 데 도움이 될 것이라고 생각했다. 그래서 그 명망 있는 인물에게 함께 '트로이'를 여행하자는 뜻을 전달했다. 피르호는 제안을 받아들였다. 대체 왜 그런 결정을 했는지에 대해서 피르호는 평생 입을 열지 않았다.

1873년 슐리만은 황금 보물(오늘날에는 그 연대가 슐리만이 추정했던 것보다 천 년은 더 앞서는 것으로 판단되고 있는)이 한가득 매장된 장소를 발굴하고는 '프리아모스 왕의 보물'이라고 이름 붙이고, 보물의 상당수를 자기 집으로 몰래 빼돌렸다. 이와 같은 불법 밀반출 혐의로 오스만 튀르크 정부에 막대한 액수에 달하는 벌금을 물게 되자, 슐리만은 트로이아 전쟁 속 그리스 영웅들의 고향이었던 곳을 찾겠다는 목적으로 그리스 미케네 지방으로 떠났다. 그곳에서도 또다시 문화 유적 발굴을 빙자해 유물을 불법 투기 대상으로 삼으려 했지만, 그리스 정부의 반대로 허탕만 치고 돌아왔다. 1876년 슐리만은 황금, 도자기, 병장기가 대규모로 매장된 장소를 발굴했다. 그 유물 가운데 데스 마스크처럼 생긴 물건도 하나 끼어 있었는데, 슐리만에게는 세계에 전보를 치고도 남을 만한 일이었다. "나는 아가멤논의 얼굴을 보았다!" 그 전보로 슐리만은 세계적으로 유명한 인물이 되었다.

그러는 사이 피르호는 슐리만에게 조언자이자 안내자로서 활동하면서 발굴 작업을 체계화하고, 과학적인 자문에 답변을 해주었을 뿐만 아니라 자료를 대조하고, 설명을 달아놓고, 기록을 남기고, 사진을 찍어두었다. 그리고 학자들에게 비난 살 일은 그만하라고 슐리만에게 일러주기도 했다. 그럼에도 비난하는 학자들은 예전보다 늘면 늘었지 줄지 않았고, 슐리만은 학계에서 웃음거리로 통하게 되었다. 1888년 슐리만은 피르호와 함께 나일 강에서 또 다른 모험을 시작하지만 성과는 없었다. 그 후로 2년 만에 슐리만은 세상을 떠났다.

왜 피르호같이 덕망 있고 강직했던 인물이 사람들로부터 평생 좋은 소리 한 번 못 듣고 산 사람과 친분을 맺게 되었을까? 그 이유는 1840년부터 피르호가 주로 관심을 기울인 것 중 하나가 의학과 정치학을 결합하는 분야인 인류학이었기 때문이다. 피르호는 두개골 생김새를 연구한 결과를 책으로도 많이 펴냈으며, 어린 고릴라의 해부학적 구조를 연구했을 뿐만 아니라 1886년에는 600만 명이 넘는 독일 어린이를 대상으로 한 조사 작업을 완료했고, 그 결과 어린이들 사이에 공통적으로 나타나는 민족적 특성 같은 것은 없다는 사실을 발견했다. 글래드스턴이 슐리만에게 피르호를 추천했던 이유도 피르호가 그리스 항아리에 나타나는 얼굴상들의 민족적 특성을 식별할 줄 아는 안목이 있었기 때문이다.

피르호가 얼굴상과 두개골에 관심을 갖게 된 것은 괴팅겐 대학의 교수였던 요한 프리드리히 블루멘바흐가 진행한 연구 때문이었다. 블루멘바흐는 '블루멘바흐의 자세'라는 개념을 제안한 학자로 널리 알려져 있다. '블루멘바흐의 자세'는 두 발 사이에 두개골을 놓고 위에서 내려다보면, 그 두개골의 인종적인 특징들은 전반적으로 판별해낼 수 있다는 가설을 포함하고 있었다. 엉뚱하다 싶은 판별법이기는 하지만 당시만 해도 어떤 인간은 발이 하나만 달려 깡충깡충 뛰어다니고, 발이 발목에 거꾸로 달려 있기도 하고, 척추와 목뼈 사이 각도를 재면 지능이 얼마인지도 알 수 있고, 눈알이 양쪽 어깨에 박혀 있는 종류의 인간도 있다고 생각하는 과학자들이 한둘이 아닌 시절이었다는 점을 상기해야 한다. 두개골을 내려다보는 것, 방법 치고 그만한 것도 없었던 것이다.

블루멘바흐는 평생을 두개골을 수집하고 분류하는 데 바쳤다. 나중에는 주변 사람들의 설득을 받아들여 입수 경로를 바꾸게 되지만 그 전까지 매일 밤 야음을 틈타 공동묘지에 잠입해 무덤을 파헤쳐 두개골을 수집했다. 블루멘바흐는 머리 생김새를 기준으로 인종을 분류하고자 했다. 이와 같은 목적을 이루고자 애쓴 끝에 그는 다섯 가지의 기본 인종 유형을 제안했고, 이것들은 최근까지도 신원증명서에서 표준 용어로 쓰였다. 다섯 인종은 코카서스 인종, 몽골 인종, 에티오피아 인종, 아메리카 인종, 그리고 말라야 인종이었다. 그 당시 사람들이 다들 그러했듯, 블루멘바흐 역시 코카서스 인종이 나머지 네 인종들을 낳은 원형이라고 생각했다. 그가 인종을 나눈 기준은 피부색, 머리털, 그리고 신체 구조였다. 1795년 그의 책 『인종』은 인류학[154]이라는 학문의 토대를 마련했다. 그러나 그는 인종 사이에는 다른 점보다는 닮은 점이 더 많으며, 인류는 기본적으로 동일한 특성을 공유한다

154 314 466

는 사실을 처음으로 지적한 인물이기도 했다. 그가 수집한 두개골들이 세계적으로 유명해지자 많은 과학자들은 마치 종교 순례자들이 성지를 방문하듯 그 수집품을 관람하고자 괴팅겐을 찾았다.

블루멘바흐가 남긴 학문적인 유산을 계승해 자연에서 발견되는 대상들을 분류하고자 하는 열광적인 분위기가 17세기와 18세기를 관통했고, 이와 같은 분위기 속에서 존 레이[155]라는 영국의 식물학자도 활동을 개시했다. 1662년 왕정이 폐지되고 올리버 크롬웰[156]이 잉글랜드 공화국을 이끌게 되자, 케임브리지 트리니티 칼리지에서는 레이에게 왕정에 미련이 있는 사람과는 같이 일할 수 없다는 이유로 사퇴 압력을 넣었고, 레이는 학교를 떠나야 했다. 레이는 남은 평생을 식물을 관찰하는 데 바쳤다. 그는 42년이 넘는 동안 케임브리지 주변 식물들을 연구 대상으로 삼아 중요한 (그리고 쪽수도 두툼한) 저서를 다섯 권 썼고, 잉글랜드 지방 식물들을 연구 대상으로 삼아 새로운 식물 분류법을 내놓았다. 그리고 영국 전역의 식물들을 연구 대상으로 삼아 마침내 자신의 최고작이자 식물 대백과사전이나 다름없는 세 권짜리 저서 『식물의 역사』를 18년 만에 완성했다. 레이는 오로지 식물 연구만 생각하며 살았고, 식물을 관찰하기 위해 (32킬로미터를 이동하는 데 꼬박 하루가 걸렸던 당시 실정에서 영국 전역은 물론이고 독일, 스위스, 네덜란드, 몰타, 이탈리아, 그리고 프랑스까지) 온갖 곳을 돌아다녔다. 이와 같은 노력으로 식물학은 과학으로 성장할 수 있었다. 레이 덕분에 근대 식물학자들은 웬만한 식물은 모두 분류할 수 있는 기법을 손에 넣을 수 있었다. 레이의 식물 분류법은 오늘날 식물학자들 사이에서도 여전히 사용되고 있다.

레이는 분류를 제대로 하려면 유기체를 전체적으로 연구해야만 한

155   98   112

156   208   272
156   303   452

다고 생각했기 때문에 씨앗의 형태와 성장을 자세하게 조사했다. 식물의 종을 결정하는 것이 무엇인지를 밝히고자 한 최초의 시도였다. 그는 먼저 크기, 냄새, 맛이 어떻게 다른지를 목록으로 작성했다. 그러고 나서 뿌리의 색과 모양, 줄기에서 뻗어나간 가지의 수, 잎의 형태 변화와 돌돌 말린 모양, 꽃 색깔과 꽃잎이 나는 모양, 열매의 크기와 맛, 씨앗의 색과 형태를 추가했다. 그는 기후, 토양, 계절 변화 등이 식물들 사이에 커다란 차이를 낳는다는 사실도 확인했다. 식물을 외떡잎식물과 쌍떡잎식물이라는 근대적인 범주로 나눈 사람도 바로 그였다.

『식물의 역사』는 총 30장으로 이루어진 책으로, 모두 6000여 종에 달하는 식물을 대상으로 삼았다. 레이는 이 책에서 식물별로 생김새를 자세하게 묘사했을 뿐만 아니라 지역적 분포 범위와 서식 환경, 그리고 비슷한 식물로는 어떤 것이 있고 서로 어떤 관계가 있는지도 설명해 놓았다. 설명 가운데 일부는 짤막한 수필 같기도 한데, 덩굴식물을 설명하는 대목에서는 포도주 목록을 작성해 소개하기도 했다. 그는 식물학 연구를 마치고 자신이 직접 씨를 뿌려 키우던 식물, 그리고 소규모 채집가들에게 견본 채집과 발송을 부탁해 손에 넣은 식물들을 대상으로 식물의 일생에 대해 관찰하고 기록했다.

막상 연구를 시작하고 보니, 정작 식물 명칭, 종별 특성이나 종별 분류가 통일되어 있지 않았다. 종 이름은 있는데 실제 그런 식물은 있지 않거나 종 이름이 있어도 같은 이름을 지닌 식물이 여럿인 경우가 많았다. 설명도 사람들이 오해하기 쉬운 것들이 많았고, 시원찮은 설명에 그치는 경우도 있었다. 그러나 레이가 연구를 마침으로써 식물학자들에게는 근대적인 지침서가 생겼고, 스웨덴의 식물학자 린네에게는 자신이 등장할 수 있는 계기가 마련되었다. 모든 영예는 린네에게 돌아갔다. 오늘날 모든 식물학자들이 사용하는 분류 방식은 바로 린네가 제창한, 라틴어로 종명과 속명을 표기한 이명법 분류 체계이다. 레이는 동물학에 관한 책을 쓰고, 영어 단어집을 편집하고, 나비를 채집하고, 어류의 역사를 다룬 책을 출판하며 노년을 보냈다.

레이가 목록을 일목요연하게 작성하는 데 남다른 재주를 지닌 인물이었던 것은 사실이지만, 목록 작성 자체는 자신이 살던 당시의 일반적인 경향을 반영한 것에 불과했다. 당시는 사람들이 주체할 수 없을 정도로 지식이 빠른 속도로 증식에 증식을 거듭하고 있었다. 일이 그렇게 된 데는 전통적인 지식 체계의 기반을 뒤흔드는 인식론적 충격이 있었기 때문이다. 아메리카 대륙이 발견됐던 것이다. 당시까지만 해도 지식을 떠받치고 있던 양대 기둥인 성서와 그리스 로마 고전 어디를 뒤져봐도 아메리카 대륙의 존재를 언급한 대목은 없었다. 신세계에 첫발을 들여놓자마자, 본 적도 들은 적도 없던 새로운 생물들에 대한 보고서와 표본들이 유럽 대륙으로 봇물처럼 역류해 쏟아져 들어왔다. 17세기 초 네덜란드[157], 포르투갈, 에스파냐 탐험가들에 의해 동양에도 신기한 물품들이 들어오자 사태는 엎친 데 덮친 격으로 더욱 악화됐다.

157　11　35

아프리카 대륙에서 발견한 식물의 경우, 고전 작품 어디에서도 해당되는 대상을 찾을 수 없었다. 초콜릿, 번여지, 캐슈, 구아바, 파파야, 칠리 고추, 단풍 당밀, 파인애플, 담배 같은 것들이었다. 더군다나 동물의 경우에는 노아의 방주에 태웠다고 하는 것들도 아니었다. 그렇다면 그것들은 어디에서 나왔단 말인가? 신세계에 분포하는 열대 우림은 아리스토텔레스가 제시한 기후 법칙도 깨뜨렸다. 아리스토텔레스는 남쪽으로 내려가면 내려갈수록 날씨는 그만큼 더 건조해진다고 했기 때문이다. 천문학 분야에서도 이에 못지않은 충격을 던지는 혁명적인 발견이 이어졌다. 갈릴레오[158]를 비롯해 그 밖의 많은 천문학자들은 지구는 우주의 중심이 아니며, 우리가 당연히 그렇다고 생각했던 것과 달리 (예를 들어 태양이나 달 같은) 천체들은 완전무결한 구형이 아니라는 사실을 증명했다. 태양 표면에는 얼룩이 한두 개가 아니었고, 달 표면에는 산이 한두 개가 아니었다.

158 130 155
158 247 342

분명한 사실은 이제는 이전과는 전혀 다른 방식을 사용해 지식을 취합해야 한다는 것이었다. 당시는 이미 성서와 그리스 로마 고전은 믿고 의지할 만한 근거가 되지 못했고, 비판적인 검증 작업을 거침으로써 그 설명 방식의 타당성을 보장하는, 즉 어떤 경우에도 관점의 일관성과 논리의 명쾌함을 잃지 않는 인식론적 체계도 아직 나타나지 않은 상황이었다.

그러던 중, 1624년 프랜시스 베이컨이라는 영국 귀족 출신의 변호사가 나타나 그렇게 할 수 있는 방법을 선보이자, 세상은 구원을 얻었다. 지식을 생산하고, 관리하고, 운영하는 방식에 일대 혁신이 일어났던 것이다. 베이컨은 어떤 방향으로 그와 같은 노력을 기울이면 되는지를 밝히기 위해 『신기관』이라는 책을 내놓았다. (아리스토텔레스는 『기관』이라는 책에서 처음으로 자신의 조사방법론을 밝히지만, 그것은 이미 신용을 잃은 지 오래였다.) 그는 새로운 정보들이 눈사태라도 난 듯 우리를 덮치고 있는 상황에서 살아남는 유일한 방법은, 스스로의 경험을 통해 가능한 한 많은 자료를 수집하는 것이라고 주장했다. 그것이 불가능하다면 신뢰할 만한 출처를 지닌 자료를 수집해야 한다. 그 다음에는 자료를 목록으로 체계화해야 한다. 그래야만 자료 속에서 갈

피를 잡지 못하고 헤매는 일 없이 분석을 시도할 수 있기 때문이다. (식물학자 레이도 이와 같은 순서와 원칙을 지켰다.)

그뿐만 아니라 베이컨은 목록 분석의 신뢰도를 높이는 데는 다른 어떤 방법보다도 숫자를 사용하는 것이 가장 좋다는 지적도 잊지 않았다. 베이컨의 지적에 정부 관료들은 눈이 번쩍 띄었다. 해외 개발과 하루가 다르게 유럽 전역으로 확대되는 편리한 교통망, 식민지 건설 사업, 전쟁 발발로 인해 경제가 나날이 성장하던 시절, 인구수의 정확한 산정이야말로 정책 입안자들과 세무 관리들에게는 극히 중요한 일이었던 것이다. 1661년 잉글랜드에서는 그 문제의 해결책이 이미 나와 있었다. 다만 존 그랜트[159]가 런던 사망률표(이미 70년 동안이나 정기적으로 발표되고 있었다.)의 가치에 주목하고 그 주제에 관한 소책자를 쓰고 난 다음에야 사람들이 그런 사실을 알게 되었을 뿐이다. 159 273 380 사망률표는 지방 정부 당국이 내놓은 목록이었는데, 그 안에는 한 행정구 안에서 세례를 받은 사람, 결혼한 사람 그리고 사망자 수가 담겨 있었다. 그랜트의 소책자는 이와 같은 숫자들이 인구수를 산정하는 데 얼마나 효과적인지를 입증했고, 덕분에 그는 유럽 각국이 등기소를 설립하는 데 직접적인 영향을 미쳤다. 그런 점에서 우리는 그를 최초의 통계학자라고 말할 수도 있을 것이다. 그가 한 작업은 생명보험 업종이 이익을 많이 남기는 사업으로 변모하는 데도 일조했다. 1693년 저명한 수학자이자 천문학자인 에드먼드 핼리가 독일 브레슬라우(현재는 폴란드에 속하며 폴란드어로는 브로츠와프다.—옮긴이)의 사망률표를 바탕으로 표 하나를 완성했는데, 이 표는 특정 시점에서 개개인의 예상 수명이 인구를 계산하는 데 중요하다는 사실을 처음으로 보여줬다. 1771년 자유주의적 성향의 장로교 목사인 리처드 프라이스

160 255 350

가 다음 단계를 열었다. 웨일스 출신으로 런던에 살고 있던 그는 수학에 관심이 많았다. (그의 교회 신도 가운데는 메리 셸리[160]의 어머니인 메리 울스턴크래프트도 있었다.)

1760년부터는 신생 보험사들이 여럿 등장해 노인과 과부들에게 연금을 지급하는 업무를 하기 시작했다. 프라이스는 이 같은 보험사의 상품들이 '한결같이 부적절하고 불충분한' 전망에 근거하고 있으며, 그들이 하는 짓이라고는 고객들이 땀 흘려 모은 돈을 갈취하는 것뿐이라고 꼬집었다. 뭔가를 해야겠다고 생각한 프라이스는 1771년에 『사후 지급에 관한 고찰』을 발표했다. 이 책에는 사망률표가 하나 포함되어 있었는데, 행정이 특히 잘 이루어지고 있는 지역인 노샘프턴 올소울스의 등기소에서 간행한 표였다. 프라이스는 이 표에 노샘프턴 표라는 이름을 붙였고, 막 문을 연 에퀴터블 소사이어티 보험사가 즉각 그 표를 채택했다. 보험사는 프라이스도 영입했다.

프라이스는 표에서 노샘프턴에서 태어난 신생아들의 기대 수명을 26.41세로 산정했다. 여기에 한 해에 태어난 신생아들의 숫자를 곱하면 전체 인구수를 구할 수 있었고, 새로 태어난 인구와 사망한 인구도 얼추 짐작할 수 있었다. 보험사는 이 표를 이용하여 회사가 고객에게 지급할 보험금과 고객이 회사에 지급할 보험료를 얼마로 책정하면 되는지 이전보다 몇 배는 더 정확하게 책정할 수 있었다. 사람들은 수학적으로 합리적인 금액 책정 방식에 매력을 느꼈고 보험사는 가입자를 더 많이 유치할 수 있었다. 에퀴터블 소사이어티 보험사는 가입자로 유치하고자 하는 고객의 건강 상태를 검진해서 보균자는 아닌지 몸이 부실해 병을 앓기 쉬운 사람은 아닌지 확인해야 한다는 프라이스의 강력한 권고를 받아들여 업계에서의 입지를 더욱 공고히 했다.

자유주의자였던 프라이스는 자신과 같은 정치적인 성향을 지닌 동료들이 방문하던 모임에도 자주 나갔다. 어니스트 휘그라는 모임도 그중 하나였다. 이곳에서 프라이스는 벤저민 프랭클린, 조지프 프리스틀리와 친하게 지냈다. 아메리카 식민지에서 곧 혁명이 일어날 조짐이 감도는 가운데, 프라이스는 평소 자신의 신조에 따라 혁명을 지지한다는 뜻을 분명히 했고, 아메리카 식민지인들에게 자유롭게 살기를 바란다면 나가 싸우라고 독려했다. 미국독립전쟁이었던 혁명이 마무리되고 난 다음, 미국 의회에서는 프라이스에게 연방 정부에 참여해 재정 업무를 맡아주었으면 한다는 뜻을 전하지만 프라이스는 겸손하게 사양했다. 몇 년이 흘러 미국 예일 대학교에서는 조지 워싱턴과 함께 프라이스에게 명예박사 학위를 수여했다.

프라이스의 친구, 프리스틀리에게는 그렇게 큰 행운은 따르지 않

쿡은 자신이 발견한 땅들을 영국의 영토로 삼고자 했다.

았다. 프라이스를 비롯해 당시 과학적인 사고를 중시했던 많은 인물들과 마찬가지로 조지프 프리스틀리[161] 역시 자유 교회 신자였다. 안타깝게도 그는 언어 장애가 있었기 때문에 목사는 되지 못하고, 대신 자유 교회 신도들의 아이들에게 교육 받을 기회를 제공하고자 세운 사설 학교 중 하나였던 곳에서 교사로 근무했다. 자유 교회 신도들은 영국국교회로 개종하기를 거부한 자들이었으므로, 대학[162]에서는 입학을 허가하지 않았다. 언어 장애 치료 때문에 런던에 머물던 프리스틀리는 프라이스와 프랭클린을 만났고, 두 사람의 소개로 당대 일류급 과학 사상가들과 친분을 쌓을 수 있었다.

프리스틀리는 과학이 진보를 이끈 원동력이었다고 굳게 믿고 있었으므로, 그 역사를 다룬 책을 몇 권 쓰겠다는 계획을 세웠다. 1767년 프리스틀리는 그와 같은 주제를 다룬 첫 번째 (동시에 마지막이 된) 책 『전기의 역사와 현황』을 출판했다. 프리스틀리는 서둘러 자기 이름을 딴 실험실을 하나 차렸고, 그 후 10여 년이 넘는 기간 동안 산소 발견을 비롯해 기초 과학 분야에서 중요한 발견들을 다수 남겼다. 광학과 천문학 연구도 병행했으므로, 1771년 2차 항해를 떠나는 쿡[163] 선장 탐험대가 자신을 천문 분야 탐사대원으로 초청했다는 사실에 프리스틀리는 무척 기뻤다. 그러나 프리스틀리는 자신의 자유주의 종교관이나 정치관에는 맞지 않는 일이라고 판단해 그와 같은 기회를 포기했다.

그래도 프리스틀리[164]는 탐험을 성공하는 데 무언가 보탬이 될 만한 일을 하나 해야겠다고 마음먹고, 그 결과 괴혈병 치료에 도움이 되는 음료수를 발명했다. 자신의 고향 리즈의 양조장에서 실험을 진행하던 도중, 그는 발효 중인 맥주통에서 솟아오른 (자신은 '고정 공기'라고 부른) 기체로 탄산가스 기포의 성질을 발견했다. 이 탄산가스가 지닌 성질 가운데 하나는 쟁반에 물을 담아 한동안 맥주통 위에 올려놓으면 물에서 상큼하면서도 시큼한 맛이 난다는 것이었는데, 프리스틀리는 그 맛이 셀처 광천수의 맛과 비슷하다고 생각했다.

프리스틀리는 실험을 거듭하며 셀처 광천수에 의학적인 효능이 있는 까닭은 광천수 속에도 그와 같은 기체가 녹아 있기 때문이라고 확신했다. 새로운 잔에 물을 따라 맥주통에서 나오는 고정 공기 사이에 3분 동안 놓아두어도 역시 같은 효과가 나타났던 것이다. 1772년 그는 물속에 고정 공기를 '가득 품게 하는' 펌프 장치를 하나 제작했다. 그리고 항해를 떠나는 쿡 선장의 배인 레졸루션호와 어드벤처 호에 이 장치를 설치했다. 결과는 대성공이었다. 그러나 자신의 정치적인 신조 때문에 프리스틀리는 잇따른 불행에 시달려야 했다. 프랑스혁명에 찬동했다는 이유로 사람들에게는 상종 못할 특급 반역 죄인으로 찍힌 것이다. 1794년에는 폭도들이 몰려와 불을 지르는 바람에 살던 집과 실험실을 잃었다. 그래서 프리스틀리는 펜실베이니아로 떠나는 배에 몸을 실었고, 노섬벌랜드에 정착해 미국인 후원자들 사이에서 위대한 과학자로 추앙받으며 살았다. 어느 날 저녁, 예일 대학교에서 주최한 만찬에서 그는 젊은 화학 교수 한 사람과 인사를 나누게 되었다. 20세기 미국 십대들의 일상생활에 변화를 일으키게 될 만남이었다.

그날 저녁 만찬에서 만난 젊은 교수, 벤저민 실리먼이 (화학자였다는 사실보다는) 자기 건강 염려증의 일종인 심기증 환자였다는 사실이 아마도 두 사람이 향후 그와 같은 변화를 낳게 되는 원인으로 작용했을 것이다. 실리먼은 자신이 현기증, 신경성 장애와 더불어 밤잠을 충분히 잤는데도 수면 부족을 느끼는 기면증을 앓고 있다고 했을 뿐만 아니라, 하여간 자신이 알고 있는 온갖 병이란 병은 다 앓고 있다고 믿었다. 심기증을 앓는 사람들이 그렇듯 실리먼도 정기적으로 요양 온천을 찾았는데, 그가 자기 돈도 아닌 어머니 돈으로 정기적으로 갔던 온천은 뉴욕의 새러토거스프링스였다. 그는 이런 온천이 돈 많은 사람들이나 오는 곳이라는 사실을 잘 알고 있었다. 따라서 프리스틀리를 만난 자리에서 실리먼은 일반인들도 광천수의 혜택을 받을 수 있도록 하겠다고 마음먹었다. (물론 그 돈 역시 어머니 지갑에서 나왔다.)

1809년 실리먼은 달링이라는 약재상과 손을 잡고 사업을 시작했다. 하루에 탄산을 '가득 품은' 음료수를 50병씩 생산하는 기계를 들여놓았고, 뉴욕 시 두 곳(톤타인 커피 하우스와 시티 호텔)에 탄산 소다수 판매소를 열었다. 장식물은 대부분 금박을 입혔기 때문에 아주 비싼 가격이었고, 탄산 음료 70잔이 개업 첫날 그 두 곳에서 올린 매상의 전부였다. 그러나 달링은 낙관했다. 프리스틀리의 친구 한 사람이 찾아와 그 음료수를 마시면 황열병을 예방하는 데 도움이 된다고 알려주었다. 탄산 음료 사업이 자신을 부자로 만들어줄 거라는 실리먼의 기대를 비웃기라도 하듯, 그해 여름도 끝나갈 무렵 사업은 재앙이 따로 없다고 해도 좋을 만큼 폭삭 망했다. 미국 청소년들 사이에서 탄산 음료가 문화적인 징표로 떠오르려면 아직도 수십 년은 더 기다려야 했다.

실리먼은 다른 방향으로 눈을 돌려 돈벌 궁리를 했다. 실리먼은 2년 전 코네티컷 주 웨스턴에 떨어진 운석의 구성 성분을 분석한 적이 있었고, 이 작업으로 과학자로서의 명성을 드높인 적이 있었다. 그래서 실리먼은 광산 채굴 회사에서 지질학자라는 경력을 살리기로 결정했다. 지질학 학위는 사기가 아니었다. 실리먼은 예일 대학교에서 화학 교수뿐만 아니라 지질학 분야의 자격도 인정받아 교수로도 근무했다. 위험한 선택이었지만 지질학자로서 뛰어든 모험은 성공적이었다. 1820년 실리먼은 여기저기서 의뢰가 들어와 현지 답사 여행으로 분주했고, 그 와중에 아들 벤저민 주니어를 얻었다. 1853년 실리먼은 대학 교수직에서 은퇴했고, 그의 아들이 아버지의 뒤를 이어 예일 대학교에서 일반화학과 응용화학 교수로 근무했다. 벤저민 주니어는 화학 분야의 책을 여러 권 집필하기도 했고, 미국국립과학아카데미의 위원으로 선출되기도 했다. 나중에는 아버지와 마찬가지로 보스턴 시티 워터 사와 광산 채굴 기업체 여러 곳에서 기술 자문위원으로 근무하면서 경제적으로도 풍족한 생활을 누렸다.

1855년 벤저민 주니어는 그중 한 회사로부터 펜실베이니아 록 오일 사에서 보낸 광물 표본에 대한 조사 보고서를 한 편 써달라는 의뢰를 받았다. 몇 달 동안에 걸친 분석 작업 끝에 그는 광물 표본의 50퍼센트는 검은 타르 같은 성분으로 구성되었고, 증류하면 일등급 연료유(오늘날 등유와 파라핀이라고 불리는 물질)로 사용할 수 있으며, 더불어 남은 절반 중 40퍼센트는 증류하면 다른 용도, 예를 들어 윤활유나 가스등 연료로 사용할 수 있다는 사실을 밝혀냈다. 그 보고서 단한 편을 근거 자료로 삼아 한 회사가 투자 자금을 조성해 펜실베이니아 주 오일크릭에 있는 드레이크 유정[165] 시추 사업에 들어갔고, 1857년 드레이크 유정은 석유를 뿜어낸 첫 유정으로 기록되었다. 그 후 50년이 지나 벤저민 주니어는 광물의 '나머지 성분'도 유용하며, 추가적으로 분별 증류 과정을 거치면 원유에서 휘발유, 즉 훗날 세계 최초 자동차용 동력 기관[166]을 가동시키는 연료를 추출할 수 있다는 사실

165 22 47

166 36 54

을 밝혀냈다. 벤저민 주니어의 보고서는 완전히 새로운 이동 수단을 출현시켰고, 미국을 세계 초강대 산업국가로 변모시켰다는 점에서 세상을 변화시킨 보고서였다.

운이란 원래 그렇게 엉뚱한 방향으로 돌고 도는 법인지, 벤저민 주니어의 보고서에 힘입어 시작됐던 석유 산업은 그 후 몇 십 년도 지나지 않아, 석유를 탐사하는 데 화학자나 지질학자가 아니라 화석 수집가들의 힘을 빌리게 된다. 우연의 일치라고 하기에 너무나 신기한 것은 일찍이 그와 같은 오래된 돌덩이 연구자들이 전문가로서 대접받던 시기 역시, 교통수단이 혁명적으로 발전하던 때였다는 점이다. 약 70여 년 전에 일어난 교통 혁명도 초강대 산업국가 출현을 도운 혁명이기는 마찬가지였던 것이다. 그 국가는 영국이었다.

당시 영국의 도로 사정은 산업 발전을 오히려 가로막고 있던 심각한 고민거리였다. 따라서 영국 경제가 몸집을 불리게 된 계기를 마련한 사건도 새로 뚫린 운하를 따라 이동하는 수상 운송수단의 도입이었다. 뱃길을 이용해 석탄이나 그 밖의 산업 원자재를 운송하는 것이 말이나 마차를 이용하는 것보다 저렴하고 시간도 절약하는 방법이었기 때문이다. 1793년 토목 측량기사로 일하던 윌리엄 스미스는 영국 서머싯 운하 건설에 앞서 처음으로 지형 측량 작업을 하던 도중 이상야릇한 일을 경험했다. 특정 암석이 여러 지층에서 계속 발견되는 일이 잦았을 뿐만 아니라 그와 같은 암석층이 그 지방 전 지역에 걸쳐 반복적으로 나타나고 있었던 것이다. (운하 건설 기술자로서 좀 더 많은 정보를 모으고자) 잉글랜드 북부 지역을 여행하면서 그는 이와 같은 현상이 곳곳에서 발견된다는 사실을 확인했다. 노출된 계곡 단면이나 절벽 단면에서 암석을 포함한 지층이 규칙적으로 나타났던 것이다. 1796년에 그는 동일한 지층에서는 항상 동일한 화석이 발견된다는 사실을 깨달았다. 1815년, 십 년이 걸린 작업 끝에 그는 자신이 그동안 지층 연구를 진행하며 쌓아올린 지식을 총동원해 스물한 개에 달하는 퇴적암층을 서로 다른 색깔로 표시해 지층별로 구분한 분포 지도[167]를 작성했다. 그가 내놓은 지도에 전 세계 화석 채집가들은 정신이 번쩍 들었다.

167 259 354

늘 그렇듯 새로운 기술이 등장하면 질투심을 느낀 전문가들이 그것과 비슷한 연구에 착수해 몫을 요구하기 마련이다. 스미스의 발견에도 그와 같은 일이 벌어졌는데, 질투의 주인공은 프랑스의 지질학자 알시드 도르비니였다. 그는 현미경을 이용해야만 볼 수 있는 특별한 종류의 화석을 자기 전문 연구 분야로 선택했다. 그는 그 화석 생물들을 유공충이라고 명명했다. 이 유기체는 그가 자신의 연구 분야에 미고생물학이란 새로운 이름을 붙여야 할 정도로 크기가 작았다. 그는 크기가 겨우 0.01~100밀리미터 정도에 불과한 단세포 해양 생물을 7년 동안이나 연구했다. 유공충은 살아 있는 상태의 것은 대양 깊숙한 곳에서 발견되지만 화석 상태의 것은 거의 모든 지질 시대의 해양 퇴적암 속에서 볼 수 있다.

도르비니는 거의 강박적으로 유공충에만 매달렸다. 그는 작은 껍데기 안에 존재하는 실室의 수와 배열에 따라 유공충을 5강, 53속, 600종으로 분류했다. 그는 계속해서 더 깊이 더 세밀하게 연구했다. 그는 1850~1852년 사이에 특정 지층에서 주로 발견되는 연체동물과 무척추동물의 화석을 바탕으로 당시까지 알려져 있던 스물여덟 개의 지층을 분류해놓았다. 그것으로도 모자라 8000개에 달하는 관련 화석을 확인하고 모양을 기록해두었다. 그는 지층의 한 층에서 발견되는 대부분의 화석이 그 아래나 위의 층에서는 발견되지 않는다는 사실에 주목해 구석기의 연대표라고 하는 체계를 만들어냈고 이것은 오늘날에도 여전히 이용되고 있다.

그 결과 마침내 화석 발견 작업과 석유 발굴 사업이 서로 손을 맞잡게 되는 시대가 도래했다. 19세기 말에 석유는 항상 특정 유공충과 함께 발견된다는 사실과 함께, 유정이 특정 암반층에 고여 있는 석유로 이어져 있기 때문에 나온다는 사실이 확인됐다. 이제 필요한 것은 그와 같은 암반층의 위치를 확인할 수 있는 방법을 찾는 것이었다.

방법을 제공한 사람은 1891년부터 모스크바 대학교에서 물리학을 가르치던 보리스 골리친이라는 러시아 귀족이었다. 그는 지구 내부를 돌아다니는 충격파를 측정하는 장치를 제작했다. 1906년에 제작된 마지막 완성품은 수직 용수철 끝에 추가 매달려 있는 구조였다. 추에는 자화구리 코일이 딸려 있었고, 추와 코일은 자석의 양극과 음극 사이에 매달려 있었다. 땅이 흔들리면 추가 좌우로 흔들렸고, 코일은 자기장 속에서 움직였고, 그 결과 코일이 요동침에 따라 전하가 변화했다. 이와 같이 변화하는 전하는 펜을 진동시켜 드럼 위를 회전하는 인화지에 우리가 지진계에서 흔히 볼 수 있는 물결 모양의 선을 만들었다. 1923년 텍사스 해안선에서 몇 차례에 걸쳐 진행된 실험 결과, 지진계를 이용하면 폭발 충격파로 석유를 포함하고 있을 가능성이 많은 암석층에서 반사될 때 생기는 특정한 신호를 판별해낼 수 있다는 사실이 밝혀졌다.

골리친이 개발한 기술은 근대 사회에서 다른 용도로도 사용되었다. 지진이 임박했다는 사실을 예보하는 데도 사용할 수 있었던 것이다. 아무도 지진이 왜 발생하는지 모르는 상황에서 화산 활동 때문이다, 지구 지각 판이 이동하기 때문이다, 심지어는 다른 행성과 일직선 상에 위치하면서 발생하는 중력 변화 때문이다 등등 가설만이 난무하고 있었다. 그러나 특정 한 해 동안 리히터 규모 강도 7.7을 넘는 지진이 두 번, 강도 7.7~ 7.0 사이의 지진이 열일곱 번, 강도 6.0~7.0 사이의 지진이 백 번, 강도 3.0~6.0 사이의 지진이 5만 번 발생할 가능성이 있다는 계산이 나왔다.

만약 앞으로 지진 경보 덕분에 살아남는 사람이 있다면 그는 보리스 골리친의 지진계에 감사해야겠지만, 그보다 앞서 프랑스의 미고 생물학자, 영국의 토목 측량기사, 미국에서 발견된 석유, 탄산수, 보험, 인류학자, 보물 사냥꾼, 독일의 세균학자에게도 감사해야 할 것이다. 그리고 운명의 수레바퀴가 도는 것을 고려한다면 지진이 끝난 다음에 플레밍의 페니실린에도 감사의 뜻을 전해야 할 것이다.

석유 탐사로 말미암아 과연 땅속에 무엇이 있는지를 지속적으로 연구하는 과정에서 새로운 기술과 체계가 탄생했다. 그와 같은 연구는 수세기 전에 시작되었지만 동기는 달랐다. 혁신적인 변화를 낳기는 마찬가지였지만……

우주왕복선은
사소한 발견에서 시작되었다

이번 역사 여행은 3세기 전에 있었던 하나의 발견이 어떻게 전혀 다른 동시에 좀 더 평범한 세 개의 현대 발명품의 출현을 촉발시켰는지를 보여준다. 이 세 개의 발명품은 내열 세라믹, 자이로스코프, 그리고 연료 전지다. 그리고 이 발명품들은 지구에서 가장 놀라운 운송수단 중 하나인 네 번째 발명품을 가능하게 했다.

이야기는 17세기 중반 유럽에서 시작된다. 채광이 한창 붐을 이루고 있을 때(광부들이 심각한 문제에 직면하기 전)만 해도 흡입 펌프(광부들의 생명을 위협하는 광산의 물을 뽑아내는 데 오래전부터 쓰였던 장치)는 물을 약 90센티미터밖에 끌어올리지 못했는데, 도대체 그 원인이 무엇인지 알 수 없었다. 이것은 땅속 수십 미터에서 엄청난 돈과 시간을 낭비하는 것이었다. 그래서 이 문제는 당시 전문가와 사상가들의 관심을 모았다.

1639년 제노바의 관료인 조반니 발리아니는 자기도 관을 통해 물을 언덕까지 끌어올리는 데 똑같은 어려움을 겪고 있다고 동료 과학자인 갈릴레오 갈릴레이[168]에게 털어놓았다. 갈릴레오는 자신의 제자인 에반젤리스타 토리첼리에게 이 문제에 대한 해결책을 찾아보라고 했다. 토리첼리는 로마의 여러 친구들에게 조언을 구했다. 1641년 그들 중 한 명인 가스파로 베르티가 임시변통으로 기기 하나를 만들었다. 그는 관에 물을 가득 채운 다음, 한쪽 끝은 물이 든 플라스크에 담가 놓고 다른 한쪽 끝은 마개로 막아두었다. 마개를 열면 튜브에 있던 물이 플라스크로 흘러 내려가 관의 수위는 아래에 있는 플라스크의 수위보다 9미터쯤 높은 지점에서 멈췄다.

토리첼리는 수은으로도 똑같은 실험을 했다. 수은은 물보다 밀도가 더 높기 때문에 훨씬 적은 양으로도 규모 있게 실험할 수 있었다. 수은은 물과 같은 방식으로 움직였다. 토리첼리는 이 사실을 성직자인 마랭 마르셴(유럽에서 가장 많은 아마추어 과학자가 수록된 주소록을 가진 사람)에게 이야기했고, 마르셴은 차례로 유럽 전역에 이야기했다. 그 결과 1648년 9월 19일, 프랑스 중부의 도시 클레르몽페랑 외곽에서 일군의 지역 명사들과 유명한 프랑스 수학자인 블레즈 파스칼[169](마르셴의 단짝)의 처남이 수은이 든 용기에 수은관을 똑바로 세운 다음 그것을 가지고 근처 퓌드돔 산에 올랐다. 언덕 아래에서 그들은 토리첼리와 베르티의 실험을 재현해 보았다. 관에 있는 수은은 일정한 높이에서 멈췄다. 산으로 높이 올라갈수록 관에 있는 수은의 높이는 점점 더 떨어졌다. 그러다 그들이 내려오면 다시 올라갔다. 용기에 든 수은의 표면을 대기 중의 공기가 누르고 있고, 그 압력이 관 속의 수은 기둥을 떠받치고 있음이 분명했다. 이런 이유 때문에 광부들의 흡입 펌프가 수직으로 약 90미터 이상은 작동하지 않았던 것이다. 그 높이 이상으로 물기둥을 떠받치기에는 공기 압력이 불충분했다.

광부들의 문제는 해결되었지만 다른 문제가 생겼다. 실험자들이 언덕을 오르자, 거꾸로 꽂힌 관 속 수은이 아래쪽으로 흘러나오면서 관 꼭대기에 빈 공간이 조금 생긴 것이다. 수은 위쪽으로는 기포가 생기지 않았기 때문에 그 공간은 진공[170]이어야만 했다. 교황에 따르면 170 220 299 그것은 불가능한 일이었다. 진공이란 완전하게 비어 있는 공간인데, 교회는 하느님이 공간을 빈틈없이 채우고 있다고 여기고 있었다. 따라서 진공을 입에 담는 것은 가톨릭 국가에서는 아주 위험한 일이었다. 이것이 그 후 연구가 알프스 북쪽, 신교도의 땅으로 옮겨간 이유다. 그러나 그곳의 연구 환경이 비교적 자유로웠다고는 하지만 독창적인 발견의 수확을 세계가 완전하게 챙기기까지는 200년이란 세월과 러시아의 대재앙이 필요했다.

이것은 진공에 의해 촉발된 일련의 사건들 중 첫 사건인데, 이 장의 주제인 현대 세계의 세 발명품 중 하나와도 연관이 있다.

수은 관 꼭대기 부분의 진공이 고도에 따라 올라가거나 내려가는 것으로 보아, 접시에 놓인 수은에 작용하는 공기의 압력이 고도에 따라 달라지는 게 분명했다. 영국왕립협회의 아마추어 실험가들이 날씨에 따라서도 진공 부분의 높낮이에 변화가 생긴다는 사실을 알아내는 데는 그리 긴 시간이 걸리지 않았다. 1708년 무렵, 이러한 발견 덕분에 신분이 높은 사람들 중에 최첨단의 경이로운 기기를 갖고 있지 않은 사람이 거의 없을 정도였다. 이 기기는 기압계[171]라고 불렸는 171 269 369

데(그냥 '날씨 유리'라고도 불림), 무슨 실험을 하든 염화나트륨만큼이나 없어서는 안 될 필수품이었다. 1720년에는 아주 건조한 날씨에는 관 속의 수은이 약 76센티미터에, 그리고 폭풍이 칠 때는 71센티미터에 멈춘다는 것이 알려졌다. 여성들은 옷을 입기 전에 이 기압계를 보고 "날씨에 자신들의 복장을 맞추라"는 권유를 받았다.

19세기 초가 되자, 비는 낮보다는 밤에 더 자주 오고 겨울보다는 가을에 많이 내리고(10월에 가장 많이 내리고 2월에 가장 적게 내린다.), 5년에 한 번꼴로 아주 건조하고, 10년에 한 번꼴로는 아주 습하다는 것을 알 수 있을 정도로 날씨에 관한 정보가 많이 축적되었다. 날씨에 관한 이런 관심이 경제적인 문제와 관련 있었다는 사실은 놀라운 게 아니다. 해마다 폭풍 때문에 바다로 사라지는 화물의 값만 수천 파운드에 달했고, 평균 2000명의 선원이 목숨을 잃었다.

1835년 필라델피아 프랭클린 연구소에서 연구원으로 일하던 제임스 폴러드 에스피(그에 대하서는 특별하게 알려져 있는 것이 없다.)가 미국 동부에서 캐나다 북부, 멕시코 걸프 만까지 해안 지역에서 자료를 모으기 시작했다. 그는 수백 명의 선원, 등대[172] 지기, 군사 우체국 600곳에 수백 통의 회람장을 보냈다. 4년 후 그는 폭풍의 진로가 1000개도 넘게 표시된 지도를 받았다. 그는 그 자료들을 바탕으로 폭풍의 형태가 원형이나 타원형이라는 것을 추론할 수 있었다. 1839년 그는 세계적으로 유명해졌고, 영국과 유럽에서 강의를 하며 『폭풍의 철학』을 썼다. 이제 날씨에 대한 관심은 마치 좋은 날씨일 때 기압계의 눈금처럼 상승했다.

이미 1843년에 영국의 난파위원회는 배에 기압계를 싣고 다닐 것을 권장했다. 육지에서 최초의 일기도가 영국 해군 대령 제임스 글레이셔에 의해 만들어져 1849년 6월《데일리 뉴스》에 실려 대중에게 1페니에 팔렸다. 기상 관측에 대한 해군의 관심이 유럽과 미국 양쪽 모두 높았음은 당연한 일이었다. 워싱턴 D.C.의 젊은 장교였던 매슈 모리는 9년에 걸친 선장들의 항해 일지로부터 모은 해류와 바람에 관한 산더미 같은 자료에 큰 흥미를 느꼈다. 마침내 그는 100만 일에 해당하는 관측치를 모을 수 있었다. 이것은 1853년 브뤼셀에서 세계 최초로 열린 기상회의에 사람들을 끌어모으기에 충분했다. 회의 결과는 특별한 것이 없었다.

그러고 나서 1년 후인 1854년[173] 11월 14일, 크림전쟁 동맹 함대는 발라클라바의 러시아 항구에 정박했다. 함대는 주로 당시 가장 큰 증기 기관선이었던 HNS 프린스호 같은 운송선들로 구성되었으나, 프랑스 해군의 자존심인 앙리 IV호 같은 전함도 일부 포함되어 있었다. 발라클라바에는 오후 내내 폭풍우가 세차게 몰아쳤고, 밤에는 초대형 허리케인이 불었다. 아침이 되기 전에 함대의 모든 배가 침몰했다. 프린스호 한 척에만도 7000톤의 의료 물자와 군화, 그리고 4만 벌의 겨울용 코트가 뱃바닥까지 실려 있었다. 그 결과 동맹군은 상륙해 아무런 지원 물자 없이 끔찍한 겨울을 나야 했다. 그들이 처한 무시무시한 조건과 그에 따라 필연적으로 높아진 사망률은 모든 언론의 머리기사를 장식했고, 특히 전 세계 군 병원의 혁신과 플로런스 나이팅게일[174]의 그 유명한 활약을 이끌어냈다.

폭풍이 불던 때, 프랑스의 황제 나폴레옹이 조사를 지시했다. 위르뱅 르베리에라는 학자가 11월 11일부터 16일 동안 유럽의 모든 관측소에서 작성한 기상 자료 250가지를 모았다. 1859년 1월 말에 발표된 그의 보고서는 모두를 충격으로 몰아넣었다. 적어도 24시간 안에

173   150   184

174   101   115

만 경고를 받았더라도 크림 함대는 무사할 수 있었다는 것이었다. 르베리에의 보고서를 받은 다음 날, 나폴레옹은 전신 폭풍 경보 체계를 프랑스 전역에 갖추라고 명령했다. 영국 역시 발 빠르게 대응했다. 상무부가 기상청을 설립했고, 1860년 겨울에는 영국제도 곳곳에 설치된 관측소 열다섯 곳에서 매일 자료를 받았을 뿐만 아니라 파리를 경유해 유럽 전역에 걸쳐 있는 기상관측소 십여 곳과 기상 보고 내용을 교환하기도 했다.

　사람들의 관심은 옥스퍼드 거리와 런던 제방의 날씨에 집중되었다. 그곳에서는 19세기 2/4분기 동안 주요 신축 도로 공사가 진행 중이었다. 1850년 무렵 런던은 급속한 인구 증가와 이에 따른 통행량의 증가로 옥스퍼드 가와 리젠트 가에서만 하루에 24톤의 배설물이 수거되었다. 빅토리아 시대의 진정한 통계 마니아들과 도시 계획자들은 이를 토대로 하루에 말 배설물 8000톤이 나온다고 추정했다. 기존에 거리를 포장하는 데 쓰이던 진흙과 나석 말고도 청소에 따르는 비용과 불편함이 상당했다. 거리 청소 기술을 개발하는 사람에게는 30기니 상당의 금메달이 주어졌다. 1844년 《런던 타임스》는 그때까지의 진행 상황을 이렇게 전했다. "40~50명의 어른과 소년이…… 배설물 처리를 위해…… 거리 청소 실험을 증명하기 위해…… 하루 동안 고용되었는데…… 성공적이었다."

　1847년 지역 도로 관리 당국은 존 매커덤이 개발한 방식, 즉 잘게 부순 화강암이나 포장 돌을 도로 위쪽으로 깔아 노반의 기초를 단단하게 다지는 새로운 도로 포장 기술을 도입하기 시작했다. 마침내 도로를 쉽게 청소할 수 있게 되었다. 그러나 이러한 기법의 도입은 1855년 초, 기술자들이 런던에 대규모로 하수 설비[175]를 놓는 일을 복잡하게 만드는 결과만 낳았다. 도로의 유실과 불투수성 도로의 표면에 흐르는 빗물은 하수구의 크기를 정하는 중요한 요소였다. 이 계산은 기상 자료의 도움을 받고, 이미 홍수 경보를 위해 집수 구역 근처에 우량계를 설치해두었던 파리와 리옹에서 수집된 자료들을 참조하기도 했다.

오늘날 우리가 전력 사용량을 세밀하게 분석하는 것처럼 당시에는 물과 오수의 배출량을 세밀하게 분석했다. 오전에는 식기 닦은 물, 수세식 변기의 물, 하녀들이 집안 청소한 물 등 "온갖 더러운 물이 마구 방류되었고", 저녁에는 주방에서 사용한 물이 가장 많이 방류되었다. 런던에 흐르는 하수량은 하루 평균 141만 2890평방미터로 추정되었다. 그리고 시간당 최고점에 달할 때의 양은 약 8퍼센트의 변동 폭이 있었다.

날씨는 이러한 통계를 더욱 복잡하게 만들었다. 강우량 기록을 보면 하루 강우량이 약 0.63센티미터 이상인 날은 1년에 21일이었다. 만약 폭우가 내릴 때 흐르는 오수의 평균 속도가 초당 75센티미터보다 느린 날이 2~3일만 넘으면, 많은 낡은 하수관에 재해가 생길 수 있었다. 폭우가 심할 때 오수 유출량은 건조한 날보다 여섯 배나 많았다. 관이 새는 것도 중요한 문제였다. 그럼에도 기술자들은 막무가내였다. 1871년 새로운 하수관이 만들어졌을 때 그것들은 런던의 거리 밑에서 동쪽 교외 지역(오수가 버려지는 강 하류)까지 134킬로미터 이어졌고, 그 방법으로 250제곱킬로미터 넘게 방류했다. 이 공사에는 460만 파운드라는 경이적인 비용이 들었다.

이제 절망에 빠진 사람들은 그런 데에 돈을 지불했다. 절망의 원인은 1831년에서 1866년 사이에 유럽을 세 번이나 강타해 영국에서만

10만 명을 죽음으로 몰고 간 유행병이었다. 콜레라[176]였다. 그것은 고지대와 저지대를 가리지 않고 덮쳐 영국 전역을 공황 상태로 만들었다. 안전한 사람도 그것을 멈추게 할 방법을 아는 사람도 아무도 없었다. 알 수 있는 것이라고는 콜레라가 부유하고 깨끗한 곳보다는 가난하고 더러운 곳을 덮쳤다는 것뿐이었다. 인구가 폭발적으로 늘어나던 공업 도시에는 이주해 온 도시 근로자들이 싸구려 공동주택에 다닥다닥 붙어 살았는데, 환경은 이루 말할 수 없을 정도로 불결하고, 사람들은 제대로 먹지도 못해서 질병이 만연하기에 제격이었다. 어린아이 둘 중 하나는 다섯 살이 되기도 전에 사망했고, 어른 여섯 명 중 한 명만이 쉰 살까지 살 수 있었다. 1831년에서 1841년 사이에 기아와 병으로 인한 평균사망률이 3분의 1이나 증가했다. 콜레라가 덮쳤을 때 영국은 이미 무정부 상태에 가까웠다.

빅토리아 시대의 중산 계급은 뭔가 극약 처방을 내리지 않으면 혁명이 일어나리라는 것을 알고 있었다. 그래서 그들은 하수도를 건설하고 위생 지식 보급을 위한 협회를 만들고, 자신들의 아이들을 도시 밖 학교로 보내 스포츠를 시키고, 육체 노동을 중시하는 기독교 교육을 시키고, 냉수욕을 하게 해서 역병을 예방할 수 있게 했다. 그들은 빈민가를 소독하고 주택의 벽을 회반죽으로 희게 칠했다. 그리고 감리교도들은 콜레라 방지를 위한 기도회를 열었다. 결혼율은 상승했다. 지방 당국은 우편배달원들에게 콜레라 방지용 사탕을 나눠주었고, 국가 차원의 의무적인 백신 접종이 도입되었다. 1875년까지 의회는 공중보건법에서 노상 방뇨 금지 대책까지 최소 29개의 위생 관련 법안을 통과시켰다. 무엇보다도 중요한 것은 정부가 비누에 부과하던 소비세를 없앤 것이었다. 그 결과 1841년에서 1861년까지 비누의 사용량이 두 배로 늘어났다. 청결은 하느님 다음으로 중요해졌다. '비누와 물의 힘'에 관한 소책자가 14만 부 배포되었다.

이 모든 것은 도기 제작자에게는 귀를 간질이는 감미로운 음악 같은 것이었다. 그들은 오수, 죽음, 쇠퇴를 새로운 시장 창출의 기회로 삼았다. 토비 맥주잔 같은 것들을 만들며 한 세대를 보낸 도공들은 이제 하수관을 만들어 팔아 큰돈을 벌었다. 돌턴 사 같은 회사는 도기로 만든 새로운 부엌용 개수대, 화장실용 도자기 물주전자와 용기 세트 등으로 이름을 날렸다. 곧이어 주택의 하수구들이 관으로 연결되고, 수세식 변기는 모든 사람들이 원하는 물건이 되었다. 빅토리아 시대 사람들은 품위 있는 물건을 원했고, 그래서 제작자들은 순백색 도자기 위에 목련, 야생 장미, 우니타스, 르네상스, 바로니얼, 올리브 그린 시카고, 나팔꽃 등의 이름이 붙은 디자인을 그려 장식했다. 위생적 효과를 강조하기 위해 디렉토, 프레시피타스, 이노도르, 라피데, 델류지 같은 단어들이 제품명에 포함되었다. 수세식 변기 중에서 첫 번째 근대적인 제품은 1884년 조지 제닝스가 '받침대 꽃병'이라는 상품명으로 만들어 판 것이었다. (이 제품은 상을 받기도 했는데 타원형 좌대 다자인을 처음 도입했다.)

이 장에서 소개할 세 가지 현대 발명품 중 첫 번째가 마침내 빅토리아 시대의 심기증이 주철과 관련된 새로운 산업 혁명 기술들 중에서도, 특히 독일에서 새로운 화학 산업들이 요구하고 있던 특수한 종류의 유리 제조 기술을 낳았을 때 처음 모습을 드러냈다. 화학제품 생산자들은 부식액의 영향을 받지 않는 용기를 필요로 했다. 이 때문에 독일인들(유럽 최고의 화학자들)은 에나멜을 입히는 데 능숙했다. 1840년대에 이미 그들은 주철로 된 조리 용기를 사용하고 있었고, 푸른[177] 에 177 241 334

나멜을 입힌 온갖 종류의 주방용품을 생산하기 시작했다. 그것들은 19세기 말 유럽인들과 미국 개척자들 사이에서 흔히 볼 수 있게 되었다.

위생용품에 쏠린 새로운 인기는 요업에 전에 없었던 활황을 가져다주었다. 1904년 무렵에는 최소 70개의 독일 회사에서 유리질의 에나멜로 도금한 주철 욕조를 생산했는데, 그것은 오늘날 욕실에서 볼 수 있는 것과 거의 다르지 않았다. 제조 공정도 아무리 복잡한 형태라도 액체 에나멜(고온의 용광로에서 세라믹 물질을 생산한 다음 용해된 혼합물을 차가운 물로 식힌 후 미세한 가루 형태로 만들었다.)을 도금할 수 있을 정도로 발달했다. 그 시점에서 가루는 섭씨 540도에서 액체로 다시 녹인 후 그것을 뜨거운 주철에 분무하거나, 혹은 주철을 그것에 담갔다. 그런 다음 마지막으로 유리 가루를 도포해 매끈하게 마무리했다.

이러한 요업 기술은 이 장 끝부분에 등장하는 세 가지 현대 발명품 중 첫 번째이자, 역사상 가장 특별한 탐험을 가능하게 만들기도 했다.

세 가지 현대 발명품 중 두 번째는 17세기에 진공 관련 기술이 급속히 발전한 덕분에 생겨난 한 실험 도구의 결과물이었다. 진공 상태를 만들려면 용기 밖으로 공기를 뽑아내야 한다. 그것은 1654년 독일 마그데부르크의 시장 오토 폰 게리케가 공기 펌프를 고안해냈을 때 이루어졌다. 런던에 있는 왕립협회의 실험가인 로버트 보일은 용기 안에 있는 공기의 압력을 증가시키거나 감소시키는 데 쓰는 개량된 펌프를 사용했다. 보일은 그런 용기 안에 기압계를 두면 공기의 압력이 올라감에 따라 기압계에 있는 수은이 공기를 가둬서 누른다는 사실을 알아냈다. 압력이 내려가면 갇혀 있던 공기가 팽창해 수은을 밀어냈다. 공기는 탄력성이 있어서 압축될 수 있었던 것이다.

새롭고 흥미로운 이 성질을 활용하는 다양한 방안들이 쏟아져 나왔다. 1653년에 프랑스인 드니 파팽은 소화물을 배송할 수 있는 최초의 기송관을 만들었다. 1785년에는 한 스코틀랜드인이 가라앉은 배를 압축 공기 풍선을 써서 인양하자고 제안해, 이 방법으로 1854년[178]에 엄청난 폭풍으로 인해 발라클라바에 가라앉은 몇몇 배들이 인양되었다. 최초의 전문적인 잠수도 시작되었다.

178 150 184

미국 서부 개발에 일조한 것도 압축 공기의 특수한 사용에 관한 소식이었다. 1857년 프랑스 알프스[179] 밑으로 처음으로 터널 공사가 시작되었다. 당시 그곳은 사르데냐의 왕에 속해 있던 사보이, 즉 이탈리아의 영토였다. 계획은 터널을 이용해 이탈리아와 북유럽의 철도 체계를 통합하는 것이었다. 터널이 완공되면 파리와 토리노 간 이동 시간이 18시간으로 줄고, 지중해와 북부 사이의 화물 운송이 급격히 개선되고, 또 이탈리아 리비에라의 관광이 활성화되고, 인도에서 영국으로 돌아가는 데 걸리는 시간도 단축될 수 있었다.

179 137 171

이 최초의 알프스 산맥 터널 공사(몽스니 고개 밑으로 프랑스의 모단에서 이탈리아 바르도네치아로 연결하는 터널)는 다른 곳에서도 야심에 찬 기대를 불러모았다. 어느 날 미국 피츠버그에서 한 젊은이가 잡지를 판매하는 여성들의 외모에 반해 잡지구독권을 샀다. 그가 읽은 첫 잡지에는 몽스니와 그곳에서 처음으로 사용된 공기 압축식 착암기(수동식 착암기로 터널을 뚫는 것보다 효율이 20배나 높았다.)에 관한 기사가 실려 있었다.

이 젊은 잡지구독자는 조지 웨스팅하우스였는데 대다수의 미국인들처럼 그 역시 철도[180] 여행이 위험하다는 것을 잘 알고 있었다. 화물이나 승객을 과도하게 실은 기차가 부실한 제동 장치 때문에 가파른 경사에서 충돌해 무시무시한 인명 손실을 냈다는 이야기가 매달 한

180 26 50
180 74 84

번도 빠지지 않고 잡지 표지를 장식했다. 당시의 열차 차량에는 칸마다 제동수들이 타고 있었고 비상시에는 그들이 수동으로 제동 장치를 조작했는데, 다른 칸에 있는 제동수들과 동시에 해야 했다. 케이시 존스는 일이 잘못되었을 때 그리고 그 결과 열차들이 충돌해 엿가락처럼 휘는 대참사로 이어질 때 어떤 일이 벌어지는지 극명하게 보여주는 예였다. 당시 어느 칼럼니스트는 이렇게 썼다. "(소위) 이리 노선에서 또 철도 사고가 났다. 수십 명이 불길에 타서 죽거나 부상을 당해 평생 장애인이 되었다. 성실하고 유복하며 존경받는 철도 감독관들 중 일부가 살인 혐의로 교수형에 처해지기 전까지는 정녕 안전하게 여행할 수 없다는 것인가."

웨스팅하우스는 그 해답이 압축 공기에 있다는 것을 알아냈다. 1869년 그는 웨스팅하우스 공기제동장치로 특허를 받는데, 이 장치의 기본 원리는 오늘날에도 일부 사용되고 있다. 이것을 변형한 자동공기제동장치는 각 열차에 연결된 관이나 호스를 흐르는 압축 공기(각 차량의 아래쪽에는 공기저장기가 설치되어 있었다.)로 피스톤을 움직였다. 공기의 압력이 내려가면(의도적이건 실수건) 피스톤이 닫히며 제동장치가 작동되었다. 이 장치는 대성공을 거두었다. 이 장치는 1876년에 기관차 1만 5569대와 차량 1만 4055대에 장착됐는데, 시속 48킬로미터로 달리는 300톤짜리 기차를 150미터 이내에서 멈추게 할 수 있었다. 기존보다 세 배나 짧은 거리였다.

이 발명을 계기로 웨스팅하우스는 매주 새로운 검정 빨강 줄무늬 넥타이를 매고, 손수건은 한 번만 쓰고 휙 던져버리고, 당구를 싫어하며, 비둘기가 가득한 호텔방에 사는 크로아티아의 한 천재(이 사람에 관한 자세한 설명은 나중에!)와 얽히게 되었다. 웨스팅하우스의 제동장치 덕분에 충돌의 위험이 줄어들면서 기차들은 더 자주 더 빠르게 달릴 수 있었다. 교통의 흐름을 잘 조절할 수 있는 방법이 중요해지자, 그는 1880년에 신호 체계와 관련된 특허권들을 사들이기 시작했다. 1882년 그는 피츠버그[181]에 유니언 시그널 앤드 스위칭 사를 세웠다. 처음에는 압축 공기를 써서 철로를 따라 신호를 조절하려고 시도했지만 겨울이면 파이프가 얼어붙었다. 그는 해결책이 전기에 있음을 알게 되었고, 전류를 보내 밸브를 움직여서 압축 공기를 방출하는 식으로 신호기를 작동시키는 방법을 생각해냈다.

181 26 50
181 74 84

웨스팅하우스는 송전 사업을 시작했다. 그러나 당시 송전 사업은 직류 문제로 골치를 앓고 있었다. 1871년에 전기는 철사를 감은 철근으로 만든 자석 기둥들 사이에 동선銅線 코일을 둥글게 감은 것을 회전시키는 방식으로 만들어졌다. 이런 식으로 자려自勵 발전을 하는 '동적dainamic(발전기를 뜻하는 단어 'dynamo'는 여기서 유래함)' 장치에서는 코일이 회전할 때마다 자석 작용을 하며 철근에 감긴 철사 주위에 전류를 일으킨다. 이때 차례로 자력선이 생기는데, 회전하는 고리의 각 면은 반대쪽으로 흐르는 자력선을 단절시키고, 그 코일은 한쪽으로 방향을 바꾸어가며 흐르는 전류를 만들어낸다. 이 전류는 정류자라는 장치를 사용해 한쪽 방향으로만 흐르는 전류가 되는데, 정류자에는 분리된 접촉부들이 있어 전류가 처음 방향으로 흐를 때는 그대로 흐르게 하고 반대 방향으로 흐를 때는 잡아둔다. 한쪽 방향으로만 흐르는 직류는 그 결과물이다.

문제는 전원 램프에 필요한 전류처럼 낮은 전압의 직류를 보내려면 두껍고 비싼 동선을 사용해야 하고, 그것도 겨우 1.6킬로미터 정도밖에 보낼 수 없기 때문에 1.6킬로미터마다 전압계를 설치해야 한다는 것이었다. 그러나 그 시스템은 정류자 없이도 교류를 만들어냈다. 고압의 이 전류는 저렴한 전선을 통해 송전될 수 있었다. 처음 출발지에서 변압기를 이용해 전압을 높여 전류를 먼 거리까지 보낸 후, 도착 지점에서 다른 변압기를 이용해 전압을 낮춰 지역 사용자에게 보낸다면 교류는 지리적 제약 없이 사용할 수 있는 전기가 된다. 또한 전기는 빠른 속도에서 종종 끊어지는 경향이 있는 철사 코일과 달리 자석을 회전시켜도 만들 수 있으므로, 필요한 것은 높은 전압을 만들어내기에 충분할 만큼 자석을 빠른 속도로 회전시킬 수 있는 높은 속도의 전원이었다.

1888년 웨스팅하우스는 비둘기를 사랑하고, 교류를 사용하는 장치를 발명한 니콜라 테슬라라는 크로아티아인을 만났다. 그의 아이디어는 탁월했다. 전류를 순차적으로 방전시켜 분리된 상태로 철에 감긴 둘 혹은 그 이상의 코일들 안으로 보내면, 위상이 다른 일련의 전류들이 만들어졌다. 전류가 방전을 일으킬 때마다 매번 고리 주위에 일련의 순차적인 자기장들이 형성되었던 것이다. 그 결과 자기장이 회전했다. 그리고 이것은 사실상 무제한 속도로 자석을 회전시킬 수 있었다. 1895년 웨스팅하우스는 테슬라의 아이디어를 토대로 완벽한 발전 장치를 만들어 나이아가라 폭포에 새로 건설되는 대형 발전소 계약을 따냈다.

테슬라의 전동기는 제1차 세계대전에 참전한 미국 해군의 함장들도 원하는 물건이 되었다. 당시 야금술의 발달 덕분에, 선체 전체가 강철로 되어 있고 무게도 무거운 대형 전함이 1906년 영국에 의해 HMS 드래드노트호의 형태로 모습을 드러냈다. '드래드노트형 전함'들은 최초로 '대구경포'를 탑재하고 터빈으로 움직였다. 화력도 놀라울 정도였다. 타들어가는 속도가 느린 신형 폭약 덕분에 외피를 금속으로 만든 포탄을 쓸 수 있게 되었다. 그런 포탄을 정확하게 발사하려면 포신을 길게 만들 필요가 있었는데 그것은 강철선을 감아 만든 새로운 대포 제작 기술로 가능했다. 피스톤으로 작동하는 충격 흡수 장치가 반동을 막아주었기 때문에 대포 뒤쪽으로 장전하는 일도 빠르게 할 수 있었다. 그리고 새로 개발된 무연 화약으로 인해 섬광이나 연기가 나지 않았기 때문에 배의 위치를 적에게 들키는 일도, 목표물을 조준하는 포수의 시야가 흐려지는 일도 없었다.

1917년에 배수톤수가 각각 22만 6000톤인 드래드노트형 전함 USS 델러웨어호, 유타호, 사우스 다코타호, 플로리다호, 아칸소호, 와이오밍호에 38센티미터짜리 대포들이 탑재되었는데, 이것들은 무게 900킬로그램의 포탄을 거의 23킬로미터까지 발사할 수 있었다. 이제

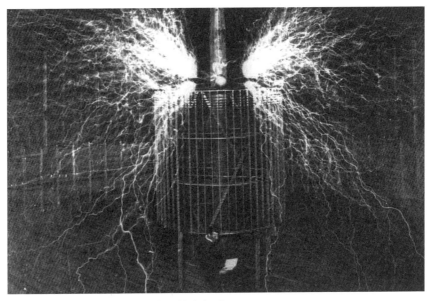

미국 콜로라도 주 방전 실험실에 앉아 있는 테슬라의 모습.

포를 정밀하게 조정할 수 있는 능력이 절실하게 필요해졌다. 왜냐하면 사정거리가 극히 긴 이 신형 대포를 발사하면 아주 작은 실수라도 실패로 이어졌기 때문이다. 다행히도 이 문제의 해결책은 최첨단 장난감[182]을 만들어 버넘 앤드 베일리 서커스단이 사용 중인 고공 줄 외발수레에 부착하려다 실패한 경험이 있는, 뉴욕의 한 전기용품 제조업자인 엘머 스페리가 이미 알고 있었다. 1912년 스페리는 1톤이 넘는 형태로 이 장난감을 만들어 선박들에 장착했는데, 그중에는 이탈리아의 호화 정기선인 콘테 디 사보이아호도 포함되어 있었다. 그 결과 이 배는 가장 흔들림 없는 항해를 할 수 있는 선박이 되었다.

그가 만들어낸 이 놀라운 장치에는 자이로스코프란 이름이 붙여졌다. 아이들이 가지고 노는 팽이처럼 생긴 자이로스코프는 방향이 각각 다른 세 개의 짐벌에 회전바퀴를 하나 장착시킨 것이다. 관성 효과로 인해 이 회전바퀴는 회전하는 동안 늘 처음에 설정된 방향만을 가리킨다. 선체가 모두 강철로 만들어진 배가 등장하면서 발생한 문제, 즉 선상의 자기나침반이 강철에 영향을 받는 문제가 불거진 것은 자이로컴퍼스에는 뜻밖의 행운이었다. 그리고 테슬라가 만든 전동기 덕분에 이제 자이로스코프의 회전바퀴를 멈추지 않고 계속해서 회전시킬 수 있는 전기역학적 수단이 생겼다.

엘머 스페리는 선상의 모든 나침반들을 제어하는 주 자이로컴퍼스를 배에 설치했다. 그는 또한 자이로컴퍼스의 측정치를 이용하는 장비도 고안했는데, 그것은 목표물의 상대적인 위치 추적은 물론 언제든지 배의 위치를 알려주었다. 그리고 포수들은 그 장비에 달린 지침을 보고 포를 조준할 수 있었다. 흔들거리는 바다 위에서 배의 움직임을 감지해서 보정 신호를 보내 포수들이 조준을 제대로 할 수 있게

182 120 144

해주는 자이로스코프의 기능은 배들이 바다의 상태와 상관없이 언제든 안정적인 발사대가 되었다는 것을 뜻했다. 미국 해군의 사우스 다코타호에 탑재된 자이로스코프 제어 대포들은 거친 바다에서 수행한 한 전투에서 적군의 모든 항공기를 격추시켰다.

스페리의 자이로컴퍼스는 이 장에 나오는 세 가지 현대 발명품 중의 두 번째로, 진공의 발견에서 유래되었다.

이러한 근대 발명품들 중 세 번째는 17세기에 진공이 발견되어 사람들이 이에 열광한 덕분에 등장했다. 도대체 공기는 무엇일까? 무엇보다 공기가 없으면 왜 생물이 살 수 없을까? 영국왕립협회의 아마추어 과학자들은 온갖 종류의 호흡에 관해 정밀 조사를 진행했다. 케임브리지에서 공부한 스티븐 헤일스라는 성직자도 그중 한 사람이었다. 그는 1709년에 성 마리아 교회에서 종신 목사보 자리에 올랐다. 종신직은 그로 하여금 자기가 강박적으로 매달리고 있던 두 가지 문제에 매진할 수 있게 해주었다. "식물은 어떻게 숨을 쉬는가?" 그리고 "근육을 움직이는 것이 무엇인가?", 이 두 난제에 대한 해답이 식물과 동물의 몸속에 있는 유체의 움직임에 있다고 확신한 그는 수액이 상승하는 원인에 대해 조사하기 시작했다.

테딩턴에 있는 온실에서 그는 10년 동안 식물의 여러 부위에 유리관을 꽂은 후, 시간별, 날씨별, 밤과 낮, 그리고 1년 단위로 식물의 수액이 관을 따라 얼마나 높이 올라가는지 관찰했다. 그는 잎의 면적과 잎자루의 직경을 측정했다. 그런 다음 화분에 밀봉한 후 정확한 양의 물을 주고 무게를 쟀다. 증산이나 증발을 통해 얼마나 많은 양의 물이 손실되는지를 알아보기 위해서였다. 관에 물을 채우고 물 위를 수은으로 덮은 후 식물에 넣어, 식물이 흙에서 물을 끌어올림에 따라 수은

이 올라가는 높이를 측정했다. 그를 가장 흥분시킨 것은 수액의 힘이었다. 그는 금방 잘라낸 포도나무 뿌리에 유리관을 꽂았을 때 관 속의 수은이 640센티미터나 올라가는 것을 보고 놀랐다. 그는 속으로 물었다. 수액을 밀어 올리는 힘이 과연 무엇일까? 몸속에서 피를 움직이는 것과 같은 힘일까?

사슴, 황소, 말, 개, 고양이, 설치류 등 온갖 동물들의 동맥과 정맥에 이루 말로 하지 못할 잔인한 실험들을 마친 후, 헤일스는 만약 유리관을 인간의 목동맥에 삽입하면 동맥은 혈액을 관을 따라 2.3미터 밀어 올릴 것이라고 결론 내렸다. 그는 심장의 좌심실이 97입방센티미터이므로 2.3미터 상승은 심장이 23.4킬로그램의 힘을 만들어내는 것이라고 생각했다. 마침내 그는 혈압 자체, 그리고 혈압 측정법[183]에 관해 그 후로도 오랫동안 의사들이 참조하게 될 최초의 기본적인 책을 썼다. 그러나 안타깝게도 그는 심장이 어떻게 움직이는가에 대해서는 오류를 범했다. 근육을 움직이는 힘을 만들어내기에는 모세관 현상으로 생기는 혈액의 압력만으로 충분치 않았던 것이다.

그로부터 오래지 않아 이탈리아 북부에 있는 볼로냐 대학의 해부학 교수인 루이지 갈바니가 똑같은 힘을 조사하기 시작했다. 1780년 대부분의 사람들은 만약 그 힘이 혈압이 아니라면, 눈에 보이지 않는 유체가 뇌에서 아래쪽으로 뿜어져 내려오면서 근육 섬유들을 움직이도록 '자극'하는 것이 분명하다고 생각했다. 만일 그것이 사실이라면 그 힘은 가장 처음으로 발견된 경이로운 힘인 전기의 일종일까? 전기 충격은 눈앞에서 보이는 섬광에서부터 코피, 발작, 공중으로 솟구치기 등 그 모든 것을 일으키는 것처럼 보였다. 갈바니[184]는 '신경을 따라 움직이는 유체설'이 틀렸다고 생각했다. 왜냐하면 신경을 절단했는데도 전기가 여전히 국부적으로 흘렀기 때문이다. 그러나 새로이 발견된 전기물고기는 오직 특정한 부위에서만 충격이 발생했다. 따라서 그 힘의 정체가 무엇이건 또 그것이 어떤 식으로 작동하건 상관없이 제한되어, 예를 들면 근육 같은 것으로 귀결될 수 있으리라고 생각했다.

갈바니는 개구리로 연구를 시작했다. 길고 무덥고 천둥도 자주 치는 여름 내내 그는 개구리의 다리를 뽑아 척추에 연결한 후(척추를 절개해 주신경들을 노출시켰다.) 다양한 충격[185]을 가했다. 그는 자신의 전기 기계가 스파크를 일으켜 주위에 불꽃이 생길 때 개구리의 다리에 경련이 일어나는데, 해부용 칼이 개구리의 신경들에 동시에 접촉할 때만 그런 현상이 생긴다는 것을 알아냈다. 하지만 왜 그런지는 설명할 수 없었다.

185 187 243

졸음이 찾아올 정도로 지루한 나날이 계속되었고, 불꽃을 관찰할 수 있는 경우는 드물었다. 그러던 중 갈바니는 개구리 다리를 걸어놓은 구리 고리를 그야말로 무심코 긁기 시작했다. 고리는 실험을 위해 설치한 철제 대에 부착되어 있었다. 다리가 수축했다. 그가 고리를 긁을 때마다 매번 그런 일이 벌어졌다. 1791년 그는 자신이 그 힘의 원천을 발견했음을 라틴어로 두서없고 장황하게 써서 논문으로 발표했다. 그 힘은 개구리 몸속에 있었다. 분명 동물이 전기를 만들어낸 것이다. 이 현상을 달리 어떻게 설명할 수 있었겠는가?

전기에 환장한 동시대의 또 다른 이탈리아인 알레산드로 볼타[186] (역사에 끼친 근본적인 역할 덕분에 그는 망 위의 붐비는 교차로들 중 하나가 되었다.)가 그 답을 내놓았다. 그 힘 역시 개구리에 있었지만 그것은 개구리가 소금기 있는 축축한 무언가(모든 유기체들의 세포들)의 역

186 225 303

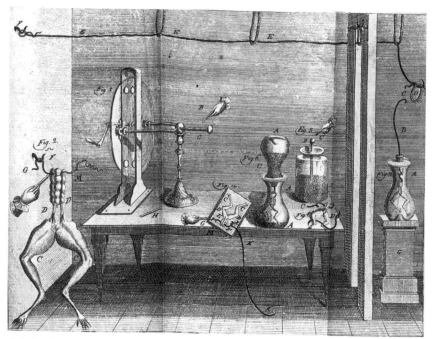

갈바니는 개구리의 다리가 수축하는 현상을 '동물자기'로 설명했다.

할을 하고 있었기 때문에 가능했다는 것이었다. 갈바니가 사용하던 두 가지 다른 금속, 즉 구리와 철이 소금기가 있고 축축한 개구리와 반응해 전기를 발생시켰던 것이다. 볼타는 다른 수단들을 이용해 실험을 반복함으로써 이것을 증명했다. 소금 용액으로 가득 채운 컵들을 아연과 구리로 만든 선으로 연결하자 마지막 연결선에서 충격이 생겨났다. 컵의 수가 많으면 많을수록 충격은 더 커졌다. 실험을 더 간편하게 하기 위해 볼타는 아연과 구리로 원판들을 만든 후 소금물에 적신 판지를 그것들 사이에 끼워 넣고 쌓아올렸다. 원판을 쌓아올린 무더기들(볼타는 이것을 필라.^{pila}라고 불렀다.)의 각 끝에 부착되어 있는 선들의 끝을 서로 연결하자 스파크가 일어났다. 볼타가 세계 최초의 전지를 만들 수 있었던 것은 바로 갈바니의 축축한 개구리 덕분이었다.

실제로 사람들이 소금 용액 안에서 벌어지는 일을 이해하고 전류를 만들어내기까지는 50년이 더 필요했다. 소금 용액 안에 있는 분자들이 한 금속(음극)에 전자들을 주고 다른 금속(양극)은 그 전자들을 받고 있었던 것이다. 이러한 상호작용의 결과, 금속들 사이를 연결해주는 소금 용액 사이에 전류가 흐르게 된 것이다. 그러나 이 과정에서 전류의 흐름은 그 금속들 중 하나를 서서히 용해시켰다. 1889년 루드비히 몬트와 카를 랑거라는 두 독일인이 금속이 용해되는 것을 방지하는 방법을 발견해 효율적인 전지를 만들었다. 그러나 얄궂게도 이들의 아이디어는 테슬라의 발전기 때문에 빛을 보지 못하고, 제2차 세계대전 때까지 다시 등장하지 않았다.

오늘날 그 장치는 원판들과 전선들이 다공질 전극들로 대체된 후 용액에 담긴 형태로 그 모습을 드러냈다. (기체를 액화시키는 기술을 갖게 된 덕분이었다.) 액화 가스에서 한 전극은 산소를 내놓고 또 다른 전극은 수소를 받는다. 수소는 전극을 통해 방출되고, 그러면 전극은 수소 원자를 흡수한다. 그런 다음 원자들은 용액과 반응해 물로 변화하면서 전극에 전자들을 주게 되는데, 이것이 바로 전류이다. 물과 전류는 다른 쪽 절반까지 이동하는데, 그곳에 있는 전극은 산소를 활발하게 흡수한다. 이 전극은 산소 그리고 다른 전극에서 나오는 물과 반응해 수산기 원자를 만든다. 그것은 물을 통해 수소 전극으로 이동하고 그러면 완전한 회로가 형성된다. 이러한 장치(연료 전지라고 불림)의 최종 산물은 전기와 물이다. 이것은 원래 진공 상태의 발견에서 비롯된 세 번째이자 마지막 현대 발명품이다.

그리고 그것은 다른 두 발명품, 즉 자이로스코프와 세라믹 타일과 함께 제4의 발명품이 탄생하는 데 일조한다. 첫째, 이것은 연료 전지를 통해 전기와 물을 항시적으로 그리고 자체적으로 공급받아야 한다. 둘째, 자기나 중력의 영향을 받지 않고 방향과 위치를 알려주는 자이로스코프가 있어야 한다. 셋째, 섭씨 1660도나 되는 고온을 견뎌내는 세라믹의 보호를 받아야 한다.

이 세 발명품은 함께 작용한다. 연료 전지는 자기가 장착된 장치에 동력을 제공한다. 자이로스코프를 이용한 관성 항법과 제어 시스템은 그 탈것이 지구의 궤도를 돌다가 털끝만큼의 오차도 없이 단 한 번에 착륙에 성공할 수 있도록 해준다. 그리고 조종사들은 이 네 번째 경이의 몸체를 덮고 있는 3만 4000개의 세라믹 단열 타일 덕분에 대기권으로 재진입할 때 엄청난 고온에서도 살아남을 수 있다. 그 탈것

볼타가 나폴레옹 앞에서 자신의 전지를 보여주고 있다. 이에 감명받은 나폴레옹은 그에게 메달을 수여했다.

이란 우주왕복선이다.

매우 어려운 임무를 수행해야 하는 우주 비행사들은 아마도 지구에서 가장 철저하게 테스트를 받는 사람들일 것이다. 그들이 갖춰야 할 자질 중에 가장 중요한 것은 우주 비행에서 오는 극단적인 신체적·정신적 스트레스를 조절하는 능력이다. 예를 들면 그들은 정상 기압 이하에서도 이성을 잃어서는 안 된다. 이것은 역설적인 일이다. 왜냐하면 미국항공우주국의 평가관들이 알고 있는 정신 의학 관련 전문 지식들은 원래 히스테리와 함께 생겨난 것이기 때문이다……

11

우울의 기원을
찾아서

이 장에서 우리는 우울함의 기원에 대해 탐색해보는 여행을 떠난다. 휴식이 필요하다는 생각이 들면 우리는 지도를 집어들고 재미있는 휴가 계획을 세운다. 휴가가 마음속 모든 근심을 잊게 해줄 거라고 기대하는 것이다. 그런데 이상한 일은 사람들이 휴식이 필요하다고 생각할 때 지도가 바로 그곳에 있다는 사실이다.

이 모든 것은 프로이트에서 시작되었다. 여러분 자신이 우울하다는 것을 아는 이유는 프로이트가 빈에 있을 때 빠져 있었던 일 때문이다. 그때 그는 우리가 생각하는 방식에 대하여 생각하는 방식에 대한 사고방식을 바꿔놓았다. 그는 1876년에서 1882년까지 빈에 있는 심리학 연구소에서 적은 임금을 받고 신경학자로 일하면서 가재(신경세포가 커서 연구하기가 비교적 쉬움)를 해부하곤 했다. 이 연구소는 생물 물리학 운동의 지도자인 에른스트 폰 브뤼케가 운영하고 있었는데, 그 운동의 지지자들은 모든 생명체를 지배하는 것은 전적으로 생리 화학적 힘이라고 믿고 있었다. 19세기 초에 등장한 이 운동은 자연과 인간 사이에 확실치는 않지만 모종의 관계가 있다고 주장한 낭만주 의적 자연철학이 과거 수십 년 동안 독일 사상계를 지배한 데 대한 반 작용으로 시작되었다. 생물물리학자들은 이런 낭만주의적 견해를 거 부하고, 정신이상은 모두 뇌에 생기는 질병일 뿐이라고 생각했다.

결혼 후 프로이트는 신경학자로 일하며 받는 임금으로는 철부지 같은 아내를 부양할 수 없다는 사실 때문에 근심하기 시작했다. 결국 그는 의학, 그중에서도 '근심 사업'으로 진로를 바꾸었다. 1882년 빈 종합병원의 신경병과에 들어간 그는 빈에서 손가락을 꼽을 정도로 유명한 의사인 요제프 브로이어와 함께 일했다. 브로이어는 일전에 최면술을 동원해 한 환자(파일명: 안나 O, 실명: 베르타 파펜하임)의 치 료를 마쳤다. 스물한 살의 그 환자는 갑작스럽게 찾아든 몽유병 증상, 사시와 시력 저하, 마비 증세, 근육 수축, 경련 등으로 고생하기 전까 지만 해도 건강에 아무 문제가 없었던 매우 지적인 여성이었다.

브로이어를 만나기 전 베르타는 일반적으로 받을 수 있는 치료란 치료는 다 받았는데, 가장 주된 것은 전압이 낮은 전류를 환자의 팔다 리에 가하는 전기 요법이었다. 이 치료법의 시작은 그리스인들까지 거슬러 올라간다. 그들은 두통을 앓는 사람들의 이마에 전기물고기 를 올려놓았다. 브로이어는 베르타의 진짜 문제는 죽은 아버지를 잊 지 못하고 슬픔에 빠져 있는 것이라고 생각했다. 두 해 동안 최면 치 료를 하면서 그는 환자와 대화를 나누는 것이 증세를 완화시키는 데 도움이 된다는 사실을 알게 되었다. 결국 이런 방식으로 그녀는 그럭저럭 치료될 수 있었다.

그러나 해부학에 관심이 더 많았던 프로이트는 신경장애의 최신 치료법을 연구하기 위해 당시 세계 의학의 중심지였던 파리로 떠났다. 그러나 파리의 치료 방법들은 생각만큼 인상적이지 않았다. 환자들에게 호스로 차가운 물을 끼얹거나 강제로 전기 충격을 주는 것이 고작이었기 때문이다. 어느 것도 효과가 있는 것처럼 보이지 않았다. 환상에서 깨어난 프로이트는 다시 빈으로 돌아와 브로이어와 함께 일했다. 1895년 그들은 마침내 『히스테리에 관한 연구』를 함께 써서 정신분석을 창시했다. 한편 그 두 사람은 환자의 긴장을 풀어준 상태에서 환자가 자기 자신에 대해 직접 이야기하게 하는 일을 계속했다. 그러나 얼마 후 프로이트는 접근 방식을 바꾸었다. 그를 찾아온 환자들은 대부분 히스테리(당시 가장 흔한 신경증) 증상을 보이는 환자들이었다. 그는 그들에게 자유연상을 적용하기 시작했다. 환자는 마음속에 떠오르는 것을 무엇이든지 자유롭게 이야기했고, 프로이트는 옆에서 조금씩 거들기만 했다. 파리에서 프로이트가 본 치료법 중에 오늘날에도 일부 환자에게 사용되는 방법이 있는데 그것은 전기 경련 요법이다. 그 원리를 아는 사람은 아무도 없었지만 당시만 해도 그것은 중요하지 않았다.

당시 과학계에서 전문적으로 쓰던 용어는 '동물 자기'란 말이었다. 그것은 18세기 후반에 루이지 갈바니가 개구리의 다리[187] 근육에서 발생하는 힘을 발견한 이후에 연구 현장을 갑작스럽게 덮친 하나의 현상이었다. 당시에 '동물 자기'라는 용어는 오늘날처럼 자주 쓰이지는 않았다. 왠지 성적인 유혹과 연결된 느낌을 주었기 때문이다. 동물

187 185 235

자기는 특히 사람에서 사람으로 흐르는 신비스러운 자기력을 지칭했는데, 신경에 문제가 있는 사람들을 치료하는 데 활용할 수 있었다. 당시 신경 연구 분야에서 주로 쓰이던 마지막 단어는 화약상점이었다가 나중에 용도가 바뀐 파리의 살페트리에르(프랑스어로 화약상점이란 뜻)였다. 그곳은 매춘부들을 수용하는 감화 시설로 이용되기도 했다가 한바탕 소동이 있고 난 다음부터 세계에서 가장 큰 정신병원으로 바뀌었다.

18세기에 그곳에는 8000명이 넘는 정신이상자, 장애인, 노약자, 불치병에 걸린 여성들이 수용되었다. 그러나 프로이트가 치료할 수 있는 사람은 극소수에 불과했다. 1 대 500이라는 의사 대 환자의 비율은 환자들에게 많은 도움을 주지 못했고, 의사들의 관심을 끌기 위해 일부러 극적인 히스테리 발작을 보이는 여성들도 많았다. 히스테리에 사로잡혀 있던 전문의들의 강박관념에 비추어 볼 때, 그것은 아주 어려운 일만은 아니었다. 히스테리는 수세기 동안 자궁 때문에 생기는 증상(히스테리란 말의 어원은 자궁을 뜻하는 그리스어 'hystera'이다.), 즉 여성에게만 생기는 질병으로 여겨졌다. 그것은 또한 극도로 유행을 타기도 했다.

히스테리의 최고사령관은 '신경증의 나폴레옹'이라는 별명을 가진 특이한 인물이었다. 1862년 장 마르탱 샤르코(프로이트도 이 사람 밑에서 공부했다.)는 살페트리에르의 수석의사로 임명된 후 히스테리 연구에 착수했다. 1876년 그는 '대' 히스테리(정확히 규칙적으로 자기 자신을 드러내는 네 단계)라는 자신의 이론을 대중들에게 시범해 보였는데 계단식 강단은 사람들로 북적였다. 거기서 그의 가장 아름다운 환자인 블랑쉬 위트망은 자신의 나폴레옹 같은 지휘관 앞에서 순수한 히스테리를 불러냈다. (그리고 부루이에가 그 모습을 그렸다.)

샤르코는 그러한 상태의 근본 원인을 산업 노동 환경에서 오는 스트레스와 결부시켰다. 이러한 증상들(남성과 여성에게 모두 나타나지만 히스테리는 여성에게만 일어난다.)은 그가 삶의 '거슬리는' 성질이라고 부른 것 때문에 발생했다. 이것은 사고나 폭력 같은 외상적인 충격을 받았을 때 그것이 약한 기질과 결합해 신경계를 교란시키기 때문에 일어나기도 했다. 이러한 종류의 히스테리의 한 예가 샤르코가 '철도 척추'라고 명명한 트라우마인데, 이것은 심하게 덜컹거리는 기차를 타는 바람에 척추가 오그라들어 생기는 것이었다.

샤르코는 치료할 때 대체로 환자에게 깊은 최면을 걸었고, 프로이트에게 어떻게 하는지를 알려주었다. 최면을 거는 과정에서 가끔 자석을 사용하기도 했는데 그것은 아마도 '동물 자기' 학파의 영향이었을 것이고, 프란츠 안톤 메스머(영어로 최면을 걸다는 뜻을 가진 'mesmerize'란 단어는 이 사람에게서 유래한 것이다.)라는 이채로운 인물의 영향도 있었을 것이다. 오늘날 쇼에 최면술사로 나오는 사람들이 하는 판에 박힌 말들("이제 당신은 잠이 듭니다. 눈이 무겁습니다. 이제 제가 손가락을 튕기면 당신은 잠에서 깨어납니다. 그리고 당신은 아무것도 기억하지 못합니다.")은 모두 메스머에게서 시작되었다. 오스트리아에서 태어난 그는 1766년 빈 대학에서 의학 학위를 받고 1768년 부유한 과부와 결혼했다. 그러고 나서 사교계에 들어가 글루크, 하이든, 모차르트 등 당시의 팝스타들과 친분을 쌓았다. 특히 모차르트[188]의 188 296 427 오페라 〈바스티엔과 바스티엔느〉의 초연은 메스머의 정원에서 열렸고, 〈코지 판 투테〉에는 최면술 장면이 나오기도 했다.

당시의 표준화되고 매우 불쾌한 의술 속에서 메스머의 또 다른 치료 방식은 큰 인기를 얻었다. 그는 어두운 방에서 마음을 진정시키고 졸음을 불러일으키는 목소리로 환자들을 편안하게 어루만져주었다. 치료를 하는 동안 그는 늘 풍성하게 늘어진 예복을 입고 깃털 모자를 썼다. 자석 욕조에 몸을 푹 담그는 것도 시술의 한 과정이었다. 고마움을 느낀 환자들이 그가 여는 우주의 조화를 위한 모임에 합류하곤 했지만, 그런 감사의 마음을 환자의 부모들도 똑같이 느낀 것은 아니었다. 이것은 결국 그가 갑작스럽게 파리로 떠난 이유가 되었다. 그는 마리아 폰 파라디스라는 재능 있고 아름다운 한 젊은 귀족 여성을 치료하고 있었다. 세 살 때 눈이 먼 그녀는 뛰어난 피아노 연주자였고, 궁중 고관이었던 그녀의 아버지는 빈에서 꽤 영향력 있는 사람이었다. 메스머는 마리아의 정신-신체적인 실명을 치료했지만 그 과정에서 그녀는 음악적 재능을 잃었다. 그래서 메스머는 빈을 떠날 수밖에 없었다. 마리아는 실명 상태로 돌아오자 다시 음악적 재능을 되찾았다.

최면술의 '동물 자기' 접근 방식은 보이지 않는 신비한 힘이 자연에 흐르고 있다는 낭만주의적 사상에 큰 영향을 받았다. 심지어는 벤저민 프랭클린처럼 현실적인 사람까지도 전기가 눈에 보이지 않는 액체라고 생각했다. 그리고 이것이 오늘날에도 여전히 사용되고 있는 전류^{current}, 전기의 흐름$^{electric\ flow}$, 입자의 흐름$^{streams\ of\ particles}$ 같은 전기 용어들의 기원이 어디인지를 설명해준다. 최면술을 이용한 치료는 장애물들을 제거해 이러한 유동체들이 신경계를 통해 자유롭게 흐르도록 해준다고 여겨졌다.

1600년경에 윌리엄 길버트가 자성^{磁性}을 발견한 이래 과학계에서는 유동체를 이런 식의 개념으로 사용해왔다. 1664년 데카르트는 '에테르성 물질'이 자기장을 따라 흐른다고 제안했다. 심지어 뉴턴은 중력이 이 '만질 수 없는' 유동체 중의 하나라고 생각했다. 그래서 1791년에 빈의 또 다른 의사 프란츠 요제프 갈이 뇌가 많은 독립적인 부위들로 나뉘어 있다는 이론(스물일곱 개였다가 나중에 서른일곱 개로 수정되었다.)을 담은 논문을 발표하면서 몸속에서 움직이며 생명력을 운반하는 우주의 액체란 아이디어가 자리를 잡게 되었다. 이러한 부위(기관) 각각은 정신 기능과 신체 기능을 하는 각 부분들을 관장하는데, 그것은 해부학적으로 연관성이 있는 각 기관의 관을 통해 흘러나오는 보이지 않는 유동체의 작용 덕분이다. 갈은 또한 이러한 기관들이 담겨 있는 두개골의 형태는 기관들의 크기와 형태에 영향을 받으며, 따라서 개인의 성격은 그 아래쪽에 있는 장기들 때문에 생기는 두개골의 융기를 보면 알 수 있다고 생각했다. 예를 들면, 왼쪽 귀 뒤쪽에 난 혹은 그 사람이 이성을 밝히는 사람임을 나타냈다.

1815년 갈은 스푸르츠하임이라는 사람을 만났고, 그들의 융기 읽기(지금은 골상학이라고 불림)는 빅토리아 여왕, 비스마르크, 가필드 대통령 등 여론 형성층 사이에서 대단한 인기를 끌었다. 초창기 골상학의 역사에서 그것을 신봉한 사람들은 과학계 인사들이었지만, 1820년대 이후로 관심의 초점은 골상학이 갖는 사회적 잠재력으로 옮겨갔다. 개혁지향적인 중산계급의 지식인과 사회운동가들은 골상학을 빈곤계층과 소외계층에 속하는 사람들의 처지를 개선할 수 있는 도구로 활용할 수 있다고 여겼다. 골상학을 이용해 그들의 숨겨진 능력을 찾아낼 수 있다고 본 것이다.

골상학은 또한 여성, 미개인, 프롤레타리아트, 그리고 아동 교육에 관한 온갖 터무니없는 생각들을 '과학적으로' 뒷받침해주었다. 특히 좀 더 '개선'되고 유순한 노동자계급의 출현이 쉬워질 수도 있을 것이라고 기대했다. 이를 통해 수많은 자기계발서(융기 읽기를 활용하면 학습을 통해 개발될 수 있는 여지가 있는 재능을 밖으로 끄집어낼 수 있다는 생각을 담은)들이 양산되었고, 미국에서는 이 주제를 다루는 강의가 대단한 인기를 끌었다. 그리고 사진이 대중화되면서 융기에 관심 있는 사람들은 자기의 두개골 사진을 먼 곳에 있는 전문가에게 우편으로 보내 융기 읽기 도움을 받을 수도 있었다.

그 사이에 골상학은 범죄자의 세계를 바꿔놓았다. 사회가 산업 생산 체제로 새롭게 진입하고 물질적 부가 증대되면서 주위에 돈과 재물이 많아지자 강도들도 덩달아 신이 났다. 솟구치는 범죄율 때문에 경찰의 창설에 박차가 가해졌다. 1829년 런던 경찰청 '보비(경찰 창시자인 로버트 필 경의 이름에서 따옴)'들이 푸른색 코트와 주홍색 조끼를 입고, 검은색 모자를 쓰고, 발에는 웰링턴 부츠를 신은, 눈에 확 띄는 모습으로 처음 등장했다. 그러나 범인들을 체포하는 것 못지않게 그들을 수용할 장소를 찾는 것도 큰 문제였다. 그래서 마련된 것이 감옥 건설 계획이었다.

과거에 감옥은 광인 수용시설과 별반 다르지 않았고 그곳에 수용된 사람들은 침묵 속에서 잊혀갔다. 그러나 골상학 덕분에 생겨난 새로운 사회적 인식, 그리고 범죄자들에게조차 어떤 숨겨진 능력이 있을 수 있다는 인식의 변화로 상황은 나아지기 시작했다. 갱생원과 교정시설이 세워졌고, 계몽 정신이 구체적인 모습으로 나타나기 시작했다. 1836년 펜실베이니아 주 체리힐에 신축된 감옥은 이런 새로운 설계의 최고봉이었다. 이 감옥에는 독방들이 설치되었다. 이러한 개념은 죄수를 독방에 수용해 자신의 죄를 성찰하게 하면 좀 더 쉽게 교화시킬 수 있다는 퀘이커교 사상에 영향 받은 것이었다. 독방 감금은 독일에서 특히 널리 행해졌다.

영국의 자유주의자 제러미 벤덤[189]은 '팬옵티콘' 감옥 건물을 설계 189 6 30
189 14 41
했다. 그것은 중앙에 감시탑이 있고 그 탑을 중심으로 감방들이 둘러
져 있어서 수감자들의 일거수일투족을 감시할 수 있었다. 이런 종류
의 구조는 통로, 감옥 창살 기둥, 층층 침대 등의 재료로 이제 막 쓰이
기 시작한 고품질 철강재 덕분에 쉽게 만들 수 있었다. 팬옵티콘 발상
은 인기를 얻어 널리 모방되었다. 뉴욕 주에 신설된 싱싱 교도소 같은
곳의 목표는 징벌이 아니라 교화였다.

이 이야기를 다음 단계로 이어가는 사람은 이탈리아인이다. 당시
골상학에 관한 권위 있는 문헌은 체사레 베카리아라는 한 이탈리아
인이 1764년에 쓴 것이었는데 이 책은 유럽의 지식인들 사이에서 널
리 읽혔다. 이 모든 좋은 조건과 더불어 신축된 감옥들은 수많은 범죄
자들을 상대로 한 연구를 가능하게 했다. 그리고 자연스럽게 범죄학
이라는 학문이 생겨났다. 덕분에 골상학은 머리와 뇌에 관해 다루기
시작했다. 다시 빈으로 돌아가 보면, 그곳에서는 갈의 한 제자가 죄수
들은 "돌출부들이 현저하게 눈에 띄는…… 머리는 크고 쑥 들어가 있
고, 턱은 엄청나게 크고, 저작 근육은 항상 끊임없이 움직이는…… 기
묘한 얼굴"을 하고 있다는 것을 알아냈다.

당시 다윈은 그 문제를 진화론, 그리고 민꼬리원숭이들이 인간의
먼 조상이라는 생각과 연결시켜 상황을 복잡하게 만들고 있었다. 그
러나 우리 인간들 중에는 유인원과 구별이 잘 안 되는 사람도 있다
는 것은 분명했다. 이 점을 염두에 둔 체사레 롬브로소(몇 년 동안 병
사 3000명과 죄수 4000명을 조사했다.)라는 이탈리아의 머리 측정광에
게는 머리를 측정하면 할수록 모든 범죄자들이 더욱 원숭이처럼 보

였다. 1870년 비예라라는 유명한 강도를 검시한 롬브로소는 비예라의 머리가 현저하게 들어가 있는 것을 발견했다. 그것은 하등 영장류에서 볼 수 있는 것과 거의 똑같았다. 이탈리아 페사로의 광인 수용소 소장으로 있는 동안 롬브로소는 '퇴화'의 징표를 꼭 끄집어낼 수 있으리라는 기대를 품고 백치와 범죄자들을 연구하기 시작했다. 심지어 그는 그러한 얼굴 생김새의 증거를 찾아내기 위해 네로와 메살리나의 흉상을 조사하기까지 했다.

1876년 그는 '격세유전'이란 개념을 제안하며 범죄자들("귀가 삐죽하고, 머리가 텁수룩하고, 수염이 제멋대로 나고, 눈이 움푹 들어가고, 턱은 크고 각이 졌으며, 광대뼈가 넓고, 이마는 경사졌고, 자주 몸을 떨었다.")을 진화의 초기 단계로 퇴보한 자들로 정의했다. 롬브로소의 책 『범죄인론』은 인기 폭발의 베스트셀러였다. 이 책은 하위분류의 포문을 열었다. 강박적인 절도광들은 귀가 크고, 악녀들은 팔이 짧았고, 범죄자들은 '만성적인 병을 앓고 있는' 사람들이었다. 그러나 이 책은 혈액형, 머리카락, 지문 분류[190] 같은 현대적인 범죄 수사 기법도 소개했다. 롬브로소의 작업은 엄청난 인기를 얻었는데 그것은 아마도 그가 범죄자들을 하위 인간, 즉 정상적인 사회로부터 분리된 인간으로 정의해서 보통 사람들로부터 떼어놓았기 때문일 것이다.

자신의 믿음에 걸맞게 롬브로소의 머리는 사후에 화학약품이 든 병에 담긴 다음, 자신이 토리노에 세운 박물관에 보관되었다. 그는 자신이 수집해 '독일인 살인자' '이탈리아 강도' '총으로 자살한 사람' '유아 살인자' 등 다양한 표지를 붙인 뇌들과 함께 여전히 그곳에 있다. 그러나 이런 모든 것을 제외하더라도 롬브로소는 범죄와 사회 복지에 대한 전반적인 접근 방식에 심대한 영향을 끼쳤고, 심지어는 범죄 성향과 유전적인 특징의 관계를 둘러싸고 20세기 중반에 벌어졌던 그 유명한 XYY 염색체 논쟁에도 직접적인 영향을 미쳤다.

1865년 롬브로소의 실험실로 한 의사가 찾아왔다. 그리고 그는 머리에 대한 모든 사람들의 인식을 바꾸고 융기 읽기 산업을 파산으로 몰고 갔다. 카밀로 골지라는 그 의사는 롬브로소(정신과 클리닉도 운영하고 있었다.) 덕분에 뇌의 기능에 관해 대단한 흥미를 느끼게 되었다. 1872년 경제적인 문제에 직면한 골지는 롬브로소를 떠나 밀라노 인근 아비아테그라소에 있는 한 수용시설의 의사로 취직했다. 정말 운좋게도 그는 그곳에서 해부하는 일을 맡게 되었다. (그는 해부 작업을 집에 있는 실험실이 딸린 부엌에서 했다.) 그의 외가 친척은 병리학 연구에 현미경을 사용한 초창기 사람들 중에 하나였다. 덕분에 그는 그 기구를 빌려서 자기가 직접 얇게 썰어낸 뇌 조직을 자세히 관찰할 수 있었다.

몇 년 후 그는 놀라운 발견을 했다. 그는 얇게 자른 뇌 조각 하나를 뮐러의 유동체(중크롬산칼륨암모늄을 염화오스뮴과 혼합한 것) 속에 며칠 동안 두어 딱딱하게 만든 후에 질산은 용액에 적셨다. 이것은 넋을 놓고 있다가 벌어진 일일 수도 있고, 좀 더 그럴듯하게는 그가 새로운 기법인 사진술[191]에 대해 들은 바가 있었기 때문일 수도 있다. 영국인 191 44 60 폭스 톨벗 등은 특정한 환경에서 은의 원자들이 빛에 반응해 이미지를 만들어낸다는 사실을 보여주었다. 골지의 질산은도 그런 작용을 했다. 표본을 얇게 자른 것을 질산염에 적시자 질산염이 조직 속에 침착되는 놀라운 일이 벌어졌다. 골지는 뇌 조직은 전체적으로 투명한 노란색으로 염색되었지만 뇌세포의 윤곽은 눈부신 검은색의 별, 삼각형, 막대기 모양으로 분명하게 드러나 있는 것을 보았다. '골지 세포(뇌에서 흔히 볼 수 있는 세포들)'를 발견한 것이다. 이 특별한 실험 덕분에 골지는 뇌에 관해 새롭고 중요한 설명을 할 수 있었다. 그가 말한 것은 오늘날의 모든 신경생리학의 토대가 되었다. 신경세포들은 따로 따로 떨어져 있는 것이 아니라 망 위에 서로 뒤섞여 있으며 자극의 전달은 개별적인 단위가 아니라 전체적인 구조 속에서 이루어진다는 것이다.

조직이 염색될지도 모른다는 생각은 최근에 자리 잡은 합성 염료 산업에서 나왔다. 영국의 화학자 윌리엄 퍼킨[192]이 발견한 아닐린 염료는 콜타르에서 분리된 인공 염료들 중 첫 염료였다. 의학 연구자들의 관심은 이 염료들이 박테리아에 점착하는 방식에 있었다. 이러한 사실을 처음으로 공개한 사람은 독일의 연구원 파울 에를리히였다. 그는 같은 나라 사람인 로베르트 코흐와 함께 일했다. 코흐는 직접 아프리카의 오지로 가서 탄저병, 콜레라[193], 결핵, 매독[194] 등의 병원균을 찾고 동정同定하는 일을 하며 보낸 사람이었다. 어떤 우연한 일 하나가 코흐의 연구에 큰 도움을 주었다. 에를리히는 결핵균의 조직 배양물을 밤새 따뜻한 난로 위에 놓아두었다. 아침에 보니 아닐린 염료가 배양물에 들어가 있었고 더 끔찍한 일은 난로가 켜져 있었다는 사실이었다. 그러나 그 여분의 열로 인해 박테리아 배양물은 밝은 파란색으로 염색되었고 덕분에 결핵을 훨씬 더 쉽게 조사(그리고 결국에는 치료)할 수 있게 되었다. 세균학을 발명한 것이다.

배양물을 염색하면서 에를리히가 우연히 알아낸 것 중 하나는 염료 중에 일부가 벌레를 죽이는 데 탁월한 효과가 있다는 사실이었다. 예를 들면 메틸렌블루는 일반적으로 신경통에 진통 효과가 있었다. 메틸렌블루가 말라리아 원충도 염색시킬 수 있다는 사실을 알게 된

192 63 77

193 151 190
194 176 224

그는 한두 명의 환자에게 투여해 보았다. 메틸렌블루는 말라리아 원충을 죽였다. 에를리히는 이러한 사실들로부터 '은 탄환' 치료법이라는 개념의 화학요법을 발전시켰다. 그것은 하나의 특정한 박테리아만을 박멸하고 나머지 유기체에는 해를 입히지 않는 특수 박멸 무기로 사용되었다. 에를리히의 첫 번째 은 탄환은 매독 치료제(최초의 이 경이로운 약물은 살바르산이었다.)였다. 그는 이 일로 러시아정교회의 시노드와 불화를 겪었다. 그들은 매독을 하느님이 부도덕한 행위에 대해 내리는 징벌로 생각했기 때문에 그런 질병을 의학의 힘으로 치료해서는 안 된다고 생각했다.

에를리히가 사용한 색 중에 가장 성공적인 것은 메틸렌블루인 것 같아 보였다. 그것은 소위 생체 염료였다. 즉 살아 있는 조직에 직접 주입해도 아무런 해가 없는 것이다. 그리고 주입된 부분에 집중적으로 몰리는 다른 염료들과는 달리 조직을 통해 퍼져나갔다. 에를리히는 메틸렌블루와 관련된 소송을 제기했다. 그것은 또 다른 독일인 동료 하인리히 카로의 작업 때문이었다. 카로는 콜타르[195]에서 어떤 인공 염료를 분리해낼 수 있는지를 조사하던 몇몇 화학자들 중에 하나였다. 독일인들이 염색과 화학에 커다란 관심을 가졌던 이유 가운데 하나는 독일이 아직 통일되지 않아서 제후국 단위로 특허를 취득할 수 있었기 때문이다. 심지어는 독일 내 다른 지역에서 누군가가 이미 똑같은 것으로 특허를 받았다고 하더라도 특허를 취득할 수 있었다. 영국인들은 직업에 종사하는 것이 신사답지 못한 일이라고 생각했기 때문에 19세기 말 독일의 화학 산업과 제약 산업은 영국을 따라잡았다.

새로운 독일의 산업체들 중에 하나가 독일 종합화학회사[BASF]라는 거대 기업이었다. 1868년 카로는 이 회사의 책임자가 되었다. 그러나

195 62 77
195 140 173

1859년 영국인 아내와 함께 잉글랜드를 떠나 막 도착한 독일에서 얻은 그의 첫 직장은, 어린 학생들의 화학 수업에 빠지지 않고 등장하던 196 86 98
196 105 118 어떤 사람이 운영하는 연구실이었다. 로베르트 분젠[196]의 하이델베르크(이 무렵 화학 연구의 세계 중심지였다.) 실험실인 그곳에서 카로는 메틸렌블루를 만들었다. 같은 연구실의 한쪽에서는 분젠과 그의 동료 키르히호프가 분젠 버너 연구에 몰두하고 있었다. 그리고 분젠 버너는 별의 심부를 볼 수 있는 수단을 현대 세계에 제공했다.

분젠은 1846년에 잉글랜드와 독일에 있는 주철 생산 공장들의 굴 197 110 123
197 240 324 뚝에서 나오는 가스[197]를 재활용할 방법을 제안했었다. 그 뒤로 그는 온갖 종류의 기체에 관심을 갖게 되었다. 1855년 그는 공기를 석탄 가스와 혼합한 후 불을 붙이면 더 뜨거운 불꽃을 얻을 수 있다는 사실을 알아냈다.

이것은 또한 투명하고 번쩍이지 않으며 어떤 광물도 태울 수 있는 불꽃을 냈다. 이 새로운 투명 불꽃은 탁월한 분석 도구라는 사실이 증

1921년 독일 종합화학회사BASF의 염료 생산 모습.

명되었는데, 물질이 탈 때 생기는 불꽃의 색을 보면 타고 있는 물질이 무엇인지를 알 수 있었기 때문이다.

키르히호프는 분젠에게 물질이 탈 때 강렬한 빛이 나온다면 그 불꽃이 물질이 연소하면서 방사하는 파장을 흡수하는 것일 거라고 말해주었다. 만약 불꽃을 유리 프리즘을 통해 본다면 흡수된 파장들이 프리즘의 스펙트럼 속에 얇고 어두운 띠 모양으로 나타날 것이다. 키르히호프와 분젠이 분광법[198]을 발명한 것이다. 1861년 이후로 태양과 항성들의 조성을 확인하는 일이 점진적으로 가능해졌다. 왜냐하면 그것들 역시 타고 있는 물체였기 때문이다.

198 86 98
198 105 118

분광 현상은 원래 뮌헨 근처에 있는 한 수도원을 개조한 곳에서 일하던 요제프 폰 프라운호퍼라는 이름의 한 렌즈 제작자가 1810년에 발견한 것이다. 그릇에 잿물을 입히는 직공의 아들로 태어나 거울 제작과 유리 절삭을 도제로 배운 그의 애초 희망은 안경을 만드는 것이었다. 그러던 중 일하던 작업장이 무너지면서 그를 덮쳤다. 그래서 그는 명함을 새기는 사업을 시작했지만 실패했다. 1806년 그는 광학일을 다시 시작해 뮌헨에 있는 한 기기 회사에 들어갔다. 프라운호퍼의 평생의 집념은 광학적으로 완벽한 유리를 만드는 것이었는데 당시에는 아무도 생산하지 못했던 것이다. 오랜 세월 동안 그는 프랑스인 동료 기낭과 함께 고온에서 가열된 특수 내화 점토관으로 용융된 혼합물을 휘저어 흠이 거의 없는 유리를 만드는 기술을 개발했다.

1814년 프라운호퍼는 유리에 눈금을 매기고 있었다. (그는 렌즈 제작에 이를 처음으로 표준 기술화했다.) 그는 유리에 난 미세한 흠집을 조사하면서 유리를 통해 나타나는 밝은 노란빛 선의 극도로 가늘고 정확한 상을 이용했다. 그는 유리를 특정한 각도로 불꽃에 비추면 매우

가는 노란 선들이 밝게 빛난다는 사실을 알고 있었다. 그래서 그는 이러한 성질을 이용해 유리에 난 미세한 결함을 찾아냈다. 그러다가 어느 날부터 그는 불꽃 대신 태양빛에 유리를 비추어 유리의 순수한 정도를 이중으로 검사하기 시작했는데 그러면 선이 더 많이 보였다. 그러나 그때 생기는 선들은 어두웠다. 그는 태양과 별을 포함해 최소 574가지에서 나오는 빛을 조사했다. 그러나 그는 오로지 순수한 유리를 만드는 일에만 관심이 있었기 때문에(그는 그런 선들이 왜 생기는지에는 관심이 없었다.) 자기가 알아낸 내용들을 발표할 때 유리 제작과 관련해 상업적인 가치가 있는 내용은 비밀로 유지했지만 그 신비한 선들에 관해서는 매우 상세하게 밝혔다. 키르히호프가 그로부터 50년 후 분광학을 발전시킬 수 있었던 것도 그 덕분이었다. 정밀 유리를 제작하는 과정에서 프라운호퍼는 스펙트럼선을 발견하기도 했지만 망원경용 고품질 대형 유리 렌즈도 최초로 제작할 수 있었고 그 덕분에 천문학자들은 태양계 너머에 있는 우주를 관측할 수 있게 되었다. 그리고 대천문학자 프리드리히 베셀이 별들의 거리를 측정할 수 있게 된 것 역시 프라운호퍼가 만든 유리 덕분이었다.

18세기 중반만 해도 먼 거리의 물체를 보려면 매우 얇은 렌즈로 보는 방법밖에는 없었다. 유리의 품질이 너무 나빠서 생기는 많은 결함을 피하려면 그 방법이 유일했기 때문이다. 그러나 은 렌즈를 쓰려면 초점거리가 길어야 했기 때문에 어떤 망원경[199]들은 길이가 수백 피트나 되었다. 렌즈를 얇게 설계함으로써 피하고자 했던 것은 색수차 문제였다. 렌즈를 통해 들어오는 푸른빛은 굴절 때문에 두꺼운 렌즈에서는 붉은빛보다 초점이 더 가깝게 맺혔다. 그래서 붉은색에 초점을 맞추면 별들이 푸르게 보이고 상의 둘레가 흐리게 보이고 상도 거

199 131 157

꾸로 맺혔다.

그러고 나서 인간의 눈에서는 몇 개의 렌즈들이 함께 작용하지만 이런 색수차가 발생하지 않는다는 사실이 알려졌다. 그래서 1758년에 런던에 사는 견직공의 아들인 존 돌런드가 종류가 다른 렌즈들을 함께 장착해서 인간의 눈과 같은 효과를 재현해 보려고 했다. 볼록 크라운 유리 렌즈(이 렌즈는 가장자리에 생기는 붉은색 기운을 없애기 위해 녹색 기운이 돌게 만들어졌다.)를 오목 플린트 유리와 함께 장착하자 각각 서로의 색수차가 상쇄되었다. 1781년에 허셜이 천왕성을 발견할 수 있을 만큼 성능이 좋은 렌즈가 만들어진 것도 바로 이 방법 덕분이었다.

망원경의 성능은 개선되었지만 천문학자들은 기기들을 정밀하게 조작할 수 있는 방법이 없어 여전히 심하게 제한받았다. 상황은 돌런드의 딸 세라가 기기 제작자 제시 램즈던과 결혼하면서 개선되었다. 램즈던은 결혼을 통해 많은 것을 챙겼다. 그는 혼인 재산 계약을 통해 돌런드의 색지움 렌즈 특허권 일부를 차지할 수 있었다. 램즈던은 돌런드 그리고 다른 모든 사람들이 가장 원했던 것을 발명해냈다. 그것은 기기에 극도로 정확하게 점을 찍는 수단이었다. 1766년 램즈던은 육분의[200]를 1000개나 대량 생산해서 해군에 납품했는데 그가 그렇 200 267 367 게 할 수 있었던 이유들 중 하나는 육분의에 눈금을 새기는 새로운 기술 때문이었다. 이것은 시간도 많이 걸리고 까다로운 데다 정확하게 하기도 힘든 일이었다. 그러나 눈금이 부정확하면 항해에 영향을 주어 배에 실린 짐들이 물속에 수장될 수도 있었고, 따라서 정확성은 필수 전제조건이었다. 램즈던이 내놓은 해결책은 다이아몬드 절삭기가 장착된 미동 나사 제작용 선반을 개발하는 것이었다. 절삭기는 수작업으로 제작된 정교한 나사의 미세한 나사선을 따라 움직이는 센서의 움직임과 연동되어 작동했다.

마감용 나사를 수평 작동식 원형판에 장착하면(나사산은 판의 원주에 새겨진 작은 톱니에 꼭 맞물렸다.) 미동나사를 돌려 원형판을 극도로 세밀하게 돌릴 수 있었다. 이로써 망원경의 받침이나 육분의의 눈금에 각도 1초 단위로 정확하게 표시하는 일이 가능해졌다. 분할기라고 불린 이 발명품을 이용해 램즈던은 과거에는 도저히 불가능했던 수준의 정확성을 지닌 과학 기기들을 제작했다.

화학자들은 정밀 저울을 이용해 금속과 잔재물의 무게를 대단히 정확하게 잴 수 있었다. 정밀한 기량계로는 기체의 밀도를 측정했고 팽창계로는 온도의 변화로 금속이 팽창하거나 수축하면서 생기는 크기의 미세한 차이를 알아낼 수 있었다. 램즈던의 기압계들은 오차가 기존 것과 비교했을 때 10분의 1에 불과했다. 쿡도 대탐험 항해를 떠날 때 램즈던의 육분의를 가지고 갔다. 그는 정확한 눈금이 달린 램즈던의 신형 렌즈들도 가져갔다. 그것들 덕분에 쿡은 6개월도 안 되는 시간 동안 뉴질랜드의 해안선 약 3900킬로미터를 담은 해도를 작성할 수 있었다. 그 일은 당시로서는 기적 같은 일로 여겨졌다. 램즈던이 제작한 새로운 기기들 덕분에 높아진 정확성은 이제 기기 제작 전반으로 퍼져나가 산업혁명을 이룩하기 위해 필요한 기술공학적 기초를 세우는 데까지 도움을 주었다.

그러나 이 이야기를 첫 출발점으로 돌려놓는 것은 미국독립전쟁이 끝나고 1793년 영국의 많은 군대들이 해산되어 램즈던이 현대 세계에 거대한 자취를 남기는 일을 시작했다는 사실이다. 당시는 프랑스와 미국 모두 혁명의 열정이 넘치던 시기였고, 영국은 영국 해협을 사이에 두고 고작 35킬로미터밖에 떨어지지 않은 곳에 있는 잠재적인 적에 대해 대단히 우려하고 있었다. 프랑스가 영국을 침공할지도 모른다는 공포 때문에 램즈던에게는 아주 절박한 임무가 맡겨졌다. 그것은 엄청나게 큰 분할기, 즉 거대한 경위의 측량기기를 만드는 데 쓸 측각나반測角羅盤이라는 것을 만드는 일이었다. 1783년 잉글랜드 남쪽 해안에서 영국의 육지 측량부가 삼각측량법을 써서 측량을 시작했다. 측량 기사들은 지형상으로 높은 지점 두 곳을 연결한 기준선(길이가 몇 킬로미터에 달하는)을 아주 정확하게 잰 후, 그것을 삼각형의 밑변으로 삼아 양쪽 변의 길이와 각도를 램즈던의 경위의로 정확하게 계산했다. 그런 다음 그 삼각형의 변들을 인접 삼각형들의 밑변으로 삼고 이 과정을 계속 반복했다.

경위의에는 놋쇠로 만들어진 길이 90센티미터의 수평 작동식 평판이 달려 있었다. 거기에는 10분 단위로 각도 눈금이 새겨져 있었을 뿐만 아니라 마이크로미터도 달려 있어서 각도 1초의 오차 범위 이내로 측정이 가능했다. 경위의 위에 대형 망원경을 장착한 후, 세 축을 측정 가능한 기포관 수준기가 달린 삼각대 위에 올려놓으면 그 기기는 오차 범위가 100킬로미터당 약 11센티미터에 불과했다.

1824년까지 잉글랜드 동부와 스코틀랜드 북서부를 뺀 영국 전체가 이런 식으로 측량되었다. 1820년에는 새로운 지도를 군郡 하나당 4기니라는 천문학적 가격으로 일반인들에게 팔 수 있는 최초의 판매대리인이 지정되었다. 19세기 중반에 들어서면서 사람이 거주하는 유럽과 미국의 모든 지역이 지도에 담겼는데 등고선, 도시의 거리, 지형적 특징뿐만 아니라 건물 한 채까지도 식별할 수 있을 정도로 정확했다. 이 지도들은 여러분이 우울한 기분이 들어 어디론가 탈출할 곳을 찾을 때 매우 유용하게 쓸 수 있는 오늘날의 지도들의 선구 격이었다.

오늘날 우리는 지도를 너무도 당연한 것이라고 생각하기 때문에 알려지지 않은 지역이 많았다는 사실을 쉽사리 기억해내지 못한다. 500년 전 어느 날 항해에서 돌아온 콜럼버스가 지구에 대한 우리들의 시각을 바꿔놓았다. 그는 '신세계'에 대해 말해주었다. 우리에게 전혀 알려지지 않았던, 그리고 우리가 한 번도 발을 디뎌보지 못했던 세계에 대해……

12

판박이처럼 영겁회귀 하는
역사적 순간들

살다 보면 과거에 경험했던 것들이 모든 면에서 판박이처럼 재현되는 듯한 이상한 순간들이 있다. 데자뷔라고 불리는 이러한 느낌은 역사가 그 자체로 거의 똑같이 반복될 때 변화의 그물망에서 빈번하게 든다. 묻혀 있는 보물, 정글의 모험, 화려한 색, 철학, 허세덩어리 무법자들, 위대한 예술, 음악, 과학, 그리고 과대망상적 악행 등을 특징으로 하는 일련의 사건들이 등장하는 이번 이야기 역시 그러하다. 바꿔 말하자면, 이번 이야기는 여러분이 흔히 듣는 그런 단조롭고 흔해 빠진 역사 이야기일 수도 있다는 말이다.

그것은 15세기에 에스파냐인들이 신세계, 즉 오늘날 멕시코와 페루에 해당하는 지역에 도착했을 때 시작되었다. 그들의 주된 목적은 신성 로마 제국 카를 5세[201]의 재정 상태를 회복할 수단을 찾는 것이었다. 콜럼버스가 1차 항해를 한 지 겨우 11년밖에 되지 않은 시점(당시 새로운 소식은 아주 느리게 전파되었기 때문에 유럽인들 중 그의 항해 소식을 알고 있는 사람은 얼마 되지 않았다.)인 1503년에 에스파냐인들은 세비야를 통한 아메리카 교역을 통할統轄할 위원회를 설치했다. 신세계가 돈벌이가 되는 곳으로 판명 날 경우를 대비한 것이었다. 그 결과 세비야는 에스파냐의 대서양 작전 지휘본부가 되었다. '만약을 위한' 이러한 대비는 신세계 발견과 관련해 로마 가톨릭교회가 초창기에 취한 견해에 영향을 미쳤다. 아메리카를 발견하고 귀환한 콜럼버스의 상륙 허가서에 묻은 잉크가 채 마르기도 전인 1493년, 교황 알렉산더 6세는 칙서 '인테르 카에테라'를 공포했다. 그 내용은 아르소스 제도에서 서쪽으로 약 4800킬로미터 떨어진 곳에 남북으로 가상의 직선을 긋고, 그 선 너머의 육지와 바다의 지배권을 모두 에스파냐가 갖는다는 것이었다.

한 걸음 더 나아가 '만약을 위한' 결정이 에스파냐 정부의 관리들과 교회의 당국자들이 연 회의에서 이루어졌다. 향후 마주치게 되는 모든 아메리카 인디오들은 에스파냐 왕실에 충성을 맹세하고, 가톨릭을 인정해야 하며, 그러지 않으면 공격을 받고 노예가 된다는 결정이었다. 또한 인디오들은 공식적으로 '열등한' 존재로 정의되었으며 하느님이 에스파냐인들의 정복 대상으로 창조한 것으로 여겨졌다. 이 정의에 따르면 그들은 불결하고 시민권도 없이 강제 노역을 해야 하는 존재였다. (그들의 '본질적으로 나태한 경향'을 치료한다는 도덕적인 명분이 따라붙었다.) 인디오를 노예로 삼는 것이 세속이나 교회법 어느 쪽에도 위배되지 않는다고 교회가 승인했기 때문에 인디오들에게는 강제 노역을 거부할 아무런 법적인 권리가 없었다.

이러한 모든 결정들은 아메리카를 정복하는 데서 멈추지 않고 식민지로 삼으려는 에스파냐의 의도였다. 정복 활동이 시작되던 초기의 연대기 작가들 중 한 명인 로페스 데 고마라는 이렇게 썼다. "정착이 없는 정복은 제대로 된 정복이 아니다. 땅이 정복되지 않는다면 사람들은 개종하지 않을 것이다. 그러므로 정복자의 행동 원리는 반드시 정착이어야 한다." 몇 차례 탐험을 마친 후, 1520년 코르테스는 아스테카의 지도자인 몬테수마를 굴복시켰고, 1532년에는 피사로가 대원 180명과 말 30필을 이끌고 페루로 가 잉카 제국을 무너뜨렸다. 피사로는 150만 페소에 해당하는 금과 은을 아타우알파의 몸값으로 받았는데, 그것은 전 유럽 연간 생산량의 반이 넘는 양이었다. 코르테스는 에스파냐풍의 도시를 새로 건설하는 등 정착 작업을 시작했고, 부하들에게는 땅과 함께 그 땅을 경작하는 데 도움이 되도록 인디오들을 노예로 삼을 권리를 주었다. 그들에게는 도시의 운영에 참여할 수 있는 권리도 자동으로 주어졌다.

한편 교회는 이교도를 공격해 사원 500곳과 우상 2만 개를 파괴했다. 1531년 한 해에만 100만 명의 인디언을 개종시켰다. 그러나 원주민들에 가장 큰 사회적 혼란을 일으킨 것은 에스파냐인들의 출현 그 자체였다. 새로 그 땅에 발을 디딘 자들은 원주민들에게 병에 대한 아무런 면역도 없는 질병을 가져다주었다. 그중에서도 특히 천연두, 말라리아, 발진티푸스로 인해 900만 명이던 페루의 잉카족 인구가 16세기 말에는 200만 명도 되지 않는 수로 줄었다. 같은 기간 멕시코의 인구 역시 약 3000만 명에서 1200만 명으로 줄었다.

세기말이 되자 에스파냐 당국은 이러한 인구 감소를 우려하기 시

에르난 코르테스는 에스파냐의 아메리카 정복 사업에 뛰어든 사람들, 즉 콘키스타도르 중 하나였다.

작했다. 이미 심각한 인력 부족 현상이 나타나기 시작했고, 에스파냐로서는 광산을 개발하려면 전적으로 노예들의 노동에 의존해야 했기 때문이다. 1545년 거대한 페루의 포토시 산에서 대규모 은광이 발견되었다. 그리고 일 년 후, 그보다 더 남쪽 과나후아토에서도 대규모 은광이 발견되었다. 수은을 이용한 새로운 정련 방식이 도입된 1570년부터는 생산량이 급증했다. 페루와 멕시코에서 에스파냐로 은이 쏟아져 들어오기 시작했다. 유입량이 최고치를 기록한 1600년경에는 연간 3600만 페소의 은이 들어왔다. 1550년에서 1660년 사이에

약 1만 8000톤의 은과 200톤의 금[202]이 유럽으로 더 들어왔다. 그 결 202 263 362
과는 에스파냐인들이 예상했던 것과는 정반대로 흘러갔다. 유럽의
금융과 국제무역의 중심지가 에스파냐에서 북부 유럽으로 이동한 것
이다. 문제는 1540년대로 접어들면서 비교적 작은 규모의 에스파냐
산업으로는 새로운 식민지 정착민들의 수요를 감당할 수 없었다는
데 있었다. 에스파냐계 아메리카인들은 막대한 양의 기초 농산물과
의류를 필요로 했고, 게다가 이미 금과 은을 엄청나게 보유하고 있었
던 터라 온갖 사치품에 대한 욕망도 그에 비례해 증가하고 있었다. 식
민지 정착민들은 죽음에 대한 두려움 때문에 어차피 고향으로 돌아
가지 못할 바에는 차라리 자기들이 살고 있는 곳에 눌러앉아 잘 사는
것이 낫다고 생각했다. 덕분에 그들의 돈은 유럽으로 쏟아져 들어왔
고, 세기말 에스파냐에는 400퍼센트의 인플레이션이 발생했다.

이러한 사실은 플랑드르[203]의 도시 안트베르펜(이곳은 에스파냐 왕 203 111 130
실의 영향 아래에 있었다.)에는 좋은 뉴스였다. 왜냐하면 16세기 중반
에는 세비야를 통해 들어오는 남아메리카의 모든 자본이 안트베르펜
으로 들어와 직물, 유리 제품, 금속 제품, 예술품, 그리고 그 밖의 온
갖 소비재들을 구매하는 일에 쓰였기 때문이다. 유럽 경제의 전반적
인 성장은 안트베르펜을 주요 항구로 우뚝 서게 했다. 스헬데 강을 끼
고 있는 이 도시는 발트 해와 지중해 사이, 그리고 대서양과 중부 유
럽 사이라는 아주 이상적인 위치에 있었다. 급속히 성장하고 있던 도
시에는 매년 2500척의 선박과 25만 톤의 화물이 들어왔다. 1500년에
만 해도 4만 명을 겨우 넘었던 주민 수는 1568년에는 11만 4000명으
로 급증했다. 토지가 바닥나고 있었기 때문에 시의회가 나서서 건축
허가를 제한할 수밖에 없을 정도였다. 더 작은 주택과 정원이 있는 집

들이 들어섰다. 에스파냐의 은을 좇아 안트베르펜으로 몰려드는 수많은 장인들로 인해 주택이 아무리 비싸다고 해도 세를 놓을 수 있었기 때문이다.

신세계의 돈은 유럽 전역에서 제작된 상품을 안트베르펜으로 향하게 해주었다. 이탈리아산 도자기와 거울과 유리, 프랑스산 리넨과 포도주, 독일산 금속 가공품과 직물, 네덜란드와 잉글랜드산 모직물, 포르투갈산 향신료, 폴란드산 곡물, 플랑드르산 태피스트리 등등. 오늘날 벨기에의 활기 없는 도시로 안트베르펜을 알고 있는 사람들에게는 아주 이상하게 들릴 수도 있겠지만, 아무튼 16세기의 한 에스파냐 작가는 이렇게 썼다. "안트베르펜은 서양의 메트로폴리스다."

안트베르펜의 사치품 수요는 계속해서 증가했다. 1600년에서 1670년 사이에 안트베르펜의 다이아몬드 세공사의 수는 두 배가 되었다. 비단 직조 산업도 급격히 발전했고, 마졸리카와 설탕 정련 산업도 마찬가지였다. 설화석고, 대리석, 귀금속 전문 세공인들이 기존의 목공 기술자들을 대체했다. 예술품에 대한 개인 수요의 증가는 루벤스, 반 다이크, 요르단스 등의 안트베르펜 화파를 고무하고 성장시켰다. 크리스토프 플랑탱[204]은 유럽 최대의 인쇄소 중 하나를 운영했다.

안트베르펜의 새로운 경제력이 도시를 중요한 금융 중심지로 바꿔놓은 것은 놀라운 일이 아니다. 자본주의의 성장, 끊임없이 이어지는 전쟁들에 내맡겨진 시대적 경향은 단기 융자에 대한 수요를 급속히 증가시켰다. 이제 안트베르펜 증권거래소에서 돈을 빌려서 생계를 유지하는 것도 가능해졌다. 세계 최초로 안트베르펜에 세워진 거래소는 체계가 잘 잡혀 있었다. 이내 시 당국도 환어음과 예금의 안전을 보증했다. 투기 풍조는 복권, 해상보험, 도박의 도입에 의해 더욱

204 127 154

더 거세졌다.

이제 네덜란드는 에스파냐 제국의 정책과 군사 작전의 중심지가 되었다. 에스파냐가 재채기만 해도 안트베르펜이 감기에 걸릴 정도였다. 불행하게도 에스파냐 왕실의 재정과 관련해서 단조로울 정도로 규칙적인 일들이 일어나기 시작했다. 국가가 운영하는 수많은 조직들이 파산함에 따라 안트베르펜의 지위가 심각하게 악화되었다. 안트베르펜의 최후는 스헬데 강이 막히기 시작할 무렵 찾아왔다. 그러고 나서 네덜란드 지방의 신교도들이 에스파냐에 반기를 들고 독립을 선언한 후 새로운 국가를 세웠다. 수도 암스테르담은 바다와 곧바로 연결되었고, 이곳은 곧 유럽의 새로운 금융 중심지가 되었다.

일 년 내내 이뤄지는 상품 거래에 대한 수요는 국제적인 대규모 은행에 대한 절박한 요구를 낳았다. 그리고 1609년 유럽 최초의 대규모 금융 본사가 암스테르담에 문을 열었다. 외환 은행이었다. 암스테르담에 개설된 외환 은행은 유럽 최초의 대규모 금융 중심이었다. 이 은행은 북부 유럽 최초의 공공 은행이었고, 이자를 주고 예금을 받을 수 있도록 승인 받았을 뿐만 아니라 계좌 사이의 자금 이체도 가능했으며, 신용 대출을 해주었고, 환어음도 교환해주었다. 법정 화폐를 주조하기 위해 돈을 금괴나 외국 주화로 교환하는 것도 가능했다. 곧 다른 은행들도 이런 선례를 따르기 시작했다. 국내에서는 미델뷔르흐, 델프트, 로테르담, 그리고 해외에서는 뉘른베르크, 함부르크, 스톡홀름에 있는 은행들이 그러했다. 이 새로운 발전은 새로운 합자 회사들의 성장을 도왔다. 합자 회사는 원래 영국의 해운 회사들이 투자를 끌어모으기 위해 설립했던 것이다. 사업을 위한 사업이 갑자기 또 하나의 사업이 되었다. 현대식 금융 회전목마가 돌아가기 시작한 것이다.

'중상^{mercantile}(훗날 18세기에 이 단어에 접미사 'ism'이 덧붙여진다.)'이 라는 단어가 사방에서 들리기 시작한 것도 그때였다. 에스파냐계 아 메리카의 금과 은의 유입과 함께 초래된 일들은 서양 세계가 자본주 의로 가는 길을 공고하게 다져주었으며, 서양인들의 삶에 대차대조 표적인 태도를 가져다주었다. 토머스 먼은 『외국 무역에 의한 영국의 재보』라는 책에서 '무역의 균형'이란 아이디어를 생각해냈다. 그것은 한 나라의 금융 보유량의 유입과 유출 사이의 관계로 정의되는 것이 었다. 국력이 강한 나라들은 금의 보유량이 많고, 반면 약한 나라들은 보유량이 거의 없거나 전혀 없다. 금과 은은 투자하고 산업을 성장시 키고 군사비를 충당하는 데 쓰이기도 했고, 때로는 다른 나라에 빌려 주는 데 쓰이기도 했다. 먼의 책은 유럽 대부분의 언어로 번역되어 대 단한 성공을 거두었다.

곧이어 어느 나라건 모두 관세를 줄임으로써 원자재의 수입을 최 대로 늘리는 한편, 국내산 원자재에 수출세를 부과하는 정책을 펴게 되었다. 수입 원료를 사용하는 국내 제조업자들은 보조금과 보호 관 세를 통해 외국산 완제품으로부터 보호를 받았다. 1651년과 1660년 두 번에 걸쳐 잉글랜드는 그에 따른 당연한 수순을 밟았다. 두 차례의 항해 조례²⁰⁵는, 사탕수수·담배·인디고·목재·군함용 군수품 등 의 특정 물품은 영국의 배(선원 총수의 최소 4분의 3 이상이 영국 국적이 어야 함)로만 잉글랜드에서 외국으로 혹은 외국에서 잉글랜드로 운송 할 수 있게 했다.

이러한 새로운 방식을 가능케 한 기동성은 효율성도 높고 다용도 로 쓸 수 있는 플류트²⁰⁶라는 선박을 개발했던 네덜란드인들로부터 나왔다. 자동 도르래 장치를 사용한 이 배는 혁신적이고 유용해서 필

205 3 28

206 112 133

요한 선원의 수도 적었다. 플류트는 네덜란드의 항구들로 들어오는 화물들, 특히 동방에서 온 화물들을 환적한 후 유럽 전역으로 실어날랐다. 이러한 수입에는 금이나 은괴가 핵심적인 문제로 자리 잡고 있었다. 차, 커피, 향신료에 대한 유럽인들의 광란에 가까운 수요는 심각한 문제였다. 왜냐하면 이러한 물품을 파는 동방의 상인들은 귀금속만을 지불 수단으로 인정했기 때문이다. 훗날 18세기에 영국인들은 수지를 맞출 수 있는 하나의 대안으로 아편[207]을 찾아냈다. 207 97 109

곧이어 아무리 둔한 정부 관리들조차도 막대한 양에 달한 금은괴의 유출을 줄이기 위해서는 자국의 식민지를 세우는 것이 우선이라는 사실을 분명하게 깨달았다. 모국의 산업계에 원료를 원활하게 공급하고 그럼으로써 재수출 산업을 부양하는 것이 그들 삶의 유일한 목표가 되었다. 18세기 중반, 주요 북부 유럽 열강들은 카리브 해 지역과 북아메리카에 대서양 식민지를 두고 있었다. 카리브 해 지역에는 사탕수수를 재배하는 플랜테이션들이 들어섰고, 버지니아 같은 아메리카 식민지들은 고가의 상품인 담배의 공급지가 되었다. 버지니아는 식민지의 교역과 관련된 법들이 얼마나 엄격한 제한책들을 담고 있었는지를 보여주는 좋은 예다. 버지니아에서 생산된 것들은 영국 이외의 상인들과 교역할 수 없었을 뿐만 아니라 영국 이외의 항구로 수출하는 것도 금지되었다. 이러한 정책은 잉글랜드에 유리하게 작용하는 것처럼 보였고, 그래서 1650년대에는 영국의 모든 식민지에서 이루어지는 외국인들과의 교역이 전면적으로 금지되었다.

염료가 항해 조례의 통제 품목에 오를 정도로 고가라는 사실은 이 이야기에 이상한 반전을 초래했다. 대부분의 나라는 필요에 따라 개인 소유의 배를 임대해서 쓰는 쪽을 선호하고 있었기 때문에 아직 상설 해군이 없었다. '사나포선'이라고 불린 이런 배들은 정부 업무로 항해하고 있다는 사실을 증명해주는 나포 허가장을 구비하고 있었다. 그러나 때때로 사나포선의 선원들은 사적인 활동을 하듯 사칭하며 제멋대로 행동했다. 그들은 보물을 실은 에스파냐의 갈레온선을 공격해 선원들을 죽인 다음 화물을 빼앗아 달아났다. 물론 아예 배를 빼앗는 일도 잦았다. 그러나 이런 과도한 무법 행위들은 무역 균형을 유지하려는 정부의 지시에 따라 비밀리에 수행되는 경우가 더 많았다. 남아메리카에서 본국으로 돌아오는 에스파냐의 보물선들에는 금과 은, 진주, 비단, 향신료, 보석 등이 실려 있었다. 사나포선의 선원들은 본국으로 돌아오면 자신들이 나포한 선박에 실린 화물의 일부를 대가로 받았다.

사나포선의 선원들이 얼마나 포악했던지 사람들은 그들의 행위를 해적질(piracy: 그리스어로 '겁먹게 하다'를 뜻하는 단어에서 나온 말)이라고 부르고, 그런 행위를 하는 사람을 해적이라고 부를 정도였다. 먹잇감에 접근할 때 선홍색 깃발, 즉 졸리 로저(Jolly Roger: 프랑스어 'joli rouge'에서 유래함)를 내걸어 저항하는 자는 그 누구에게도 자비를 전혀 베풀지 않겠다는 의사를 표시한 것이 해적들이 성공하는 데에 큰 몫을 했을 것이다.

모든 해적들 중에서도 가장 유명한 자는 헨리 모건이었다. 그는 1655년 잉글랜드의 호국경 올리버 크롬웰의 지시를 받고 카리브 해 지역에 갔다. 모건은 자메이카에 있는 포트로열에 자신의 본부를 만든 후 나포 허가장을 갖고 적 에스파냐를 약탈하러 떠났다. 그는 가끔 자기편을 습격하기도 했다. 1667년에 평화 조약이 체결되었다. 그러나 아무에게도 그런 말을 듣지 못한 모건은 다음 해에 도시 마라카이

보로 쳐들어가 보물을 빼앗기 위해 주민들을 고문했다. 그는 항구를 지키고 있던 에스파냐 전함들을 폭발물을 가득 실은 모의 배로 위장해서 기만적인 거래를 했다. 마라카이보 습격 한 번으로 얻은 전리품은 모두 합쳐 금화 26만 개에 해당하는 어마어마한 양이었다.

이러한 불법적인 만행으로 모건은 런던으로 호출된 후 기사 작위를 받고 자메이카 부총독으로 임명되었다. 해적을 소탕하라는 명령을 받은 그가 처형한 자들 중에는 전부터 알고 지내던 해적들도 있었다. 한편 이런 운명을 피한 몇 안 되는 그의 친구들 중 하나가 윌리엄 댐피어였다. 그는 멕시코의 유카탄 해안으로 피신해 그곳에서 일군의 무법자들과 합류했다. 이 살인마들은 노략질을 하지 않을 때는 로그우드를 벌목하며 시간을 보냈다. 나무 속에 있는 검정색 염료는 아주 귀한 대접을 받았다. 훗날 댐피어는 보물함 500개를 실은 배 한 척을 약탈했다. 염료에 대한 지식이 풍부했던 그는 그 배에 실린 코치닐이라는 염료가 보석에 맞먹는 가치가 있다는 것을 한눈에 알아볼 수 있었다.

코치닐은 연지벌레의 암컷들을 가지고 만드는데, 멕시코의 부채선인장에 사는 이 벌레는 무게당 금과 비슷한 가치가 있었다. 이 벌레들을 기를 목적으로 부채선인장은 플랜테이션에서 특별히 재배되었다. 생산 방법은 부채선인장을 털어서 벌레를 모은 후 끓는 물에 넣은 다음 태양이나 오븐에서 말리기만 하면 됐다. 조제 방법에 따라 코치닐은 심홍색에서 오렌지색까지 다양한 색을 만들어냈다. 코치닐을 18세기에, 특히 미국 혁명주의자들 사이에서 가장 주목받는 색깔 중 하나로 바꿔놓은 것은 이런 조제 방식이었다.

1605년 코르넬리스 드레벌이라는 네덜란드인이 런던으로 이주했다. 그는 금속판에 장식을 새기는 기술을 도제로 익힌 덕분에 금속에 대해 잘 알고 있었다. 그는 영구 운동 시계, 마술 랜턴, 오리알 인큐베이터 등을 발명해 1620년에는 명성이 꽤 자자했다. 잠수함과 현미경 같은 다른 아이디어에 관해 연구하는 동안 그는 쿠플러 4형제를 알게 되었다. 그중 한 사람은 그의 딸과 결혼까지 했다. 그들 넷은 모두 판매 대리업을 하고 있었다. 드레벌은 온도조절기(이것 역시 그의 발명품들 중 하나)를 만드는 데 필요한 코치닐 용액을 준비하다가 질산과 염산의 혼합액에 백랍을 용해시킨 통에 무심코 코치닐을 빠뜨리는 실수를 범했다.

그는 이 혼합물이 코치닐에 작용할 때 생기는 놀라운 효과에 대해 사위에게 말해주었고, 1620년 이 우연의 산물은 '쿠플러의 색'이라는 이름으로 판매되었다. 드레벌은 코치닐을 매염 처리하는 방법을 우연히 발견한 것이다. 매염은 천연 염료를 천의 섬유에 물들이는 한 방법이다. 매염제에 해당하는 영어인 'mordant'는 프랑스어로 '물다'를 뜻하는 단어에서 나왔는데, 이것은 염료가 섬유를 '꽉 물고' 떨어지지 않으려 한다고 여겨졌기 때문이다. 이러한 매염 처리 과정은 색이 잘 바래지 않게 해주었다. 드레벌이 실수를 통해 알아낸 것은 주석을 써서 코치닐을 매염 처리할 수 있으며, 주석 성분이 94퍼센트인 백랍을 이용하면 된다는 사실이었다. 천연 염료는 어떤 매염제를 쓰느냐에 따라 색이 달라지는데, 주석은 코치닐을 밝은 주홍색으로 바꿨다.

역설적이게도 그 색을 유럽과 아메리카 전역에 알린 사람은 올리버 크롬웰[208](모건을 카리브 해로 보내 해적질을 시켜서 약탈한 코치닐을 얻은 사람)이었다. 1645년 크롬웰은 신모범군을 창설한 후 병사들에게 코치닐로 염색한 주홍색 제복을 입혔는데, 그 유별난 색만으로도

208 156 201
208 303 452

다른 군대와 쉽게 구별되었다. 신모범군은 최초의 국군이었으며, 국가가 직접 징병했고, 직업 장교가 지휘를 맡았다.

좋은 근무 조건에다 고정급을 지급받는 크롬웰의 병사들은 훈련을 충실히 받고 전투에 나가서도 잘 싸웠지만 약탈 행위 따위는 하지 않았다. 병사들에게 모두 똑같은 제복을 입힌다는 생각은 아마도 잘 훈련된 단일한 대오를 이끌어내기 위한 시도였을 것이다. 또한 다른 사람들과 구별되는 복장을 통해서 군인의 사회적 지위를 상승시켜 충성심을 이끌어내려는 의도도 있었을 것이다. 어느 쪽이든 효과는 만점이었다. 훈련에 성실하게 임하고 '붉은 제복'을 잘 차려입은 신모범군은 유럽의 부러움을 샀다.

엄격하게 잘 훈련된 정규군이라는 아이디어는 대륙 전역을 사로잡았지만, 이후의 중요한 발전은 플루트 연주자 겸 작곡가이자 군사의 천재인 프러시아의 프리드리히 대왕에 이르러서 가능했다. 1740년 프리드리히 왕이 왕위를 계승하던 시기에 프러시아의 군대는 유럽에서 네 번째로 큰 군대였다. 그는 모든 지휘권을 자신에게 집중시켜 프러시아 군을 최고의 군대로 만들었다. 그는 자신이 이뤄낸 또 다른 혁신인 기마포병의 기동성에 걸맞은 빠른 기동력을 확보하기 위해서 기마포병의 포가의 크기를 줄였다. 포가를 빠르게 끌 수 있을 정도로 가벼운 대포로 무장한 이 새로운 부대는 상상을 초월할 정도의 전투력을 보유하게 되었다.

또한 프리드리히는 공정한 진급 체계를 만들고, 급료도 많이 주고, 매년 새로운 제복을 지급했다. 그러나 이런 좋은 대우에 반대급부로 규율은 매우 엄격했다. 프러시아 군의 채찍질은 유럽 전역에 전설처럼 퍼져 있었고 처벌 방식도 고문, 신체 절단, 낙인찍기, 독방 감금, 태형 등 매우 다양했다. 이러한 수단을 동원한 결과는 엄격하고도 복종심이 강한 군대로 나타났다. 병사들은 매일 아침 30분 동안은 구두를 손질해 신고, 다시 한 시간 동안은 모발용 왁스를 머리에 바른 다음 머리끈으로 뒤로 묶고 파우더를 듬뿍 뿌렸다. 그 후로는 훈련이 끝없이 반복되었다. 그중에는 프리드리히의 속도를 유지한 채 리듬감 있게 행진하며 대열을 바꾸는 새로운 분열分列 방식도 포함하고 있었다. 1785년 슐레지엔에서 연습 도중 23열종대로 있던 프러시아의 보병 연대는 대포 신호를 듣고 불과 몇 초 만에 횡대로 대형을 바꾸어 참관인들을 경악하게 했다.

이러한 횡대 배열은 머스킷 기술의 발전으로 인해 생긴 것이었다. 신형 머스킷은 화약이 발사 통제판에 자동적으로 들어가는 원추형 점화공을 채택하고 있었으며, 끼울 때 돌아가지 않는 실린더형 꽂을대를 사용했다. 이러한 개선 덕분에 분당 다섯 번씩 머스킷을 쏠 수 있게 되었다. 이러한 비율로 머스킷 병사들은 3열 단위로 교대로 발사와 장전을 함으로써 총알을 쉼 없이 발사할 수 있었다. 프리드리히의 머스킷 총병은 유럽 최고였고, 그는 전투에서 결코 패배하는 법이 없었다.

그러나 프리드리히가 취한 가장 혁신적인 조치에 당대의 지휘관들은 경악했다. 프리드리히는 장교들에게 교육을 잘 받을 것을 요구했다. 그 자신도 교육을 많이 받은 교양 있는 사람이었는데, 프랑스적인 것 특히 볼테르[209]의 작품에 대한 찬미는 지나치다 싶을 정도였다. 1740년 프리드리히는 이 프랑스 철학자에게 편지와 시를 보낸 후, 마침내 그를 한 모임에 참석하도록 설득하는 데 성공했다. 조건을 두고 오랫동안 승강이를 벌인 끝에 볼테르는 2만 프랑의 연금뿐만 아니라

209 228 312

포츠담과 베를린 왕궁에 있는 방들을 제공하겠다는 프리드리히의 제안을 받아들였다. 프리드리히가 원한 것은 자신의 사치스러운 만찬에 참석한 볼테르가 그 유명한 위트로 분위기를 활기차게 해주는 것이었다. 그러나 두 사람의 관계는 점차 냉랭해져 갔다. 특히 프리드리히가 볼테르를 "꽉 짜내서 던져버려야 할 오렌지"라고 했다는 것이 볼테르의 귀에 들어가면서 더 심해졌다. 비록 나중에 두 사람은 자주 편지를 교환하기는 했지만 다시는 만나지 못했다.

지적인 것에 대한 프리드리히의 관심은 근대적인 학교의 토대를 닦을 개혁 조치를 내놓았을 때 가장 의미 있는 방식으로 표현되었다. 그는 기도, 노래 부르기, 교리문답 읽기 등을 국민적 교과 과정으로 정함으로써 초등교육을 표준화시켰다. 그는 수업시간을 조정하고, 표준화된 교과서를 도입하고, 대학원에 수업료를 부과하고, 무단결석에 벌금을 매겼다. 학교 평가제도가 도입되었고, 교사들은 모든 학생들에 대해 연례보고서를 작성해야 했다. 도시의 학교들은 유럽 최초의 교육부 장관의 통제를 받았다.

중등교육은 성직자들의 영향에서 크게 벗어났고, 아비투어라는 새로운 대학 시험이 의무적으로 부과되었기 때문에 학생들은 이에 대비해서 공부해야 했다. 프리드리히는 교원을 양성하는 대학을 처음으로 세우고 교원을 희망하는 자들에게 엄격한 시험을 부과했다. 또한 계몽 원리에 기초를 둔 광범위한 개혁을 실시해 무기력에 빠져 있던 대학들을 구해냈다. 그리고 베를린 대학도 설립했다.

프러시아의 통치자로서 프리드리히는 많은 대학의 직위를 선출하고 승인하는 권리를 갖고 있었다. 이러한 방식으로 그가 승진시킨 사람 중 한 명은 독일 (그리고 세계) 역사에 엄청난 영향을 미쳤다. 왜냐

210 289 414

하면 궁정 고관들 가운데 한 명의 아들이 그로부터 대단한 영향을 받았기 때문이다. 새로운 피임명자는 이마누엘 칸트[210]였다. 그는 쾨니히스베르크 대학(당시에는 프러시아, 현재는 러시아에 속함)에서 물리학과 수학을 가르쳤다. 프리드리히는 왕세자 시절이었던 1739년에 이 대학을 방문한 적이 있었다. 그는 이 대학이 "학문의 강당이라기보다는 곰의 훈련에 더 적합하다"고 말했다.

칸트가 동료 지식인들에게 영향을 미치는 데 가장 큰 장애물로 작용한 것은 그가 구사하는 언어가 거의 이해할 수 없는 방언처럼 들린다는 것이었다. 그러나 그는 서른한 살이란 나이에 우주의 기원에 관한 논문 한 편을 발표해 자신을 또렷하게 각인시켰다. 논문에서 그는 성운의 존재를 제안했다. 또한 그는 자신이 가장 좋아하는 주제인 자연지리학[211]에 대해서도 지루할 정도로 길게 강의했다. 근대에 그가 누린 명성은 한 권의 철학서, 즉 그가 57세 되던 해인 1781년에 처음 출간한 그의 주저 덕분이었다. 『순수이성비판』을 통해 칸트의 사상은 독일어권 전역에 널리 퍼졌다. 그러나 안타깝게도 그는 프랑스어(당시 사상가들이 애용하던 언어)를 쓰지 않았기 때문에 독일 밖에서는 그의 사상에 대해 아는 사람이 별로 없었다.

211 260 358

『순수이성비판』에서 칸트는 당대의 주요 철학 이론들에 대해서도 논했다. 스코틀랜드의 사상가 데이비드 흄은 우리가 알 수 있는 것은 모두 감각을 통해 개별적으로 지각한 것이라고 말했다. 독일의 고트프리트 라이프니츠는 세계를 객관적으로 아는 일이 가능하다는 합리론을 주장했다. 반면에 칸트는 사물은 그것들을 지각하는 개인들과 별개로 존재하며 사물의 성질은 관찰자의 관점에 영향을 받는다고 주장했다. 그리고 그러한 관점은 우리가 우리 자신을 보는 맥락의 제약을 받기 때문에 이러한 제약들이 사물을 지각하는 방식에 영향을 미친다고 주장했다. 언제, 어디서, 무엇을, 어떻게라는 네 개의 질문에 대한 대답으로 세계를 정의할 수 있다는 칸트의 말은 현대 보도기사의 세계를 예고한 것이었다. 그러나 현대의 언론인들과는 달리 이 철학자는 왜라는 난처한 질문만큼은 피했다.

칸트는 개인적 경험에 바탕을 둔 접근만이 우리를 세계에 대한 참된 이해로 인도한다고 생각했다. 이러한 이유로 그는 세계에 대한 모든 지각을 열두 개의 보편 범주로 나누고 그것들이 객관적 진리로 가는 길을 제공한다고 말했다. 삶에서 만나게 되는 모든 것들이 이 범주와 하위 범주들에 적용된다. 예를 들면 '칼'은 '도구'라는 특수한 범주에 속하며, '도구'는 다시 '물체'라는 좀 더 특수한 범주에 속한다. 열두 개의 범주는 다시 양, 관계, 질, 양태와 관련지어 네 개씩 하나로 묶였다.

칸트의 사상은 1806년 예나 전투[212]에서 프러시아가 나폴레옹에게 212 313 463 치욕적인 패배를 당한 후, 요한 고틀리프 피히테라는 또 다른 독일 사상가가 쓴 책 『독일 국민에게 고함』에서 다른 모습으로 변형된다. 주관주의를 극단까지 몰고 간 피히테는, 자아는 최고의 힘이며 민족성은 그 최고의 현현이라고 주장했다. 이러한 사상은 독일에서 전체주의적 민족주의가 형성되는 데 일조했고 결국 20세기에 세계를 거의 파멸 직전까지 몰고 간 정치적인 움직임의 토대가 되었다. 그러나 이런 일들은 무엇보다도 프러시아의 귀족 가문에서 태어난 알렉산더 폰 훔볼트의 개입을 필요로 했다. 그 역시 칸트의 사상에 깊은 인상을 받은 사람이었다.

훔볼트의 가정교사 중에는 『로빈슨 크루소』를 독일어로 번역한 사람이 있었다. 아마도 그것이 훔볼트를 특별한 삶으로 이끈 모험심을 심어준 것 같다. 그는 1789년 괴팅겐 대학에 입학할 때만 해도 남들과 특별히 다를 바 없는 평범한 길을 걸었다. 그곳에서 그는 모든 암석이 바다 밑 퇴적 작용의 산물이라는 이론을 창시한 아브라함 베르너에게 배웠다. 베르너는 또한 프라이베르크 광산 학교에서도 광업과 광물학을 가르쳤고, 훔볼트는 1792년에 광산 감독관의 자리에 올랐다. 그 후 그는 자신이 배운 모든 것을 쏟아붓는 대탐험에 나서기로 마음먹었다. 지리에 대한 칸트의 사상(그는 지리학을 "역사의 기초"라고 칭했다.)이 현대 학문의 한 주제로 확립된 데에는 훔볼트도 일조했을 것이다.

훔볼트의 첫 여행은 시작하기도 전에 끝나버렸다. 남태평양으로 가는 프랑스 원정대에 합류하기 위해 몇 년을 기다렸지만 나폴레옹이 벌인 전쟁 때문에 결국 취소되었다. 훔볼트는 계획을 바꿔야만 했다. 1799년 그는 드디어 에스파냐의 항구 라코류냐를 떠나 여행을 시작했다. 그 여행은 소수의 탐험가들만이 할 수 있었을 만큼 대단한 여행이었다. 베네수엘라 지역을 18개월 동안 여행한 후, 그는 쿠바로 이동해 그곳에서 석 달 동안 머문 후 다시 콜롬비아, 에콰도르, 페루로 이동했다. 1803년 초에는 멕시코로 가 그곳에서 일 년 동안 있었다. 1804년 그는 마침내 프랑스로 돌아왔다. 돌아오는 도중 필라델피아에 들러 토머스 제퍼슨[213]이라는 거물과 환경에 대한 자신의 열정을 공유하기도 했다.

영웅적인 여행을 하는 동안 훔볼트는 위험천만한 급류를 타기도 하고, 정글 숲을 칼로 헤치기도 하고, 바로 코앞에서 야생 동물과 마주치기도 하고, 원시 부족과 살다가 온갖 열병에 걸리기도 했다. 이

213 80 89
213 113 135
213 295 427

베를린의 서재에 앉아 있는 훔볼트. 그는 이곳에서 『코스모스』 집필에 몰두하며 말년을 보냈다.

모든 고생 끝에 그는 수많은 위업을 달성했다. 그는 약 1만 1000킬로미터의 거리를 여행하면서 6만 점이 넘는 표본을 수집하고, 오리노코 강과 네그루 강의 합류점을 발견하고, 2만 7000미터 높이의 대기가 어떻게 구성되어 있는지를 알아내고, 침보라소 산에 올라가 화산가스 분출을 측정하고, 자기 적도의 위치를 확인하고, 훔볼트 해류와 구아노 비료[214]를 발견하고, 500개가 넘는 별의 위치와 높이를 측정하고, 그 자신의 말마따나 "마치 정신 나간 사람처럼" 뛰어다녔다. 214 24 48

훔볼트는 환경주의도 고안해냈다. 그의 수많은 글 중의 하나에서 뽑은 다음 구절은 그것을 잘 보여준다.

산의 정상과 기슭을 뒤덮고 있는 나무를 베는 것은 모든 기후에 사는 미래 세대에게 두 가지 재앙을 남긴다. 연료와 물 부족이 그것이다. 나무의 잎이 수증기를 배출하는 덕에 우리는 항상 시원하고 축축한 대기에 둘러싸여 있다. …… 나무들은 토양을 태양의 직접적인 작용으로부터 보호해주고 그럼으로써 빗물의 증발을 감소시킨다. 숲이 파괴되면 샘물의 양이 줄어들고 심지어는 완전히 말라버리기까지 한다. 강은 산에 폭우가 쏟아질 때마다 급류로 바뀐다. 풀과 이끼는 사라진다. …… 빗물은 더 이상 아무런 장애물도 마주치지 않고 아래로 돌진해간다. …… 수위가 천천히 올라가는 대신 강물은 바닥에 골을 파고 토양을 유실시키고 갑작스러운 홍수를 일으켜 나라를 황폐하게 만든다. 따라서 숲의 파괴, 샘물의 부족, 급류의 발생 이 세 가지는 밀접한 연관이 있는 현상이라는 결론이 나온다.

훔볼트는 자신의 이론과 관찰 내용을 『코스모스』라는 대작에 담아서 역사에 길이 남겼다. 책의 판매량은 성서와 맞먹었고, 그의 명성은 미국에서도 그를 만나보기 위해 떼 지어 몰려들 정도였다. 훔볼트는 식물의 성장에 관한 이론을 최초로 내놓았다. 그는 양분과 빛을 찾기 위해 협동 혹은 경쟁하는, 마치 인간 사회와 같은 식물에 대해 설명했다. 그는 인간 사회와 같은 열대의 숲, 즉 영원히 끝나지 않는 식물들의 전쟁 속에서 개체들이 살아남거나 혹은 사라지는 사회를 생각해냈다. 그는 자연과 사회 둘 다 기본적으로는 환경의 제약 속에서 형성된다고 주장했다. 특히 유기체들이 생명을 유지하고 증식하기 위해서는 공간이 필요하다고 말했다. 이것을 잘 해내는 유기체들은 환경에 적응하는 것들인데, 그들은 그런 적응 능력을 이용해 영토를 확장한다. 이 확대주의자들은 다른 유기체들을 만났을 때 그들을 무조건 파멸시키거나 그들이 차지할 수 있는 양분이나 먹이의 몫을 줄어들게 함으로써 생존한다. 패배한 유기체들은 죽거나 혹은 노예 유기체가 된다.

19세기 말 훔볼트의 저서는 독일의 모든 지리학자들에게 영감을 주었다. 그의 사상이 주류로 자리 잡고 있던 1874년에 여행 작가인 프리드리히 라첼은 미국 구석구석을 여행하면서 훔볼트가 말했던 종과 공간의 증거를 확인했다. 미국으로 간 유럽의 정착민들은 원주민들의 땅을 차지했다. 그 결과 훔볼트가 말했던 것과 똑같이 아메리카의 원주민들은 쇠퇴했고, 경제는 완전히 붕괴했고, 무기와 기술력으로 환경에 잘 적응할 수 있었던 백인들에게 땅도 빼앗겼다.

독일로 돌아온 라첼은 언론인 생활을 그만두고 뮌헨에서 교수직을 얻어 인문지리학을 가르치기 시작했다. 1900년 라이프치히 대학으로 자리를 옮긴 그는 아프리카 쟁탈전, 경쟁에 의해 결정되는 기술, 독일이 식민지를 건설해야 할 필요성 같은 주제로 강의를 했다. 1901년에 출간된 『생활권』에서 그는 훔볼트의 기본적인 아이디어들을 재구성했고 그것은 그의 동료 독일인들에게 심대한 영향을 끼쳤다. 라첼은 모든 사회와 국가는 두 개의 '개념'을 포함하고 있는데, 그것은 바로 국민과 영토라고 말했다. 우수한 유기체들은 팽창해서 열등한 유기체들을 정복하고 자신의 목적에 맞게 그들을 복종시키고 멸종으로 몰고 가 그들의 생활공간을 차지한다. 비록 정치적인 경계들이 민족의 영역 성장을 제한할지도 모르지만 정치적인 팽창은 항상 인종적인 팽창을 자극한다. 왜냐하면 그것은 번창하고 증식하기 위해 필요한 더 많은 공간을 만들어주기 때문이다. 그리고 역사는 한 국가가 다른 국가를 합병해 성장하지 못하면 사멸한다는 사실을 잘 보여주고 있다.

라첼의 책은 퇴역 포병 장교 출신으로 뮌헨에서 지리학과 군사학을 가르치던 카를 하우스호퍼 교수에게 영감을 주었다. 제1차 세계대전에서 독일이 패한 후, 지정학에 관한 그의 강의와 국가를 하나의 유기체로 보는 개념은 자국이 상실한 식민지들을 되찾아야 한다는 독일의 요구에 이론적 근거를 제공했다. 하우스호퍼의 사상은 전쟁 때 그의 부관이었던 루돌프 헤스를 고무시켰고, 그는 독일과 영국이 힘을 합칠 수만 있다면 앵글로색슨이 세계를 지배할 수 있다고 확신했다. 독일의 팽창에 관한 하우스호퍼의 어조는 선동적이었다. 1923년 헤스는 나치 반란에 참여했다가 실패하자 오스트리아로 피신했지만, 자진해서 란츠베르크 형무소로 돌아와 실패한 쿠데타 지도자인 아돌프 히틀러와 만났다. 한편 히틀러는 그곳에서 자신의 정치 선언문인 『나의 투쟁』을 집필하고 있었다.

하우스호퍼가 재해석한 훔볼트의 생활권 개념에 대해 헤스가 히틀러에게 설명해준 내용은 히틀러가 이미 집필하고 있던 책에 들어 있는 것과 비슷했다. 나치의 생활권 전략은 여러 단계로 나뉘어 시행됐다. 그 계획은 1941년 독일이 연합군을 패배시키고 난 후 중앙아프리카를 차지해 원자재와 노동력을 확보하고, 이어서 남아메리카의 대부분을 차지한다는 것이었다. 여기서 나치는 원주민들의 운명과 관련된 계획을 세우는데, 그것은 400년 전 에스파냐 정복자들이 했던 것과 거의 똑같았다.

물론 이러한 특별한 전략은 계획 단계를 결코 벗어나지 못했다. 그러나 역사는 어떻게 반복되는가에 관한 최후의 역설 하나가 있다. 훔볼트는 피사로라는 배를 타고 대서양을 건넜다. 그리고 그 탐험의 궁극적인 효과가 그 옛날 남아메리카 침략자와 너무도 유사한 나치를 불러들인 것이다.

　나치즘은 인종 차별을 기본적인 신조로 명시했다. '열등한' 인종은 정복되어 강제 노동에 처해져야 했다. 이것은 세계를 분열시키는 하나의 중대한 문제였지만 처음 있는 일은 아니었다……

이념이 우리를
갈라놓을지라도

근본적인 이념의 불일치가 사람들을 아무리 갈라놓더라도 역사의 알수 없는 진행 경로는 종종 예기치 못한 방식으로 그들을 다시 통합시키곤 한다. 노예 제도도 그렇게 사람들 사이를 갈라놓은 논쟁거리 가운데 하나였다. 노예 제도를 둘러싸고 벌어진 찬반 논쟁은 사실상 처음부터 의견이 극과 극으로 갈려 마지막까지 입장 차이를 좁히지 못한 채 반목과 갈등만을 되풀이했다. 사실은 그렇지 않았을지도 모르지만 적어도 논쟁 당사자들은 양측 모두 그렇게 생각했다.

15세기에 포르투갈인들은 이슬람교 흑인들을 포로로 붙잡아 유럽으로 데려왔고, 포로들은 자기들이 사는 고향 부족 가운데 자기들 몸값을 '대신할 것들'이 있으니 자기들을 자유롭게 해달라고 제안했다.

그렇게 해서 아주 자연스럽게 유럽인들은 아프리카인들을 데려다 노예로 쓰기 시작했다. 1444년 포르투갈의 라구스에는 포로들 몸값을 '대신할 것들' 235명을 선적한 노예선이 처음으로 입항했다.

그와 같은 일은 곧 일반적인 것이 되었다. 15세기 말, 크리스토퍼 콜럼버스가 신세계에 도착하자마자 사실상 제일 먼저 서두른 일도 지역 원주민들을 노예로 쓰고자 잡아들이는 일이었다. 그 후 아프리카 노예들이 카리브 해에 떠 있는 섬에 건설된 열대 농장으로 끌려와 일하게 되는 데는 20년도 걸리지 않았다. 노예들을 일꾼으로 부려 싼값에 생산한 설탕과 담배는 금세 값비싼 사치 품목으로 둔갑했다. 1500년에서 1800년 사이 전 기간에 걸쳐 노예 매매업은 부자가 되는 지름길로 통했다. 흑인 노동력을 찾는 수요는 천문학적인 비율로 치솟았고, 얼마 지나지 않아 영국 노예 무역상들이 가장 효율적으로 막대한 수익을 남기는 노예 상인으로 떠올랐다. 영국 노예 무역상들은 노예로 삼각무역을 했다. 아프리카인들을 노예로 붙잡아 카리브 해에서는 설탕과 맞바꾸었고, 식민지 아메리카에서는 담배와 맞바꾸었다.

대서양 양쪽에서 노예를 찾는 수요는 사실상 한도 끝도 없이 이어졌다. 1770년 영국 리버풀을 떠나 아메리카 식민지로 향한 노예선 숫자는 192척이었다. 1800년이 되자 그 숫자는 1283척으로 늘어났다. 노예선 화물칸의 위생 상태는 꼴이 말이 아니었고, 따라서 평균 10퍼센트에 달하는 '물품 손실률(운반 도중 죽어 나간 노예들을 능청맞게 둘러대는 표현)'이 발생했는데도 노예 상인들은 1804년 쿠바와 무역을 하며 사상 최대 실적을 올렸다. 한 번만 갔다가 팔고 와도 몇 백 퍼센트 이익이 남는 장사였다. 10퍼센트, 그 정도의 손실도 없는 투자가 어디 있냐며 배짱 좋게 넘길 만도 했다. 1600년에서 1807년 사이 모

노예선에 실려 '운송' 중인 아프리카 노예들.

두 1242만 명에 달하는 아프리카 흑인들이 강제로 아프리카 땅을 떠나 신세계로 끌려와 살았다. 가장 많은 인원이 끌려온 세 곳은 영국 식민지였던 카리브 해 지역, 아메리카 지역에 자리 잡은 담배 농장과 사탕수수 농장들, 그리고 멀리 포르투갈 식민지였던 브라질의 사탕수수 농장이었다.

노예 제도는 시작 초기부터 논쟁을 불러일으켰다. 초기 의견 대립은 대부분 노예 무역을 바라보는 경제적인 입장 차이에서 비롯됐다. 극동 지역과 무역 거래를 트고 지내던 동인도 식민지 상인들은 노예 노동에 기반을 두고 저가 공세를 펴는 서인도 제도산 상품과 가격 경쟁을 벌어야 한다는 사실에 불만을 터뜨렸다. 프랑스에서는 자국의 사탕무 재배 농가를 보호하려고 설탕 수입을 금지했다. 경제학자 애덤 스미스는 노예 제도는 노동자들의 근로 의욕을 떨어뜨린다는, 어느 정도 학문적으로도 타당한 근거를 바탕으로 노예 제도를 반박했다. 노예 제도를 폐지하면 식민지인들이 반란을 일으킬 가능성도 줄어들 것이라는 주장도 나왔다. 그러나 영국 재무성에서는 노예 제도에 반대할 뜻이 없었다. 영국 정부는 설탕에 세금을 붙이면 다른 조세 수입원을 찾아야 하는 수고를 들이지 않고도 막대한 조세 수입을 챙길 수 있기 때문이었다. 카리브 해 세인트키츠 섬 농장 소유주들은 영국 상원에 서면으로 "고대 이집트에 노예들이 없었다면 집 짓는 데 쓸 벽돌은 누가 만들었겠냐?"며 마찬가지로 자신들도 흑인들이 없으면 농장에서 아무것도 재배할 수 없다는 뜻을 전달했다. 식민지 아메리카의 남부 상원의원 존 캘훈은 "아프리카 인종들이 육체적으로, 윤리적으로, 정신적으로 그나마 개명하고 성숙할 수 있게 된 것도 노예 제도가 있었기에 가능했던 일"이며, 노예들이 아프리카에 남아 있는 동족들 가운데서는 경쟁 상대를 찾을 수 없을 정도로 진화하게 된 것도 다 노예 제도가 있었기에 가능했던 일이라고 주장했다. 당시 상식에 따라 캘훈은 노예 제도는 인종 간의 관계를 올바르게 유지하는 유일한 방법이기도 하다는 주장을 펼치기도 했다.

그러나 인도주의적인 관점이 점차 지지를 얻기 시작했다. 18세기 후반, 영국과 식민지 아메리카의 퀘이커교도들이 맨 먼저 앞장섰다. 작전은 기막히게 맞아떨어졌고 일반인들 사이에서 노예 제도 폐지론자들이 늘어났다. 1738년 식민지 아메리카 퀘이커교도인 벤저민 레이는 델라웨어 주 교우 연례 정기 모임에 외투 차림으로 나타났지만 사실 외투는 자신이 안에 군복을 입고 칼을 찼다는 사실을 숨기기 위한 위장술에 불과했다. 손에 든 책 역시 성경처럼 보이기는 했지만 사실은 속을 파내고 그 속에 붉은색 과일즙으로 채운 돼지 방광을 넣은 것이었다. 노예 제도가 부당하다고 통렬하게 반박하던 레이는 연설

도중 자리에서 일어나 외쳤다. "흑인을 노예로 거느린 자들은 모두, 흑인들도 자신들과 똑같은 창조물이자 자신들의 형제자매라는 사실을 뻔히 알면서도 흑인들을 노예 취급 하고 있는 자들입니다. …… 여러분들도, 저도, 그리고 우리 모두 다 이제 그만 외투를 벗어 던져야 합니다. …… 전지전능한 우리 하느님 앞에 서면 우리 모두 하나같이 똑같은 인간일 따름입니다. …… 만약 여러분이 그들의 심장을 칼로 찌른다면 나는 이 책도 똑같이 찔러버리겠습니다." 그는 연설을 맺기가 무섭게 칼날을 뽑아 단숨에 책에다 꽂았다. 붉은색 액체가 사방으로 분수처럼 치솟았고, 그것을 진짜 피라고 생각한 교우들은 두려움에 떨었다.

노예 폐지 운동은 서서히 사회 전반으로 지지 기반을 넓혀가고 있었다. 1772년 법정 소송에서 변호사 그랜빌 샤프와 윌리엄 윌버포스는 서인도 제도의 노예인 제임스 서머셋은 자유롭다는 승소 판결을 따냈다. 사건을 주재한 수석 재판관 맨스필드는 영국 법률에 따라 영국에서는 아무도 노예가 되지 않는다는 사실을 분명히 못 박았다. "노예라 하더라도 누구든 일단 영국 영토에 발을 들여놓으면, 그 순간부터는 자유다." 1774년 영국 퀘이커교단에서는 투표를 실시해서 노예 매매에 관여한 신도는 신도로 인정하지 않기로 결의했다. 1776년 펜실베이니아 주 퀘이커교도들은 교인들에게 노예들을 자유롭게 풀어주든지 아니면 영구 제명당해 다시는 얼굴 보고 살 생각을 말든지, 둘 중 하나를 선택하라고 요구했다. 1787년 영국에서는 처음으로 노예폐지협회가 결성됐다. 영국 노예 제도 반대 운동을 이끈 지도자 가운데 한 사람이 버밍엄 지방의 퀘이커교 신자인 샘슨 로이드였다. 그는 산업혁명 초기에 핀, 못, 단추 제조업으로 대성한 사업가였다.

1765년 그는 핀과 못 말고 좀 더 일상생활에 밀접한 상품을 파는 업종으로 전환했다. 그해 그는 로이드 은행을 설립했다.

못 제작은 산업 기술 가운데서도 숙련된 기술이 필요한 일급 기술이었다. 16세기의 못 제작 기술은 다음과 같았다. 뜨겁게 달군 쇳덩이를 망치로 두드려 막대로 만든다. 다시 막대를 불에 달궈 금형 구멍으로 밀어 넣어 가느다랗게 만든다. 그것을 잘라 망치질해서 한쪽 끝은 납작하게 머리 부분으로 만들고, 남은 한쪽 끝은 날카롭게 다듬었다. 1728년 프랑스 사람 하나가 철을 압착해 막대를 뽑아내는 홈붙이 롤러를 제작했다. 그런데 가는 막대가 기계의 드럼에 상처를 자주 냈다. 망치로 두드리든 기계로 뽑아내든 그 제작 방식이야 어찌 됐든, 못은 그 관련 기술인 신선伸線으로 18세기까지도 지역별로 흩어진 소규모 사업장에서 생산되었다. 생산자 숫자만큼이나 제작 기술도 제각각이었다.

나이아가라 폭포를 가로지르는 다리가 건설되자 못과 철사 제작 기술자들에게도 생활 변화가 일어났다. 1831년 독일 작센 지방 밀하우젠 출신의 토목기술자 하나가 미국으로 건너와, 펜실베이니아 주 색슨버그에 자리 잡는다. (미국 남부에 정착하고자 했지만 노예 제도에 대한 입장 때문에 여의치가 않았다.) 처음에는 농부로, 펜실베이니아 운하 건설 현상에서는 측량기사로, 그리고 나중에는 철도 건설 기술자로도 일한다. 그가 바로 존 로블링(독일 이름은 요한 로블링―옮긴이)이다. 그는 이상하리만치 철사밧줄에 빠져 있었다. 미국에서는 아무도 철사밧줄을 만들려고 시도하지 않았으므로 그의 생각을 지지해줄 만한 사람을 찾기도 쉽지 않았다. 매사추세츠 주 우스터에 있는 워시번 앤드 컴퍼니가 어떤 회사였는지는 조금 있다가 이야기하기로 하고,

어쨌든 그곳에서도 자신의 제안에 별다른 관심을 보이지 않자, 그는 1848년 뉴저지 주 트렌턴으로 장소를 옮겨 자기 사업을 시작했다.

로블링은 펜실베이니아 주와 델라웨어 주에서 규모는 작지만 다리를 다수 건설하며 기술력을 쌓았다. 그는 마침내 나이아가라 폭포를 가로지르는 새 철도 교량 건설 시공업자로 선정되었다. 그는 현장에서 3640개에 달하는 철사를 한 가닥으로 단단하게 꼬아 인장력이 강한 철사 케이블을 만들었다. 그러고는 철사 케이블을 연에 매달아 강 맞은편으로 날려보냈다. 그런 과정을 반복한 끝에 로블링은 세계 최초로 현수교를 완성했다. 다리 길이는 약 250미터, 다리 강도는 기차 전체 무게를 버티고도 남았다. 그리고 1855년 3월 16일 다리를 통과하는 철도가 개통됐다.

나이아가라 다리가 완공되자 로블링이 개발한 철사 꼬기 기술은 곧 모든 현수교 건설에서 표준 공법으로 자리 잡았다. 그가 자기 이름을 역사에 남기게 된 계기는 브루클린 다리 건설이었다. 1883년 5월 28일 다리가 개통되자 사람들은 세계 8대 불가사의 가운데 하나라고 극찬을 아끼지 않았으며, 이제야 비로소 강을 건너 미합중국 통합이 달성됐다고 감탄을 금치 못했다. 브루클린 다리는 모든 면에서 웅장하고 영웅적인 면모를 과시했다. 다리는 길이 1825미터, 무게 5000톤에 달했다. 그리고 지름 4.5센티미터짜리 케이블 네 줄기가 1090미터 길이로 늘어져 다리를 지탱했다. 케이블은 강 양편에서 연철판으로 연결되어 있고, 연철판은 다시 27미터 높이로 버티고 선 화강암이 6만 톤 무게로 누르고 있었다. 도로 너비는 25.9미터. 맨해튼 브로드웨이의 도로 너비보다 1.5미터가 넓은 도로가 현수 케이블에 매달려 강물 위에 떠 있었던 것이다.

당시 로블링의 기술만큼이나 철사를 무지막지하게 많이 사용한 혁신적인 기술은 단 하나였다. 그것은 바로 1841년부터 사용된 전신[215]이었다. 이후 전신은 미국 전역에 깔리게 되었다.

215 30 53
215 147 183

그런데 전신 기사들이 당면한 문제는 그들에겐 길이가 아주 긴 전선이 필요했다는 것이다. 그중에는 중간에 끊김 없이 최소 20여 미터 이상 이어진 선도 있었다. 그러나 그 정도 길이의 전선은 보통의 핀서그립 와이어 인장식 제조법으로는 만들 수 없었다. 1860년 영국인 조지 베드슨이 철사를 아연 전해 용액 속에 담가 표면에 아연 피복을 입혀 철사를 보호하기에도 좋고 철사 내구성도 높이는 새로운 방법을 개발해내면서, 전신 기술자들을 괴롭히던 고민거리가 말끔하게 사라졌다. 이 기술은 아연 도금법[216]으로 알려지게 된다. 베드슨은 이 기술로 금속 빌릿 11킬로그램을 불과 15초 안에 아연 도금된 막대로 만들었다. 1868년, 로블링의 제안은 거들떠보지도 않았던 워시번 앤드 컴퍼니가 아연 도금법을 도입해 매사추세츠 주 우스터에 공장을 세우고 끊기지 않은 긴 막대를 생산함으로써 미국에도 베드슨의 신기술이 소개되었다. 그 결과 미국 서부에는 일대 변화가 일어나게 되지만, 아무도 그와 같은 결과가 나오리라고 생각하지 못했다.

216 184 234

1868년은 일정 토지에 정착해 살며 그 땅을 개간한 사람으로서 만 21세가 넘은 성인이라면 누구나 64만 7508평방미터에 달하는 공유지를 무상으로 제공받는다는 자작농지법[217]이 발효된 지 6년째 되던 해였다. 이 법안은 5년 넘는 기간에 걸쳐 토지를 실제로 점유하고 있었다면 토지 영구 소유권은 거주자에게 있음을 인정하는 것이었다. 그러나 현실은 말처럼 그리 만만치 않았다. 서부에는, 공유지는 대대로 자신들이 아무에게도 간섭받지 않고 목초지로 사용하던 땅이었다

217 298 437

고 생각하는 대목장주들이 버티고 있었다. 그리고 (목장 전쟁이 일어났다는 데서도 잘 드러나듯) 목장주들은 농부들에게 자기 땅을 순순히 내줄 사람들이 결코 아니었다. 그러나 마침내 승리한 쪽은 목장주들이 "어디 감히 농사꾼들 따위가"라고 경멸하던 농부들이었다. 그들의 승리는 베드슨의 아연 도금 철사, 그리고 농부, 목재상, 목축업자의 노력 덕분이었다. 일리노이 주에는 디캘브라는 곳이 있었다. 시카고에서 93킬로미터 떨어진 곳으로, 모두 합쳐 세 사람이 살고 있었다. 그런데 그런 곳에서 1873년에 군 농축산물 전시회가 개최되었고, 세 사람은 거기서 생전 처음 보는 신기한 물건을 하나 보았다. 같은 지역의 헨리 로즈라는 농부가 출품한 발명품이었다. 그것은 기다란 판자에 일렬로 못을 거꾸로 꽂아 울타리에 설치해서 소들이 안전한 지역을 벗어나지 못하도록 하기 위해 제작한 것이었다.

농부 조지프 글리든, 벌목꾼 존 해시, 목축업자 W. L. 엘우드 세 사람은 그 발명품을 조금씩 개조하기 시작했고, 1874년 최종 완성품을 글리든의 명의로 특허 받았다. 세 사람이 발명한 완성품은 아연 도금 철사를 두 가닥으로 꼬아 사용했고, 철사는 워시번 앤드 컴퍼니에서 생산한 제품이었다. 그들은 철사선 중간 중간을 꼬아 가시처럼 만든 다음 그것에 철조망이라는 이름을 붙였다. 이제 가축들이 농경지로 들어와 농사를 망치는 일은 생기지 않았고, 미국은 세계 최대 곡물 생산국으로 발돋움했다.

농부들은 철조망으로 울타리를 쳐 자기 소유지를 표시할 수 있었다. 무엇보다 목장주들 사이의 충돌 원인이었던 물의 소유권 문제를 해결할 수 있었다. 또한 철조망은 목장주들에게도 이익이었다. 비싼 돈 들여 사들인 외국산 가축들이 병든 가축들과 섞이는 일을 막을 수 있었으므로 어쩔 수 없이 가축 사육을 망치는 일은 없었기 때문이다. 1.6킬로미터에 200달러나 하는 철조망 가격은 부담스러웠지만 철조망을 이용하면 인건비도 줄일 수 있었을 뿐만 아니라 가축 분실 사고도 줄일 수 있었다. 다음 세기로 접어들자, 아무 경계도 없이 탁 트인 초원이었던 네브래스카 주와 일리노이 주에는 철조망이 들어섰다. 한때 한가로이 돌아다니며 풀을 뜯던 소 떼들은 온데간데없고, 대신 옥수수 물결이 출렁였다.

그와 같이 목초지가 옥수수 밭으로 변했다는 사실이 뉴욕 주에서 통조림 공장을 공동 운영하던 머렐과 소울 두 사람에게는 반갑기 그지없었다. 머렐은 시러큐스 식료품점에서 점원으로 일한 적이 있었다. (기획력이 있었던) 머렐과 (돈이 있었던) 소울 두 사람이 만난 곳도 바로 그곳이었다. 급성장을 거듭하던 동부 연안 산업 도시의 성장 속도에 발맞추고자, 두 사람은 힘을 합쳐 옥수수 통조림 생산 과정을 자동화했다.

1880년대 머렐과 소울이 도입한 '자동 생산 공정용' 장치는 '루브 골드버그'라는 옥수수 조리 기계(머렐 건 쿠커라는 별명으로 통하기도 했다.)였다. 이 기계는 증기열로 작동하는 기관차 보일러, 그리고 그 끝에 달린 커다란 프로펠러로 구성되어 있었다. 프로펠러는 옥수수를 관 속으로 날려 보내는 역할을 했다. 다른 한쪽 끝에서 옥수수가 통조림 깡통 속으로 떨어지면 자동으로 깡통을 밀봉하고 포장했다. 1890년 머렐과 소울이 운영하던 치튼앵고 공장은 하루 생산량 15만 통을 자랑하는, 미국 북부의 최대 통조림 생산 시설이었다.

옥수수 통조림 사업 성공에 고무된 머렐과 소울은 분유 통조림 사업과 다진 고기 통조림 사업으로 규모를 확장했다. 그런데 난데없이

'콘 블랙'이라는 재앙이 옥수수 통조림 업계를 덮쳤다. 통조림 깡통에 보관한 옥수수에서 검은색 얼룩이 피었던 것이다. 1909년 조사 결과, 얼룩이 피는 까닭은 통조림 깡통을 주석으로 납땜하는 과정에서 일어나는 화학 반응 때문이라는 사실이 밝혀졌다. 제조업자들은 문제를 해결하고자 자신들이 생각해낼 수 있는 방법이란 방법은 다 동원했다. 깡통 재료를 강철로 바꿔도 보고 양철판의 두께를 늘려도 보았다. 깡통 안쪽에 도료용 양피지는 물론이고 아마인 기름까지 안 발라본 것이 없었다. 마지막으로 깡통 내부 표면을 법랑 처리 했고, 마침내 그들은 소원을 풀었다. 사실 법랑 처리 기술은 베드슨이 철사에 아연 도금을 입히는 과정에서 고안한 전해질 용액 수조에 사용하던 구식 기술이었다. 1930년대 들어서는 좀 더 발전된 기술이 시도됐는데, 그것은 깡통을 카드뮴으로 전기 도금하는 방식이었다. 카드뮴은 통조림 깡통뿐만 아니라 자동차 부품, 냉장고 칸막이 등의 금속에 끼는 녹을 방지하는 데 효과 만점인 물질이었다. 카드뮴은 주석을 용해 제련하는 과정에서 거저 얻을 수 있는 부산물이라는 점에서 또한 매력 만점이었다. 그러나 인체에 치명적인 독성을 품은 중독성 금속 물질이라는 사실이 밝혀졌고 따라서 사용이 곧 중단되었다.

그러나 아직 사람들은 카드뮴의 다른 속성을 모르고 있었다. 카드뮴의 다른 속성은 그것이 국민 안전을 위협한다는 사실이 밝혀짐으로써 근대 역사상 가장 논란이 많았던 기술을 낳는 데 일조했다는 것이다. 재미있는 사실은 그러한 발전이 다시 통합에 기여하게 되고, 이번에도 역시 서로 별개의 역사적인 연쇄가 이 장의 앞부분에 나왔던 노예와 관련된 논쟁적인 문제를 제기했다는 것이다.

이야기를 되돌려 18세기 당시, 철사와 못 제조 공장주들은 노예 폐지 운동을 적극적으로 지지했다. 같은 시기, 노예 상인들에게 가장 폭넓은 지지를 보내며 동맹군 노릇을 해준 세력 역시 공장주들, 다름 아닌 설탕 공장 공장주들이었다. 물론 업종은 달랐지만 철사와 못과 마찬가지로 설탕도 경제에서 없어서는 안 되는 품목이었다. 무역 상품으로서 설탕이 지닌 가치를 생각한다면, 설탕은 결코 양보할 수 없는 거래 물품이었다. 프랑스와 한바탕 전쟁을 치르고 나자 영국은 프랑스에게는 캐나다 땅을 되돌려주고, 대신 프랑스로부터 카리브 해 마르티니크 섬을 넘겨받자는 주장을 진지하게 검토했을 정도였다. 캐나다 땅에는 없는 사탕수수 농장이 마르티니크 섬에는 있었기 때문이다. 1800년 유럽 수입 상가에 진열된 물건 가운데 절반은 단맛을 내는 제품들이었다. 1830년에 이르러 설탕은 사탕을 만들거나 과자나 빵에 단맛을 내는 재료로 쓰였다. 그리고 설탕과 폐당밀(당밀)로 만든 막대사탕도 나왔다. 설탕은 차는 물론 커피와 초콜릿 음료를 마실 때도 필요했다. (초콜릿바는 1847년에야 나왔다.) 막대사탕이 널리 팔렸을 정도로 설탕은 일상 생활용품으로 자리 잡고 있었다.

설탕 생산은 곧바로 당밀을 증류해 만든 새로운 주류 시장의 탄생으로 이어졌다. 17세기 전만 해도 사람들은 정말이지 당밀 같은 것은 거들떠보지도 않았지만, 18세기 들어 증류주를 빚는 데 쓰이던 곡물의 가격이 상승하자 값은 싸면서도 증류주를 대신할 만한 술을 찾는 수요에 부응해 시장도 반응을 보이기 시작했다. 그래서 나온 것이 럼주였고, 럼주는 바다에서 일하던 사람들의 일상생활을 180도 바꿔놓았다. 영국 해군조차 럼주를 군납용 주류로 공식 지정해서 병사들에게 날마다 일정량을 배급할 정도였다. 1698년 영국에서 수입하는 럼주의 양이라고 해봐야 783.5리터에 불과했지만 그 후 1775년까지 연

평균 수입량은 750만 리터가 넘었다.

1660년에서 1775년까지 영국에서는 다양한 설탕 제품들이 팔리고 있었고, 덕분에 그 사이 설탕 소비량은 스무 배나 늘어났다. 1650년 처음 선보일 당시만 해도 진품 대접을 받던 것이 1750년에는 사치품으로, 1850년에는 생활필수품으로 자리 잡았다. 산업혁명으로 주머니에 여윳돈이 생긴 노동자들이 그 돈을 달콤한 차를 마시는 데 쓰기 시작하자, 설탕 소비 역시 눈에 띄게 빠른 속도로 늘어나기 시작했다. 설탕은 열량 섭취가 부족했던 노동자들의 기운을 돋워주었다. 설탕이 없었다면 노동자들은 다양한 맛으로 미각을 자극해보지도 못한 채 매일같이 보잘것없고 빤한 음식만을 먹어야 했을 것이다.

1807년 마침내 영국과 미국에서 노예 무역이 금지되었고 설탕 업계에는 찬바람이 휘몰아쳤다. 영국령 서인도 제도의 설탕 수출량은 절반으로 줄어들었다. 노예 사용은 불법이었으므로 변함없이 설탕을 값싼 비용으로 대량 생산 하려면 인건비 절감 방안을 찾는 것이 시급한 과제였다. 앉아서 죽으라는 법은 없는지, 1813년에 하워드라는 영국인이 진공 팬을 발명한다. 이것을 쓰면 액체를 평소보다 더 낮은 온도에서도 끓게 할 수 있었다. 설탕 결정을 만들어내는 과정에서 설탕이 눌어붙을 염려도 줄었다.

그리고 나서 프랑스령 루이지애나 주에서 흑인 노버트 릴리외가 나타나 설탕 생산업자들의 기도를 들어줬다. 릴리외는 젊은 나이에 프랑스 파리로 건너가 학업을 마친 기계 공학 학위 소지자였다. 파리 에콜 센트럴에서 잠시 강사를 맡기도 했던 그는 1834년 미국 뉴올리언스로 떠났다. 그리고 9년 후에 다중 효용 증발기[218]를 발명했다. 그가 발명한 증발기는 진공 팬이 일렬로 늘어서서 앞에 있는 팬이 증기

218 85 97

를 내뿜어 뒤에 있는 팬을 가열하는 구조였다. 그와 같은 구조는 연료 소비도 대폭 절감하는 효과를 낳았다. 그로부터 6년도 지나지 않아 열세 개나 되는 공장에서 이 기계를 도입했고, 연간 4500톤에 달하는 설탕을 생산했다. 루이지애나는 아메리카 대륙에서 제일가는 설탕 생산지가 됐다.

곧 소문이 퍼졌다. 1850년에 기계는 데머레라에서도 가동되었고 유럽인들 역시 사탕무 가공 공장에서 같은 기계를 사용했다. 당시만 해도 국제 저작권 협약 같은 것은 있지도 않던 시절이었으므로, 1850년 릴리외의 기계 설계도를 손에 넣은 프랑스 공학자 카일은 설계도를 베껴 다중 효용 증발기가 자기 것이라며 특허를 냈다. 그러는 사이 릴리외는 미국을 떠날 채비를 하고 있었다. 자신을 아프리카 흑인이라는 이유로 벌레 보듯 하는 태도에 정나미가 떨어졌기 때문이었다. 1861년 그는 파리로 돌아와 샹폴리옹 집안 형제 중 한 사람인 장 프랑수와 샹폴리옹(로제타석 이집트 상형문자를 해독한 사람이었다.)과 이집트학을 공부했다. 릴리외는 자신이 발명한 증발기를 틈틈이 손보는 것도 잊지 않았다. 1880년, 일흔네 살임에도 그는 에너지 효율을 더욱 향상시킨 모델을 내놓았다.

다중 효용 증발기는 초고온으로 가열된 수증기를 증기로 내뿜어 작동하는 기계였다. 이와 같은 작동 원리는 18세기 중반 영국 에든버러 대학의 화학 교수였던 조지프 블랙이 지방 특산품이던 스카치위스키 증류기의 연료 상승 비용을 줄일 방법을 찾던 과정에서 발견한 것이었다. 스코틀랜드를 통합한 지 얼마 되지 않은 영국 연방은 스코틀랜드의 스카치위스키 수출업자들에게 영국 시장과 미국 시장을 개방하고 있었지만, 목재가 품귀 현상을 빚던 당시 상황에서 위스키 제조업자들은 한 푼이라도 아끼려고 혈안이 되어 있었다. 블랙은 물이 얼어붙은 팬을 녹이려면 에너지가 얼마나 필요한지, 그리고 그렇게 녹인 물을 증발시키려면 에너지가 얼마나 더 필요한지를 측정했다. 실험 결과, 블랙은 증류기에 장작을 최소 어느 정도 때면 위스키 진액을 증발시킬 수 있는지, 그리고 물이 얼마나 차가우면 증기를 위스키 액체로 응결시킬 수 있는지를 밝혀냈다. 블랙은 연구 결과를 친구였던 제임스 와트에게 알려주었다. 이 정보는 글래스고 대학교에서 기술연구원 겸 도구제작자로 근무하던 와트가 좀 더 효율적으로 작동하는 증기 펌프를 만드는 데 결정적인 실마리가 되었다.

1765년 와트는 블랙[219]이 알려준 숨은열 개념을 이용하여 증기 펌프의 성능을 부분적으로 향상시키는 일을 하게 되고, 그 자그마한 성능 향상은 세상을 뒤바꿔놓았다. 당시 증기 펌프는 실린더 속으로 뜨거운 증기가 주입돼 실린더 속 피스톤을 위로 밀어 올리는 것까지는 좋았는데 증기가 실린더를 뜨겁게 한다는 것이 문제였다. 어쨌든 그 다음에는 실린더에 차가운 물을 분사해 증기를 응결시켰다. 그 결과 실린더 내부에는 부분적으로 진공 상태가 발생했다. 실린더 외부 대기압에 눌려 피스톤은 아래로 내려가 제자리로 돌아왔다. 그러면 한 행정이 완료되지만 증기가 너무 뜨거워 차가운 물로도 실린더 전체를 완전히 식히지 못한다는 것이 문제였다. 다음 행정에서 증기가 먼젓번만큼 식지 않았기 때문이다. 그와 같은 현상이 반복되면서 누적된 실린더 발열로 진공 상태는 계속 줄어들었고, 마침내 더는 진공 상태[220]가 아닌 순간 기관은 작동을 멈췄다.

와트는 관으로 실린더와 밸브를 연결하여 용기를 분리하고 냉각수로 냉각함으로써 그와 같은 문제를 해결했다. 증기가 주 실린더로 주

219   270   371
219   304   454

220   170   219

입되면 피스톤이 밀려 올라갔다. 용기를 분리하고 있던 밸브가 열리면서 용기 속에는 증기가 가득 찼다. 순간 냉각수가 감싸 안고 있던 용기 속에서 증기는 빠르게 응결하고 진공 상태가 발생했다. 열린 밸브와 관을 따라 진공 상태는 주 실린더 전체로 확산됐다. 그러나 냉각수 응결 장치로 분리되어 있으므로 주 실린더는 뜨거운 상태를 유지했다. 예전 물펌프에서 일어나던 조기 응결은 발생하지 않았다.

그와 같이 숨은열 이론을 이용함으로써 와트는 하루 종일 돌려도 멈추지 않고 돌아가는 펌프를 만들었다. 따라서 와트는 후원자 물색에 나섰고, 1768년 마땅한 인물을 하나 찾았다. 윌리엄 볼턴. 버밍엄[221] 소호에서 수력 동력을 이용한 공장을 운영하면서 600명에 달하는 기능공을 거느리고 단추, 시곗줄, 구두 버클, 칼 손잡이, 그리고 이런저런 장신구들을 생산하고 있던 인물이었다. 와트가 내놓은 기계의 잠재성을 간파한 볼턴은 와트에게 필요한 사업 자금을 대출해주었을 뿐만 아니라 증기기관을 광산, 식민지, 그리고 (풀무 작동용으로도 제작해) 주물 공장에도 임대해주자고 부추겼다. 몇 년도 지나지 않아 와트는 부와 명성을 거머쥐었다.

하지만 그런 행운을 도로 날려버릴 문젯거리가 하나 있었다. 그것은 늘 현금으로밖에는 받을 수 없었다는 것이다. 당시는 제대로 정해놓은 법률이 없었던 실정이었고, 개인 회사별로 그리고 지방 자치단체별로 저마다 자체 주화를 발행하고 있었기 때문에 영국에 돌아다니는 주화 가운데 절반은 위조[222] 된 것들이었다. 그래서 1786년 볼턴은 단추 제작 과정에서 터득한 기술과 지식을 살려 돈 만드는 기계, 즉 주화를 찍어내는 기계를 제작했다. 이 기계는 증기를 동력으로 이용했고, 볼턴에게는 돈이 굴러 들어왔다. 코니시 코퍼마인 사의 주식을 갖고 있었다는 것이 뜻하지 않은 행운으로 작용해, 볼턴에게는 동인도회사가 첫 고객이 됐다. 볼턴은 동인도회사에 1000톤에 달하는 동전을 찍어 납품했다. 1788년까지 볼턴은 주화 압연기 여섯 대를 돌리며 남아메리카 식민지의 여러 곳 그리고 시에라리온 사를 고객으로 삼아 동전을 찍어냈다. 볼턴이 벌인 사업, 그리고 로비 작업에 깊은 인상을 받은 영국 추밀원에서는 볼턴에게 새로 발행하는 국가 주화의 도안 작업을 의뢰했다. 새 주화는 페니, 하프 페니, 파딩(4분의 1 페니)이었다. 같은 시기 프랑스, 버뮤다, 그리고 인도에서도 주문이 들어왔다. 1792년까지 볼턴은 기계를 여덟 대로 늘려 러시아 황제 즉위식 기념 메달은 물론이고 프랑스 왕비 처형 기념, 트라팔가 해전 기념, 허드슨즈 베이 컴퍼니 기념, 그리고 아이러니컬하게도 노예 무역 폐지 기념 메달까지 찍었다.

볼턴이 제작한 기계는 한 사람이 작동했고, 주화 지름이나 주화에 도안을 돋을새김한 정도에 따라 달라지기는 했지만 1분에 50개에서 120개에 달하는 주화를 찍어낼 수 있었다. 주화 하나하나를 강철 주조기를 이용해 찍어냈음으로 주화는 똑같은 지름과 완벽한 원형을 유지했다. 나중에는 기계를 자동화함에 따라 주화의 규격을 더욱 일정하게 유지할 수 있었고, 수동으로 기계를 작동하는 경우 자주 일어났던 형판 파손도 줄일 수 있었다. 1797년, 이전에 수행했던 주화 디자인 덕분에 볼턴은 이제 2펜스, 페니, 하프 페니와 파딩의 공식 주화 생산 계약을 따냈을 뿐만 아니라 런던의 타워힐에 새로운 조폐국을 세우는 일도 따냈다. 늘 그랬듯이 볼턴은 기본 설계부터 기계에서 주화가 나오기까지의 전 과정을 지휘했다.

19세기 초 신설된 조폐국에서 발행된 주화의 디자인은 볼턴의 고품질 압연 기술과 결합되면서 주화에 예술성과 애국적인 분위기를 강조하게 되었다. 프랑스에서는 주화에 '마리안느' 초상을 사용했고, 영국에서는 화폐에 '브리태니어'를 그려넣었다. 모티프는 사실상 신고전주의 양식을 그대로 따르고 있었다. 그것은 아마도 볼턴의 고객이기도 하고 친구이기도 한 조사이어 웨지우드[223] 때문이었을 것이다. 웨지우드는 건축가 로버트 애덤[224]을 생각해 도자기 도안을 많이 모아놓았다. 애덤은 당시 폼페이 유적이 발견된 지 얼마 안 된 이탈리아에서 막 귀국해, 고대 그리스 로마 양식에 대한 영국인들의 관심을 되살려냈다.

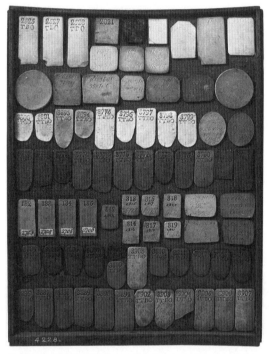

웨지우드는 자신이 제작하는 도기의 색깔과 광채를 위해 신중하게 제품 실험을 했다.

1824년 이탈리아 출신의 조각공 베네데토 피스트루치(예전에 사용되었던 영국 1파운드 금화에 용과 성 조지를 새겨 넣은 인물)는 훨씬 더 새로운 화폐 주조 방식을 내놓아 화폐 주조 방식에 새바람을 불어넣었다. 사도기縮圖器, 즉 축소기를 선보였던 것이다. 사도기는 고정 축을 중심으로 돌아가는 회전 팔이 하나로 연결된 장치였다. 팔들은 앞의 것이 뒤의 것보다 작았으며, 팔 하나하나마다 한쪽 끝에는 철필이 달려 있었고, 다른 한쪽 끝에는 절삭용 공구가 달려 있었다. 이와 같이 다루기에도 한결 쉬워진 기구 덕분에 조각공들은 커다란 모형도를 제작할 수 있게 됐다. 19세기 중반까지는 주로 석고를 모형 제작용 재료로 사용했다. 석고에 도안을 새기고 나면 니켈로 도금을 씌웠다. 그렇게 해서 완성한 모형을 제작용 사본으로 삼아 조각공들은 니켈로 뜬 도안 모양을 따라 사도기에 달린 철필을 움직이기만 하면 됐다. 사도기의 축소 작동 원리에 따라 맞은편 끝에 달린 절삭 공구가 동전 제조대에 있는 강철에 똑같은 도안을 동전만 한 크기로 작게 줄여 새겨주기 때문이었다. 피스트루치가 선보인 사도기는 대성공을 거두었고, 덕분에 화폐 주조소들은 모형 사본을 여벌로 챙겨둘 수 있었다. 외국 국적인 피스트루치는 수석 조각공 직책을 맡을 수 없었으므로, 대신 수석 조각공 직책을 맡은 윌 와이언이 축소 기술을 이용해서 영국 빅토리아 여왕 재임 기간 중 발행된 첫 주화를 주조하는 주 제작대를 깎았다.

시험 제작용 주화의 표면에 니켈을 도금하는 데는 새로 등장한 전기 도금 방법이 사용됐지만, 원래 그 방법을 발견한 사람은 알레산드로 볼타와 함께 근무하던 동료 브루냐텔리였다. 볼타[225]는 첫 화학 전지였던 건조전퇴를 고안해 화학적인 방식으로 전기를 발생시켰다.

225 186 235

브루냐텔리는 그 반대 경우도 얼마든지 성립할 수 있을 것이라고 믿었다. 즉 전기적인 방식으로도 얼마든지 화학 반응을 일으킬 수 있다고 믿었던 것이다. 예를 들어 그는 전지에 연결된 물질을 전지에 연결된 구리 조각을 넣은 황산구리 수조 속에 넣는다면 전하가 발생해 전해질 용액에는 구리 원자가 풀리게 되고, 그렇게 풀린 구리 원자는 물질로 석출됨에 따라 구리로 도금된다는 사실을 증명했다. 이와 같은 과정이 진행되는 사이, 구리 조각에서는 계속해서 원자가 빠져나가게 되므로 결국 구리 조각은 용액 속에서 녹아 없어지게 된다.

1833년 그와 같은 과정을 연구한 끝에 영국의 과학자 마이클 패러데이는 구리는 물론이고 석출되는 광물들은 모두 서로 다른 전하를 띠고 있어야만 원자를 방출할 수 있다는 사실을 발견했다. 그와 같은 사실은 전하와 광물 사이에 어떤 연관이 있으며, 그것은 광물의 양에 달려 있다는 것을 의미했다. 광물의 무게가 달라지면 전하도 달라졌다. 그와 같은 가설에 기초를 두고 연구한 끝에 패러데이는 전기 분해 과정에서 발견되는 법칙 두 가지를 제시했다. 전류에 의해 생성되는 화학적 전하의 양은 사용된 전기의 양에 비례하고, 똑같은 양의 다른 물질에 의해 생산되는 화학적 전하의 양은 그 물질의 무게에 비례하는 것이다.

패러데이가 발견한 법칙 덕분에 19세기 말 학계에서는 전하와 질량 사이의 관계를 좀 더 가까운 거리에서 자세히 관찰할 수 있게 됐다. 전하와 질량은 당시 갓 발견된 X선[226]과 관계가 있었고, 또 하나의 신비로운 전기 현상과도 관계가 있었기 때문이다. 1910년 케임브리지 대학교에서 연구원으로 근무하던 조지프 존 톰슨은 전자가 저압 기체 속을 고속으로 통과할 경우 어떤 일이 벌어지는지를 연구하고

226 39 55
226 116 142

있었다. 그는 전자 입자가 전자기장을 고속으로 통과하던 도중 전자기장 때문에 전자 입자가 정상 궤도를 이탈해 굴절한다는 사실을 발견했다. 따라서 톰슨은 전자가 네온 기체 속에서도 그런 곡예를 부리는지를 연구하고 있었던 것이다. 연구 결과, 네온 속에서 전자 입자는 두 갈래로 나뉘어 흐르고 있었다. 마치 네온이 서로 다른 두 부분으로 나뉜 듯한 착각이 들 정도였다. 그리고 전자기장에 영향을 받아 궤도가 좀 더 분명하게 굴절하고 있었다. 원소는 같았지만 질량은 달랐으므로 원자도 그와 같은 결과를 낳기는 마찬가지였다. 이와 같은 원자는 동위 원소라고 알려졌다. 1919년까지 톰슨의 조교였던 프레드 애스턴은 그 무게 차이라고 해봐야 1억 분의 1밖에 안 나는 동위 원소 물질들을 분별할 수 있는 방법을 찾아냈다. 질량 분석기라고 이름 붙인 새로운 장치였다.

근대적인 질량 분석기를 사용하여 우리는 어떤 물질이든 그것을 증기로 만들어 입자를 전자기장 속에서 발사하면 어떤 성분으로 구성되어 있는지를 확인할 수 있다. 어디서 입자들이 떨어지는지 알면 그 물질이 어떤 물질인지 믿을 수 없을 정도로 정확히 밝혀지기 때문이다. 이것은 범죄자가 현장에 남긴 흔적 역시 남김없이 추적할 수 있다는 것을, 운동선수들에게서 혈액을 채취해 스테로이드 복용 여부 역시 족집게처럼 집어낼 수 있다는 것을, 환자의 몸속 혈관에는 어떤 약물 성분이 흐르는지 그 약물의 화학적 흔적 역시 포착할 수 있다는 것을, 그리고 테러 혐의자에게 폭발물의 잔여물이 극소량만 남아 있어도 그것 역시 발견할 수 있다는 것을 의미했다.

질량 분석기를 이용하면 우리는 우리에게 필요한 특정 동위 원소를 물질에서 뽑아낼 수도 있다. 물질을 증기화해서 전자기장을 향해 쏘면 동위 원소별로 분리되는 구역은 구분되므로 거기에서 우리에게 필요한 동위 원소를 긁어모으기만 하면 되기 때문이다. 1940년대 이와 같은 질량 분석기로 말미암아 역사가 뒤바뀐다. 제2차 세계대전이 일어나기 이틀 전, 과학 보고서 한 편이 공개된다. 세상을 떠들썩하게 만든 보고서는 아니었다. 그러나 이 보고서는 핵분열 과정은 우라늄 동위 원소 가운데 우라늄 238보다는 우라늄 235에서 좀 더 활발하게 일어난다는 내용을 담고 있었다. 문제는 자연 상태에서 발견되는 우라늄 235의 양은 우라늄 238의 140분의 1에 불과하다는 사실이었다. 뒤집어 설명하자면, 핵 연쇄 반응을 일으키는 데 연료로 써야 하는 천연 우라늄을 자연 상태에서는 그만큼 충분히 찾을 수가 없다는 것이다. 다른 방법을 찾아야 했다. 그래서 상대적으로 양이 부족한 우라늄 235를 그것보다 양이 풍부한 우라늄 238에서 분리해 뽑아 쓰는 수밖에는 없었다. 독일 나치 과학자들도 이와 똑같은 작업을 하고자 애썼다. 양측이 피 말리는 속도 경쟁을 벌이고 있던 상황에서 먼저 대박을 터뜨린 쪽은 미국 테네시 주 오크리지에서 일급 기밀로 분류돼 추진되던 맨해튼 프로젝트 연구진이었다. 그들이 사용했던 장치 가운데 하나가 바로 질량 분석기였다. 1943년 우라늄 동위 원소를 분리하는

227 49 70 데 쾌거를 이룸으로써 원자폭탄[227]도 이젠 시간문제로 남게 되었다.

　그 결과 우리가 이번 장에서 자취를 되짚었던 두 갈래 흐름도 마침내 하나로 합류하게 된다. 한 갈래 흐름은 노예 제도 찬성파가 건드리는 바람에 시작되어 설탕 증발기, 증기기관, 주화 주조, 그리고 전기 도금을 거쳐 핵무기로 마무리되기까지 사건이 꼬리에 꼬리를 물고 이어졌던 것이다. 나머지 한 갈래 흐름은 노예 제도 반대파가 건드리는 바람에 발원해서 브루클린 다리, 아연 도금, 철조망, 옥수수 통조

림, 카드뮴 양철판으로 긴 꼬리를 늘어뜨리며 이어지지만 마무리는 세계 최초 원자로에서 일어나는 핵 연쇄 반응을 제어하는 연료봉 속 중성자 흡수기를 작동하는 것이었다.

원자력 발전소는 칼을 녹여 쟁기의 날을 만들어야 한다고 믿는 사람들에게 가장 큰 공격 목표가 되어왔다. 그러나 때때로 역사란 정반대로 흐르기도 하는 법이다……

14

때로 단조롭기 그지없는 순간이
매혹적인 역사로 둔갑한다

망 위에서 일어나는 거대한 변화에서 손에 꼽을 정도로 매력적인 것 중 하나는 그것이 사실은 그렇게까지 거대하지 않다는 점이다. 망 위의 사람들은 세상을 바꾸는 천재에서 무명 인사까지 다양하다. 물론 망 위에서 무명이라고 다 같은 무명은 아니다. 망 위에서는 우리들 하나하나가 변화의 과정에 어떻게든 기여하게 마련이다. 때로 평범한 것에 불과했을 가장 단조로운 사건도 다른 상황에서는 세상을 떠들썩하게 하는 결과를 낳는다.

300년 전에 런던 그레이스 인 법학원에서 변호사 자격을 얻어 법조인의 삶을 준비하고 있던, 지극히 평범한 중산층 영국인 제스로 털을 예로 들어보자. 이후 그에게 어떤 일이 생겼는지는 아무도 모르지만 아무튼 그는 건강 때문에 고생했다. 그래서 1709년 법정을 떠나 헝거퍼드라는 잉글랜드의 조용한 마을 인근에 농장을 산 다음, 신사 농부로서 스트레스가 덜한 삶을 즐기기 위해 그곳에 정착했다. 얼마 후 좀 더 기후가 좋은 곳을 찾아가 건강을 회복해야겠다고 생각한 그는 1711년에 이탈리아와 프랑스로 여행을 떠났다. 1713년에는 프랑스 남서부 프롱티냥 인근의 녹색 언덕이 굽이치는 곳에 머물렀다.

예상치 못한 전환은 그곳에서 일어났다. 털은 포도 재배를 겸하는 포도주 양조업자들이 포도나무에 거름을 줄 때 나는 악취를 피하기 위해 쓰는 방법을 알게 되었다. 그들은 거름을 주는 대신 포도나무를 일렬로 심은 다음 재배 기간 동안 주기적으로 그 사이를 깊게 쟁기질했다. 이 방법은 잡초를 없애는 기능도 하고 토양을 갈아엎는 효과도 있었다. 덕분에 거름을 주지 않아도 포도나무를 잘 자라게 할 수 있었다.

이윽고 고향으로 돌아가도 될 만큼 건강이 회복되어 잉글랜드로 돌아온 털은 자기 농장에서 그 기술을 시험해보았다. 그는 처음에는 순무와 감자를 재배하는 땅에만 해보았는데 매우 성공적이었기 때문에 밀밭에도 시도했다. 놀랍게도 그는 거름 한 번 주지 않고 같은 땅에서 13년 동안이나 작물을 재배할 수 있었다. 수확량도 놀랍게 증가했다. 괭이로 땅을 갈아엎자 수확량(그리고 돈)은 늘어났고 거름을 주는 데 드는 비용은 줄어들었다.(돈이 절약되었다.) 1733년 그는 불면증 치료에 도움이 될 만한 책인 『마경농업馬耕農業』에 자기가 한 실험을 하나도 남김없이 아주 자세하게 실었다. 기본적으로 보수적 성향인 잉글랜드의 지주들은 처음에는 거부감을 보였지만, 누군가가 이 책을 프랑스어로 번역했다. 그리고 그 일이 재주를 부렸다. 당시 잉글랜드의 상류층은 모든 유행이 프랑스에서 시작해 프랑스에서 끝난다고 생각했기 때문에 마경도 갑작스럽게 고상한 유행이 되었던 것이다.

이 새로운 기술을 뒷받침한 중요한 요소가 잉글랜드에서 대규모 농업 혁명이 벌어지고 있던 시기에 딱 맞춰 나왔다. 농업 혁명은 이미 거의 한 세기 전에 시작되었으나 토양에 질소 성분을 더해주는 토끼풀 같은 새로운 식물이 들어오고, 돌려짓기 같은 농경법이 도입되었던 것은 이때였다. 그리고 인클로저도 급속히 퍼져나가고 있었다. 공유지에 울타리를 치면 가축을 맹수나 질병으로부터 보호하고 더 건강하게 키울 수 있었을 뿐만 아니라 선택적인 교배를 해서 고기를 더 많이 얻을 수도 있었다. 식량을 많이 생산할 수 있다는 것은 먹을거리의 가격이 싸지는 것을 뜻했다. 그 결과 사람들은 더 일찍 결혼하고 더 많은 아이를 낳았다. 급격한 인구 증가는 공산품의 수요를 크게 증가시켰고 그것은 차례로 산업혁명을 촉발시켰다.

털의 사례에서 프랑스가 잉글랜드의 농업에 그런 유익한 역할을 했다는 것은 아이러니한 일이다. 왜냐하면 당시 프랑스의 농업은 종말을 향해 치닫고 있었기 때문이다. 프랑스의 도로 상태는 끔찍할 정도로 열악했기 때문에 시장이 전국 단위로 성장하기 불가능했다. 그래서 경제 활동은 파편화되었고 상업 역시 대부분 지방 단위로 이루어졌다. 프랑스의 재산권은 봉건적인 제약을 받고 있었기 때문에 잉글랜드의 농업이 발전한 것처럼 새로운 산업 자본이 토지 구매에 나설 동기가 별로 없었다. 소수의 자유 보유 토지는 잘게 쪼개져 있었고, 그것마저도 근근이 입에 풀칠할 정도로만 사는 보수적인 농부들의 소유였다.

어찌해서 전국 단위의 시장이 형성된다 하더라도 십여 개의 지역별로 나뉜 도량형과 세금 규정 때문에 그런 규모의 상업 활동은 꿈도

꾸지 못할 상황이었다. 이러지도 저러지도 못할 막다른 상황이었다. 도시의 인구는 늘어나고 있었지만 공업화가 제한적으로만 이루어졌기 때문에 도시민들은 제대로 먹고살기가 힘들었다. 그래서 당국은 빵의 가격을 묶어놓아야만 했다. 그러나 당국은 이익을 제대로 낼 수 없는 체제 속에서 지속적인 공급을 확보하기 위해 농산물은 3일 이내에 시장에 내다 팔아야 한다는 법을 제정했다. 가격이 아무리 낮아도 반드시 그래야 했다. 생산을 늘릴 유인책은 거의 없었다.

온통 뒤죽박죽인 상황에서 지방의 한 외과의사인 프랑수아 케네가 등장한다. 그는 영국의 토지 관리 방식에 감탄하게 되지만 때를 잘못 만났더라면, 그리고 루이 15세의 정부 잔 앙투아네트 푸아송(퐁파두르 부인이라고도 불림)의 눈에 들지 않았더라면 아무 일도 일어나지 않았을 것이다. 궁정의 법도를 완전히 무시하는 단호하고 직설적인 화법을 구사하던 그에게는, 그저 굽실거리는 것만이 능사였던 당시 사람들의 호기심을 자극할 만한 어떤 요소가 분명히 있었다. 그것은 그가 1794년에 퐁파두르의 주치의가 되어 베르사유 궁전의 중^中 2층(퐁파두르가 머무는 곳 바로 아래층)에 자리 잡았던 것으로도 알 수 있다. 새로 머물게 된 왕실 거처가 퐁파두르의 방들로 이어지는 계단으로 가는 중간에 있었기 때문에 그는 당대의 유명 인사와 지식인들을 만날 기회를 얻을 수 있었다. 그중에는 제스로 털이 개발한 농업 기술들을 우연히 접하고 열성적인 지지자가 된 볼테르[228]도 있었다. 케네가 왕실 사람들의 총애를 받은 것은 그가 퐁파두르에게 바닐라와 송로를 먹게 하고 운동을 병행시켜 불감증을 치료해주었기 때문이라는 소문이 나돌았다.

케네의 '계단 모임'에는 퐁파두르의 정기적인 사교 모임에 참석하

228 209 274

는 학계의 유명 인사들도 나왔다. 콩디야크, 뷔퐁, 엘베시위스와 같은 자유주의 사상가들이 자주 참석했다. 그중에는 새롭고 놀라운 것을 편집하던 디드로도 있었다. 그 새롭고 놀라운 것이란 현존하는 모든 지식을 근대적이고 합리적인 형식 안에 담아내는 것을 목표로 하는 백과사전이었다. 1756년 케네는 그 백과사전에 두 항목을 썼는데, 하나는 「농부」(1756)였고 다른 하나는 「농촌 철학」(1763)이었다. 그 항목들에서 그는 프랑스의 경제 침체를 어떻게 하면 치유할 수 있는지에 대해 자신의 생각을 상세하게 설명했다. 케네의 이론을 '중농주의 physiocracy'라고 하는데 그것은 그의 이론이 인간의 조건을 삶의 물리적인 측면들과 직접 연결시켰기 때문이다. 그는 농업과 식량 생산을 바로잡으면 나머지는 저절로 따라올 거라고 말했다.

케네의 생각은, 잉글랜드 농업의 놀라운 성장은 개별 생산자들이 아무런 제한 없이 자유롭게 사고팔 수 있는 전국 규모의 시장이 존재하기 때문이라는 믿음에 기반하고 있었다. 프랑스의 재앙과도 같은 상황은 케네의 지적이 맞다는 것을 증명해주었다. 자연은 자기에게 필요한 것을 알고 있기 때문에 그 과정을 간섭하는 일은 무엇이 됐건 자연의 질서를 파괴하기만 할 뿐이다. 간섭이 야기한 결과는 파리에서 마르세유까지 극명하게 드러났다. 규제 완화라는 케네의 구상은 토지를 소유한 귀족층의 마음을 사로잡았다. 그들은 자신들이 생산한 것들을 자유롭게 시장에다 내다 팔 수도 팔지 않을 수도 있게 되기를 원했다. 그러나 중농주의자들의 가장 중요한 목표는 빵의 가격을 낮추는 것이었다. 그들은 그것이 국가의 정치적 안정을 통제하는 핵심 요소라고 보았다. '소박한 빵 한 덩어리'가 프랑스를 구할 수도 있지만 그런 일은 자유무역[229]과 자유방임주의가 촉진된 이후에야 가능 229 4 28

한 일이었다. 빵의 가격을 낮추면 경제가 회복될 것이고 이것은 잉글랜드에서 이미 증명된 바 있었다. 중농주의자들은 프랑스 대중의 처지가 너무도 비참해서 만약 정부가 이 새로운 정책을 실시하지 않는다면 미개한 일이 벌어질 수도 있다고 주장했다.

'미개인'은 스위스에서 프랑스로 영구 망명한 장 자크 루소가 소개한 새로운 용어였다. 나폴레옹이나 반란 주동자 그리고 혁명가들은 루소가 유럽 사상계에 미친 영향이 프랑스혁명의 주된 요인이라고 여기고 있었다. 루소가 주네브를 떠나 프랑스로 가야 했던 이유는 좌파적 정치 성향 때문이었다. 그는 인생의 대부분을 프랑스와 잉글랜드, 스위스 사이를 떠돌아다니며 살다가 1778년 프랑스에서 세상을 떴다.

1754년 루소는 한 논문에서 "고결한 미개인"이라는 용어를 처음으로 사용했다. 신으로부터 권력을 받은 왕이 지배하는 프랑스에는 귀족 계급이 농노들에게 절대적인 권력을 행사하고 있었고, 즉결 재판과 관리들의 부정이 광범위하게 행해지고 있었기 때문에 루소는 원시인들의 단순한 삶에 향수를 느끼고 있었다. 아마도 아메리카 원주민들을 염두에 두고 오염되지 않은 아름다운 숲과 산이 있는 자연에서 살고 있는 미개인들의 삶을 언급했을 것이다. 그는 그러한 존재에 대해 이렇게 묘사했다. "그가 떡갈나무 밑에서 배불리 먹고, 시냇물이 보이면 목을 축이고, 먹을 것을 대준 바로 그 나무 아래서 침대를 찾는 것이 보인다. 이것으로 그의 욕구는 채워진 것이다."

그러나 인구 증가로 자원을 공유할 필요가 생기자 아무런 굴레에도 얽매이지 않는 자연적 존재, 즉 자급자족할 수 있어서 다른 사람들의 도움을 필요로 하지 않던 이들은 사회집단으로 편입되어버렸다. 조직화할 필요성을 느낀 사람들은 공통의 자원을 군주의 손에 맡기고, 군주는 사람들의 안전을 유지시켜주는 법을 강화했다. 따라서 소유권이라는 개념뿐만 아니라 이러한 권리를 영속화할 법과 소유물이 없으면 자신의 생각을 표현할 기회를 가질 권리조차 부정당하는 법도 등장했다. 루소는 이러한 사회화의 과정이 인류를 타락시켰다고 생각했다.

루소는 그러한 주제를 공화제에 대한 프랑스인들의 열정을 활활 타오르게 하는 데 가장 크게 기여한 『사회계약론』에서 발전시켰다. 기원상으로 자연적 자유는 모든 사람의 권리이기 때문에 반드시 원래대로 되돌려야 한다. 법은 보통 사람들이 소망하는 것이어야만 하며, 정부 수립은 투표에 의해서만 강제될 수 있다. 법률을 기안하는 자는 어떠한 입법권도 가져서는 안 된다. 주권은 정치 집단의 행위이자 국가 정치의 '일반 의지 행사'일 뿐이다. 특히 민주 사회에서 어떤 한 개인이 투표할 수 있는 자격을 얻기 위해 가져야 할 것은 '느낌', 즉 모든 개인이 소유하고 있는 진리와 선이라는 타고난 기준뿐이다.

이러한 사상을 담은 루소의 책은 파리의 왕당파에게는 환영 받지 못했다. 프랑스혁명 직전, 사람들은 그의 메시지를 파리의 거리에서 큰 소리로 읽었다. 사람들은 그의 책을 파리 전역에서 몰래 읽으며 그의 사상을 토론하고 더 널리 퍼지게 할 수 있는 방법을 강구하기 위한 비밀회합들을 열었다. 1789년 루소는 새로운 공화국의 지적인 창설자로서 열렬한 지지를 받았다. 그러나 그의 말보다 프랑스의 군주정을 몰락시키는 데 좀 더 결정적인 역할을 한 것은 따로 있었다. 최후의 일격은 대서양 건너편에서 벌어지고 있었다. 또 다른 혁명, 그것은 프랑스 경제에 치명적인 영향을 끼쳤다.

미국독립전쟁은 프랑스가 오랫동안 원했던 것들을 할 수 있는 호기였다. 바로 영국에 피해를 입히는 것이었다. 프랑스는 사탕수수가 풍부한 서인도를 지배하고 있었는데 그곳을 영국 해군이 위협하고 있었다. 프랑스의 캐나다 지배권도 영국에 넘어간 상태였다. 그리고 전쟁 때문에 입은 남부의 면화 손실로 인해 산업도 고전하고 있었기 때문에 어떻게든 미국의 반란 세력을 돕는 것이 프랑스에게는 이익이었다. 그래서 당시의 유명한 희곡 작가 피에르 오귀스탱 카롱 드 보마르셰(〈세비야의 이발사〉, 〈피가로의 결혼〉 등을 쓴 극작가)가 이 문제를 해결할 인물로 다른 사람들과 함께 선택되었다. 그는 미국에 전쟁 자금으로 보낼 돈을 세탁하기 위해 위장 기업을 설립했다. 프랑스 선박이 영국으로부터 정선 명령을 당할 때를 대비해서 그는 미국으로 보내는 프랑스 군수품의 적하 목록을 변조하기도 했다. 그리고 사람을 고용해 식민지 주민들 사이에 반영 감정이 생기도록 선동하기까지 했다.

프랑스의 여론(글을 읽을 수 있는 사람은 소수였다.)은 대체로 이러한 모험을 지지했다. 빈털터리 귀족 청년들은 대서양 저편의 군사 작전이 자신들에게 출셋길과 돈을 벌 기회를 가져다줄 것으로 생각하고 환영했다. 왕도 그 계획을 지지했는데 그것은 재무장관인 네케르가 국가의 장부를 조작해 프랑스가 이 모험을 충분히 감당해낼 수 있을 것처럼 보이게 했기 때문이었다.

결국 비용은 많이 들었지만 프랑스는 미국과 영국을 떼어놓겠다는 목표를 달성했다. 프랑스의 장군 그라스가 배 30척과 군대 300명을 이끌고 1789년 9월 체서피크 만에 도착했다. 그는 거의 동시에 그곳에 도착한 뉴포트 주둔 프랑스 공성 포병대에 합류했다. 그라스의 지

원 덕분에 프랑스군은 화력과 병사 수 모두에서 요크타운[230]의 영국 230 13 39
군을 압도할 수 있었다. 영국의 항복으로 전쟁은 끝났다. 그러나 프랑
스는 반란군 화포류의 90퍼센트를 대고 미국의 전쟁 비용을 보충하
는 값비싼 대가를 치렀다. 1774년에서 1789년까지 미국에 들어간 직
접적인 비용으로 프랑스 왕실이 갚아야 할 부채에 대한 이자가 1억
5000만 달러에서 5억 달러로 증가한 것이다. 거기에다 믿기지 않을
정도의 왕의 사치가 겹치면서 부채는 나라 전체를 혼란과 파산 상태
로 몰고 갔다. 프랑스혁명은 필연적인 결과였다.

그러나 혁명은 부패한 정치 제도를 해체하는 것 이상의 결과를 낳
았다. 미국에서 일어난 일들과 함께 민주주의라는 전혀 새로운 세계
관이 탄생한 것이다. 당시만 해도 사상가와 예술가들은 과거 고전시
대를 모델로 삼아 거기서 자양분을 얻고 있었다. 우주가 기계적인 법
칙에 따라 움직인다는 것은 뉴턴과 라이프니츠[231] 같은 이들의 연구 231 82 92
231 253 349
231 309 456
를 통해 증명됐다. 새로운 혁명 사상은 이것을 과학과 사회가 너무도
기계적으로 바뀐 나머지 개인이 기계 속 톱니바퀴 수준으로 떨어지
고, 지식은 너무도 파편화되고 전문화된 나머지 사회적 가치를 지닐
수 없게 된 증거로 여겼다. 훨씬 더 개인주의적인 동시에 루소 같은
이들이 말한 바 있는 인간과 자연의 통일에 관심을 가진 새로운 풍조
가 나올 때가 된 것이다.

이 새로운 사상은 18세기 말 독일에서 처음으로 표출되기 시작했
다. 이 운동은 프리드리히 폰 셸링이라는 스물세 살 난 예나 대학의
한 교수가 주도했다. 그는 자연철학이라고 불리는 것을 발전시켰고
낡은 데카르트주의, 즉 기계론적 우주관을 공격하고 모든 과학을 하
나로 통합할 수 있는 방법을 찾아나섰다. 그는 아마도 이러한 생각의

단초를 예나 대학에서 생물의 감수성에 관해 강의하고 있던 카를 프리드리히 킬마이어라는 생물학자로부터 얻었을 것이다.

당시 사람들은 중력과 함께 작용하는 단일하고 분할되지 않은 힘의 정체를 전기와 자기 실험을 통해 밝혀낼 수 있으리라고 기대했다. 그 힘은 생명의 과정에서, 그리고 개인의 의지에서도 표출될 것이 확실했다. 따라서 인간의 정신을 자연과 자연의 힘에서 분리하는 과학은 모두 오류를 범하는 것이 된다. 셸링의 사상은 초기 낭만주의자[232]들로 하여금 개인이 그 자신을 표출하는 방식에 대해 탐구하게 했다. 중요한 것은 무익하고 기계적인 존재론이 아니라 감각이 어떻게 실재를 지각하는가였다. 음악과 문학과 예술에서 개인들은 자연과의 교감을 자유롭게 추구하면서 각자 자신들의 느낌을 표현할 수 있어야 했다. 진정한 앎은 머리의 추론이 아니라 가슴의 체험에서 나오는 것이었다.

232 256 352

이 모든 애매모호함에 대해 과학계가 매우 엇갈린 반응들을 보인 것은 당연한 일이었다. 독일의 의학 연구자들 중에는 자연철학은 "우리 세기의 흑사병"이라고 말한 이들도 있었다. 그러나 얄궂게도 낭만주의의 영향을 가장 크게 받은 것도 의학이었다. 본 대학의 생리학 교수인 요하네스 페터 뮐러가 '느낌'의 과정 중에 실제로 벌어지는 일이 무엇인지를 생리학적으로 해명하는 일에 착수한 것은 '신비한 힘'을 강조하는 자연철학파에 대한 반감 때문이었다. 그는 1840년에 특수신경 에너지의 법칙을 내놓았다. 각각의 기관器官은 자극을 받으면 그에 해당하는 특정한 감각만을 느끼게 하며 해당되지 않는 다른 감각은 일으키지 않는다. 예를 들면 귀는 소리에만 반응하고 눈은 빛에만 반응한다. 그리고 자극에 대한 반응을 결정하는 것은 자극 그 자체가 아니라 기관이다. 기관에 영향을 미치는 것이 외부의 어떤 것이냐, 즉 빛이냐 소리냐 전기냐는 기관에는 아무런 차이가 없다. 심지어 기관은 상상 작용처럼 내부에서 벌어지는 일에도 자극을 받을 수 있다. 사람들이 유령을 보았다고 하는 것도 이런 이유로 설명할 수 있을지 모른다. 뮐러는 동물 실험을 통해 자율신경계 안에 독자적인 운동신경과 감각신경이 있을 수 있다는 이론을 내놓기도 했다.

뮐러의 『인체생리학 개론』은 깊은 인상을 남겼고 그 결과 사람들은 신경계와 그것의 기능을 탐구하는 일에 흥미를 갖게 되었다. 그의 제자인 헤르만 폰 헬름홀츠[233](외과의사였던 그는 하루 종일 피아노를 쳤지만 '새로운' 낭만주의 음악은 좋아하지 않았다.)가 이러한 개념을 자세히 조사하게 된 것은 어쩌면 뮐러가 "의지는 마치 피아노 건반처럼 신경 섬유를 움직이게 만든다"고 말했기 때문일 수도 있다. 1850년 초, 그는 소리에 관한 일련의 논문을 썼다. 우리가 어떻게 소리를 구별할 수 있는지 그리고 속귀가 어떤 작용을 하는지에 관한 것들이었다. 먼저 그는 소리의 높낮이, 음색, 크기를 들을 때 생기는 '느낌'의 측면을 조사했다. 사람들은 그런 것들을 통해 사람의 목소리나 악기 소리를 구별해낼 수 있다.

헬름홀츠는 속귀에 진동체가 있는데 그것들이 각각 다른 진동수로 바뀌어 해당 신경을 자극하면 그에 맞는 자극이 뇌로 전해진다고 결론 내렸다. 어느 날 한 가수와 함께 작업을 하다가 그는 피아노 건반의 한 음을 계속 누르고 있으면 그 음높이에 해당하는 현이 진동하고 잠시 후에는 한 음 높거나 낮은 음의 현도 진동한다는 것을 발견했다. 헬름홀츠는 전자석을 이용한 소리 실험을 통해 이러한 발견을 심화시켰다. 그는 다양한 음에서 소리굽쇠를 진동시켜 음들이 합쳐질

233 87 99

때 귀에 생기는 현상을 조사했다. 그는 불협화음이 거슬리는 것은 높이가 비슷한 음들에서 나오는 소리의 파동이 달팽이관 속에 서로 가까이 밀집해 있는 진동체들을 자극해 일종의 불쾌감을 일으키기 때문이라고 여겼다. 그는 자기가 음악 실험을 통해 알아낸 것들을 바탕으로 소리의 파동이 어떻게 움직이는지 그리고 어떻게 지각되는지를 매우 성공적으로 강의했다. 강의에서 그는 모든 음은 사실 여러 가지 음이 섞여 있는 것이지만 인간의 귀에는 그중 가장 기본적인 음만 들린다고 했다.

당시 또 다른 '움직이는 힘'이 사람들의 관심을 끌었다. 그것은 전기였다. 그것이 무엇인지 또 어떻게 이동하는지는 아무도 몰랐다. 소리처럼 파동을 이루며 움직일까? 전기의 효과가 공간을 가로질러 나타난다는 사실은 이미 언젠가 알려져 있었다. 1780년대에 루이지 갈바니[234]가 정전기 발생기를 이용해 멀리 떨어진 곳에 있는 개구리의 다리에 경련을 일으킨 적이 있었다. 조지프 헨리는 2~3센티미터 정도의 불꽃방전이 90센티미터 떨어진 곳에 있는 바늘들을 끌어당기는 것을 보았다. 1879년 켄터키 주에서 교사를 지냈던 데이비드 휴스는 인근의 발전소에서 불꽃방전이 일어날 때 마이크로폰에서 소리가 나는 것을 들었다. 그래서 헬름홀츠가 제자인 하인리히 헤르츠에게 학위 논문을 쓸 기회를 주었을 때 헤르츠는 전기의 이동과 관련된 수수께끼를 탐구해보고 싶다고 말했다. 1887년 헤르츠는 카를스루에 공과 대학에서 전기가 어떻게 퍼져나가는지에 대한 강의를 통해 그 유명한 시범을 보여주었다.

먼저 그는 두 개의 금속구 사이에 커다란 불꽃방전을 일으켰다. 그는 전선을 'ㄷ' 자 모양으로 구부린 다음 양끝이 거의 닿을 정도로 만들어 60센티미터 정도 떨어진 곳에 두었다. 그가 커다란 불꽃방전을 일으키자 떨어진 곳에 있는 전선의 간극에서 작은 불꽃방전이 발생했다. 그는 아연 반사기를 사용해 전기가 빛처럼 서로 간섭을 일으키는 파동을 만들며 움직인다는 사실을 증명했다. 또한 콜타르를 묻힌 프리즘을 써서 유리에 빛이 반사되는 방식으로 그 파동들 역시 반사된다는 것을 보여주었다. 파동은 나무문도 통과했다. 실험을 계속한 결과 전류의 진동수를 변화시키면 파동의 파장도 바뀐다는 것이 밝혀졌다. 따라서 전기의 움직임은 빛의 움직임과 같았다.

1865년 헤르츠의 시범은 거의 아무도 예측하지 못한 결과를 낳았다. 그것은 아일랜드의 한 위스키 주조업자의 상속녀가 이탈리아 남자와 눈이 맞아 사랑의 도피 행각을 벌인 덕분이었다. 상속녀 애니 제이미슨은 노래를 잘 불렀지만 아버지는 딸이 음악을 하는 것을 반대했다. 아버지는 딸의 간절한 마음을 다른 곳으로 돌리기 위해 그녀를 이탈리아로 여행 보냈다. 여행 기간 동안 그녀는 주세페라는, 자칭 장래의 오페라 스타를 만나 사랑에 빠졌고 그 둘은 결국 결혼했다. 부부는 이탈리아 북부 도시 볼로냐 인근에 있는 한 마을에 정착해 1874년에 아들을 얻었다. 애니는 아들을 윌리엄이라고 불렀다.

십대 때 기술과 관련된 것들에 푹 빠져 있던 윌리엄에게 한 물리학 교사가 새롭게 알려진 움직이는 전기력을 실험해보라고 권유했다. 윌리엄은 스파크 간극 전기 발생기를 만들어 거기에 모스 전신키를 연결시킨 다음 연결을 끊었다 이었다 하면서 간격을 두고 세 점(모스부호[235]로 문자 S에 해당)에서 스파크가 일어나게 했다. 그는 이 단속 전파를 1킬로미터까지 보낼 수 있으며 장비만 개선하면 그 두 배 이상의 거리도 보낼 수 있다는 사실을 알아냈다. 그는 이 기술을 이탈리아

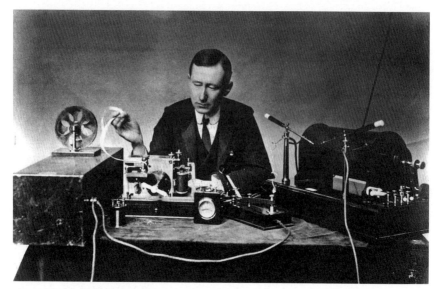

마르코니가 무선 장치를 조사하고 있다.

당국자에게 보여주었지만 그가 아무런 관심을 보이지 않자 잉글랜드로 갔다. (그는 두 개 언어에 능숙했고 그곳에서 학교를 다니기도 했다.) 영국 체신청에서 여러 차례 시연을 한 후에 그는 영국 해협 건너편으로 신호를 전송하는 데 성공했다.

1901년 12월 12일 윌리엄은 연에 단 안테나를 이용해서 잉글랜드에서 3500킬로미터가 넘는 거리에 있는 뉴펀들랜드 세인트존스까지 S자를 나타내는 모스 부호 신호를 보냈다. 그 후 전송은 계류 기구, 선박, 비행기에서도 이루어졌다. 타이태닉호에서 보낸 신호는 700명이 넘는 사람의 목숨을 구하기까지 했다. 1910년 이 신호는 아내를 죽인 희대의 살인마 크리픈 박사를 검거하는 데도 유용하게 활용되었다. 그리고 윌리엄 마르코니의 무선 전신[236]은 발전을 거듭해 마침내 런던에서 부에노스아이레스까지 지구 곳곳을 연결하게 됐다. 따라서 전파는 빛과 전혀 다르게 움직인다는 사실이 밝혀졌다. 왜냐하면 전파는 지구의 곡면을 따라 '구부러져' 진행되는 것이 명백했기 때문이다.

1902년 올리버 헤비사이드와 아서 케널리는 헤르츠의 전파가 아연 거울에 반사된 것이며 이것은 하늘에 일종의 거대한 반사기가 있다는 것을 암시한다고 말했다. 1925년 영국의 물리학자 에드워드 애플턴은 BBC의 신형 무선 송신기를 써서 하늘에 겨눈 신호들이 돌아오는 데 시간이 얼마나 걸리는지, 그리고 그 과정에서 어떤 변화가 생기는지를 알아보았다. 전기는 초속 29만 9338킬로미터의 속도로 움직였고, 반사체가 뭔지는 모르지만 아무튼 높이가 약 60마일 되는 곳에서 작동했다는 것을 알려주었다. 곧이어 미국인 두 사람 그레고리 브라이트와 멀 튜브가 특정 주파수의 신호들이 훨씬 더 높은 고도에서 반사되고 있다는 것을 발견했다. 세계 여러 곳에서 이러한 시험을 반복한 결과 그들은 반사되는 주파수가 하루 중 시각, 계절, 지리적 위치에 따라 달라진다는 사실을 알아냈다.

헤르츠가 사용했던 것과 같은 금속 반사체 말고 전파를 반사시킬 수 있는 것은 단 한 가지뿐이었다. 그것은 이온화된 원자들, 즉 한 개 이상의 전자를 잃은 원자들이었다. 이런 원자들은 양전하를 띠고 전자 신호(음전하)를 반사했다. 신호 반사에 대한 이론적 설명은 독일의 연구자인 테오도어 불프가 1910년에 이미 증명한 바 있었다. 그는 파리의 에펠탑 꼭대기 약 270미터 지점이 탑의 아래쪽보다 이온화 수준이 더 높다는 것을 증명했다. 1911년에서 1912년 사이에 오스트리아의 물리학자 빅터 헤스가 고도 약 4880미터까지 기구들을 띄워올려 그 문제를 더 상세하게 조사했다. 그는 기구 비행을 통해 고도가 높을수록 이온화의 수준이 더 높다는 사실을 알아냈다. 다음 해에 용기 있는 세 번째 연구자가 약 8500미터까지 올라가 그곳의 이온화 수준이 해수면의 열두 배라는 것을 밝혀냈다. 이온화 현상을 일으키는 것은 외계에서 나오는 일종의 복사인 것 같았다. 이러한 복사는 한동안 헤스선으로 불렸다.

한편 무선 전송과 관련해 애플턴이 직면한 문제들 중 하나는 이상하게도 신호가 가끔씩 희미해진다는 것이었다. 희미해지는 현상은 밤, 그리고 흑점의 활동이 활발할 때 가장 자주 발생했다. 태양에서 나오는 복사가 상층 대기에 있는 기체 원자들로부터 나오는 전자들과 충돌해 그것들을 이온화시키고 있는 것이 분명했다. 그리고 무선 신호의 손실이 대부분 태양 활동 주기 11년 중 흑점 현상이 가장 활발히 일어나는 동안 발생하는 것으로 보아, 태양이 활발하게 움직일 때 지구 대기에 오는 복사의 수준도 증가하고, 따라서 전파의 방해 수준도 높아지는 것처럼 보였다.

이 이론에는 조금 까다롭고 설명되지 않는 문제가 남아 있었다. 헤스를 비롯해 여러 사람이 고도가 아주 높은 곳에서는 이온화의 수준이 밤낮으로 차이가 없다는 것을 발견한 것이다. 그렇다면 저 멀리 태양 말고도 일정한 전리방사선 발생원이 있다는 것이다. 1933년 최신 호화 여객선[237]의 무선 송신에 발생하는 간섭 현상의 원인을 찾고 있던 AT&T 사의 기술자인 칼 잰스키가, 특정 주파수에 대한 전파 간섭원이 은하수 너머에서 나오는 일종의 복사에 의해 발생한다는 사실을 발견했다. 4년 후 일리노이 주 휘턴에서 무선 통신기 수리공으로 일하던 무명의 그로트 레버가 자기 집 뒷마당에 철망 철사로 안테나를 만들어 최초로 하늘의 무선 주파수 지도를 만들었다. 그는 복사가 우주 전체에서 나온다는 사실을 발견했다. 그로 인해 전파천문학이

237 8 31

탄생했고, '헤스선'은 오늘날 '우주선宇宙線'으로 불린다.

태양 활동 주기 11년에 관해서 이미 알려져 있던 또 다른 사실은 기후도 이와 유사한 순환 주기를 갖는다는 것이었다. 1930년대 초, 어시너스 대학에서 강의를 하던 존 모클리라는 미국의 젊은 물리학자가 이러한 현상에 관심을 갖게 되었다. 볼티모어에 있는 존스 홉킨스 대학에 다니던 시절, 그는 여름 방학 동안 기상국과 국립표준국에서 일한 적이 있었다. 그리고 그곳에서 기상 예보 데이터가 지난 수백 년 동안 미국에서 수집되어왔지만 한 번도 제대로 분석된 적이 없다는 사실을 알게 되었다. 그는 그 수치들을 분석하면 장기적인 기상 패턴에 관한 정보를 얻어 가뭄이나 장마처럼 농사에 피해를 주는 현상을 예측할 수 있게 될 것이라고 생각했다.

그러나 데이터를 처리하려면 엄청나게 많은 시간이 걸리기 때문에 지루한 계산을 좀 더 빨리 할 수 있는 방법을 찾아야만 했다. 1934년 모클리는 시카고에 갔다가 우연히 바르솔드 연구소를 방문했다. 그곳은 그의 아버지의 친구가 몇 년 동안 책임자로 일하던 곳이었다. 거기서 그는 신호 입력에 극도로 빠르게 반응하는 진공관을 이용해 우주선 입자를 연구하는 사람들을 보았다. 이 물리학자들은 초당 10만 회에 달하는 우주선 입자의 충돌을 진공관을 이용해 기록하고 있었다. 모클리는 날씨 정보를 취합하는 데 필요한 계산에 이 기술을 적용할 수 있겠다는 생각이 들었다. 그러나 제2차 세계대전이 그와 그의 연구를 날씨 예보와는 거리가 먼 곳으로 몰고 갔기 때문에 정작 날씨 정보와 관련된 일은 많이 진행되지 못했다.

전쟁을 수행하기 위한 활동은 처음에는 지나치게 성공적이어서 오히려 문제가 될 정도였다. 연합국의 연구 개발자들은 거의 일주일에 하나 꼴로 새로운 무기를 내놓았다. 이러한 군장비 중에는 폭발물, 총포류, 조준 장치, 추진제 등이 포함되어 있었다. 새로운 기술은 이미 복잡할 대로 복잡해진 무기 발사 과정을 더욱더 복잡하게 만들었다. 그것은 단순히 방아쇠를 당기는 차원이 아니었다.

어떤 포건 포탄이 목표물에 도달하는 정확성은 서로 관련을 맺고 있는 여러 요소들의 영향을 받는다. 고려해야 할 요소는 놀라 쓰러질 정도로 그 수가 많다. 포의 유형, 포탄의 유형, 추진제의 유형, 포신의 유형, 추진제의 연소율, 뇌관의 유형, 탄피의 유형, 포신의 기체 압력, 포신 밖의 기체 압력, 반동력, 포탄의 속도, 탄피가 포신에서 나갈 때 생기는 마찰, 발포 때 생기는 열로 인한 포강과 포신의 변형, 공기 밀도, 포구 부분의 폭발 충격 흡수 장치, 날아가는 동안 탄피가 받는 저항, 탄피 앞쪽에 작용하는 항력, 탄피에 의해 생기는 충격파, 탄피 표면의 마찰, 탄피의 형태, 발사각, 탄피의 회전율, 탄피의 무게, 주변 공기의 온도, 풍향, 풍속, 습도, 중력, 목표의 상대적인 높이, 목표물의 유형, 필요한 충격의 유형, 목표물 관통 정도, 명중각. 그리고 이 요소들 대부분은 포가 설치된 곳의 지형, 발사 시점의 지구의 운동, 달의 위치에도 영향을 받았다.

이러한 불편을 고려하면 포를 발포할 때 직면하는 가장 큰 문제는 발사 그 자체가 아니라 발사를 제대로 하기 위해 필요한 산술이었다. 이 모든 것은 소책자 형태로 각각의 포에 딸려나왔다. 책자에는 포를 발사할 때 있을 수 있는 가능한 모든 조건에 따라 포수가 취해야 할 방법을 알려주는 탄도표가 실려 있었다. 미국에서는 메릴랜드 주 애버딘에 있는 탄도 연구소[238]의 많은 여성 수학자들이 이 표를 준비하고 있었다.

238 118 143

그들에게 맡겨진 임무는 기가 질릴 정도였다. 탄도 하나를 계산하기 위해서는 대체로 곱셈을 750회나 해야 했고, 포 하나에 해당하는 탄도표에 3000개가 넘는 탄도가 실려 있었다. 수학자들은 기계식 계산기를 써서 24시간 쉬지 않고 30일 동안 일해서 겨우 표 하나를 완성했다. 1944년에는 하루에 새로운 표 여섯 개를 만들라는 요청이 들어왔다. 대포가 전투에서 제대로 기능하여 연합군이 승리하기 위해서는 계산을 좀 더 빨리 할 수 있는 방법을 찾아야만 했다.

　1942년 표를 작성하는 여성들 중 일부가 필라델피아 인근에 있는 펜실베이니아 대학의 무어 전기공학부에서 교육을 받기 시작했다. 당시 그곳에서는 존 모클리(그는 그곳의 수학자 중 한 사람과 결혼했다.)가 강사를 맡고 있었다. 모클리는 더하고 빼고 곱하고 나눈 수를 나중에 다른 계산에 쓸 필요가 있을 때까지 저장해 둘 수 있는 장치가 있다면 계산의 정확성에 대한 우려를 덜 수 있으리라고 생각했다. 저장은 성공의 핵심이었다. 왜냐하면 예전에 통계 작업을 하면서 생긴 대부분의 실수가 이전에 계산한 수를 다시 골라서 사용할 때 발생했고 그 실수가 다음 단계까지 그대로 이어진다는 사실을 알고 있었기 때문이다. 그리고 그가 염두에 둔 작업은 극도로 빠른 속도를 요하는 것이었다. 그는 날씨 자료를 계산할 때 한동안 그런 장치를 사용한 적이 있었다. 그것은 바로 우주선 연구원들이 사용하던 진공관이었는데, 초당 10만 회의 입력 처리가 가능했다.

　1942년 그는 군 책임자에게 '계산용 고속 진공관 장치의 사용'이라는 제목을 단 메모를 보냈다. 그러나 메모는 없어지고 말았다. 아니 어쩌면 군이 무시했을지도 모른다. 1943년에 그는 제안서를 다시 제출했고 이번에는 수용되었다. 그때부터 모클리와 그의 동료 존 프레스퍼 에커트는 그 계획을 수행했다. 그들의 노력은 어마어마하게 큰 기계로 결실을 맺었다. 그것은 1946년 무어 공대에서 처음으로 작동되었다. 그러나 전쟁에 쓸 탄도표 작성에 필요한 계산을 빠르게 하겠다는 애초의 목표를 달성하기에는 시간이 너무 많이 지나버렸다. 이 기계에는 전자식 수치 적분 계산기^{ENIAC}라는 이름이 붙었다. 80만 달러가 든 이 기계는 길이가 30미터, 높이가 2.4미터, 너비가 0.9미터로 진공관 1만 8000개가 사용되었다. 전력 소비량이 174킬로와트나 되었기 때문에 에니악^{ENIAC}에 전원을 넣으면 필라델피아의 빛이 흐려진다는 농담이 생겨날 정도였다.

에니악이 각각의 작업을 수행하기 위해 선을 연결하는 것은 시간을 잡아먹는 지루한 방식이었기 때문에 에니악은 조작원들 사이에서 "지옥에서 온 기계"로 불렸다. 그러나 신물이 날 정도로 지루했을지는 몰라도 수년 내에 에니악은 세상 모든 사람들의 삶에 영향을 미쳤

에니악에는 진공관이 무려 1만 8000개나 들어가 있었다.

다. 한편 에니악은 진공관을 열 개 단위로 사용했는데 각각의 '열 개 단위 조組'는 10, 100…… 등등의 단위를 나타냈다. 이 조들은 각각 전기 펄스를 입력받았다. 각 조에 펄스가 입력되면 그와 똑같은 수의 진공관이 켜졌다. 그래서 펄스 네 개가 '1단위' 조에 입력되면 진공관 네 개가 활성화된다. '10단위' 조에 펄스 두 개가 입력되면 진공관 두 개가 활성화된다. 이제 저장되는 수는 24다. 여기에 15를 더하려면 1단위 조에 있는 진공관 다섯 개와 10단위 조에 있는 진공관 한 개만 켜면 된다. 합계를 구하려면 진공관을 모두 꺼서 전체 시스템을 0으로 돌려놓는데, 이때 필요한 펄스의 수를 알아내기만 하면 된다. 여기에 필요한 펄스는 10단위 조에 세 개, 1단위 조에 아홉 개다. 따라서 합계는 39다. 각 펄스에 소요되는 시간은 고작 0.2밀리 초였다.

과정이 얼마나 복잡하냐와 상관없이 일단 선이 연결되자 에니악은 애버딘의 수학자들이 일 년이나 걸려 계산해야 할 것을 하루 만에 계산할 수 있었다. 이 기계에는 복잡한 계산 업무에서 해방된 여성들의 직무기술서에 사용되었던 '컴퓨터'라는 이름이 붙여졌다. 에니악이 수행할 첫 번째 임무는 세계를 바꾸는 것이었다. 그것은 최초의 수소 폭탄을 폭발시키는 과정을 수학적으로 모델화하는 데 사용되었다. 계산은 몇 개월이 걸렸고 그 작업의 결과(궁극적으로 제스로 털의 농업에 대한 관심 덕분에) 1952년 11월 11일 태평양의 환초섬인 엘루겔라브를 공기 중으로 사라지게 만들었다. 보습이 검劍으로 바뀐 것이다.

역사의 매혹적인 순간들을 찾자면, 에니악의 깨지기 쉬운 진공관이 남긴 사실들은 세계를 바꾼 수소 폭탄에 결코 뒤지지 않을 것이다……

15

진공관의 출현이
그 모든 것을 가능하게 했다

때때로 변화의 망에서 일어나는 사건들은 결국 완전한 원형으로 이르는 길을 따른다. 그리고 그러한 길 가운데 하나는 기술상의 목적을 완벽하게 충족시키는 발견을 동반한다. 그런 기술은 응용 범위도 넓고 사용자가 쓰기에도 편리한 기술이다. 진공관의 출현이 그 모든 것을 가능케 했다.

1940년대 제2차 세계대전 중, 미국의 B-29 승무원들을 가장 가슴 졸이게 한 것은 하늘을 점점이 수놓는 적의 대공포화가 아니라, 자신들이 타고 있는 비행기를 공중에 떠 있게 하고 항로를 유지시켜주는 자그마한 진공관이었다. 당시의 수많은 군사 장비들과 마찬가지로 B-29에도 무려 1000개가 넘는 진공관이 들어가 있었다. 만약 그것들 가운데 단 하나라도 말썽을 일으키면 그날이 모두의 제삿날이 될 수도 있었다. 진공관은 엔진, 난방 장치, 통신 장비, 계기 장치 등 모든 기계 장치에서 스위치와 증폭기로 사용되고 있었기 때문이다.

239 52 73   진공관은 고온의 필라멘트[239]에서 방출되어 관 아래쪽에 있는 금속판으로 이동하는 전자의 흐름에 의해 작동되었다. 전자의 흐름은 전파 신호나 전지에서 나오는 극히 미세한 전하들이 제 구실을 충분히 할 수 있도록 세기를 증폭시키는 역할을 한다. 그러나 불행하게도 유리 진공관은 쉽게 깨졌고, 필라멘트가 부식하거나 끊어지기만 해도 진공 상태를 유지하지 못했다. 둘 중 하나만 잘못돼도 진공관은 오작동을 일으켰고, 그 여파는 진공관에 의해 작동되는 스위치로, 그리고 동력 장치 아니면 개폐기로 조절되는 여타의 모든 장치로 퍼졌다. 진공관의 마지막 결함은 그것이 활성화되는 데 몇 초씩이나 걸린다는 점이었다. 언제 어디서 어뢰가 나타나 함정으로 돌진할지 모르는 상황에서 어뢰탐지기의 증폭기로 진공관을 쓴다는 것은 그리 권장할 만한 일이 아니었다. 그러므로 진공관을 대체할, 신뢰할 만하고 수명이 길면서 작동 속도도 빠른 대체품을 찾는 일이 급선무였던 것은 당연한 일이었다.

깨지거나 금이 가기 쉬운 유리 용기보다 더 단단한 무언가가 필요했다. 전쟁이 발발하기 몇 년 전, 미국 벨 전화연구소에서는 전화 시스템의 성능을 개선하는 데 혹시라도 도움이 되지 않을까 하는 막연한 기대를 품고 반도체라는 물질의 성질을 연구하고 있었다. 그러나 전쟁이 터지는 바람에 연구는 보류되었다. 1945년에는 벨 연구소 연구원들을 채용해 윌리엄 브래드퍼드 쇼클리의 지휘 아래 전담 연구팀을 구성해 연구를 재개했다.

연구진은 획기적인 성과를 거두고 그 공로로 1956년에 노벨 물리학상을 수상했다. 그들은 특정한 반도체 결정에 있는 원자들에 다른 불순물을 첨가하면, 원자는 전자를 더 얻기도 하고 때로는 불순물의 종류에 따라서 전자를 잃고 그 자리에 '구멍'이 생긴다는 사실을 알아냈다. 그렇게 처리한 결정에 전기장을 걸면 음전자들이 양극으로 튀어 들어가거나 혹은 구멍들로 하여금 똑같은 일을 하게끔 만들었다. 그것은 결정체에 걸린 전기장이 회로를 끊거나 잇는 속도만큼이나 빠르게 효과를 나타내기 때문이었다. 시간이 불과 몇 천 분의 1초밖에 걸리지 않았다. 트랜지스터라고 명명된 이 새로운 장치는 진공관이 하던 일을 대신했다. 트랜지스터는 기본적으로 단단한 결정으로 구성되었기 때문에 진공관에 비해 깨지거나 금이 갈 염려도 줄어들었을 뿐만 아니라 수명도 길었고 작동 속도도 더 빨랐다. 쇼클리가 트랜지스터 개발에 사용한 것은 게르마늄이란 물질이었다. 그러나 희소성으로 인해 금만큼이나 비쌌기 때문에 쇼클리는 게르마늄 대신에 규소를 사용했다. 오늘날 규소는 회로 개폐 장치에 가장 널리 쓰이는 물질로 자리 잡았다. 한편 애초에 사용했던 게르마늄은 미주리, 오클라호마, 캔자스 주의 경계 지역에서 나오는 아연 광석에서 추출된 것이었다.

게르마늄은 독일 프라이베르크 광산 학교에서 분석 화학과 기술 화학을 가르치던 클레멘스 빙클러라는 독일인 교수가 1886년에 발견했다. 그는 분석에는 천부적인 재능을 타고난 사람이었다. 희소 광물인 아지로다이트가 대량 매장된 광맥이 발견되자, 그는 그 분석을 의뢰 받았다. 그는 광물 표본이 은 74.4퍼센트, 황 17.1퍼센트, 산화철 0.66퍼센트, 산화아연 0.22퍼센트, 수은 0.31퍼센트를 함유하고 있다는 것을 알아냈다. 그렇다면 남은 7.01퍼센트는? 좀 더 추가적인 화학 분석 작업을 통해 그는 그것이 새로운 물질임을 알아냈고, 그것에 게르마늄(쇼클리가 사용하게 될 바로 그 물질)이란 이름을 붙여 발표한 뒤 자신의 원래 관심 분야로 되돌아왔다. 그 가운데 첫 번째 작업은 기체 뷰렛을 개발하는 것이었다. 그가 만든 뷰렛은 공장 등의 오염도를 측정해 깨끗한 환경을 만드는 현대적인 기술의 탄생에 큰 구실을 했다.

뷰렛에는 기체와 반응하는 액체가 들어 있었다. 이 액체는 연기에 어떤 기체가 얼마나 섞였는지에 따라 색깔이 달라졌기 때문에 그 성분을 측정할 수 있었다. 그래서 뷰렛을 사용하면 굴뚝에서 나오는 매연[240]의 성분도 분석할 수 있었다. 이러한 정보는 특히 용광로를 운영하는 데 드는 경비를 절감해주었기 때문에 사업가들의 많은 관심을 끌었다. 용광로에는 산화철을 환원시키기 위해 일산화탄소와 무심탄소봉이 사용되었다. 사용되지 않은 일산화탄소를 검출해낼 수만 있다면 공장에서는 그것을 재활용할 수 있었다. 기체를 분석하면 제대로 타지 않은 연료 기체 혹은 재활용이 가능한 매연의 양이 얼마나 되는지를 측정해, 용광로와 굴뚝의 전반적인 구조를 좀 더 효율성 있게 개선할 수도 있었다. 이런 분석은 지하 채굴장에 유독성 기체나 폭발성 기체가 있는지의 여부도 알 수 있게 해주었다.

다행스럽게도 역사의 진로는 다소 지루했을 수도 있는 화학 이야기를 뒤로하고 갑작스럽게 방향을 튼다. 이러한 방향 전환 역시 빙클러의 주요 관심사가 코발트에 있었기 때문이었다. 어린 시절 빙클러는 아버지가 운영하던 대규모 코발트 공장에서 시간을 보냈고 한때는 코발트를 판매하는 일을 하기도 했다. 당시 코발트[241]가 함유된 색

240 110 123
240 197 254

241 177 235

소는 염색 산업뿐만 아니라 자기와 법랑 제조에도 널리 사용되었다. 순도가 특히 높은 코발트는 잉글랜드 버밍엄의 한 화학자가 개발했다. 그리고 파리 인근에 있는 세브르 공장에서 그것을 대량으로 수입해 썼다. 18세기에는 웨지우드[242]가 신고전주의 양식의 청백색 가정용 자기를 내놓아 선풍을 일으킨 바 있었다. 그는 네덜란드 델프트산 자기를 수선하는 일로 사회에 첫발을 내디뎠다. 사실 델프트 자기는 선풍적인 인기를 끈 중국의 고가 자기[243]를 모방한 것에 불과했다. 자기는 17세기 초 유럽에 소개되었다. 중국에서 처음 수입된 것은 청백색 자기였다.

242 124 151

243 11 35
243 291 424

코발트가 처음 사용된 것은 중국 명나라 때였다. 당시 제작된 자기 가운데 일부는 역사상 최고의 걸작품으로 꼽히기도 한다. 그러나 사실 요업 기술은 기원전 두 번째 천년에 표면을 유약 처리 하는 기법이 중국에서 개발된 이후 오랜 세월에 걸쳐 발전을 거듭해왔다. 그와 같은 산업이 발전한 데는 자기를 왕실의 인사들에게 공물로 바치는 고대 중국의 전통도 한몫했다. 5만 점에 달하는 자기를 왕실에 공물로 바친 경우도 드물지 않았다. 15세기 명나라 수도 난징南京은 대규모 자기 생산지였던 징더전景德鎮과 가까웠는데, 그곳은 황실에 공물로 바칠 청백색 도자기를 처음으로 만들어낸 곳이기도 했다. 코발트 덕분에 명나라의 청자는 유명세를 탔다. 자기 표면에 코발트로 그림을 그린 다음 유약을 바르면 고온에서 구워도 염료가 녹아내리지 않았기 때문이다. 뜨거운 불 속에서도 안정성을 잃지 않는 이 염료 덕에 중국의 예술가들은 도교와 불교의 상징물이나 한자뿐만 아니라 현실과 신화 속 동물, 새, 어린아이, 고깃배, 탑, 다리와 정원 등을 자기 표면에 마음껏 그려 넣을 수 있었다.

244 90 106

코발트는 중국에서 출발해 중앙아시아를 거쳐 시리아까지 이어지는 원거리 교역로인 비단길[244]을 따라 오가던 상인들을 통해 중국에 들어왔다. 이 길은 원래 기원전 3세기 한나라 때 로마 제국과 교역을 하기 위한 목적으로 개척된 길이었다. 비단길을 따라 있는 국가들은 중세 초기에 저마다 길을 정비했을 뿐만 아니라 초소를 세우고 군대를 주둔시켜 상인들을 보호해주고 통행세를 징수했다. 오랜 세월이 지나 유명해진 검문소 주변에서는 그리스, 아랍, 인도, 페르시아의 상인들이 유목민 상인들과 물건을 사고판 후, 왔던 길을 되돌아 중국으로 가서 중국인들을 상대로 물건을 팔았다.

명나라 도공들이 코발트를 사용하게 된 것은 페르시아와의 접촉 덕분이었다. 중국인들이 간접적으로나마 이 광물(중국인들은 코발트의 색을 '무함마드의 푸른색'이라고 불렀다.)에 눈을 뜨는 데는 페르시아의 영향이 컸던 것이다. 코발트가 처음 발견된 곳은 카샨이란 도시로 추정된다. 카샨의 도공들은 그 지역에 있는 광산에서 코발트 원석을 가져다 썼다. 푸른색 빛깔을 띤 카샨 도기 그릇과 타일 가운데 가장 연도가 오래된 것은, 한 세기가 넘는 기간 동안 타일 제조업으로 번창한 하산 이븐 아랍샤 가문이 아름다운 장식 도기로 카샨의 명성을 떨친 바로 직후인 1203년에 만들어진 것이었다. 자기 표면에 염료를 사용할 수 있다는 생각을 중국인들에게 처음 일깨워준 사람들도 카샨의 도공들이었을 것이다. 토기에 바른 코발트 염료는 잘 번지지만 중국에서 가져온 자기에서는 잘 번지지 않는다는 사실을 그들이 알아낸 것이다.

카샨에서 제작된 타일 중 특히 모스크를 장식하는 데 사용되는 타일이 눈길을 끌었다. 카샨의 도공들은 페르시아의 시가詩歌를 새겨 넣은 아랍의 돋을새김을 강조하기 위해 푸른색을 사용했다. 타일을 별, 육각형, 십자가 등의 모양으로 잘라 붙이거나 타일을 이어 붙여 커다란 장식용 패널화를 만드는 기법도 사용되었다. 대부분의 궁전과 모스크는 작은 타일 조각을 이용해 만든 독특하면서도 복잡한 문양으로 장식되었는데, 문양 하나하나가 모두 전체적인 구도와 잘 어울렸다. 오늘날 우리는 이러한 기법을 마이단이샤의 에스파한 모스크 사원에서, 그리고 에스파냐 그라나다에 있는 알람브라에서도 볼 수 있다.

이슬람 도공들은 그 정교한 제작 기술을 그리스의 모자이크 장인들에게서 배웠다. 비잔티움의 모자이크 장인들은 초기 기독교 시대부터 시리아-팔레스타인 지역과 이집트의 모자이크 중심지로 옮겨가, 당시 나날이 증가하는 수요를 맞추기 위해 제자들을 양성했다. 물론 모자이크라는 작품 형태는 멀리는 기원전 5000년의 메소포타미아까지 거슬러 올라가며 그리스 시대를 거쳐 로마 시대까지 이어지는 오랜 전통을 가진 양식이지만, 그 기술이 정점에 이른 것은 4세기에서 5세기, 즉 콘스탄티누스 대제가 기독교를 비잔티움 제국의 국교로 공인함에 따라 기독교도들이 더 이상 자신들의 신앙을 숨기지 않고도 자유롭게 교회를 세우기 시작하던 시기였다.

비잔티움 제국 전역에 급속도로 세워지기 시작한 교회를 눈부시도록 아름답게 장식한 것은 모자이크화였다. 모자이크를 사용하게 된 것은 아마도 기독교인들이 오랜 세월을 말 그대로 지하에 숨어서 불법적인 종교 활동을 해야만 했기 때문일 것이다. 모자이크는 빛을 아주 잘 반사했으므로 어두침침하고 울퉁불퉁한 지하 동굴에서 쓰기에 아주 그만이었던 것이다. 동굴 바닥을 모자이크로 장식하려면 먼저 바닥을 긁어낸 다음 시멘트를 10센티미터 정도 발라 면을 평평하게 해야 했다. 그러고 나서 모자이크용 유리 조각들을 아직 마르지 않은 시멘트 표면에 눌러 붙였다. 모자이크용 조각은 주로 정사각형 아니면 직사각형이었고, 크기는 대략 2센티미터를 넘지 않았다. 유리 조각에는 금속산화물을 첨가해 색을 냈다. 금박이나 은박을 유리와 법랑판 사이에 끼워 넣기도 했는데, 금박을 끼울 경우에는 금의 효과를 더욱 두드러지게 하기 위해 붉은색을 사용했다. 빛을 최대한 많이 반사하게 하려면 모자이크 조각들을 30도 각도로 기울여 붙여야 했다.

모자이크에는 상대적으로 선명한 색을 썼기 때문에 실제의 효과를 제대로 감상하려면 거대한 크기로 제작된 것을 멀리 떨어져서 봐야 했다. 그렇게 하면 놀랄 만큼 멋진 효과를 볼 수 있었다. 모자이크화 중에서도 가장 훌륭한 것들의 일부가 이탈리아의 비잔티움 총독이 주재했던 곳인 라벤나에 아직 남아 있는데, 그것들은 5~6세기를 대표하는 걸작으로 꼽히는 작품들이다. 그중에서도 가장 아름다운 작품은 아마도 갈라 플라키디아의 묘에 남아 있는 작품들일 것이다. 온갖 동식물이 등장하는 종교적인 분위기의 그 모자이크들은 초기 기독교 예술에서 가장 아름다운 모자이크로 손꼽힌다. 묘의 옆에는 산 비탈레 성당이 있는데, 그곳에는 화려하게 차려입은 황제 유스티니아누스와 황후 테오도라가 입회한 자리에서 헌당식을 거행하는 장면을 기록해놓은 빼어난 모자이크가 있다.

정치적인 관점에서 가장 흥미로운 모자이크 가운데 하나를 지금도 로마 라테란 광장의 성스러운 계단 근처에서 확인할 수 있다. 17세기식 개방형 후진後陣에는 모자이크화가 하나 있다. 그것은 100년 동안 세 차례나 주의 깊게 이전해 보존된 이래 1743년 교황 베네딕투스 14세가 마지막으로 그곳에 고이 모셔놓은 작품이다. 이것은 9세기에 제작된 것으로, 로마 교황청은 이 작품의 주제 때문에 무척이나 신경을 써서 관리해왔다. 건물 한쪽 아치에는 그리스도가 왕좌에 앉아서 성 베드로에게는 열쇠를 건네주고, 콘스탄티누스 황제에게는 깃발을 건네주며 그가 기독교를 공인한 것을 치하하는 장면을 담은 모자이크가 있다. 다른 한쪽 아치에는 성 베드로가 교황 레오 3세에게는 팔리움을, 샤를마뉴 대제에게는 깃발을 건네주는 장면이 그려져 있다. 이 장면은 서기 800년 성탄절에 있었던 대관식에서 교황 레오 3세와 샤를마뉴 대제가 서로 손을 잡았음을 기념하는 것이다. 또한 교황이 그 어떤 세속 권력보다 영적으로 우월함을 명확하게 보여주고 있기도 하다.

이 두 모자이크는 둘 다 교황에게 처음으로 그와 같은 특별한 권능을 부여한 '콘스탄티누스의 증여'라는 문서를 은연중에 환기시키고 있다. 콘스탄티누스의 증여는 콘스탄티누스 대제가 서명해 교황 실베스테르 1세 앞으로 보냈다고 하는 3000단어로 된 문서였다. 전설에 따르면 대제는 나병에 걸렸지만 기독교로 귀의하는 순간 병이 기적적으로 사라졌다고 한다. 이와 같은 기적에 감복하여 대제가 '증여'를 작성했다는 것이다. 그러나 이유야 어찌 되었건 증여는 교황에게 보편 교회를 다스릴 힘과 권한을 안겨주었다. 로마 교회의 성직자들은 귀족으로 신분이 급상승했으며, 로마 교회는 이탈리아의 롬바르디아와 이스트리아(현재 슬로베니아와 크로아티아에 속해 있는 이스트라 지역에 해당—옮긴이) 지방, 그리고 베네치아를 수여받았다. 결국 증여로 인해 로마 제국 전체가 교황의 관할로 넘어가게 된 것이다. 따라서 샤를마뉴 대제에게 왕관을 씌워주고 영적인 봉신으로 삼을 권리가 교황에게는 있었던 것이다.

교회가 힘을 발휘하는 데 '콘스탄티누스의 증여'가 오랫동안 가장 기본적인 수단이었다는 것은 놀라운 일이 아니다. 열 명도 넘는 교황이 그 문서를 인용했고 중세의 모든 법학자와 신학자들이 그 문서를 전거로 삼았다. 이 모든 일들은 증여가 조악한 위조 문서였음에도 벌어졌다. 증여는 750년경, 즉 로마 교회가 비잔티움 제국에서 벗어나 날로 세력이 강성해지던 프랑크 왕국의 왕들에 접근해서, 그들에 대한 자신들의 권위를 분명히 할 필요가 있던 시기에 교황의 측근 가운데 하나가 꾸며낸 문서였을 것이다.

1435년 교황 유게니우스 4세가 자기가 이기지도 못할 인물을 싸움 상대로 잘못 고르지만 않았어도 증여가 위조 문서에 의해 이루어진 사실이 만천하에 공개되는 일은 일어나지 않았을 것이다. 문제의 인물은 에스파냐의 알폰소 5세였다. 그는 나폴리의 여왕 조반나의 양자였으나 여왕이 죽자 자신이 그녀의 후계자라고 주장하여 나폴리의 왕위에 오른 인물이었다. 교황은 이러한 주장에 이의를 제기했고 곧 두 사람은 견원지간이 되었다. 로마 교회에 결정타를 날릴 방안을 찾던 알폰소 5세의 눈에 자신의 서기관으로 일하던 한 젊은이가 245 302 447 띄었다. 그가 바로 로렌초 발라[245]라는 고위 성직자였다. 오늘날로 치면 MIT 대학에 해당하는 파도바 대학에서 수사학 교수로 재직기도 했던 그는 스물아홉이란 나이에 이미 이탈리아 최고의 인문학자로 손꼽히던 인물이었다.

발라는 당시 새로 발굴되어 과거에 대한 사람들의 통념을 완전히 뒤바꿔놓았던 고대의 문헌들을 이용해 고전 라틴어를 집중적으로 연구했었다. 그는 유럽 최고의 라틴어 문체 전문가였다. 그 주제로 그가 1444년에 쓴 책은 그 후 300년 동안이나 결정본으로 인정받을 정도였다. 그런 면에서 발라는 로마 교회의 수상한 과거를 들춰내 자신의 왕에게 좋은 선전거리를 제공할 수 있는 유리한 위치에 있었다.

발라가 찾아낸 것은 교황도 알폰소 5세도 전혀 예상하지 못했던 것이었다. '콘스탄티누스의 증여'에 나타난 언어적인 특징을 조사하던 과정에서 그는 그 문서가 의혹투성이라는 사실을 발견했다. 문서에 사용된 라틴어 문장들은 저열했고, 게다가 콘스탄티누스 대제 시대보다 한참 후대에 쓰인 것이 확실했다. '증여'에서는 콘스탄티노플을 총대교구로 칭하고 있으며(그러나 당시에는 아직 있지도 않았다.), 콘스탄티누스의 '황금 왕관'이 언급되어 있었다. (그러나 사실은 천으로 된 것이었다.)

발라가 한 작업은 인문학자들이 고문서를 조사하는 과정에서 터득한 방법을 그대로 따른 대표적인 사례였다. 작가가 원래 전달하려 했던 의도가 무엇인지를 이해하는 방법은 역사적 분석과 더불어 문법적 분석, 구문론적 분석을 하면서 상식에 비추어 문헌을 비판적으로 검토하는 것이었다. 이러한 기술 덕분에 학자들은 잘못된 판본의 사례들을 서로 대조하고 종합해 결정본을 확정할 수 있었다. 마침내 학자들은 문헌 비판 작업을 고전적인 과학 문헌 영역으로도 넓혔고, 그 결과 한 세기 후에 과학 혁명이 일어날 토대를 다졌다. 그러나 발라는 그와 같은 작업으로 목숨이 위태로울 지경에 처했다. 상상조차 할 수 없었던 비밀을 그가 밝혀냈기 때문이었다. 도망가는 것 말고는 달리 방법이 없었다. 그와 같은 비밀을 밝혀낼 수 있었던 것도, 그리고 그렇게 피신을 할 수 있었던 것도 사실 그가 고위층의 최고 권력자와 친분이 있었기 때문에 가능한 일이었다.

쿠자의 니콜라우스는 교계의 중요한 지성 중에 한 사람이었다. 발라처럼 그도 파도바 대학 출신으로 그곳에서 교회법으로 학위를 받았다. 1436년 서른다섯의 나이에 사제로 임명받아 서른일곱에 교황의 특사로 일했으며, 마흔다섯의 아주 이른 나이에 추기경이 되었고, 쉰여덟에는 로마의 감독관이 되었다. 그는 당대 최고의 법학자 가운데 한 사람으로서 바젤 공의회에서 교황의 지위를 두고 논쟁을 벌이기도 했고, 1434년에는 콘스탄티누스의 증여의 신빙성에 의혹을 제기하는 글을 썼다. 그러나 그는 발라와는 달리 신성 로마 제국의 황제라는 권위는 교황으로부터 나오는 것이 아니라는 점을 증명하는 데 최우선을 두었다. 그런 생각은 교황이 교회의 대표 위원회에 더 많은 권한을 주어야 한다는 평소의 소신에도 부합하는 것이었다. 그래서 니콜라우스는 발라의 주장에 동감했다. 문서 위조를 밝혀냈다는 사실이 알려져 발라가 궁지에 몰려 목숨이 위태로웠을 때, 아마도 니콜라우스가 도움을 주었던 것 같다. 로마 교회는 비밀을 지키려고 애를 썼지만 그럼에도 소문은 돌고 돌아 로마 교회를 향해 쏟아지던 비판에 힘을 보태주었고, 그 결과 한 세기가 지난 훗날 개신교가 분리되어 나가는 사태로 발전했다.

한편 발라의 수호자였던 쿠자의 니콜라우스는 그 누구보다도 시대를 앞서나간 사람이었다. 그는 지구가 둥글고, 축을 중심으로 회전하고, 태양 주위를 돌고 있다는 의견을 코페르니쿠스[246]보다 앞서 개진했다. 그리고 천체 역시 지구와 똑같은 물질로 이루어져 있으며, 겉보기에 하늘이 지구를 중심으로 원운동하는 것처럼 보이지만 사실은 우리가 지구에서 관찰하기 때문에 그렇게 보이는 것에 불과하다는 의견도 내놓았다. 그는 갈릴레오[247]보다 훨씬 앞서서, 탑에서 물체를 떨어뜨릴 경우 물체가 왜 그와 같은 낙하 운동을 하게 되는지에 대해

246 128 155

247 130 155
247 158 204

연구했다. 그리고 그 누구보다도 먼저 실험의 규칙에 대해 설명했고, 맥박을 측정했고, 기상 예측을 했고, 우주의 무한함을 논증했고, 독서용 안경을 발명했다. 또 새로운 세계 지도를 작성하는 데 필요한 기초 자료를 제공했을 것이라고도 추정된다.

그 가운데 마지막 것, 즉 지리학에 대한 니콜라우스의 관심은 아마도 파도바 대학에서 함께 공부했던 학생인 파올로 토스카넬리와 계속 인연을 맺게 해준 연결 고리였을 것이다. 토스카넬리는 당대 최고의 수학자이자 지리학자 중 한 사람으로 성장했다. 그리고 콜럼버스에게 대서양 서쪽으로 가로질러 가면 일본에 닿을 수 있음을 알려주는 지도를 건네준 사람도 바로 그였다. 니콜라우스와 토스카넬리는 평생을 친구 사이로 지냈다. 니콜라우스는 기하학에 관한 자신의 논문을 토스카넬리에게 헌정하기도 했다. 그런 까닭에 1464년 니콜라우스가 이탈리아의 작은 도시인 토디에서 생을 마감할 때도 곁에서 유언의 증인이 되어 주었다. 그 자리에는 이 돌고 도는 이야기를 다음 단계로 넘어가게 할 또 한 사람도 있었다.

그 주인공은 포르투갈 리스본 출신으로 대성당 참사회 의원이던 페르낭 마르틴스 드 로리스였다. 1459년 피렌체[248] 공의회에서 이탈리아인들은 포르투갈 대표들과 연쇄 접촉하며 뛰어난 항해사인 그들에게 다양한 지리학적 정보를 캐물었다. 그런 일이 있은 다음부터 토스카넬리와 마르틴스 드 로리스 두 사람은 꾸준히 서신을 주고받기 시작했다. 당시 포르투갈인들은 이미 서양에서는 위대한 탐험가들로 자리 잡고 있었다. 포르투갈인들은 북대서양에서는 마데이라 제도와 아소르스 제도를, 아프리카 대륙 서쪽 끝에서는 베르데 곶을 발견했을 뿐만 아니라 그 후 6년도 지나지 않아 동양으로 이어지는 바닷길

248 301 446

을 찾고자 아프리카 대륙을 따라 내려가던 도중에 적도 너머까지 항
해하기도 했다. 과거에는 콘스탄티노폴리스로 불렸지만 1453년 오
스만 튀르크인들이 도시를 점령함에 따라, 이제는 새 이름을 얻은 도
시 이스탄불[249]에서 활동하는 오스만 튀르크 중개상들로부터 향신료
를 사오는 대신에 생산자와 직거래하는 것, 그것이 포르투갈인들이
동양으로 가고자 했던 목적이었다.

249 91 106

포르투갈의 대항해가들이 남다른 성공을 거둘 수 있었던 것은 위
도[250]를 따라 위아래로 항해할 수 있는, 자신들만의 비밀스러운 방법
을 갖고 있었기 때문이다. 비결은 북극성 관측 각도를 측정함으로써
자기네들이 북쪽으로 얼마나 올라와 있는지, 남쪽으로 얼마나 내려
와 있는지를 알려주는 사분의(포르투갈인이 혁신적으로 성능을 개량했
다.)라는 천문 관측기기에 있었다. 북쪽으로 올라갈수록 밤하늘의 북
극성 고도는 높아진다. 그와 같은 북극성 고도를 사분의로 측정함으
로써 포르투갈 항해사들은 뱃머리를 돌려 고향 땅으로 무사히 귀환
했다. 포르투갈 항해사들은 일단 북극성이 38도 고도에서 관측되는
위도까지 올라왔다. 그런 다음에는 동쪽으로 방향을 틀었다. 그러면
얼마 안 지나 리스본(북위 약 38도 선상에 자리 잡은 도시) 항구가 배 정
면에 나타났다.

250 265 366

마르틴스 드 로리스는 왕실에서 해상 탐험 활동을 조직적으로 운
영하고자 만든 포르투갈 해운 분야 특별 위원회에서 간사를 맡고 있
었다. 1474년 포르투갈 선박은 그린란드까지 진출했다. 그뿐만 아니
라 포르투갈에서는 새로운 항해 기술을 시험하기 위해 대서양 먼 곳
으로 실험 선박을 항해하게 하는 계획도 비밀리에 추진 중이라는 풍
문이 유럽에 떠돌았다. 아마도 가장 중요했을, 그리고 가장 삼엄한 경

계를 늦추지 않았을 그 비밀스러운 계획이란 태양의 위치를 측정해 위도를 알아내는 방법을 찾는 것이었다. 주간에도 위도를 따라가려고 했기 때문이다. 적도 넘어 남쪽으로 내려가면 북극성은 시야에서 사라졌던 것이다.

아프리카 대륙을 돌아 동양으로 이어지는 바닷길 항해에 나선다는 것은 육지라고는 전혀 보이지 않는 망망대해로 나가야 한다는 것을 의미했기 때문에 감히 시도할 엄두조차 내지 못하는 위험한 일이었다. (이와 같은 일은 그동안 아무도 경험한 적이 없던 일이었다.) 그리고 그것은 아프리카 대륙 해안선을 끼고 내려가는 대신 대서양 한가운데를 곧장 가로질러 내려가야 한다는 것을 의미했다. 그러나 최단 직선거리로 아프리카 대륙 북동부 지역에 도달하고자 한다면 선택할 수 있는 항로는 그 길밖에는 없었다. 이와 같이 위험천만한 모험이었는데도 한번 도전할 만한 모험이라고 포르투갈인들로 하여금 투지를 불태우게 한 것은, 동양으로 이어지는 육로 개척이라는 비밀 임무를 수행하다 귀국한 페로 다 쿠빌량이 가져온 정보였다. 페로 다 쿠빌량은 아랍어에 능통했고, 이미 그전부터 아프리카 모로코에서 해외 첩보원으로 활동하던 인물이었다. 1490년 임무를 마치고 국내로 복귀한 그는 인도에는 후추와 생강이 자라고 있으며, 계피나무와 정향은 인도에서 동쪽으로 좀 더 떨어진 섬에서 건너오고 있다는 사실을 보고했다. 그뿐만 아니라 그는 아랍 선박들이 계절풍을 최대한 이용하기 위해 인도양에 접한 항구를 떠나는 시기가 고정적으로 정해져 있다는 사실도 알아냈다.

1487년 바르톨로메우 디아스가 희망봉을 돌아 항해한 적이 있어서 향신료를 구하려면 어떤 길로 가면 되는지도 이미 알고 있던 포르

콜럼버스 소식에 자극받아 대항해를 떠난 바스쿠 다 가마.

투갈인들은 쿠빌랑에게 고마워해야 할 판국이었다. 디아스가 희망봉을 발견한 지도 10년. 콜럼버스가 항해를 떠났다는 소식에 자극 받은 바스쿠 다 가마는 인도를 향해 대항해를 떠났다. 다 가마는 먼저 중앙대서양 깊숙이 항해해 간 후, 남위 약 30도 부근으로 가서 항로를 동쪽으로 꺾었다. 희망봉은 남쪽으로 위도 1도 아래 있었다. 그는 태양의 위치를 측정해 위도를 알아냈다.

다 가마가 항해에서 돌아온 지 6개월도 되지 않아 1500년에 페드루 알바레스 카브랄이 열세 척에 달하는 선단을 이끌고 같은 길을 떠났지만 풍랑을 만나 애초 의도했던 항로에서 벗어나 서쪽으로 떠밀려갔다. 4월 23일, 그는 브라질[251]을 발견했다. 그리고 곧이어 다른 배가 같은 길을 따라와 깃발을 꽂았다. 그러고 나서 1501년, 이탈리아의 아메리고 베스푸치가 지휘하는 세 번째 선단이 브라질을 향해 출발했고, 훗날 신세계에는 그의 이름이 붙게 되었다. 몇 년이 지나 독일의 지도 제작자 마르틴 발트제뮐러가 아메리고 베스푸치의 이름을 따 신대륙에 아메리카라는 이름을 붙인 것이다.

브라질에서 온 첫 보고에는 앵무새, 원숭이, 벌거벗고 사는 야만인, 염료나무 등이 브라질 전역에 산재해 있다는 인상적인 사실도 있었지만, 브라질의 매력은 다른 데 있었다. 브라질에는 종교 재판소가 없었다. 그런 까닭에 브라질은 신세계 여러 지역 가운데 처음으로, 종교적인 차별을 피해 떠난 사람들이 모여드는 지역이 되었다. 이와 같이

251 94 107

종교적 피난민이 된 사람들은 포르투갈 유대교 신자들(혹은 전에는 유대교 신자였지만 고문에 못 이겨 기독교로 개종한 사람들)이었다. 포르투갈 당국은 그들을 신기독교인이라고 부르며 추방하거나 사회 진출의 길을 가로막았다.

따라서 신기독교도들 가운데 일부는 브라질로 이민할 기회를 달라고 간청했고, 포르투갈 국왕은 유대인들을 자기 땅에서 일거에 쓸어내고, 다른 한편으로는 그것이 팽창주의 정책을 펴는 에스파냐를 견제하고, 브라질에서 자기들의 입지를 강화하는 데 더없이 좋은 기회라고 생각했다. 1502년 페르낭 드 노로냐를 회장으로 선임한 신기독교인 합작 투자 조합은 1년에 여섯 척이 넘는 선박을 되돌려주고, 12개월마다 1440킬로미터씩 새로운 땅을 탐사하고, 방어 요새를 건설하고 유지 보수한다는 이행 조건으로 국왕에게서 독점적인 특권을 양도받았다. 신기독교인들은 브라질을 개척한 첫 식민지 이주민이 되었으며, 페르남부쿠 일대에서 처음으로 사탕수수 농장을 운영했다.

과거로 돌아가, 당시 설탕 생산은 오늘날 일부 사람들이 생각하듯이 그렇게 외딴 오지의 농업도 아니었고 별 볼일 없지도 않았다. 17세기 설탕은 오늘날 석유만큼이나 가치 있는 상품이었다. 그리고 새로운 브라질 이주민들이 세운 농장을 갖고 있던 포르투갈은 설탕 시장을 지배했다. 그것은 곧 포르투갈에 돈 찍어내는 기계가 돌아가고 있음을 의미하는 것이나 마찬가지였다. 1630년 네덜란드가 브라질 중동부 페르남부쿠, 그리고 그 다음에 북동부 전체를 점령하자 일순간에 신기독교인들 일상에는 변화가 일어났다. 이제 신기독교인들에게는 마음 편히 살 수 있는 세상이 펼쳐졌다. 네덜란드인들은 다른 종교적인 신념을 지녔다는 이유로 다른 사람을 박대할 수 없다고 생각하던 사람들이었다. 그리고 그와 같이 관용적인 분위기가 감돌자, 신기독교인들은 자신들이 마음으로도 유대교를 저버린 것은 결코 아니었음을 밝혔다.

신기독교인들은 어떤 신을 섬기든 그것은 아무도 간섭하지 못하는 개인의 고유한 자유임을 그제야 겨우 맛보았다. 그들은 그런 자유가 얼마나 소중한지를 잘 알고 있었으므로 잃어버린 포르투갈 땅을 되찾기 위해 새로운 동지, 네덜란드인들 편에 서서 함께 싸웠다. 그러나 네덜란드인들이 패배하고 페르남부쿠 지방이 함락당하자, 브라질에 거주하던 유대인 상당수가 오늘날 뉴욕 주에 속하는 뉴 암스테르담으로 이주해 그곳에 북아메리카 첫 유대교 예배당을 세웠다. 다른 사람들은 네덜란드 암스테르담으로 이주했다. 그곳 또한 박해 없이 안전을 보장받을 수 있는 곳이었다. 그렇게 유럽으로 다시 피난한 유대인 중에는 어린 소년이었던 안드라데 벨로지뉴도 끼어 있었다. 훗날 벨로지뉴는 같은 포르투갈 유대인이었던 바루크 스피노자에게 강력한 맞수가 되는 인물로 성장했다. 스피노자의 부모 역시 포르투갈을 떠나 암스테르담에 정착한 유대인이었다.

가톨릭교와 개신교 양쪽에서 동시에 이단자로 낙인찍힌 인물은 역사상 몇 명 되지 않는데 스피노자가 그중 한 명이었다. 스피노자는 내편과 네 편을 갈라 흑백 논리로 시비를 다투는 일에는 회의적이었는데 그런 태도가 문제였다. 그는 1656년에 유대인 공동체에서도 이단사상을 지닌 인물로 낙인찍혀 유대 교회에서도 파면당했다. 스피노자는 말수는 적지만 배우기를 즐겼던 사람이다. 그는 포르투갈어, 독일어, 네덜란드어, 라틴어, 그리고 히브리어를 할 줄 알았을 뿐만 아니라 한때는 유대인 사이에서 영적인 스승 역할을 했던 랍비가 되려고 교육 과정을 이수하기도 했다. 그는 가난했으므로 렌즈 제작으로 생계를 유지했다. 그런 도중 17세기 최고의 과학사상가였던 크리스티안 하위헌스[252]와 고트프리트 라이프니츠[253]를 만났고, 이 두 사람과 교류하며 조언을 아끼지 않았다.

그러는 사이 스피노자는 자신이 저술한 철학 저작들 때문에 기존의 기독교와 갈등 관계에 빠졌다. 1670년 그는 익명으로 신학 논문을 한 편 내놓는다. 논문에서 그는 표현할 자유와 생각할 자유를 완전히 실현해야 한다고 주장했다. 관용을 미덕으로 삼던 네덜란드인들에게도 이와 같은 주장은 충격이었다. 그뿐만 아니라 그는 내세는 없음을, 기적은 그것이 일어나기를 바라는 사람에게만 일어나는 현상임을, 만약 신이 법칙이라면 그 법칙은 자연 법칙 속에 내재함을, 자연을 아는 것이 곧 신을 아는 것임을, 우주를 설명하는 이성적인 언어는 바로 수학이라는 언어임을 논증했다.

영국왕립학회에서 스피노자 철학에 관심을 보였는데 그와 같은 계기를 마련해준 사람은 아마도 하위헌스였을 것이다. 1661년부터 그는 헨리 올덴버그(독일에서 태어났고 원래 이름은 하인리히 올덴부르크이다.)와 서신을 주고받았다. 올덴버그가 영국왕립학회 제1간사직을 맡기 직전이었다. 올덴버그는 학회 간사로 취임하고 나서 같은 해 하위헌스를 인사차 방문했다. 17세기 마지막 사반세기를 지나며 영국왕립학회는 네덜란드의 과학자들이 거둔 연구 성과에도 관심을 갖기 시작했는데, 그중에서도 특히 눈길을 끈 과학자는 (스피노자를 징검다리 삼아 알게 된) 안토니 판 레이우엔훅[254]이었다. 레이우엔훅은 렌즈를 갈아 현미경을 제작했다. 1676년 그가 영국왕립학회로 보낸 단세포 원생동물 그림과 원형질을 드러낸 채 파열된 세포 그림에 학회 회원들은 놀라움을 금치 못했다. 살아 있는 미생물을 관찰하는 데 현미경을 사용한 것은 그때가 처음이었지만, 현미경은 단숨에 과학계를 뒤바꿔놓았다. 레이우엔훅이 관찰한 것이 암시하는 것처럼 너무 작아서 인간의 눈에 보이지 않는 생물들이 실제로 있다면, 그것 말고도 또 다른 것들도 발견되지 말라는 법이 있겠는가?

18세기 내내 과학 기술 분야에는 마치 날마다 놀라운 발명과 발견이 이어지는 것처럼 보였다. 거의 매달 중력, 전기, 화학, 호흡, 광합성, 지리학, 생리학, 생물학 분야에서 새로운 발견들이 쏟아졌다. 그러나 새로운 발견과 발명 가운데 최고는 역시 증기기관이었다. 증기기관은 세상을 뿌리부터 뒤바꾸는, 전에 없던 혁신을 일궈냈기 때문이다. 적어도 1813년까지는 그랬다. 1813년, 과학 기술에 열광하던 당시 사회 분위기에 동조할 수 없었던 사람들 가운데는 과학을 신비한 매력의 대상으로 여기던 사람들도 있었다. 그들은 제네바 호숫가로 놀러 와 한가로운 시간을 보내고 있었다. 영국 낭만주의 시인 바이런과 셸리였다. (바이런은 정부를 데리고 왔고, 셸리는 어린 아내를 데리고 왔다. 셸리의 아내와 바이런의 정부는 배다른 자매 사이였다.)

어느 날 밤, 네 사람은 바이런 소유의 별장에서 저녁을 마치고 담소를 나누고 있었다. 최신 첨단 과학 기술을 화제로 삼던 중 한 사람이 이래즈머스 다윈이 파스타에 전기를 한껏 흐르게 한 적이 있었는데 파스타가 마치 살아 있는 생물처럼 움직이더라는 이야기를 꺼냈다. 그 꿈틀대는 국수 가락 이야기가 실마리가 되어 대화의 주제는 생명, 죽음, 유령, 과학으로 이어졌다. 셸리의 아내 메리[255]는 자신이 구상 중인 소설 이야기를 꺼냈다. 과학과 산업이 얼마나 인간 생활을 피

255 160 206

시체를 재생시키려는 한 광기 어린 과학자가 만들어낸 괴물 '프랑켄슈타인'.

폐하게 했으며, 이탈리아의 과학자 알레산드로 볼타 같은 이들이 실험을 한답시고 제대로 알지도 못하는 힘을 가지고 무슨 짓들을 하고 있는지를 밝히겠다는 것이었다.

메리가 쓴 소설 속 주인공은 젊은 과학자 빅터였다. 메리는 빅터를 현미경으로 관찰되는 세계에 푹 빠져서 자연이 숨기고 있는 비밀을 마지막 한 꺼풀까지 벗겨내고야 말겠다는 일념으로 화학 실험에 몰두하는 인물로 묘사했다. 그에게는 원대한 야심이 하나 있었다. 생리학과 전기, 이 두 분야에는 인간이 모르는 신비한 힘이 감춰져 있으며 그 힘을 이용해 인간의 손으로 인간을 창조할 수 있다는 것이었다. 중세 성채의 지하 깊숙이 자리 잡은 으스스한 실험실에서 실험에 실험을 반복한 결과, 1813년 그는 현대 유전 공학이 이룬 성과에 비견할 만한 과학적 쾌거를 이룬다. 물론 그와 같은 성공은 지독한 착각이었다. 끔찍한 결과를 초래하기 때문이다. 메리가 쓴 소설 제목은 원래는 『스위스의 악마』였다. 그러나 훗날 그 제목은 우리에게 좀 더 잘 알려진 이름인 프랑켄슈타인으로 바뀐다. 그것은 소설 주인공인 젊은 과학자가 실험 끝에 창조한 인조인간의 이름이기도 했다.

메리는 산업 발달과 과학 기술이 낳은 해악을 죄악시하고 있었고, 이러한 생각은 상당 부분 남편 셸리에게서 영향 받은 것이었다. 낭만주의자[256]들은 모두 유물주의, 신흥 중산층, 그리고 그에 따라 성장세에 접어든 제조업 위주의 공장제 대량 생산에 반감을 품고 있었다. 좌파였던 메리의 남편은 "기계는 인간을 노예로 만들기 때문에 전원에 파묻혀 자연 속에서 누리는 우리의 자유를 파괴하고 억압하는 기계를 벗어던져야 한다"고 믿었다. (인간은 도시를 이루고 살면서 타락했기 때문이다.) 셸리는 이와 같은 생각의 대부분을 아내 메리의 아버지인 윌리엄 고드윈에게서 배웠다. 고드윈은 새뮤얼 테일러 콜리지와도 잘 알고 지내던 사이였다. 고드윈은 영국 낭만주의 시인 워즈워드도 찬양해 마지않던 인물이었을 뿐만 아니라 셸리에게도 우상 같은 존재였다.

셸리는 이튼에 있을 때 고드윈의 저서 『정치적 정의와 그것이 일반 미덕과 행복에 미치는 영향에 관한 고찰』을 읽었다. 1812년, 고드윈을 (그리고 고드윈의 딸, 메리 울스턴크래프트 고드윈을) 만난 셸리는 가슴이 벅차올랐다. 고드윈은 사회주의 사상을 낳은 창시자였을 뿐만 아니라 인간은 그 자체로 완성된 존재라는 믿음에 따라 움직이던 인물이기도 했다. 고드윈은 책에서 자유롭고 자율적이며 자립적인 개인들이 자발적으로 참여하고 연대하는 사회가 진짜 제대로 된 사회라고 말했다. 재산은 모두 공동 소유한다. 아무도 자신에게 필요하지도 않은 것을 더 받으려고 하지 않는다. 아무도 다른 사람에게 그 사람 능력 밖의 일을 하라고 더 이상 요구하지 않는다. 소규모 자치 공

256 232 318

동체, 그것이 고드윈이 꿈꾸던 가장 이상적인 사회의 모습이었다.

그와 같은 생각은 고드윈의 또 다른 찬미자인 로버트 오언[257]의 생
각과 완벽하게 일치했다. 오언이 고드윈을 만난 것은 1813년이었다.
오언은 스코틀랜드 뉴래너크에서 13년 동안 공장을 운영했다. 그 기
간 동안 오언은 당시로서는 파격이라고 해도 좋을 만한 변화를 시도
했다. 공장 노동자들 대부분이 어린아이들이었으므로 그는 뉴래너크
의 산업 단지에 학교를 세웠다. 그의 신조를 반영해 학교에서는 학생
들에게 벌주는 일도 상을 주는 일도 하지 않았다. 공장 기숙사에서는
일주일에 한 번씩 침대보를 갈았다. 구내 상점에서는 물건을 저렴하
게 판매했다. 공장 노동자들 임금에서는 6분의 1씩을 떼어 의료 기금
으로 적립했다. 당시 일부 보수 성향의 작가들에게 그와 같은 급진주
의적인 실험은 충격이었다. 소문을 듣고 공장을 찾은 방문객 숫자가
몇 천 명에 달했을 정도로 오언이 감행한 사회적인 실험은 널리 알려
져 있었다.

조합주의 운동에도 깊이 개입했던 오언은 몇 년간에 걸쳐 저술 작
업과 강연 활동을 하며 뉴래너크 실험에서 거둔 성공을 바탕으로 사
회주의자인 자신이 이상으로 생각하는 모범적인 공동체는 어떤 모습
인지 대중들에게 알렸다. 1824년 오언에게 미국 인디애나 주의 작은
공동체 마을을 매입할 기회가 생겼다. 그는 기회를 놓칠세라 워배시
강기슭에 자리 잡은 그곳을 곧바로 매입했다. 이 마을은 게오르크 라
프(영어식 이름은 조지 래프—옮긴이)라는 독일의 경건파 목사가 이미
공동체 사회 운동을 벌였던 자리였지만 그가 목회자로서 그동안 신
도들을 돌보는 일에 너무 소홀했다고 판단해서 다른 곳으로 장소를
옮기고자 내놓은 마을이었다. 따라서 부지도 마을도 구매해서 사용

하기에 별 문제가 없었다. 오언은 일대 모험을 감행할 이 마을의 이름을 새로운 조화를 뜻하는 뉴하모니(전 주인 라프가 이끌던 마을 이름이 하모니였다.)라고 지었다. 오언은 자신이 내세운 신념에 동의하는 사람들을 설득해서 새 마을에 정착해 살게 했다. 그러나 불행히도 오언은 자금난에 부닥쳤고, 새 삶을 살겠다고 이주한 사람들은 알코올 중독과 신분 차이를 극복하지 못했다. 새로운 조화를 찾던 공동체는 사실상 시작하자마자 재앙부터 맞이했던 것이다. 그러나 처음 몇 년은 무사히 버텼다. 뉴하모니는 미국에서는 급진주의 운동을 보급하는 매력적인 중심지로 자리 잡고 있었다. 그곳에는 미국에서 처음으로 유치원, 공공 도서관, 여성 협회가 들어섰다.

오언이 공동체 건설을 결심할 수 있었던 데는 여러 가지 이유가 있었겠지만, 우선 무엇보다도 윌리엄 매클루어[258]가 보내준 재정적인 도움이 있었기에 가능했던 것만은 분명하다. 매클루어는 사업을 하다 은퇴한 거부였다. 자유주의 성향을 지닌 인물이었지만 그가 열정을 불태운 분야는 자선 사업과는 전혀 상관없는 지리학이었다. 1808년 유럽에서 돌아온 그는 손에는 망치를 들고 등에는 배낭을 메고 미국 각 주를 누비며 광물 표본을 수집하고 기록했다. 1809년 그는 《미국철학회회보》에 최초로 미국을 지리학적[259]으로 조사한 논문을 발표했다. 그 후 사반세기 동안 미국 지리를 다룬 작업이라고는 그의 논문 한 편밖에 없었다. 그는 이 논문에 미국의 중요한 지형들을 표시한 색깔지도도 덧붙였다. 그중에는 미주리, 오클라호마, 캔자스 삼각 지대에서 발견한 광맥도 있었고, 훗날 거기서 쇼클리가 사용하게 될 게르마늄이 나왔다.

매클루어는 유구한 세월에 걸쳐 축적된 자연지리학이라는 위대한

전통을 따르고 있었다. 그것은 르네상스 시대 독일에서 시작된 전통
이었다⋯⋯

어떻게 세계 최초의 국제법은

하나의 당구공에서 시작되었나

개인들이 전혀 예상치 못한 방식으로 변화를 초래하는 무언가를 할 때 역사의 경로 또한 전혀 예상치 못한 곳으로 방향을 틀기도 한다. 범죄자의 전당에서 결국 모든 탐정들이 증거 물품으로 당구공을 지목하게 만든 일련의 사건을 야기한 특이한 개인을 예로 들어보자. 그 공 덕분에 현대의 탐정들은 가해자의 신원을 확인하고 공소를 제기할 때 그자가 바로 활극을 일으킨 장본인임을 논쟁의 여지가 없을 정도로 증명해주는 증거물을 제시할 수 있다. 이 모든 것은 바로 한 개인에게서 비롯되었다.

그는 르네상스인이라고 불리는 흔치 않은 유형의 사람 중 하나였다. 16세기 유럽의 지식인들은 세상에 알려진 모든 것을 알고 있었다.

게오르크 바우어라는 이름을 가진 그는 그리스어, 라틴어, 문법을 가르치는 일을 시작으로 나이에 비해 다양한 경력을 쌓아간 독일 청년이었다. 그는 물리학에서 화학으로, 다시 언어학에서 출판업으로 방향을 틀었다. 그러나 자신이 천직으로 삼고 싶었던 것은 의학이었다. 그래서 당시 최고의 의학 학위를 원하는 유럽인들이 그랬던 것처럼 그 역시 이탈리아 북부의 볼로냐 대학에 들어갔다. 그곳의 의과 대학은 해부학의 최신 기술로 명성이 높았기 때문에 학생이 아주 많았다.

1526년 바우어는 학위 시험을 최우등생으로 통과한 후 광산 도시인 요아힘슈탈(현재 체코의 야히모프—옮긴이)에서 의사로 개업했다. 그곳은 중부 유럽(현재 체코 공화국에 해당하는 곳)에서 가장 생산이 활발한 금속 광업 중심지였다. 1516년 그곳에서 대규모 은광이 발견되었다. 은이 얼마나 많이 묻혀 있었는지 유럽 역사에서 가장 오랫동안 쓰인 주화도 그때 만들어졌다. 이 화폐의 이름은 요아힘슈탈 계곡에서 유래됐다. '탈Thal'은 계곡을 뜻하는 말이었고, 그래서 이 주화는 요아힘슈탈러로 불렸다. 세월이 지나면서 줄여서 탈러로 불렸다. 18세기에 오스트리아-헝가리의 황후인 마리아 테레지아의 주도로 주조된 이 주화는 제2차 세계대전 동안에도 여전히 지불 수단으로 쓰였다. 탈러는 역사에 다른 흔적도 남겼다. 오늘날의 '달러dollar'란 말이 탈러에서 유래된 것이다.

다시 우리의 영웅으로 돌아가보자. 1528년 바우어는 광업에 관해 알아야 할 모든 것이 담긴 대작을 쓰기 시작했다. (르네상스인다운 기질을 버리지 못한 그는 최초의 자연지리학[260] 책뿐만 아니라 의학에 관한 책도 썼다.) 세상을 뜬 다음인 1556년 아그리콜라라는 필명으로 『광물에 관하여』란 책이 나왔고, 이 책은 그 후 200년 동안 모든 광산업자

260 211 276

들의 성서가 되었다. 책에는 배수, 제련, 시금, 원광석 파쇄, 통풍, 화석 등의 광업과 관련된 모든 것들이 담겨 있었다. 또한 목판화의 도판이 풍부하게 들어간 책에는 광산을 사려는 사람이 알아야 할 모든 것들이 있었다. 따라서 광산을 구매한 투자자들은 바우어의 시금 기술 결과 값비싼 광물이 풍부한 것으로 나오면 떼돈을 벌게 되리라는 것을 미리 자신할 수 있었다.

광산을 소유한 사람이 벼락부자가 되는 방법은 귀금속을 캐는 것 말고도 구리와 주석을 조금씩 섞어 청동 대포를 만드는 것이었다. 청동 대포는 모든 것을 소유한 제후에게 줄 수 있는 가장 이상적인 선물이었다. 16세기의 유럽은 신흥 국가, 야심에 찬 왕, 전 세계를 누비는 탐험가들이 실어온 화물, 교황과 싸우는 군대로 분주하게 돌아갔다. 그들이 가장 원한 것은 화력이었다. 어떤 곳에서건 전쟁이 일어나지 않는 날은 일주일도 안 됐다. 그리고 대포는 전쟁의 승리를 보장해주는 공포의 무기였다. 단지 대포가 오고 있다는 소문만으로도 항복할 정도였다. 따라서 걸핏하면 전쟁을 일으키는 나라들은 게오르크 바우어의 특별한 재능 덕분에 전쟁을 벌이는 일이 좀 더 쉬워졌다.

구리로 대포를 만드는 일이 쉬워진 것은 교회 때문이었다. 대포 제작자들은 대체로 과거에 종을 주조했던 사람들이었는데, 그들이 종을 만들 때 사용하던 기술은 포신 제작에도 쉽사리 적용되었다. 16세기 최고의 대포는 독일과 플랑드르에서 제작된 것들이었는데 대포 한 문을 제작하는 데 엄청난 돈이 들었다. 그러나 대포업자들에게는 안된 일이었지만 즉각적으로 큰 이익을 창출하는 것은 쉽지 않았다. 왕실의 구매자들은 늘 자금이 부족했기 때문이었다.

그것은 기본적으로 왕실의 현금 흐름과 관련된 문제였다. 시민이

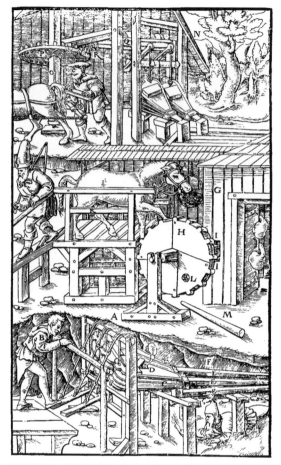

아그리콜라의 『광물에 관하여』에 실린 그림. 갱도의 환기 작업을 하는 모습.

내는 세금은 현금보다는 물품이나 공역이 많았기 때문에 (중부 유럽에서 은이 다량으로 발견됐음에도) 지방 제후들은 대체로 현금이 부족했다. 상업 도시들이 증가하고 그곳의 신흥자본가들은 경제력을 키워가고 있으나 낡은 봉건적 유대가 약해지고 있던 당시의 왕들은 마땅한 수익처가 충분하지 않았다. 불행히도 당시의 군인들은 모두 용병이었기 때문에 군대를 유지하고 전쟁에 쓸 대포를 마련하려면 현금이 반드시 있어야 했다. 그들은 현금을 바로 주지 않으면 용병으로 나서지 않았다. 그리고 용병을 고용하는 일은 대체로 세입과는 무관한 일이었다. 당시에 아주 유명한 용병이었던 자코모 트리불치오는 프랑스의 왕 루이 12세에게 간언하기도 했다. "폐하, [전쟁을 하려면]…… 반드시 세 가지를 준비해야 하옵니다. 돈, 돈, 그리고 또 돈입니다."

그래서 왕과 제후들은 신흥자본가들에게 대단히 비싼 이자를 주고 현금을 빌렸다. 신흥자본가들 중 많은 사람들이 처음에 광산업을 통해 돈을 벌었다. 광산업은 아마도 자본주의의 가장 초기 형태였을 것이다. 왜냐하면 광산을 개발하고 운영하려면 엄청난 양의 고가 장비들이 필요했으므로 모험사업을 하기 위해서는 재정을 뒷받침해주고 그 대가로 이익을 함께 나눌 후원자들을 찾아야 했기 때문이다. 중세 후기, 주화의 유통량이 늘어나면서 가장 먼저 현금을 손에 쥐게 된 사람들은 대체로 투자자들이었다. 투자가 성공하자 기업에 투자하고 그 대가로 지분을 챙기는 일을 전업으로 하는 사람도 생겨났다.

이런 일단의 금융업자들 중 가장 돋보이는 사람들은 독일 아우크스부르크의 푸거 가문이었다. 푸거 가는 14세기 이래 후추에서 직물까지 거의 모든 상품을 거래하던 상인들이었다. 1490년대에 이 가문의 한 사람인 야코프는 투자 사업으로 눈을 돌렸다. 왕과 제후에게 빌려줄 충분한 돈을 가지고 있었기 때문이었다. 왕과 제후들은 돈을 빌리는 대가로 은광이나 구리 광산, 몇 년 치의 세금 수입, 자기들이 소유하고 있는 지방 전체를 야코프에게 담보물로 제공했다. 심지어는 이 모든 것을 다 저당 잡히는 자들도 있었다.

푸거 가는 교황에게 세금을 내지 못하는 추기경이나 황제의 자리에 오르는 데 필요한 경비를 마련하지 못한 장래의 황제들에게 돈을 빌려주는 것으로 국제적인 명성을 얻게 되었다. 문제의 황제 후보 중 하나가 훗날 에스파냐의 카를로스 1세[261]였다. 그는 황제로 선택되기 위해서 제후들에게 많은 돈을 뿌려야만 했다. 신성 로마 제국의 황제 자리를 놓고 경쟁한 가장 유력한 후보는 프랑스의 왕인 프랑수아 1세였다. 1519년 카를로스 1세는 푸거 가로부터 막대한 돈(주로 플라츠, 브란덴부르크, 작센의 제후들과 쾰른, 마인츠의 대주교들뿐만 아니라 보헤미아의 왕에게도 뿌려졌다.)을 융자받아 승리를 끌어냈다. 그러나 그는 남아메리카에서 에스파냐로 쏟아져 들어오기 시작한 금과 은뿐만 아니라 카스티야, 나폴리, 시칠리아, 네덜란드, 오스트리아의 세금 수입까지 그 대가로 치러야 했다.

카를로스 1세의 재정 상태는 푸거 가에 진 부채의 충격에서 결코 회복되지 못했다. 1556년에 퇴위하고 유스테에 있는 에스파냐 수도원으로 은퇴했을 때(시계에 대한 집착에 몰두하기 위해) 그는 완전히 무일푼 상태여서 시종들에게 임금으로 지불할 현금이 부족할 정도였다. 2년 후 그는 아들 펠리페 2세에게 파산한 제국을 유산으로 남긴 채 말라리아로 세상을 떠났다. 펠리페 2세는 잉글랜드의 엘리자베스 1세의 후원을 받아 상업적으로 빠르게 부상하고 있던 네덜란드의 분리탈퇴론자들과도 맞서야 했다. 1586년까지 엘리자베스 1세는 네덜란드의 반란군과 손을 잡았고, 프랜시스 드레이크 경[262]은 펠리페 2세의 잉카 보물들[263]을 에스파냐로 보내기 위해 선적되는 카리브 해의 항구인 산타도밍고와 카르타헤나를 약탈하고 있었다.

펠리페 2세는 재정 문제들을 해결하기 위해 고육책을 쓰기로 했다. 완전 무장한 대규모 함대('무장한'을 뜻하는 말인 '아르마다'라고 불림)로 영국을 침공하는 것이었다. 이러한 결정은 어리석은 실책이었다. 모험은 처음부터 준비가 엉망이었다. 그런 대규모 해전을 시도해본 사람은 그때까지 아무도 없었고, 그래서 펠리페 2세는 군수 문제와 관련해서 끔찍한 결과에 직면할 수밖에 없었다. 그중에서도 최악은 함대가 호락호락한 상대가 아니었다는 것이다. 엘리자베스 여왕은 해전 임무를 사나포선 청부업자인 프랜시스 드레이크나 존 호킨스 같은 자들에게 맡겼는데, 그들 대부분은 고약하고 역겨운 해적질에 종사하고 있었다. 그래서 그들은 자신들만의 치고 빠지는 해적질의 특성에 알맞은 특별한 형태의 배를 만들어서 쓰고 있었다. 해적선들은 기동성이 있어야 했기 때문에 호킨스 같은 당시의 해적들은 기존의 갈레온선에 새로운 특징을 추가했다. 그중에는 스플리트 돛이나 중간 돛을 더 빠르게 내릴 수 있는 방법, 신속하게 닻을 올릴 수 있는 캡스턴 등이 있었다.

잉글랜드의 함 내 대포 기술도 발전했다. 대포는 돌과 무거운 포탄을 발사해 적선에 피해를 주었다. 반ﬤ 대포는 중간 크기의 포탄, 페리에 포는 중간 정도의 무게로 사정거리가 짧은 포탄, 컬버린 포는 사정거리가 짧고 가벼운 포탄을 발사하는 데 사용되었다. 영국인들이 보유한 총 172척의 배에는 모두 1972문의 대포가 실려 있었다. 이 배들은 선체 부분이 물속에 많이 잠겨 있고, 전진과 후진을 빠르게 할 수 있고, 먼 곳에서도 에스파냐의 배들을 향해 맹공을 퍼부을 수 있도록 선체가 길고 날씬하게 만들어졌다.

총 1124문의 대포를 탑재한 130척의 에스파냐 배들은 구식인 캐럭선이었다. 이 배들은 보통 인도의 향료를 운반하는 갈레온선들을 호위하거나 남아메리카의 보물선들을 지키는 데 사용되었다. 캐럭 선들

16세기 포르투갈의 캐럭 선. 돛을 세 개 단 지중해 최초의 배였다.

은 선수루가 높고 육중한 배로, 적선 옆으로 바짝 붙어 선원들이 적선에 올라탈 수 있도록 제작되었다. 갤리 선들도 있었는데 이 배들은 노 구멍 때문에 대포를 탑재할 수 없었다. 배의 형태와 전술 때문에 에스파냐의 배들은 대체로 무거운 대포를 싣고 있었고 그 대포들은 적선이 가까이 있을 때만 위력을 발휘했다.

최종적인 대차대조에서 영국은 에스파냐 대포들의 사거리 밖에 머물면서 장거리 컬버린 포를 발사하고 에스파냐 배들의 접근을 허용하지 않는 전술을 써서 큰 전과를 올렸다. 에스파냐는 영국의 전술에 말려들었다. 하워드와 드레이크가 에스파냐 함대가 이루고 있는 대형의 측면으로 줄지어 진격해서 양쪽에서 포탄을 쏘아댔다. 이러한 기동성 덕분에 영국은 마침내 에스파냐 함대의 전열을 흩뜨려 궤주시켰다. 폭풍우가 몰아치는 날씨도 한몫했으니 에스파냐 함대는 영국 해협을 빠져나와 북해로 가다가 스코틀랜드 북쪽의 끝, 혹독하기가 세계에서도 손꼽히는 해안에서 좌초되었다.

펠리페 2세의 침공은 실패로 돌아갔지만 이 일을 계기로 유럽의 제후들은 해군의 필요성을 절감했다. 17세기 중반 영국 그리고 모든 나라가 2000톤이나 되는 어마어마한 배들을 건조했다. 이런 거대한 괴물 하나를 만들기 위해서는 1000그루가 넘는 참나무가 필요했고, 그래서 줄어드는 숲을 보존해 해군이 사용할 나무를 따로 확보하기 위한 법이 만들어졌다. 예를 들면 에스파냐에서는 나무를 한 그루 베려면 그 자리에 두 그루를 심어야만 했다.

나무로 목탄(당시 중요한 산업용 원료였다.)을 만드는 일은 특별히 엄격하게 제한됐다. 이런 새로운 법이 제정된 것은 목탄을 사용해 유리를 만드는 업자들에게는 대단히 나쁜 소식이었다. 왜냐하면 17세기 초 유럽에서는 유리 수요가 급증하고 있었기 때문이다. 새로 발견된 땅 동서에서 들어오는 수입품, 이제 막 발전 단계로 들어선 공업과 농업의 발달 덕분에 유럽의 경제는 급속한 성장을 거듭했다. 어떻게 해서든 새로운 연료를 찾아내야만 했다. 그리고 마침내 토머스 퍼시벌이라는 잉글랜드인이 석탄을 써서 철과 유리를 생산하는 기술을 개발했다. 이것은 석탄에서 나오는 유황 연기로부터 유리를 보호해주는 특수한 뚜껑이 달린 도가니를 사용하는 기술이었다.

곧 새로운 종류의 유리가 등장했다. 1673년 런던 유리 판매인 회사가 플린트 유리를 개발하기 위해 조지 레이븐즈크로프트를 고용했다. 그 유리가 플린트 유리라고 불린 것은 플린트를 잘게 간 실리카가 포함되어 있었기 때문이었다. 그러나 석탄로에 사용되는 뚜껑 달린 도가니로는 유리를 완벽하게 녹이기가 힘들었다. 원료를 휘저으려면 뚜껑을 열어야 하는데 그렇게 되면 석탄 연기에서 나오는 불순물들이 들어갈 수밖에 없었다. 유리를 더 쉽게 용해시킬 수 있는 새로운 성분을 찾아야만 했다. 그때 산화납을 떠올린 사람이 바로 레이븐즈크로프트였을 것이다. 그 결과 기존 제품에 늘 생기던 미세한 균열이 없는 매우 깨끗한 유리를 생산할 수 있게 되었다.

1693년 루이 드 네우가 새로운 유리인 판유리를 대량 생산하기 위해 프랑스 북부 랑 근처의 생고뱅에서 프랑스 정부의 주도하에 사업을 시작했다. 그가 개발한 특별한 기술(1675년에 처음 개발되었다.)은 가장자리에 금속 테를 두른 석재 탁자 위에 유리를 녹여 붓고 롤러로 평평하게 민 다음 열흘 동안 단단하게 굳히는 것이었다. 그런 다음 다른 유리 조각으로 평평하게 갈고, 고운 돌가루를 써서 평평하게 연마했다. 루이 14세[264](자기를 태양왕이라고 불렀던 사람)는 이 새로운 판유리를 파리 외곽에 있는 베르사유 궁전에 쓰기를 원했다. 그는 궁 안에 새롭고 커다란 응접실을 만들라고 명령했는데, 건물 한쪽 면 전체를 따라 나 있는 그 응접실은 벽면 전체가 천장 높이까지 거울로 채워졌다. 그 모든 게 네우의 판유리 덕분에 가능했다. 음식을 운반하거나 혹은 왕실의 어린아이들에게 우유를 주기 위해 암소를 끌고 가는 시종들, 왕에게 탄원을 하러 가마를 타고 온 사람들, 이국풍의 복장을 하고 온 외국인 방문객들 등 모든 사람들이 거울에 비친 자신들의 모습을 보며 그곳을 오갔다. 그리고 밤이면 그곳은 양초 수백 개로 밝혀졌고 그러면 불빛이 거울에 수없이 반사되었다. 루이 14세의 이 새로운 '거울의 방'은 유럽에서 대단한 화제가 되었다.

새롭게 등장한 이 평평한 거울은 또한 항해술을 더 정교하게 만들어 해상 탐험가들의 삶을 바꿔놓았다. 탐험가들은 프랑스의 경제를 끌어올리고 베르사유 궁전 건설 같은 왕실의 낭비를 벌충하는 데 도움이 되는 화물을 가지고 돌아왔다. 그러나 그러기 위해서 그들은 해도에도 없는 바다를 항해해야 했는데, 그때 가장 큰 장애물은 자신들이 챙긴 것들을 가지고 무사히 고국으로 돌아오는 길을 찾는 일이었다. 당시 맨눈으로 보이지 않는 육지를 찾아가는 항해술 중에는 과거에 포르투갈인들이 개발했던 '위도를 따라가기'[265] 기술이 있었다. 항해사들은 배의 위치(북쪽인지 남쪽인지)를 북극성의 각도를 재서 확인했는데, 배가 북쪽으로 항해할수록 북극성은 하늘 더 높이 떴다.

동서 위치를 알아내기 위해서는 좀 더 복잡한 계산이 필요했다. 항해사는 둘 이상의 천체 각을 측정한 다음 항성표를 보고 별들의 위치를 확인한 후, 지금 보이는 별들이 그리니치에서 똑같은 위치에 있을 시간을 알아냈다. 1761년부터는 해리슨의 신형 크로노미터[266] 덕분에 1초도 안 되는 오차 범위 내에서 그리니치 시간을 알아낼 수 있었다. 별이 지금 보이는 것과 똑같은 위치에 있을 그리니치의 시간과, 지금 배가 있는 곳의 시간 차이를 알면 지금 그리니치에서 얼마나 떨어진 곳에 있는지를 알 수 있었던 것이다.

정확한 시간 측정은 별도로 하더라도 별의 위치를 정확히 알면 항해는 좀 더 정교해질 것이다. 별의 위치를 알아내는 일은 평평한 신형 거울들 덕분에 더 정확해졌다. 그 거울들에 비친 상이 왜곡되지 않았기 때문이다. 1731년 영국의 존 해들리와 필라델피아의 토머스 고드프리가 각자 따로 성능이 좋은 거울을 사용해 더 정확한 측정이 가능한 육분의[267]를 개발했다. 이 기구들에는 길이가 십여 센티미터인 망원경의 절반에만 은을 입힌 거울, 즉 수평경이 달려 있었다.

항해사는 먼저 중심경이라는 작은 거울과 연결된 회전축 레버를 움직여 목표 별을 찾아냈다. 그 거울에 별의 상이 잡히면 그것을 망원경 앞쪽 고정된 거울의 은을 입힌 쪽에 반사시켰다. 은을 입히지 않은 거울의 반쪽을 통해서는 수평선을 볼 수 있었다. 회전 레버로 거울을 기울여서 별의 상이 수평선과 정확하게 합치되면 회전 레버의 다른 쪽 끝이 하늘에 떠 있는 별의 각도를 나타내는 눈금을 가리켰다.

그러나 육분의에는 또 다른 재주도 있었다. 옆으로 돌려서 사용하면 각도를 정확하게 측정할 수 있었던 것이다. 이 기술을 활용해 프랑스에서 온 신교도 망명객 두 사람 조지프 데이바와 네덜란드 출신인 새뮤얼 홀런드가 18세기 중엽에 해상 지도제작계를 혁명적으로 바꿔놓았다. 데이바는 1756년 영국 왕실 아메리카 연대의 중위가 되어 몇 년 동안 징병관으로 일했다. 거기서 그는 당시 영국과 싸우고 있던 인디언들과 프랑스계 캐나다인들이 사용하던 게릴라 전술을 영국군이 채택하도록 설득했다. 퀘벡 전투 동안 울프 장군의 엔지니어로 복무한 데이바는 그 준비 과정에서 강의 지도를 포함해 여러 지도들을 만들었을 뿐만 아니라 광범위한 측량 작업도 실시했다. 데이바가 홀런드를 만나 함께 작업을 시작하게 된 것도 바로 이때였다. 홀런드는 1754년 이래로 이 연대에서 엔지니어로 복무하고 있었다.

1764년 무렵 캐나다의 상급 사령부는 캐나다 동부와 아메리카 대서양 식민지들의 동부 해안선을 지도로 작성한다는 놀라운 선견지명을 보였다. 이 임무를 맡게 된 데이바와 홀런드는 10년 동안 육분의를 이용해 열정적으로 해안을 구석구석 항해했다. 그들은 해변으로 가서 곶 같은 현저한 지형지물 두 개를 골라 그것들 사이의 직선거리를 측정했다. 그런 다음 측정된 거리만큼 다시 바다로 노를 저어 나가 육분의를 수평 모드로 사용해 자신들이 나가 있는 곳과 해안선의 그 두 지형지물 사이의 각을 쟀다. 이런 식으로 해서 만든 삼각형의 한 변을 이용해 또 다른 삼각형을 만들고 그것을 바탕으로 또다시 다른 삼각형을 만드는 일을 반복했다. 이러한 단계마다 육분의를 수직 항해 모드로 사용해 별들의 위치를 확인하면 각각 삼각형의 정확한 위치를 알아낼 수 있었다.

이 두 남자의 대작업은 마침내 동판 290장에 새겨진 대형 지도, 또는 해도 15장의 형태로 『애틀랜틱 넵튠』이란 결실을 맺었다. 지도에는 "바위가 많음" "언덕이 많아 험함" 같은 지형에 대한 설명뿐만 아니라 측심연으로 측정한 물의 깊이도 포함되어 있었다. 그리고 해안의 풍경을 그린 매력적인 그림도 많이 삽입되어 있었다. 이러한 자료는 미국 독립군과 전쟁을 벌인 영국의 군수장교들에게 중요한 정보를 제공할 수도 있었을 것이다. 그러나 『애틀랜틱 넵튠』이 출간된 것은 미국독립전쟁이 미국의 승리로 끝나기 겨우 몇 주 전이었다.

모든 것이 암담하고 우울한 것만은 아니었다. 캐나다에는 데이바와 홀런드의 제자 중 하나인 제임스 쿡[268]이라는 젊은 해군 장교가 있었다. 퀘벡 부근의 지역을 조사하는 일을 도운 적이 있었던 그는 후에 오스트레일리아와 뉴질랜드의 해안선을 해도에 담고 그곳에 영국기를 꽂는 일을 할 때 그 두 지도 제작자에게서 배운 지식을 활용했다. 얻는 것이 있으면 잃는 것도 있는 법이었다.

바다와 육지에 대한 새롭고 정확한 지도들이 놓친 것은 이제 땅의 높이에 관한 정보뿐이었다. 기압계가 적어도 50년 전부터 널리 사용되고 있었다는 점을 감안할 때 잘 이해되지 않는 점은 그와 관련된 일이 시작된 것이 1787년 스위스 주네브 대학의 한 철학 교수가 처음이었다는 사실이다. 오라스 베네딕트 드 소쉬르는 몽블랑에 유난히 집착하고 있었다. 그는 그 산의 정상에 최초로 오르는 사람에게 상금을 준다는 제안을 하기까지 했다. 그러나 1786년에 처음으로 정상에 오른 등반자가 나왔음에도 그는 상금을 지불하지 않았다. 아무튼 그 다음 해에 소쉬르는 정상에 오른 세 번째 사람이 되었다. 그때 그는 과학 기구들을 나를 짐꾼들을 여럿 동반했다. 과학 기구 중에는 기압계[269]도 한 대 포함되어 있었고 그것으로 그는 산의 높이가 4807미터라는 것을 확인할 수 있었다. 지도 제작자들은 즉시 지도에 이 정보를 담기 시작했고 이후 나오는 모든 지도에는 높이에 관한 정보가 담겼다.

268 163 208

269 171 219

산 정상에 머문 시간은 고작 네 시간 반밖에 되지 않았지만 소쉬르는 대중의 상상력을 자극하는 십여 가지의 관측과 일련의 실험을 수행할 수 있었다. (그리고 그것으로 영국왕립학회의 회원이 되는 영예를 얻었다.) 스위스인들은 그를 자랑스럽게 여겼고 개중에는 산의 이름을 소쉬르로 바꿔서 기념해야 한다는 제안을 한 사람까지 있었다. 훗날 1796년에 그는 자신의 경험을 『알프스 여행』이라는 네 권짜리 책으로 발표해 산악 관광과 활강 스키에 대한 세계적인 관심을 사실상 혼자서 이끌어냈다.

그 후에 이루어진 많은 산악 탐사 덕분에 소쉬르는 지질학에 대한 이론을 개발할 기회를 얻을 수 있었다. 그중에서도 가장 중요한 것은 스위스 어디서나 볼 수 있는 산들이 어떻게 형성되었는지에 관한 것이었다. 산의 형성과 관련해서 당시에는 두 개의 주요 학파가 있었다. 하나는 수성론水成論이라고 불리는 것이었는데, 고대의 해저 일부가 솟아올라 산이 형성되었고 과거 아주 긴 시간 동안 지구 전체가 바다로 덮여 있었다는 주장이다. 다른 하나인 화성론火成論은 지구의 내부는 용해된 마그마로 채워져 있으며 그것이 화산이 주기적으로 폭발할 때 분출되어 산을 만든 것이라는 주장이다. 그리고 이렇게 생긴 산들이 오랜 시간에 걸쳐 침식되어 바다에 형성됐다. 양쪽 견해는 소쉬르 같은 등반가들이 산 정상에서 발견하기 시작했던 화석들도 설명해줄 수 있었다. 비록 화성론자들이 주장하는 침식 과정은 성서에서 지구를 설명하는 때인 5~6천 년 전보다 훨씬 더 일찍 만들어졌다는 전제를 깔고 있었지만 말이다.

『알프스 여행』의 말미에 소쉬르는 자신의 메모를 덧붙였다. 거기에는 지질 작용과 지구의 나이와 관련해 자신이 앞으로 풀어야 할 핵심적인 질문이라고 생각하는 것들의 목록이 달려 있었다. 관찰력이 대단히 뛰어난 스코틀랜드의 농부이자 아마추어 지질학자인 제임스 허턴이 동일과정설이라는 이론을 발전시킨 계기가 된 것도 바로 소쉬르가 이 책에서 열거한 내용들이었을 것이다. 동일과정설은 본질적으로 모든 시대의 지질 작용은 똑같은 양의 시간이 걸리기 때문에 현재 벌어지고 있는 지질 사건들은 과거에 벌어졌던 일련의 유사한 일들을 그대로 반영하고 있다고 가정하는 것이었다.

1785년 허턴은 논문 한 편을 썼고 그것을 제임스 와트에게 증기기관의 개량법을 보여주었던 친구인 조지프 블랙[270]이 에든버러왕립학회에 전해주었다. 270 219 299 논문의 제목은 「세계의 나이와 과거의 변화, 그리고 있을 법한 미래를 규명하기」였다. 허턴의 결론은 이랬다. "지금과 같은 육지가 생성되기 위해서는 무기한에 가까운 긴 시간이 필요하다…… 현재의 광물질이 나오는 과거의 육지가 생겨나는 데도 똑같은 시간이 필요했을 것이다…… 지금 해양저에는 무기한에 가까운 시간이 지난 후에 나타나게 될 미래의 육지 토대가 묻혀 있다."

1802년 존 플레이페어는 허턴의 이론들을 간략하게 소개하는 『지구에 관한 허턴 이론의 해설』이란 책을 출판해 더 많은 독자들이 허턴과 소쉬르의 생각을 접할 수 있게 했다. 플레이페어의 가장 열광적인 독자들 가운데 한 사람은 지질학자인 찰스 라이얼 경이었는데 그는 동일과정설적 견해를 종합하는 일련의 글들을 썼다. 마지막으로 이런 개작의 사슬 안에서 찰스 다윈은 『지질학 원리』를 읽고 "내 눈에서 비늘이 떨어져 나갔다"라고 말했다. 다윈은 지구의 지질이 충분히 오래되었다는 것을 깨닫고 난 후 진화론을 확신할 수 있었고, 1859년 『종의 기원』을 출판했다.

다음 단계로 가는 열쇠(개인들의 이야기와 그들이 망 위에서 일어나는 일들에 영향을 주는 방식에서)는 환경 변화가 생겼을 때 그 새로운 상황에 가장 잘 적응하는 종들이 가장 잘 살아남는다는 다윈의 견해였다. 다윈은 후대에 그들이 살아남는 데 도움이 될 능력이 아니면 멸종으로 이끌 약점을 후대에 전해주지 않는 유전 과정이 바로 이러한 적응력이라고 생각했다. 그는 근친교배가 이러한 과정을 성공적으로 수행하는 데 불리하다는 생각을 "근친 간의 결합은…… 생장력이 전반적으로 저하된다"라고 표현했다.

다윈의 선구적인 저서가 출판된 지 10년 후 그의 사촌인 프랜시스 골턴은 재능이 유전되는 것인지를 연구하기 위해 《런던 타임스》에 실린 재능이 뛰어난 저명인사들의 부고를 샅샅이 조사하고 분석했다. 그는 자신의 연구 결과 '재능이 뛰어난 저명인사'는 백만 명당 250명에 불과한 것으로 나타난다고 주장했다. 골턴은 이것을 보며 '평등하게 태어난다는 주장'은 사실이 아니라고 생각했다. 수많은 사람들을 조사해본 결과 저능아의 비율도 저명인사의 비율과 거의 같았다. 그는 1660년에서 1685년 사이에 태어난 재판관들을 집중적으로 조사했다. 그 결과 결혼을 한 여자 상속인들은 자식을 적게 낳은 것으로 나타났고 이것은 후손에게도 그대로 전해졌다. 판사들의 '뛰어난' 능력은 후대로 전해지는 것이 분명했다. 그들의 자녀들은 판사가 되지 않더라도 다른 분야에서는 뛰어났기 때문이었다.

골턴은 과학계의 저명인사 180명(모두 왕립학회의 회원)의 삶을 지속적으로 연구해서 그들의 자료를 같은 나이대의 평범한 시민들의 것과 비교했다. 그는 저명한 사람 대 평범한 사람의 비율이 1 대 1만임을 알아냈고, 왜 그런지 그 원인을 밝혀보기로 했다. 그는 저명인사들의 대다수가 '인종적으로 순수함(예를 들면 부모가 모두 잉글랜드인이거나 모두 스코틀랜드인이다.)'을 증명하는 것이라고 생각했다. 영국의 저명인사들을 가장 많이 배출한 지역은 남서 브리튼이었고 가장 적게 배출한 지역은 북동부와 스코틀랜드의 하이랜즈였다. 또한 그들은 대체로 대가족의 장남이고 평균적인 사람들보다 활력이 넘치고 건강하고 키도 컸다.

1901년 골턴은 런던인류학학회에서 자신의 연구 결과를 「법과 정서상의 현재 조건하에서 가능한 인간의 혈통 개선에 관하여」라는 제목으로 강연했다. 자신의 이론을 설명하기 위해 전에 그가 고안해냈던 우생학이란 단어가 이 강연을 계기로 널리 알려졌다. 3년 후 우생학협회가 창립되어 '결혼 제한' 같은 강연이 열렸다.

칼 피어슨은 1907년 골턴으로부터 런던 대학의 우생학 교수 자리를 물려받은 후 골턴과 진화론을 주장한 그의 사촌이 한 번도 꿈꾸거나 원치 않은 방식으로 골턴의 생각을 실행하기 시작했다. 가난한 계급일수록 출산율이 높은 것은 문명에 대한 위협이라고 확신한 피어슨은 일종의 인종주의적 견해들을 표명했고, 이러한 내용들은 1924년 미국의 이민할당법 채택으로 법제화되었다. 당시 미국은 외국에서 범죄자와 장애자들이 자국으로 물밀듯이 밀려올지도 모른다는 공포에 사로잡혔다. 할당법은 이민자 수를 연간 15만 명, 그리고 국가당 2퍼센트가 넘지 않도록 제한했다. 1935년까지 미국의 27개 주뿐만 아니라 덴마크·스위스·노르웨이·스웨덴에서 저능아, 간질병 환자, 정신이상자들에게 불임 수술을 허용하는 법이 제정되었다. 그 중에는 범죄자에서는 불임 수술을 할 수 있도록 한 곳도 있었다.

우생학 운동은 나치 독일에서 신격화되었다. 『나의 투쟁』에서 히틀러는 이렇게 썼다. "우수한 인간 유형을 만들어낸 것은 아리아인이 유일하다. 따라서 아리아인이야말로 우리가 '인간'이라는 말로 이해할 수 있는 것의 원형을 대표한다…… 국가는 천 년의 미래를 보호하는 자로서 행동해야 하며…… 현대 의학이 발견해낸 것들을 활용해야 한다. 국가는 유전되는 것을 알 수 있는 질병에 걸린, 즉 그것을 물려줄 수 있는 사람 모두를 생식에 부적합한 자로 공포해야만 한다." 1934년 독일에서 강제 불임 시술이 합법화되었다.

그러나 사람들 사이에 나타나는 차이의 기원에 관한 연구를 통해 골턴이 정말로 알고 싶어 했던 것은 개인들이 각각 다른 사람들과 왜 그렇게 차이가 나는지 그리고 그런 차이들을 어떻게 하면 확인할 수 있는지에 관한 비밀이었다. 골턴은 나치가 자행한 대량학살 속에서 자신의 이론이 왜곡되는 것을 절대로 바라지 않았을 것이다.

골턴은 결국 자신이 바라던 것을 찾아냈다. 각 개인의 고유성을 설명할 수 있는 방법을 발견한 것이다. 그 기술은 이 장의 처음에 등장했던 당구공과 관련이 있다. 1890년 골턴은 일본에서 의료 선교사로 있었던 폴즈라는 의사로부터 몇 년 전에 들은 어떤 일에 매달리고 있었다. 그 의사는 다윈에게 지문[271]으로 인종적인 차이를 확인할 수 있을지도 모른다는 편지를 쓴 적이 있었다. 다윈은 그 편지를 골턴에게 주고 골턴은 그것을 다시 인류학학회에 전해주고 그리고 나서 한참을 잊고 지냈다. 폴즈의 사회적 지위 때문에 그의 말에 신빙성이 없다고 생각했기 때문이었다. 그러나 사칭이나 사기 행각을 막기 위해 지문을 사용하고 있다는 전직 벵갈의 총경인 윌리엄 허셜 경의 편지를 받고 나서 폴즈의 편지를 찾아보았다.

2500명이 넘는 사람의 열 손가락 지문을 모은 후 골턴은 지문의 형태가 손가락마다 다 다르며 유형을 궁상문, 제상문, 와상문의 세 가지로 나눌 수 있다는 사실을 알아냈다. 한 개인의 손가락 열 개에 있는 지문을 모두 조합한 것이 다른 사람과 일치할 확률은 거의 전무했다. 19세기 말 벵갈의 경찰총감이었던 에드워드 헨리는 골턴의 연구실을 찾아가 간단한 지문 확인 체계를 만들어냈다. 간단히 말해서 골턴-헨리 지문 분류 체계는 지문 위에 있는 특징적인 두 개의 선 사이에 기준선을 그리고, 그 선을 통과하는 지문선의 수를 세는 것이다. 이러한 방식을 썼을 때 기준선을 통과하는 수들의 조합이 똑같은 사람이 나올 확률은 10조 분의 1이었다.

1902년 지문검사법은 런던경찰청이 해리 잭슨이라는 좀도둑을 잡는 데 활용하면서 처음으로 채택되었다. 훔친 물건에 찍힌 지문 덕분에 그가 범인임을 확인할 수 있었던 것이다. 그가 훔친 것은 당구공 한 세트였다.

전 세계적으로 지문은 법정에서 범죄의 증거로 가장 중요하게 채택하는 증거물이 되었다. 최초의 국제법이 하나의 범죄 행위 때문에 생겨났다는 것은 참으로 아이러니한 일이다……

17

여기에
서명하세요

여러분이 만약 점점 늘고 있는 생애 첫 해외 여행자 중 하나라면, 나라마다 법이 다르다는 것에 주의할 필요를 느낄 것이다. '차이에서 오는 충돌'의 예는 아주 많다. 예를 들면 어떤 곳에는 나체 사진이 실린 잡지를 가져갈 수 없다. 약물을 갖고 가는 것만으로도 처형당할 수 있는 곳도 있다. 또 어떤 곳에서는 도둑질을 하면 손을 절단하기도 한다. 어떤 나라에서는 음란물 취급을 받는 것이 다른 나라에서는 그렇지 않을 수도 있다. 미국의 어떤 주에서는 빨간 신호에 우회전하는 것이 불법이 아니지만 유럽의 모든 나라에서는 불법이다. 그리고 정보기술이 우리 모두를 더욱 가깝게 연결해주면서 지역마다 다른 법체계는 우리에게 낭패감을 주기도 한다. 지적재산권과 관련해서는 특히 더욱 그렇다.

이런 혼란스러운 일이 생기지 않는 몇몇 장소 중의 하나가 공해상이다. 이곳은 누구나 마음대로 자유롭게 드나들 수 있다. 흥미롭게도 국제법적인 협력의 모범적인 예는 1604년에 일어난 어떤 범죄와 함께 시작되었다. 말레이시아 인근 플라카 해협에서 네덜란드 동인도 회사 소속 전함 한 척이 엄청난 값의 향신료를 싣고 본국으로 향하던 포르투갈 상선 산타 카테리나호를 나포했다. 그 갈레온선을 암스테르담 항으로 끌고 돌아온 네덜란드인들은 배에 실려 있던 화물을 팔아 많은 이익을 남겼고, 이 사건은 국제적인 물의를 일으켰다. 심지어 회사 주주들 사이에서도 동료 기독교인들에 대한 이런 공격은 비난받아 마땅하며 네덜란드 정부가 직접 나서서 이런 행위에 대한 책임 소재를 분명히 해야 한다는 목소리가 터져 나왔다.

동인도회사가 젊고 명석한 법률가 휘호 더 흐로트를 고용해 그럴 경우에 대비할 수 있는 의견을 발표하도록 한 것은 이러한 반응 때문이었을지도 모른다. 그의 답변은 항해 중의 노획물을 주제로 한 짧은 논문 형식을 취했다. 더 흐로트는 한마디로 바다는 모든 사람의 공유물이며 실제적인 '재산'이 아니라고 했다. 바다에는 아무런 경계가 없기 때문에 그 누구도 적절한 방식으로 소유할 수 없다는 것이다. 소유에 관한 모든 권리는 점유로부터 나오는데 지금까지 그 누구도 바다를 점유한 적이 없었다. 포르투갈이 인도양의 소유권을 주장하며 내놓은 근거는 타당하지 않았다. 왜냐하면 그곳을 항해한 것은 그들이 처음이 아니기 때문이다. (더 흐로트는 인도인들과 알렉산더 대왕의 예를 들었다.) 더 나아가 교황이 동인도의 항구들을 포르투갈에게 '주었다'는 사실도 '단순한 겉치레'일 뿐이었다. 그것들은 교황이 주고 말고

할 것들이 아니었다. 더 흐로트는 대양은 무역을 하는 모든 사람들에게 열려 있는 것인데도 포르투갈인들이 동방의 향료 제도로 가는 길에 대한 자신들의 독점권을 지키기 위해 계속 무력을 사용한다면 그에 대한 네덜란드인의 저항은 정당하다고 주장했다.

1609년 더 흐로트는 이 모든 것을 『자유해론』에 담아 출간했다. 군주들 중에는 세부 사항과 관련해 궤변을 늘어놓는 이들도 있었지만 이 책의 접근 방식은 대체로 환영을 받았다. 아프리카, 아메리카, 동양 탐험은 유사법률적인 주장들과 그것을 반박하는 주장이 뒤섞여 있는 혼란 덩어리였다. 유럽인들은 상륙할 수 있을 정도로 마른 땅이라면 어디든 자신들의 기를 꽂을 수 있었다. 심지어 교황은 브라질이 발견되기도 전에 벌써 그 소유권을 포르투갈에 주었다. 그러나 신교도 탐험가들은 가톨릭 법이 해외에서 인정되는 것을 거부했고 튀르크인들은 지구 전체가 자신들의 소유라고 완곡하게 주장했다. 말뚝을 세워 자기 땅이라고 주장하는 따위의 짓을 하지 않는 사람이라고는 자신들의 땅과 자원을 식민주의자들에게 수탈당한 원주민들뿐이었다. 그래서 1625년에 더 흐로트가 『전쟁과 평화의 법에 관하여』라는 자신의 주저(그리고 국제법 체계에 관한 최초의 체계적인 논문)를 출판했을 때 그는 거의 하룻밤 사이에 국제법을 확립한 것이나 마찬가지였다. 더 흐로트의 글이 나오자마자 무역업은 질서와 합당한 절차를 갖추기 시작했다. 그리고 그것은 새롭게 떠오르는 유럽 민족국가들의 경제적인 부를 끌어올리는 데 일조했다.

이런 경제적 호황이 가져다준 행복한 결과들 가운데 하나는 가용할 수 있는 막대한 돈이 생겼고, 상업 은행이 급격하게 성장함에 따라 공공 재정도 함께 성장했다는 것이다. 자금 조달의 규모가 커진 이런 복잡한 세상에서 단위가 엄청나게 큰 숫자를 계산해야만 하는 사람들의 삶은 고달파졌다. 그래서 1642년 블레즈 파스칼[272]이라는 젊은 수학자가 프랑스 정부의 세금 징수원인 아버지를 돕기 위해 계수 기계를 고안해냈다. 이것은 마치 구식 택시의 주행기처럼 작동했는데, 톱니바퀴와 기어가 드럼을 움직여 숫자들을 실어 나르면 외부로 난 작은 창을 통해 숫자가 표시되었다.

파스칼의 기계는 덧셈과 뺄셈은 물론 덧셈과 뺄셈을 반복하는 식으로 곱셈과 나눗셈까지 할 수 있었다. 마침내 그는 계수 기계 50대를 제작했다. 이 기계들은 목재, 상아, 가죽, 흑단이나 금속으로 만들어졌다. 모든 사람들(데카르트와 스웨덴 여왕 크리스티나를 포함해서)이 깊은 인상을 받았고, 1649년 파스칼은 프랑스 독점으로 제조할 권리를 받았다. 안타깝게도 이 계산기는 너무나 비쌌기 때문에 벤처 산업은 용두사미로 끝났다. 그렇다고 해서 훌륭한 수학자가 일을 그르치기는 쉽지 않은 법이다. 숫자는 대유행이었다. 모든 국가들이 과세와 지출의 규모를 더 잘 계획하려면 자국 인구의 규모를 측정하는 것이 얼마나 중요한지에 대해 눈을 떠가고 있었다. 지도에 표시되어 있지 않은 먼 바다로 나가는 탐험에 뒤따르는 위험은 해상보험에 대한 건전한 요구를 촉발시켰다. 이 아이디어는 화재로 확대되었고, 나중에

는 생명보험으로까지 퍼져나갔다. 존 그랜트[273]라는 영국인이 행정구의 출생과 사망 관련 기록을 실제로 연구했다. 그는 특정 시점에서 한 개인의 예상 수명을 계산하는 법에 관한 책을 출판했고 책은 엄청난 활황세를 보였다. 그 자료들로 인해 보험업자들은 보험료를 쉽고 정확하게 계산할 수 있었다.

동시대인들이 열광한 것에 통계 말고도 도박이 하나 더 있었기 때

문에 확률은 파스칼의 짧은 삶(그는 서른여덟 살에 죽었다.)을 해명하는 열쇠가 되었다. 17세기 중엽, 도박은 무일푼인 프랑스 귀족들의 주요한 소일거리였다. 그들은 상업으로 돈을 버는 것이 법으로 금지되어 있었다. 국제 무역으로 생겨난 활황이 그들을 비껴가는 바람에 도박은 그들에게 불법이기는 했지만 돈을 벌 수 있는 좋은 대안이었다. 1652년부터 1654년까지 파스칼은 도박의 수학적인 측면을 연구하는 데 시간을 쏟았다. 아마도 그가 한 귀족 친구에게 도박에서 돈을 따는 방법을 알려주기 위해 애썼기 때문이었을 것이다. 무엇보다 파스칼은 주사위 두 개를 던져서 두 개 모두 6이 나오는 것을 확실하게 하려면 주사위를 24.555번 던져야 한다는 것을 계산했다. 전설에 따르면 그의 친구는 계속해서 돈을 땄다고 한다.

파스칼은 도박판이 관리들에게 발각되어 불시에 깨졌을 때 도박꾼들이 직면하는 또 다른 문제에 대해서도 연구했다. 그것은 도박판이 깨지는 순간에 걸려 있던 판돈을 어떻게 하면 그 판에서 돈을 딸 각자의 가능성에 맞춰 공정하게 분배하느냐의 문제였다. 파스칼이 내놓은 답은 '산술 삼각형'이었다. 이 삼각형을 쓰면 도박판에서 각자가 받을 수 있는 가장 합리적인 금액을 구할 수 있었다. 그것은 다음과 같았다.

$$1$$
$$1 \quad 1$$
$$1 \quad 2 \quad 1$$
$$1 \quad 3 \quad 3 \quad 1$$
$$1 \quad 4 \quad 6 \quad 4 \quad 1$$
$$1 \quad 5 \quad 10 \quad 10 \quad 5 \quad 1$$

이 삼각형은 동전 세 개를 써서 하는 도박의 다음 회차의 확률을 계산하는 데 쓰였다. 셋째 행(맨 위쪽 수는 행수에 넣지 않는다.)은 숫자 1, 3, 3, 1로 이루어져 있다. 이 수들을 모두 더하면 8이 되는데 이것은 동전을 던졌을 때 나오는 경우의 수를 나타낸다. 즉 앞면만 세 번이 하나, 앞면 두 번에 뒷면 한 번이 셋, 뒷면 두 번에 앞면 한 번이 셋, 세 번 모두 뒷면이 하나, 이렇게 여덟 가지다. 넷째 행의 수를 모두 더하면 16이 되고 이것은 동전 네 개를 사용할 때 일어날 수 있는 경우의 수다. 이 삼각형은 무한히 확장할 수 있기 때문에 동전을 던지는 횟수가 아무리 늘어난다고 해도 모두 다 확률을 계산해 낼 수 있다. 자신이 만든 이 삼각형과 함께 파스칼은 확률 계산의 초석을 마련했다.

그러나 도박판과 관련된 것보다 그의 인생에 훨씬 더 극적인 영향을 준 것은 완전히 다른 종류의 확률이었다. 그 모든 것은 그의 여동생 자클린이 속해 있던 모임에서 출발했다. 1654년 그녀는 파리의 포르루아얄이라는 수녀원에 들어갔다. 약간 특별한 구석이 있는 그 수녀원은 당시 프랑스 자유사상의 중심지였다. 그 다음 해 3주간의 명상과 기도, 대화를 위해 그녀와 만난 파스칼은 그곳에서 나누었던 대화에 금방 매료되었다. 그 수녀원은 지식의 발전소였고 다양한 계층과 직업을 가진 사람들에게 피난처가 되었다. 주로 법률가나 과학자였던 그들은 모두 얀센주의적 견해를 갖고 있었다.

코르넬리우스 얀세니우스는 가톨릭 지역인 네덜란드 남부에 있는 루뱅 대학의 신학자였다. 그는 확률의 문제를 두고 예수회와 벌인 논쟁을 종식시키는 교회 개혁 운동의 한 흐름을 이끌었다. 얀세니우스의 역작은 성 아우구스티누스의 사상에 관한 논문이었는데 거기서 그는 작금의 교회는 영적인 개혁이 필요하다고 주장했다. 그는 체험만이 개인을 영적으로 인도해줄 수 있는데도 사람들이 이성에 지나치게 많은 강조점을 둔다고 말했다. 그리고 아무리 교회에 자주 나가도 영혼을 구제할 수 없으며 오직 하느님의 사랑만이 구제할 수 있다고 했다. 믿음으로의 회심은 오직 하느님이 그것을 원할 때에만 일어난다. 그리고 회심의 효과는 즉각적으로 나타나기 때문에 회심이 일면 어떠한 교육도 교리문답도 필요 없었다.

곧 다른 이들도 이러한 대의에 동참하자, 1635년 교황은 얀센주의를 지지하는 것은 이단이며 그 이유는 얀센주의자들이 개인의 행위에 대한 교회의 권위에 의문을 제기하기 때문이라고 천명했다. 예수회는 교회에는 오류가 없으며, 한 개인의 어떤 행동이 죄를 범하는 것인지 아니면 해도 되는 행동인지에 의문이 생기면 교회가 개연성에 따라 그에 합당한 논증을 제공할 수 있다고 주장했다. 따라서 양심과 관련된 문제의 경우 신도는 학덕이 뛰어나다고 교회가 인정한 성직자의 견해를 따르는 것이 안전했다. 그러나 얀센주의자들은 반대의 견해를 가지고 있었다. 그들은 양심의 문제에 있어서 하나의 행위에 의문이 생기면 교회가 그 문제에 대해 어떻게 말했건 간에 아무것도 하지 않는 것이 더 안전하다고 주장했다. 얀센주의자들은 이것이 행위의 올바른 과정으로 좀 더 개연성이 높다고 보았다. 이러한 이유로 이 문제는 예수회의 '개연론(교회의 견해가 좀 더 개연성이 높다는 주장)'과 얀센주의자들의 '엄격개연주의(개인의 양심이 좀 더 개연적으로 옳다는 주장)' 사이의 투쟁으로 귀결되었다.

1634년 한 저명한 얀센주의자가 포르루아얄 수녀원의 원장이 되어 1643년까지 자유사상가들의 작은 공동체를 성장시켰다. 그 모임은 학교를 세우고 교재를 출판했다. 그중 하나는 영성체에 대해 대단

히 비판적인 책이었는데 한 주 만에 동이 났다. 불길에 기름을 끼얹는
격으로 1656년에서 1657년 사이에 파스칼은 「시골 친구에게 보내는
편지」라는 제목으로 예수회와 예수회의 개연론을 공격하는 풍자적
인 글을 익명으로 발표했다. 교회는 교황이 금지 명령을 내리는 등 강

274 10 35
274 264 366

한 위협으로 대처했다. 로마의 강요로 루이 14세[274]는 포르루아얄을
폐쇄했고 1666년에 공동체의 구성원 대부분이 프랑스 전역으로 흩
어지거나 숨었다. 1709년에는 건물마저 파괴되었다. 심지어 수녀의
묘지를 파헤쳐 뼈를 파낸 다음 흩뿌리는 일까지 벌어졌다.

그러나 얀센주의 운동은 유럽 전역에서 지속적으로 신봉자를 끌어
모았다. 약 30년 후에 파리에서 샤를-미셸 드 레페라는 한 젊은 사제
가 얀센주의 교리에 반대하는 선언문에 서명하기를 거부해 성직자로
임명받지 못했다. 할 일을 찾아나선 그의 눈에 세상을 뜬 지 얼마 되
지 않은 사제가 보살피던 귀가 먼 젊은 수녀 둘이 띄었다. 그들의 종
교 수업을 책임지기로 한 그는 의사소통을 위해 간단한 수신호 체계
를 고안해냈다. 이것은 새로운 생각은 아니었다. 수화는 이미 서기
909년에 종교적인 의사소통 수단으로 쓰이고 있었다.

그런 관행의 기원은 소속 수사들에게 침묵을 부과했던 트라피스트
베네딕투스 수도회 같은 곳에서 찾을 수 있다. 수화는 묵상과는 다른
경우이기 때문에 뜻밖의 재미있는 효과가 있었다. 왜냐하면 수화는
묵상과는 너무나 동떨어진 경우가 꽤 있었기 때문이다. 1180년 어느
날 웨일스의 연대기 작가 제럴드는 캔터베리 대성당 수도원의 주빈
석에서 정찬을 즐기던 때의 정경을 이렇게 묘사했다. "그곳에는 수사
들이 있었는데…… 그들 모두는 말을 하는 대신에 손가락이나 손, 팔
을 움직이기도 하고 서로에게 휘파람을 불기도 했다. 겉보기보다 훨

씬 더 자유롭고 경망스럽고 엉뚱했다. 그래서 마치 연극 배우들 혹은 어릿광대들 사이에 앉아 있는 것처럼 느껴졌다." 13세기에는 수화에 쓰이는 단어들도 극도로 세련되어 심지어는 복잡한 신학 토론까지도 침묵 속에서 할 수 있을 정도였다. 독일의 어느 수도원의 원장인 빌헬름 폰 히르사우는 자신의 대수도원에서 사용되는 수화 359개를 목록으로 작성하기도 했다.

1607년 후안 보네트라는 에스파냐의 부유한 병사가 카스티야의 총사령관인 후안 페르난데스 벨라스코의 휘하로 들어갔다. 벨라스코에게는 귀가 먹은 아들이 있었고, 역시 귀가 먹었지만 수사들에게 수화를 배운 사촌도 있었다. 1620년 보네트는 농아들에게 수화를 가르치는 최초의 책『축소 문자와 벙어리들에게 말하는 법을 가르치는 기술』을 출판했다. 이 책은 한 손으로 하는 수화 지침서였는데 1750년 어느 날 레페가 그 사본을 손에 넣고 프랑스 파리에 학교를 세운 다음, 본인이 직접 수화 체계를 만드는 작업을 시작했다. 그가 만든 수화법은 매우 쉬워서 사흘 만에 80개 이상의 수신호를 배울 수 있었다. 훈련은 학생들에게 알파벳을 손으로 표시하는 기초적인 방법을 가르친 후, 그림을 보여주고 그에 해당하는 수신호를 해 보이는 식으로 행해졌다. 레페의 학교는 교황의 대사가 파리로 와서 한 학생이 세 가지 언어로 된 200개의 질문에 답하는 모습을 참관할 정도로 명성이 자자했다. 1786년 보르도의 주교가 귀머거리를 위해 학교를 설립하고 싶어 하자, 그는 신설 학교의 교장으로 자신의 방법을 훈련받은 시카르라는 사제를 선임했다. 시카르는 그 역할을 성공적으로 수행해서 3년 후 레페가 죽자 파리의 학교를 물려받았다. 그리고 레페의 수화 사전을 완성했다. 1791년 국립농아학교로 이름을 바꾼 파리의 학교는 프랑스혁명 중의 약탈 상황에서도 살아남아 시카르의 주도 아래 국제적인 명성을 얻었다. 그리고 시카르는 레종 도뇌르 훈장까지 받았다.

1815년 한 미국인이 레페의 수화법을 배우고 싶다며 시카르를 찾아왔다. 토머스 갤러뎃이라는 사람이었다. 뉴잉글랜드의 앤도버 신학원에서 방학을 이용해 온 갤러뎃은 저명한 외과의사의 귀머거리 딸을 가르친 적이 있었다. 그 의사는 갤러뎃을 파리로 보내 시카르의 학교에서 레페의 수화법을 배우게 할 돈을 마련할 정도로 그에 대한 지원을 아끼지 않았다. 1817년 갤러뎃은 코네티컷 주 하트퍼드로 돌아와 미국 최초로 농아들을 위한 무상 학교를 열었다.

갤러뎃은 귀가 먼 여성과 결혼해 아들 에드워드를 두었다. 그는 선교사가 되려는 시도를 몇 차례 하기도 했지만 실패했고, 중국으로 갈 여건이 되지 않자 농아를 가르치기 위해 그곳에 정착했다. 그는 하트퍼드에서 한 학교를 세우고 스무 살에 워싱턴에 있는 신설 컬럼비아 농아학교의 책임자로 임명되었다. 학교의 건물과 대지 8093평방미터는 미국의 우편국장을 지낸 에이머스 켄들이라는 법률가가 기부한 것이었다. 켄들은 새뮤얼 모스[275]와 의회 사이의 중재자 역할을 하기도 했다. 당시 모스는 자기가 만든 전신에 대해 정부의 후원을 얻어내려고 노력하고 있었고, 켄들은 그 후 모스의 사업 책임자로 나섰다.

켄들은 개인 투자를 받아 전신기를 개발하자고 모스를 설득했다. 투자자를 찾던 중 두 사람이 이익금의 처음 10만 달러까지는 10퍼센트를, 그 후로는 50퍼센트를 받는 데 동의했다. 모스가 볼티모어와 워싱턴 사이에 설치한 첫 전신선은 켄들의 땅을 가로질렀다. 전신이 엄청난 상업적 성공을 거둬 큰 부자가 된 켄들은 컬럼비아 농아학교에 기부하기로 결정했다. 왜냐하면 모스가 농아인 자기 아내에게 뭔가를 말해야 할 때 아내의 손을 톡톡 치다가 모스 부호를 생각해냈다는 말을 한 적이 있었기 때문이다. 그 학교는 후에 농아들에게 학위 과정을 제공하는 세계 유일의 교육 기관이 되었다.

갤러뎃이 그 학교의 책임을 맡고 나서 몇 달 후, 미국에서는 농아가 수화와 구화법口話法 중 어느 것을 배우는 것이 나은지를 두고 논쟁이 벌어졌다. 농아에게 무엇을 가르쳐야 하는지를 두고 벌어진 이 논쟁은 미국에서 전화가 발명되는 계기가 되었다. 이런 일련의 사건들은 발성법 교사 생활을 하던 벨이라는 스코틀랜드계 이민자에게서 시작되었다. 아내가 농아였던 그는 배우들에게 발성법을 가르치다가 소리를 낼 때 발성 기관들의 위치를 편리하게 나타낼 수 있는 일련의 그림들을 고안해냈다. 1867년 그는 『시화법: 보편적 알파벳 체계의 과학』이라는 책에서 그 체계를 설명했다.

그는 아들들을 방으로 들여보낸 다음 영어나 불어, 게일어 단어들 혹은 쉿 소리나 입맞춤 소리에 해당하는 농아 기호를 보여주는 시범을 통해 자신의 체계가 얼마나 훌륭한지 보여주었다. 아이들은 단어나 소리를 놀랍도록 정확하게 재현해냈다. 그래서 런던에 있는 한 농아 어린이 학교의 교장이 시화법을 도입하겠다는 의사를 알려왔을 때, 알렉산더라는 아들이 그 학교에 가서 매우 성공적으로 수업을 했다. 겨우 한 번의 수업만 듣고도 아이들은 다른 사람들이 알아들을 수 있는 소리를 냈다. 알렉산더는 처음 캐나다로 이주했다가 이어서 미국으로 이주했다. 구화법의 확고한 지지자였던 그는 갤러뎃이 시작한 하트퍼드의 수화 학교에서도 두 달 동안 구화법을 가르치기도 했다.

1872년 알렉산더는 보스턴 대학에서 음성생리학을 가르치며 틈나는 대로 놓아 학생들을 가르쳤다. 제자들의 목소리 조절 능력을 개선할 시각적 방법을 찾던 그는 레옹 스코트라는 사람이 발명한 기음기記音器를 우연히 보게 되었다. 나팔 모양처럼 생긴 곳으로 소리가 들어가면 반대쪽 끝에 장착되어 있는 막이 진동했다. 막에는 강모가 달려 있었는데 한쪽 끝이 자유롭게 움직일 수 있게 되어 있어서 막이 진동할 때마다 위아래로 움직이며 검게 그을린 유리 위에 어떤 패턴을 그렸다.

1875년 이 기술을 활용해 작업을 하던 벨은 막에 소형 자석을 붙여서 막이 진동하면 자석이 그 바로 옆에 있는 구리 코일 속을 들락날락할 수 있다는 아이디어를 떠올렸다. 자석의 움직임은 코일의 전기 흐름에 변화를 주고 전선으로 보내진다. 한편 그렇게 변화된 신호는 반대쪽 끝에 있는 또 다른 구리 코일로 전달되고 이어서 자석이 앞뒤로 움직이면서 막을 진동시킨다. 그러면 원래의 소리가 재현된다. 이 아이디어 덕분에 알렉산더 그레이엄 벨[276]은 전화를 발명하게 된다. (그러나 2003년 미국 하원은 표결을 통해 전화기의 발명가는 벨이 아니라 이탈리아 출신 안토니오 메우치임을 인정했다.—옮긴이)

276 34 53
276 54 73

레옹 스코트가 흐느적거리는 기음기 선을 이용해서 소리를 재현하는 데 관심을 기울인 것은, 의학적 데이터들을 좀 더 명확하고 쉽게 분석할 수 있도록 정보를 시각적 형태로 표현할 방법을 찾던 당시 과학계의 일반적인 추세였다. 19세기 초 파리의 병원들은 나폴레옹 전쟁에서 부상당한 환자 수천 명으로 가득 찼지만 덕분에 증세를 분석하고 치료 효과를 판정하기 위한 통계 기법을 개발할 수 있었다. 이후 19세기 말까지 의사와 간호사들이 환자의 상태에 따라 체온, 혈압 같은 데이터들을 갱신하여 그래프로 표시하는 시도가 좀 더 활발해졌다.

19세기 중반 의료 기술은 데이터를 수집하는 기기들을 생산하는 데까지 발전했다. 그중에는 몸의 온도를 재는 체온계, 폐와 심장의 소리를 듣는 청진기, 호흡에 따라 혈압이 오르고 내리는 방식을 재는 혈압계[277], 혈액에서 공기를 수집하는 수은 펌프뿐만 아니라 눈보개, 귀보개, 후두보개, 내시경, 맥파계(맥박을 기록하는 기구)까지 포함되어 있었다. 초창기의 진보는 카를 루트비히에 의해 이루어졌다. 그는 마르부르크, 취리히, 빈, 라이프치히에서 생리학 교수로 활동했었다. 1847년에 그는 수은 위에 떠 있는 부표를 기초로 한 키모그래프라는 장치를 쓰는 시각적인 방법을 개발해냈다. 호흡에 따라 수은이 오르내리면 부표도 따라서 오르내렸다. 그러면 부표에 연결된 철필이 드럼 위를 회전하는 종이 위에 수은의 높낮이 변화를 기록했다.

277 183 234

프랑스의 의사 에티엔 마레는 이 기술을 혈압, 심장박동, 호흡, 그리고 근육 수축 일반에까지 확대했다. 마레가 발명한 것 중 가장 유명한 것은 탕부르였다. (1955년까지 계속 사용되었다.) 이것은 공기를 가득 채운 금속 캡슐로, 양쪽 끝이 고무막으로 막혀 있었다. 운동에 의해 생겨나는 어떤 압축을 받으면 막이 눌리면서 공기가 캡슐 밖으로 나가 고무관을 통해 막으로 덮여 있는 또 다른 캡슐로 간 다음, 철필을 움직여 압력의 변화를 기록하게 했다.

탕부르가 비교적 덜 전문적인 의학 분야에 쓰이게 된 것은 18세기 말 윌리엄 존스, 프란츠 보프 같은 사람들의 연구와 함께 시작됐던 언어에 대한 관심과 관련이 있다. 그 두 사람은 산스크리트어[278] 문법책을 출판해, 고대 선조들의 인도-유럽어족의 말에 대해 언급함으로써 유럽인들을 놀라게 했다. 이러한 발견으로 유럽인들은 유럽의 모든 언어가 고대의 한 원형으로부터 이어져 내려온 방식에 관심을 갖게 되었다. 그것은 언어 생리학에 대한 조사도 불러왔다. 이러한 조사의

278 312 462

1892년 뉴욕과 시카고를 연결하는 전화를 조사하는 벨의 모습.

일부로 탕부르 혹은 이와 유사한 기구들은 사람들이 말을 할 때 다양한 발성 기관들에 무슨 일이 벌어지는지를 측정하기 위해 사람들의 입에 놓여졌다. 이와 같은 초창기의 실험은 발화 과정을 과학적으로 분석하는 방법을 개발하는 것이 목표였다.

19세기 말이 되자, 이러한 연구는 국제적인 조직들에 첫선을 보이면서 좀 더 넓은 의미를 갖게 되었다. 아직 통역자들이 통역실에서 동시통역을 하던 시대가 아니었던 시절, 사람들은 대표들 사이에 좀 더 나은 의사소통 방식이 필요하다고 느꼈다. 그때 루트비히 자멘호프라는 스위스인이 다시 공통의 언어로 되돌아가자고 제안했다. 그는 1887년에 인도-유럽어족(당시 두 번째로 큰 어족인 중국-티베트어족의 두 배 인구가 사용하고 있었다.)에서 공통으로 볼 수 있는 어근들을 바탕으로 에스페란토어를 개발했다. 유토피아적 목표임에도 에스페란토어는 호응을 얻지 못했다. 아마도 국제적인 이해를 도울 다른 방식들이 발견되었기 때문일 것이다. 그 가운데 하나는 언어학자들이 개발한 새로운 종류의 알파벳이었다. 그것을 쓰면 어떠한 언어라도 비교적 쉬우면서도 정확하게 표기할 수 있었다.

국제음성문자는 1897년에 발표되었다. 이 문자가 세상에 태어날 수 있었던 것은 19세기 중엽에 아이적 피트먼의 표음속기법 실험 덕분이었다. 자멘호프와 마찬가지로 음성표기에 대한 피트먼의 관심 역시 국제주의적이고 유토피아적인 그의 성향에서 비롯되었다. 그러나 그는 영어로 시작했다. 그의 거창한 계획 중의 하나는 동료 영국인들이 자신들이 사용하는 언어를 음성학적으로 쓰게 만들고, 일반적으로는 알파벳보다 더 간단히 쓸 수 있는 기호를 개발하는 것이었다. 1850년 그는 음성학연구소를 설립했고 그것은 나중에 영국음성학위원회(알렉산더 그레이엄 벨의 아버지도 이 위원회에 소속되어 있었다.)의 탄생으로 이어졌다. 피트먼의 시도는 실패했지만 그는 오늘날 자신의 이름을 따서 불리고 있는 속기법을 개발했고, 국제음성문자가 완전하게 날개를 펴는 데 기여했다. 음성학의 초창기 개척자들 중에는 헨리 스위트라는 사람이 있다. 그는 버나드 쇼의 『피그말리온』(나중에 〈마이 페어 레이디〉라는 뮤지컬로 만들어졌다.)의 등장인물인 헨리 히긴스의 모델이었다. 아이러니한 것은 그 희곡에서 히긴스는 일라이저 둘리틀의 말을 녹음하기 위해 벨의 시화법 기호를 사용하는데, 그 녀는 이 기호에 대해 이렇게 말한다. "정확한 문자가 아니에요!"

그러나 이제 음성문자는 아무리 복잡한 언어라도 쉽게 재현하고 분석할 수 있게 되었다. 그리고 그것은 완전히 새로운 연구 영역을 열었다. 이러한 관심은 '새로운' 인류학, 고대인의 기원을 향한 대륙 전역의 낭만주의적 열광, 오스트리아-헝가리 제국의 분열로 촉발된 새로운 민족 감정 등과 결합되었다. 사람들은 자신들 모두가 얼마나 다른지에 대해 강렬한 호기심을 갖기 시작했다. 그래서 음성문자로 무장한 언어학자들은 방언을 사용하는 지역으로 향했다.

방언학자들(대부분 독일인)은 조사원들을 이탈리아 남부로 보냈다. 그들은 자전거를 타고 다니며 각 지방의 말의 차이를 기록하기도 하고, 그곳 사람들에게 독일계 사람들이 "겨울에 마른 잎이 허공에 휘날린다"는 문장을 어떻게 발음하는지를 묻는 설문지 5만 장을 돌렸다. 이 설문의 목표는 마을을 뜻하는 독일어 'drop'를 제대로 발음하는 지역과 'drof'로 발음하는 지역의 경계, 혹은 나를 뜻하는 단어 'ich'를 'ick'로 발음하는 지역을 지도에 표시할 자료를 모으기 위한 것이었다. 예나 대학의 에두아르 슈반도 이런 불순한 일에 참여한 언어학자들 가운데 하나였다. 그 후 그는 프랑스어 악센트에 관한 독일 유일의 전문가가 되었다. 연구를 진행하던 중 그는 자기보다 좀 더 유명한 물리학자인 에른스트 프링스하임에게 도움을 구했다. 프링스하임에게 맡겨진 일은 스코트의 기음기를 변형한 것으로 추정되는 장치를 써서 악센트를 분석하는 것이었다.

279 88 100 그러나 사실 프링스하임[279]은 최초로 복사계(경이로운 최첨단 물리학 기구)를 이용해 자외선을 측정하는 등 복사輻射 연구로 더 잘 알려져

있었다. 안타깝게도 복사계와 관련된 그의 명성은 오래가지 못했다. 복사계의 성능이 그가 생각한 것만큼 좋지 않았기 때문이다.

그 기기는 빅토리아 시대에 영국의 존경을 한 몸에 받고 있던 윌리엄 크룩스가 발명한 것이었다. 그는 아내와 아이 열 명을 부양해야 했기 때문에 과학으로 돈 버는 방법을 궁리하다가 그것을 발명했다. 그는 새로운 금 추출 공정을 알아내 경제적 형편이 나아진 후 좀 더 순수하게 과학적 기여를 할 수 있었다. 그는 건판 사진 기술을 처음 개발했을 뿐만 아니라 음극선관[280]도 발명했고 탈륨의 원자량 결정에도 도움을 주었다. 그러나 그가 복사계를 발명한 데에는 과학적 재능보다는 신비학에 대한 특이한 관심이 더 큰 몫을 했을 것이다. 강신술 모임에 정기적으로 나간 그는 손수건이 공중에 떠 있는 모습이나 스스로 연주하는 아코디언을 보았다고 주장했는데, 특히 캐시 왕의 유령을 봤다는 말을 자주 했다. 그러는 중에도 그는 왕립학회의 회장직을 맡고 있었다.

복사계에 관한 아이디어가 처음 떠오른 것은 탈륨에 대해 연구하는 동안이었다. 그는 진공에서 저울을 사용하다가 온도가 높은 시료가 낮은 온도의 시료보다 더 가볍다는 것을 알아냈다. 처음에는 열과 중력 사이에 모종의 관계가 있다고 생각했지만 아무튼 '초자연적인 힘'의 가능성에도 관심이 있었던 그는 이런 현상을 지속적으로 조사했다. 질량이 무거운 것을 가벼운 것에 가까이 가져가면 두 개의 물체는 진공 상태에서 떠 있는 동안 서로 잡아당기거나 민다는 사실을 발견했다. 진공 상태가 강할수록 효과는 더 크게 나타났다. 1873년 크룩스는 자신이 방사의 척력 효과를 발견했다고 확신했다.

그래서 그는 그 효과를 조사하기 위해 직접 복사계를 고안해냈다.

그 장치는 유리구 내부에 철제 침이 있었고, 침에는 팔이 네 개 달려 있었다. 각각의 팔에는 날개판이 하나씩 달려 있었는데 그 네 개의 한쪽 면은 모두 검게 칠해졌다. 유리구에 빛을 가까이 가져가면 그 작은 날개판들이 빛에서 멀어지면서 복사계의 팔이 회전했다. 크룩스는 복사계가 '빛의 압력'에 반응하고 있다고 발표했고 그의 이러한 주장을 프링스하임이 적외선 복사 실험으로 이끌었다.

그러나 프링스하임도 크룩스도 옳지 않은 것으로 판명 났다. 1875년 영국 맨체스터 대학의 수학 교수인 오즈번 레널즈(그는 강의를 하다 새로운 생각이 떠오르면 그것을 칠판에 쓰느라 강의를 중단해 학생들을 난처하게 만드는 습관이 있었다.)는 유체에 관한 세계적 전문가가 되었다. 그는 복사계를 아무리 진공 상태에 가깝게 만들더라도 사실은 빛에서 나오는 열 때문에 날개판에서 기체 분자가 미량 방출되고 그에 따라 온도가 올라가면서 기체 분자들이 날개판을 밀어 복사계의 팔들이 회전한다는 사실을 증명했다.

유체에 관심이 많았던 레널즈는 수많은 혁신을 이뤄냈다. 강의 하구와 운하를 모델링하는 방법 개발, 펌프와 터빈의 성능 개선과 관련한 특허 취득, 정확한 축도로 선박의 모형을 제작하는 데 필요한 수학 개발, 프로펠러 때문에 생기는 공동空洞 현상 발견, 바다 위로 떨어지는 비의 잔잔함 효과에 관한 연구, 수직으로 내뿜은 물줄기 위에 탁구공이 머무르는 현상에 대한 설명, 스키가 눈 위에서 미끄러지는 이유가 눈이 녹기 때문이라는 설명 등등 레널즈는 우주가 작은 공들로 이루어져 있다는 우스꽝스러운 이론을 내놓기도 했다.

그러나 그가 인류가 쌓은 지식의 총량에 기여한 가장 큰 공헌은 오늘날 그의 이름을 따서 불리고 있는 수다. '레널즈 수'는 유체의 중요한 성질을 말해준다. 이 수는 유체의 속도, 밀도, 반지름을 점도로 나눈 것이다. 레널즈 수가 부리는 마법은 엔지니어들이 난류를 피할 수 있게 하기도 한다. 레널즈 수는 어떻게 하면 배가 물 위를 부드럽게 움직일 수 있는지, 운하의 둑을 무너지지 않게 하려면 어떻게 해야 하는지, 펌프가 효과적으로 작동하려면 어떻게 해야 하는지, 고압가스나 물을 나르는 관의 누수를 막으려면 어떻게 해야 하는지를 알려준다. 레널즈 수를 활용하지 못했다면 관광이나 교역도 오늘날과는 많이 달랐을 것이다. 이 수는 모든 공기역학의 토대이기 때문에 엔지니어들이 비행기를 설계할 때 어떻게 해야 하는지도 알려준다. 라이트 형제가 풍동을 세우고, 공기 흐름과 관련된 레널즈 수를 연구하고, 동력 비행기를 띄우기 전에 글라이더 세 대를 시험한 것도 바로 이 때문이었다.

그들의 비행기가 마침내 이륙할 수 있었던 데에는 레널즈의 공이 컸다. 그는 윤활 작용에 대한 기초적인 연구도 수행했는데 그것이 훗날 라이트 형제의 비행기 엔진에 없어서는 안 될 부품 제작에 도움이 되었다. 1879년으로 돌아가 보자. 그 부품은 원래 자전거에 쓰이던 것이었다. 자전거[281]를 팔고 수리하던 라이트 형제도 그것에 대해 알고 있었다. 라이트 형제의 자전거와 비행기 엔진에 모두 들어간 그 장치는 바로 볼베어링이었다.

281 68 79
281 77 87

볼베어링에 대해 알아야 할 모든 것을 하나도 빼놓지 않고 세상에 말해준 사람은 슈트리베르크라는 이름을 가진 독일인이었다. 19세기 말 그는 사람들이 생각해낼 수 있는 모든 종류의 베어링들을 총망라해서 시험해보았다. 원통형, 구형, 단단한 금속으로 만든 것, 무른 금속으로 만든 것, 컵 모양, 고리 모양, 목걸이 모양으로 만들어보기도 하고, 여러 개를 한꺼번에 장착하거나 하나씩 장착해보기도 하고, 홈을 내보기도 하고, 각도를 달리해 하중을 실어보기도 하고, 빠르게 또는 느리게 회전해보기도 하고, 기름을 쳐보기도 하고, 추위나 더위에 노출해보기도 하고, 표면을 매끈하게 만들어보기도 하고 긁어보기도 하고, 크게 만들어보기도 하고 작게 만들어보기도 하고, 부서질 때까지 압력을 가해보기도 했다. 홈을 판 트랙에 볼베어링을 장착하면 성능이 향상되는데 그는 이것이 볼베어링의 적재 능력이 증가하기 때문이라는 사실을 알아냈다.

제2차 세계대전 내내 연합군의 비행기가 제대로 날 수 있었던 것도 바로 볼베어링 덕분이었다. 그러나 슈트리베르크의 연구는 전쟁의 성과에 다른 방식으로도 큰 기여를 했다. 폭격기 탑승자를 괴롭히던 문제 중에 하나는 고도가 높아지면 낮은 기압 때문에 만년필의 잉크가 지도 위로 과도하게 뿜어져 나온다는 것이었다. 그 불편함은 단순한 게 아니었다. 왜냐하면 지도 위의 중요한 지점에 얼룩이 생기면 비행기가 길을 잃을 수도 있었기 때문이다. 아르헨티나에 살고 있던 한 헝가리인이 이 문제를 피할 수 있는 방법을 영국과 미국의 공군에 제안하자 그들은 기꺼이 받아들였다. 그는 라디슬라오 호세 비로(헝가리 태생이며 헝가리식 이름은 비로 라슬로 요세프이다.—옮긴이)였다. 1944년 자신의 새로운 발명품을 들고 영국에 갔을 때, 영국 공군은 3만 개를 구매했고 미국 공군은 그보다 훨씬 많이 구매했다.

이 단계에서 연합군 전투기들이 정기적으로 폭격 임무를 수행하러 출격할 수 있었던 것은 슈트리베르크의 볼베어링 연구와 레널즈가 연구한 공기 역학 덕분이었다. 목표물을 자신 있게 찾아내고 잉크 얼룩이 지지 않은 깨끗한 지도를 가지고 돌아올 수 있게 된 것 역시 그들 덕분이었다. 라디슬라오 호세 비로가 홈이 파진 도관 끝에 장착된 작은 철제 공 위로 잉크가 흐르는 연필 모양의 필기도구를 고안할 때 사용한 것이 바로 슈트리베르크의 데이터였던 것이다. 그리고 잉크가 철제 공 위로 흐르고 다시 종이 위로 흐르는 것을 제어할 방법을 찾을 때 활용한 것이 레널즈의 데이터였다. 이 두 남자 덕분에 비로가 발명한 볼펜은 절대로 얼룩을 남기지 않았다.

오늘날 볼펜은 값이 너무 싸서 한 번 쓰고 버리는 물건의 완벽한 예가 될 정도다. 그리고 바로 이런 물건들이 지난 100년간 현대 산업의 버팀돌이 되어온 것이다……

결국 새로운 탐색의 활로는
참신한 아이디어로부터

우연이 우연을 낳는 과정에서 진정 흥미로운 것 중의 하나는 사소하지만 번뜩이는 아이디어 하나로 상식을 뒤엎는 엄청난 결과를 일으킨 사람들을 살펴보는 것이다.

1892년 미국 메릴랜드 주 볼티모어 출신의 윌리엄 페인터는 아주 하찮아 보이는 기술 하나를 발명했다. (그는 이미 객차용 신형 좌석, 위조 주화 감별기, 분류와 파종을 동시에 할 수 있는 장치 등 기발한 발명품을 많이 내놓았다.) 싱겁다면 싱겁다고도 할 수 있었다. 그것은 일회성 소모 제품의 효시가 된 물건 가운데 하나였다. 그러나 일회성 소모 제품은 근대 경제가 쉼 없이 돌아갈 수 있었던 원동력이었다는 점에서 결코 무시하지 못할 발명이기도 했다.

그가 이 교묘한 발명품으로 해결한 문제는 주변에서 늘 부닥치던 것이었다. 그것은 어떻게 하면 탄산 음료수의 탄산 거품을 오랫동안 보존할 수 있을까였다. 당시 이와 같은 문제는 단순히 레몬에이드를 오래 두고 마시고 싶어 하던 사람들의 입맛이나 만족시키면 그만인 것이 아니었다. 그건 전 국민의 건강이 달린 문제였다. 모든 것은 1777년 조지프 프리스틀리[282]가 소다수를 발명한 이래, 거품이 여러 질병에 효험이 있다고 여겨진 데서 비롯됐다. 인구가 급팽창의 국면으로 접어든 시대에 공장이 들어선 도시 빈민가는 콜레라와 결핵의 기승에도 불구하고 하수처리 시설, 변변한 위생설비 하나 갖추지 못했다.

282　5　30
282　161　208
282　306　454

뿐만 아니라 악취를 만들어내는 것이 온갖 질병을 일으키는 원인이라고 생각할 줄 아는 의사도 없었다. 그러나 탄산액이 질병에 효과가 있다고 믿고 있었다. 과학자들까지 기포가 괴혈병에 특효라는 의견을 내놓는 실정이다 보니, 영국 해군까지 전군을 동원해 소다수 확보에 나설 정도였다.

가장 중요한 문제는 기포가 빠져나가는 것을 방지하는 것이었다. 그래야 치료의 효과를 높일 수 있기 때문이다. 코르크 마개를 꽂고 철사나 줄로 동여매거나 타르로 봉하기, 밀랍으로 봉하기, 유리 마개로 닫기 등 다양한 방법이 시도됐다. 결과는 모두 신통치 않았다. 그러다 마침내 페인터가 왕관형 코르크 밀봉재를 발명해 특허를 받았다. 오늘날 흔히 병뚜껑이라고 불리는 물건이다. 이것은 '뇌를 좋게 해주는 강장제'로 당시 한창 시장을 주름잡고 있던 신종 음료수의 병뚜껑으로 사용하기에 아주 그만이었다. 그 음료수는 코카콜라였다.

페인터가 부하 직원에게 건넨 조언이 계기가 되어, 근대 사회의 일회성 소모품 시장을 형성하는 데 또 다른 효시가 된 물건이 모습을 드러냈다. 그 부하 직원은 19세기 미국 젊은이들 대부분이 거치기 마련이었던 직업 경로를 밟은 평범한 인물이었다. 그는 시카고에서는 매장 점원, 캔자스 주에서는 드럼 연주자, 영국에서는 세제 영업자로 일한 경력이 있었다. 1892년 초, 페인터가 세운 회사의 영업자로 채용돼 뉴잉글랜드 주를 담당했지만 그는 더 크고 넓은 땅덩어리를 바라보고 있었다. 1894년, 그는 기념비적인 실패작이 된 『표류하는 인간』이라는 책을 출간함으로써 자신이 품은 야망이 어느 정도인지를 넌지시 드러내기도 했다. 책의 내용은 자신이 장차 20세기사라는 통운회사를 설립해 전 세계를 상대로 기업 활동을 전개하는 사업을 구상 중이라는 것이 핵심이었다. 물론 그 꿈은 실패로 돌아갔다. 그러자 왕관형 코르크 마개 사장이 언젠가 자신에게 들려주었던 다음과 같은 조언을 회고했다. "사람들이 자기 돈 내고 샀으면서도 쓰고 나면 버리게 되는 물건을 만드는 것, 그게 바로 사업에 성공하는 비결이라네." 그와 같은 사업 철학을 고스란히 자신의 사업에 적용한 지 10년째 되던 해, 페인터 자신도 경영 일선에서 물러나 돈 걱정 없는 은퇴자 생활에 만족하고 살았다는 점을 생각해보면, 그런 철학도 나름대로 발상은 괜찮았던 것 같다.

한편 부하 직원은 발명만 했다 하면 영원히 사라지지 않을 시장 하나를 창출하는 것이 될 만한 물건을 찾기 위해 사람들이 매일같이 반복하는 평범한 일상 활동들을 눈여겨보았다. 어느 날 아침, 거울을 보고 있던 그는 참신한 아이디어 하나를 떠올렸다. 당사자의 표현을 빌리면, "미국인들이 이발소에서 면도하느라 신경 쓰고 시간 버리고 돈 날리는 대신 직접 자기 손으로 할 줄만 안다면, 파나마 운하도 단 4시간이면 완공됐을 것이다." 킹 캠프 질레트가 면도날을 발명하게 된 계기였다. 그리고 근대 사회도 이제 깔끔하게 면도할 얼굴을 내밀 수 있게 된 것이다.

표현이 거창해서 그렇지 사실 그렇게 내세울 만한 공적은 아니었다. 면도칼은 이미 100여 년 전부터 일반 대중들 사이에서 널리 사용되던 물건이었다. 일부 가정에서는 아버지에서 아들로 대를 이어 사용하는 귀중품 대접을 받기도 한 물건이었다. 그러나 아주 없이 사는 경우만 아니라면 면도는 자기 손으로 직접 하지 않는다는 것이 일반인들 사이에 널리 퍼져 있는 생각이었다. 사람들 대부분은 면도를 해야겠다 싶으면 이발소부터 찾았다. 수염은 자기 손으로 직접 깎아야 한다는 인식을 확산하는 데 주력해야 했던 질레트에게 면도사들은 제일 먼저 꺾어야 할 경쟁 상대였다. 그리고 마침내 일반인들 사이에서 이발소는 면도를 하는 곳이 아니라 면도날을 사는 곳으로 자리 잡게 되었다.

질레트의 사업 성공 비결은 물불 가리지 않는 광고 공세였다. 그는 자신도 조지 워싱턴처럼 사람들이 그 얼굴만 보고도 누구인지를 알아보는 인물이 되었으면 했다. 자기 초상화를 1달러 지폐처럼 보이게 만들어오라고 광고 담당자들에게 지시하기도 했다. 그는 종잇장처럼 얇은 쇳조각에는 날을 날카롭게 세울 수 없다는 MIT 대학의 야금 전문가의 조언도 믿으려고 하지 않았다. 그래서 그는 니커슨과 동업 관계에 들어갔다. 니커슨은 날을 세울 수 있는, 단단한 철을 만들 수 있는 방법을 알고 있었기 때문이다. 6개월도 못 버티고 질레트와 니커슨은 빚만 떠안은 채 파산하고 말았다. 그러나 그는 끈질겼다. 그는 1902년 친구의 도움으로 아메리칸 안전 면도기 회사를 세웠다. (두 사람은 모두 사업 성격상, 동업자 니커슨의 이름은 넣지 않는 편이 더 낫다고 판단했다.)

질레트가 어떤 철에든 날카롭게 날을 넣을 수 있었던 것은, 사실 그보다 한 세기도 더 앞서 살았던 사람의 참신한 아이디어가 결실을 맺었기에 가능했다. 벤자민 헌츠먼이 바로 그 주인공이다. 제강업에 종사한 적은 없었지만 영국 셰필드에서 보이 칼을 비롯해 세계 최상급의 칼을 생산할 수 있게 한 숨은 공로자였다.

1740년 헌츠먼이 셰필드 인근 마을에 도착했을 당시, 철강 작업은 손이 많이 가고 시간이 오래 걸렸다. 철편들을 용광로 용기 속 목탄 위에 나란히 넣은 후, 그 위에 목탄을 덮고 철편들을 한 층 더 쌓고 다시 목탄을 올려놓았다. 이런 작업은 용기가 가득 찰 때까지 계속되었다. 그런 후 용기를 용광로 안에 넣어 모래로 덮고 일주일 동안 고온으로 가열했다. 그러면 열을 받는 동안 철의 바깥층이 목탄의 탄소를 흡수해 블리스터 층을 형성했다. 용기를 꺼내 냉각시킨 후, 블리스터를 망치로 두들겨 떼어내고 철편을 재가열하여 망치질했다. 이런 과정을 거쳐 만들어진 '블리스터' 강鋼은 깨지기 쉽고 작업하기도 어려웠다.

헌츠먼은 유리 제조업자들의 작업 공정을 지켜보다가 블리스터 강을 재용해하는 것과 관련된 문제를 해결할 실마리를 찾았다. 유리 제조업자들 사이에서는 오래된 유리 파편들을 아주 높은 온도에서 다시 가열해 한데 녹여 사용하는 일이 자주 있었다. 헌츠먼은 블리스터 강을 재용해하기 위해 도가니라는 용기를 발명했다. 점토로 만든 이 용기에는 헌츠먼만이 아는 성분이 들어 있어 섭씨 878도의 높은 온도를 만들어낼 수 있었다. 그 비밀은 헌츠먼과 함께 무덤 속으로 들어

갔기 때문에 확인할 길은 없지만 아마도 흑연이었을 것이다. 헌츠먼이 고안한 도가니 법은 주철을 주조할 수 있는 최초의 방법이었다. 그가 만든 철은 인장 강도가 높았을 뿐만 아니라 유리를 자르는 날이나 절삭 공구의 재료로도 사용할 수 있을 정도로 단단했다. 도가니 강은 대성공을 거두었다. 그가 도가니 강을 프랑스로 수출하기 시작하자, 셰필드의 칼 제작자들도 결국에는 도가니 강을 사용하기 시작했다. 최초의 주철 면도칼은 1777년에 셰필드에서 제작되었고, 1800년에는 뉴욕에 판매 대리점이 문을 열었다.

그러나 헌츠먼의 진짜 직업은 시계 제작이었다. 따라서 그가 도가니 강에 쏟은 관심도 바로 그것이 시계태엽으로 쓰기에 알맞은 재료였기 때문이었다. 그리고 때마침 무슨 인연이었는지, 그가 살던 당시 사람들의 관심도 온통 시계태엽에 쏠려 있었다. (시계태엽에 쓰인 소재는 훌륭한 면도칼 제작용 재료이기도 한 철의 일종이었다.) 이러한 관심은 가발 하나를 발명한 영국 해군 함대의 사령관에게서 비롯됐다. 그 사건의 주인공은 이름 하나는 아주 그럴듯한 영국 해군 제독 클라우즐리 셔블[283] 경이었다. 그가 고안한 가발은 뒤쪽이 퍼진 가발(셔블 가발)이었는데, 값이 아주 비싸서 웬만큼 돈이 많거나 신분이 높은 사람들이 아니면 엄두도 못 냈다. 사람들은 이 가발을 쓰는 거물들을 '빅 위그'라고 불렀다.

그런데 자신의 털 달린 발명품 덕을 좀 누려보나 싶더니 그것도 잠깐, 1714년 셔블은 자신이 거느린 전함 네 척에 승선한 2000여 명에 달하는 승무원들과 함께 바다 속에 수장되는 비운을 맞았다. 어느 안개 긴 밤, 그는 함대가 지브롤터 해협을 통과해 영국으로 귀환하려고 하던 도중 항로 선정 과정에서 돌이킬 수 없는 착오를 범했다. 함대는

283 133 159

지중해 시칠리아 섬 인근 해역에서 암초와 충돌하고 바다 밑바닥으로 가라앉았다.

1714년 영국의회에서는 해양 항해 기술 개선을 위한 대책 마련을 촉구하는 탄원서가 접수되었다. 항해 도중 목숨을 잃는 탐험 대원들과 식민지 정복 대원들의 숫자가 일정 간격으로 경고음을 발하며 점점 불어나고 있었기 때문이었다. 의회가 고심 끝에 내놓은 특단의 조치는, 오늘날의 가치로 환산하면 200만 달러에 달하는 어마어마한 상금을 내걸고 좀 더 성능 좋은 시계를 내놓는 사람을 찾는 것이었다.

왜 하필 시계였을까? 거기에는 그럴 만한 이유가 있었다. 지구를 동서 방향으로 나눈 경도선을 계산하려면 선원들이 배에 들고 탄 시계가 자신들이 출발한 항구의 현지 시각을 정확히 알려줘야 했기 때문이다. 즉, 먼저 관측대상으로 삼을 별을 하나 지정하고 선상에서 관측한 별의 천구상 좌표와 정확히 같은 시각에 출발항에서 관측했던 별의 천구상 좌표 사이에 차이가 얼마인지를 계산하면, 자신들이 지구상 어디쯤에 위치하고 있는지도 알 수 있었다. 그런데 지구는 4분에 1도씩 자전하고 경도 1도는 9만 6558미터에 해당하므로, 시계상에 4분 오차는 배가 지금 항로상에서 9만 6599미터나 이탈했다는 사실을 의미했다. 관측자와 수평선 사이의 가시거리는 기껏해야 4만 8278미터밖에 되지 않았으므로, 배가 정박할 섬을 찾는 항해자들에게 그와 같은 오차 범위는 자신들의 목숨이 달린 문제였다.

1762년 또 다른 시계 제작공 존 해리슨[284]이 해결책을 제시했다. 그 284 266 367 역시 헌츠먼과 마찬가지로 금속의 성질에 관심이 많았다. 그가 내구성이 강한 시계태엽용 신소재를 개발해서 시계가 오래되면 될수록 바늘이 늦게 돌아간다는 문제를 해소한 것은 분명한 사실이었다. 그러나 바야흐로 세계 구석구석을 누비게 된 항해자들이 직면한 문제점을 해결하기에는 아직 어림없었다. 선박들이 극지방과 온대, 그리고 열대 지방 사이를 오가게 되자, 기온 변화에 따라 태엽은 늘었다 줄었다 했고 그만큼 시계의 정밀도가 떨어졌던 것이다.

해리슨의 아이디어는 놀랍도록 단순했다. 그는 황동판과 강철판을 맞댄 다음 그것들을 평형 스프링에 고정시켰다. 그 두 금속의 평행 계수를 이미 알고 있었던 그는 황동판과 강철판이 팽창하거나 수축하면 위아래로 휘어지는 현상을 이용해 스프링의 유효 길이를 길게 혹은 짧게 만들어 작동을 제어할 수 있었다. 이렇게 함으로써 그는 시계의 작동 속도를 런던에서 바베이도스까지의 마지막 항해 실험 동안 항상 동일하게 유지시킬 수 있었다. 해리슨이 개발한 크로노미터는 15개월 동안 오차가 단 10분의 1밖에 되지 않는 정밀도를 유지했다. 따라서 이제 대양 횡단길에 나섰다가 항구로 돌아오는 배들은 위치 판단에 개입하는 오차 한계를 500미터 안으로 좁힐 수 있었다. 놀라운 정밀도였지만 아직 그것만으로는 충분하지 않았다.

비바람이 몰아치는 어두운 밤바다에서는 전방 500미터 범위 안에 혹시 있을지도 모를 암초를 등대[285]가 제대로 비춰주지 못하면, 제아무리 오차 한계 500미터라는 정밀도를 자랑하는 항로 선정 능력이라 해도 항구로 귀항하는 선박들에게는 아무 소용 없었다. 더군다나 19세기 중반까지만 해도 그와 같은 선박 길잡이용 조명 설비조차 드물었던 것이 현실이었다. 등대가 유럽 대륙 해안선을 따라 이미 그 전 세기부터 세워지기는 했지만, 덕분에 또 다른 희생양이 생기곤 했다. 등대 건설에 사용된 건축 자재 대부분이 목재였기 때문에 등대 불빛의 세기를 키우게 되면, 지금 당장이냐 나중이냐의 차이만 있을 뿐 결

285 172 220

국 등탑에 가득 들어찬 촛불이 등대로 옮겨 붙었다. 또한 약해 빠진 건물들이 폭풍우에 강타당해 맥없이 허물어지는 일도 심심찮게 일어나고 있었다.

영국 해안 인근(워낙 드나드는 배들로 붐비는 길목이었던 탓도 있었겠지만)에서 사고가 매우 자주 일어난 뱃길 가운데 하나로 꼽히는 곳은, 영국의 일급 항구였던 플리머스에서 약 22킬로미터 되는 지점에 있었던 에디스톤 암초 주변이었다. 선박과 등대를 여럿 파괴한 곳으로 악명을 떨치던 곳이었다. 1756년 두 번째 등대마저 못 쓰게 되자, 지역 상인들은 그 기회에 튼튼하고 오래 버틸 수 있는 등대를 하나 세우기로 마음먹었다. 상인들은 토목기사 한 명을 찾아갔다. 그 토목기사는 잠수종 발명, 주요 항구의 재시공, 수차 실험 등의 경험이 있을 뿐만 아니라 바다에 관한 지식도 많고 수력학에도 정통한 인물이었다. 그의 이름은 존 스미튼이었다. 그는 등대의 종단면을 곡선으로 설계했으며, 화강암으로 된 주먹장 맞춤 블록을 기초 건축 자재로 활용함과 동시에 그 당시로서는 역대 최강의 강도를 물 안팎에서 유지하도록 자체 개발한 신종 시멘트를 사용해서 등대를 완성했다. 그가 세운 등대는 무너지지 않았다. 그 등대가 어찌나 유명했던지 그가 런던에 영국 토목기사협회 창립에 참여할 당시 협회에서는 그 등대를 회사의 문장에 그려 넣었다.

1770년에 물펌프 실린더에 구멍을 뚫는 기계를 제작하지 않았다면 스미튼과 관련해서 등대 건설 이야기 말고는 새삼 덧붙일 설명이 없었을 것이다. 그러나 4년 후, 신제품이 등장해 그의 발명품은 구형 제품으로 밀려났다. 그 신형 천공기를 제작한 사람은 제임스 윌킨슨이었다. 그는 영국에서 최고로 손꼽히는 위대한 제철업자였지만 성격은 좀 괴짜였다. 덧붙이자면 그는 조지프 프리스틀리[286]의 손위 처남이 되기도 했다. 조지프 프리스틀리는 거품 나는 소다수 이야기의 주인공으로 등장하기도 했던 바로 그 프리스틀리였다. 윌킨슨은 철밖에 모르는 사람이었다. 그는 교회 한 채를 오직 철만 가지고 짓기도 했고 직원들 임금을 자신이 직접 철로 만든 돈으로 지급하기도 했다. 그리고 죽어서는 주철 관 속에 들어가 묘지에 묻혔다. 밤에는 쇠구슬을 손에 쥐고 잠들었다. 잠들었다가도 꿈속에서 기막힌 생각이 떠올라 몸을 뒤척이면 구슬은 금속제 물병 속으로 떨어졌다. 윌킨슨은 그 요란한 소리에 잠을 깼고 꿈속에서 떠올랐던 생각을 기록했다. 그리고 다시 구슬을 꺼내 들고 잠들었다.

1774년 윌킨슨은 끝에 연삭날이 달린 실린더 천공기를 개발했다. 천공기의 머리 쪽을 돌리면 실린더에 구멍을 뚫을 수 있었다. 그와 같은 공구를 이용해 그는 실린더 내벽과 외벽 사이의 벽면 두께를 '동전처럼 얇게' 정확한 치수로 깎을 수 있었다. 제임스 와트가 성능이 개선된 증기기관을 제작할 수 있었던 것도 산업혁명이 일어날 수 있었던 것도 모두 그와 같은 정밀도가 뒷받침해주었기 때문에 가능했다.

윌킨슨이 천공기를 발명함으로써 비롯된 영향력은 산업혁명이 일어나는 데서 그치지 않고, 그에 못지않게 중요한 의미를 지닌 영역으로도 파급돼 혁명적인 변화를 야기했다. 천공기로는 대포의 몸통 부분에 해당하는 포신도 제작할 수 있었다. 그는 다소 불안한 명예를 얻었다. 그는 전쟁 중이던 영국과 프랑스 양측에 대포 포신을 제공했을 뿐만 아니라, 미국독립전쟁 중에는 영국과 전투를 벌이던 미국 측에 대포 포신을 제공해서 불명예를 얻기도 했다. 그는 어떻게 해서든 자신이 제작한 대포들을 ('쇠파리'라고 속여서라도) 영국 정부 몰래 프랑스로 빼돌리려고 애썼다.

4년 전, 그는 프랑스 파리 상수도망 신규 건설 사업에 들어가는 수도관을 전량 납품한 적이 있었고, 프랑스 남부 도시 르크뢰조 제철소 직원들에게 기술을 전수해주기도 했었다. 신형 대포 포신은 구형에 비해 두께도 얇았고 무게도 가벼웠다. 훗날 프랑스 포병대 감찰 장교를 지내기도 했던 장 바티스트 그리보발이 전투에서 총을 사용하는 방식을 획기적으로 바꿔 전쟁(그리고 유럽)의 국면을 바꿔놓을 수 있었던 것도 바로 이 사소한 개선 덕분이었다. 이미 1765년부터 그리보발은 프랑스 야전포병 부대에서 사용하는 포탄 중량을 1.8킬로그램짜리, 3.6킬로그램짜리, 5.4킬로그램짜리 단 세 종류로만 구분해 규격화했다. 또한 그전까지만 해도 아주 당연한 것으로 통했던 대포에 붙은 장식들을 모두 제거해 대포 중량도 경량화했을 뿐만 아니라 화약도 의도하는 폭발 반경에 맞추어 규격화했다. 부대에 화약을 배급하는 방법도 규격화했다. 그와 같은 규격화가 노린 것은 단 하나, 신속한 수리와 교체였다.

윌킨슨이 새롭게 제작한 대포 포신은 포병 장교로 출발해 이제는 프랑스의 지도자가 된 인물, 나폴레옹 보나파르트[287]의 손에 들어가 287 96 109 게 됨으로써 모든 것을 바꿔놓는 수단으로 돌변했다. 그리보발은 가볍고, 부품 교체가 손쉽고, 정밀 제작된 윌킨슨의 대포 포신이 지닌 이점을 살려 완전히 새롭게 태어난 기동 포병 부대를 창설했다. 1799년 후 프랑스 최정예 부대는 나폴레옹이 지휘하는 아홉 개로 편제된 왕실 기병대였다. 나폴레옹은 자신이 이끄는 부대를 다음과 같이 평가했다. "내가 치른 전투는 대부분 왕실기병대가 그 승패를 좌우했다. 나는 그들이 있었기 때문에 공격하기로 마음먹은 시각에 목표물을 겨냥해 포격을 가할 수 있었다." 무게 부담을 줄인 윌킨슨의 신형 대포 포신으로 무장한 기병대는 전투 현장에서 과거 포병과는 전혀 다른 움직임을 보여줬다. 40문에 달하는 대포들이 재빠르게 작전 지역을 에워쌌다가도 마음만 먹으면 아무 때든 두세 개 집단으로 발 빠르게 나뉘기도 했다. 프랑스 포병 부대가 전후좌우 사방에서 불을 뿜어대는 포격으로 적군을 깨끗이 쓸어버리고 나면, 전투 의지를 상실한 적진을 향해 프랑스 보병이 돌격해 들어갔다.

이와 같은 포병 중심 용병술은 나폴레옹 자신에게는 절박한 선택이었다. 수십만에 달하는 보병이라고 해도 제대로 된 군사 훈련을 받지 못한 채 전쟁터로 징집돼 끌려나온 신병들이 대부분이었다. 이런 상황에서 포병들이 적군의 주력을 격파해 적군의 손발을 잘라놓지 않는다면, 보병만으로는 전문 직업 군인들을 상대할 수 없었다. 나폴레옹이 말한 그대로였다. "미덥지 못한 군대일수록 더욱 절실하게 필요한 것은 포병이다. 상대 전력의 3분의 1에 해당하는 포병만 있으면 엄청난 대승을 거둘 수 있는 것이다."

나폴레옹은 자신의 전술을 더욱 정교화했다. 그는 포병 화력을 한 곳으로 집중시켜 파괴 범위를 대규모화해서 효과를 극대화하는 작전을 구사했다. 작전이 노리는 효과는 잔인했다. "목적은 적을 살상하거나 전열을 흐트러뜨려 고립시켜 놓는 것이 아니다. 적의 전방에 구덩이를 형성하고, 진격로를 차단하고, 적진을 향해 돌격하는 아군을 지원 사격하는 것이다." 말이 견인한 대포의 기동력을 살려 도저히 믿을 수 없는 속도로 100문에 달하는 대포를 한 곳에 집중시킬 수 있게 되자, 나폴레옹의 포병 전술은 그 정점에 다다랐다. 그와 같은 전술은 "아무도 당할 수가 없었다. 아무리 같은 100문에 달하는 대포가 일렬로 늘어서 쏘아댄다고 해도 그와 같은 효과를 거둘 수는 없었을 것이다."

나폴레옹은 유럽 대륙을 장악했다. 천하무적이 따로 없었다. 연승 가도를 달리던 나폴레옹 군대는 1799년 오스트리아를 공격하기 위해 스위스를 통과해 진군하던 도중 운터발덴 주에서 난데없이 나타난 무장병력과 대치하게 됐다. 전투에 전투가 거듭되면서 수백 명이 사망했고, 수많은 전쟁고아가 발생했다. 그곳의 슈탄스에 살던 농부 출신의 중년 남자 한 명이 나서서 수도원이었던 건물을 개조해 부모를 잃고 머물 곳이 없게 된 아이들을 거두어 보살피기로 결심했다. 인류 역사에서 가장 중요하고 탁월한 교육적 실험 가운데 하나는 그렇게 시작되었다. 요한 하인리히 페스탈로치는 농부로도 그리고 소설가로도 실패한 인생을 산 사람이었다. 그러나 슈탄스에 세운 고아원으로 그는 전 세계인들에게 유명한 인물이 되었다. 학교 공부란 그나마 넉넉한 집안 자녀들이나 누리는 사치로 통하던 시절, 페스탈로치에게 책과 교육용 기자재를 마련할 돈이 없었다는 것은 그가 전과는 다른 교육 방식을 창안하고 체계화하는 데 계기가 됐을 것이다. 1801년 페스탈로치는 자신이 생각하는 새로운 교육 방식은 어떤 것인지를 「게르트루트는 어떻게 그녀의 아이들을 가르치는가: 어머니가 자녀를 어떻게 지도해야 하는지에 대한 하나의 시도」라는 제목의 교육 지침서를 통해 밝히기도 했다.

페스탈로치가 제창한 교육관은 이전 것과는 아주 달랐다. 그가 생각하기에 당시 교육은 아이들의 전인적인 발달 과정은 무시하고 아이들에게 현실과 동떨어진 지식만을 가르치는, 교실 안에서 책만 가지고 배우는 이론 중심의 교육이었다. 아이들 대부분은 마을 뒷산 한 번 오른 적이 없으면서도 산을 이야기했고, 정확한 단어의 뜻도 모르면서 인간이 지녀야 하는 도덕적 의무와 윤리적 덕성을 이야기했다.

페스탈로치는 아이들에게 자기 스스로 구체적인 경험을 통해 그 대상을 배우도록 지도함으로써 아이들이 지닌 인지력과 통찰력을 키우고자 했다. 페스탈로치는 기존 형식이나 관행에 구애받지 않았다. 아이들을 반별로 나누지도 않았고, 정해진 책이나 교재 같은 것도 없었다. 그는 학생들에게는 교사를 가르치는 사람으로만 생각하지 않도록, 교사들에게는 학생을 가르치는 대상으로만 생각하지 말도록 당부했다. 또한 그는 학생이 학생을 가르치는 일도 얼마든지 허락했다. 선생과 제자가 한 방에서 잠을 같이 자기도 했고, 함께 앉아 공부하는 일도 드물지 않았다. 하루 일과는 오전 6시 1교시 수업으로 시작했다. 오전 7시 운동을 하고 아침을 먹었다. 오전 8시 다시 수업이 이어졌다. 오전 10시 간식을 먹고, 레크리에이션을 한 시간 하고 나서 남은 수업을 마쳤다. 오후 1시 점심, 오후 4시 30분까지 수업, 오후 6시까지 레크리에이션, 오후 7시까지 수업, 오후 8시 저녁식사를 한 후 오후 10시 잠자리에 들었다.

과목은 모두 아이들의 실생활과 연관 있었다. 페스탈로치는 지리 시간에는 아이들에게 직접 야외로 나가 그 장소를 답사하고 자신들이 관찰한 것을 빠짐없이 지도로 그리도록 했다. 그러고 나야 아이들은 그 지역의 실제 지도를 볼 수 있었다. 과학 공부 역시 지리 공부와 마찬가지로 어떻게 술이 식초로 변하는지, 어떻게 모래로 유리를 만드는지, 어떻게 대리석은 석회석이 되는지를 비롯해 아이들이 자기들이 사는 지방에서 일상적으로 접하고 있던 것들을 대상으로 삼아 수업을 진행했다. 음악은 윤리 교육의 일부로 아이들 사이에 사회적

페스탈로치는 실생활과 연관된 교육을 중시했다.

연대감을 키우는 보조수단으로 활용했다. 놀이 시간은 일주일에 두 번이었는데 협동심을 기르는 데 목적을 두었다. 그러나 무엇보다도 아이들에게 장려한 것은 틈만 나면 밖으로 나가 넓은 들판을 뛰놀고 맑은 공기를 마시며 자신들이 직접 경험한 것을 통해 세상을 자기 나름으로 이해하고 주변에서 배울 것을 찾는 것이었다.

　페스탈로치가 창안한 교육 방식은 순식간에 확산되었다. 전쟁으로 심리적 외상을 입은 아이들의 마음을 치료하고 회복하기 위한 동기에서 비롯된 교육이었다는 사실이 전 세계 교육자들에게 영감을 준 것이다. 1805년 페스탈로치 교육 방식은 유럽 전역으로 퍼져나가기 시작했고, 일찌감치 필라델피아 주에서는 페스탈로치 학교가 문을 열었다. 페스탈로치가 실천한 학생 지도 방식은 공상적 사회주의에 철학적 기반을 둔 사회협력 공동체 마을로 유명했지만 반짝 성공에 그쳤던 미국 인디애나 주의 뉴 하모니 건설에도 주춧돌과도 같은 역할을 했다. 공동체 설립자 가운데 한 사람인 윌리엄 매클루어[288]가 바 288 258 354

로 그 지도방식에 영향 받은 인물이었다.

1797년 스위스 인터라켄 대학교에서 강사로 재직하던 중 페스탈로치와 만나기도 했던 어느 독일학술회 회원에게, 아이들이 혼란스러운 직감에서 벗어나 명확한 인식에 도달하려면 무엇보다 직접적이고 구체적인 경험이 중요하다고 주장하는 페스탈로치는 쉽게 잊을 수 없는 존재였다. 그 독일학술회 회원 요한 프리드리히 헤르바르트는 그 후에 페스탈로치와는 절친한 친구 사이가 됐을 뿐만 아니라 페스탈로치에게 물심양면으로 관심과 후원을 아끼지 않는 옹호자가 되기도 했다. 1808년 헤르바르트는 칸트[289]의 후임으로 쾨니히스베르크 대학의 철학과 교수로 취임했다. 교육 분야에서도 학자로서 권위를 인정받아 강의를 진행했던 헤르바르트는, 페스탈로치 교육 방식을 설명하는 저서 『감각 인지의 ABC에 관한 페스탈로치의 견해』를 집필하여 당시 독일 주류 학계에 페스탈로치의 교육 철학을 소개했다.

헤르바르트는 감각 지각력과 자연스러운 교수 방법이 핵심을 차지하는 페스탈로치 교육 철학을 기본 골격으로 삼아 교육학이 처음으로 학문다운 체계를 정식으로 갖추게 되는 전기를 마련했다. 헤르바르트는 페스탈로치가 구현한 새로운 교육적 접근 방법에 함축된 사회적인 의미가 무엇인지를 잘 알고 있었다. "사회 하층계급을 안아 일으키고 하층계급과 지식계급 사이에 존재하는 모든 격차를 해소하는 것, 그것이 바로 페스탈로치가 궁극적으로 바라던 것이었다. 그것은 대중 교육이자 국민 교육이었다. 대중 교육은 실현됐다. 남은 것은 국민 교육이다. 페스탈로치 교육 체계가 보급된다면, 국민들뿐만 아니라 인류가 비참한 상태에서 벗어나는 게 얼마든지 실현 가능한 일이 될 것이다."

헤르바르트는 페스탈로치 교육 철학을 좀 더 심화하기 위해 경험이 지식으로 변화하는 과정에서 지각이라는 단계를 거치는 인간 정신 작용은 실제로 어떻게 일어나는지를 탐구했다. 헤르바르트가 내린 결론은 다음과 같다. "경험이 사람을 만든다. 따라서 새로운 경험을 인지하고 해석하는 과정에는 이전 경험이 영향을 미친다. 이전 경험이란 사람이 지닌 성격의 일부이기 때문이다." 그렇게 축적된 경험이 바로 헤르바르트가 정의한 '통각 덩어리'였다. 이것은 경험의 총체로서 우리는 그 경험의 총체를 통해 세계를 이해한다는 것이다. 모든 경험은 즉각적으로 이전 경험의 총체인 통각 덩어리의 일부로 흡수되는 퇴적 과정을 밟지만, 그렇게 자연스럽게 흡수되려면 이전 경험과 너무 다르면 안 된다. 이전 경험의 경험치를 넘어서는 낯선 경험들은 헤르바르트가 새롭게 고안한 심리학 용어로 정의한 '의식역意識閾'의 문턱을 넘어서는 경험들이기 때문이다. 그럴 경우 우리 의식은 그 경험들을 '처음 느끼는' 것으로 판단한다. 그와 같은 결론에 따라 헤르바르트는 그 역치가 지닌 적극적인 가치를 실현함으로써 심리학이 과학으로 자연스럽게 탈바꿈하게 되는 전기를 마련했다.

이제 최대 관심사로 떠오른 것은 경험이 어느 정도의 강도가 되어야 역치를 넘어서게 되어 우리가 그 경험을 '의식'하게 되는가를 밝혀내는 것이다. 그 지점을 찾아내는 것이 가능한 것일까? 그리고 그 과정을 수량화하는 것은 가능할까? 1833년 헤르바르트는 괴팅겐 대학교로 옮겼다. 그의 동료 교수 중에는 에른스트 베버라는 교수가 있었고, 베버에게는 구스타프 테오도어 페히너라는 제자가 있었다. 베버와 페히너, 두 사람은 경험의 효과를 측정하는 방법을 개발한 인물이었다. 스승 베버는 그 방정식을 제시했고, 제자 페히너는 그것을 '인간 정신 작용을 측정하는' 데 적용함으로써 스스로 '정신물리학'이라고 정의한 학문을 창시한다.

페히너는 별종이었다. 초기 저작들은 제목부터 풍자적이었다. 『달이 요오드로 만들어졌다는 증거』, 그리고 『천사의 비교 해부학』. (이 책에서 그는 천사들은 완전한 존재여야 하므로 반드시 구형球形의 존재여야 한다고 주장하기도 했다.) 1839년 그는 (그동안 지각知覺을 연구하느라 색안경을 끼고 태양을 바라보는 실험으로 눈을 혹사했던 탓에) 시력을 3년 동안 일부 상실하는 중병에 걸려서 대학 강의를 중단했다. 1843년 3년 만에 시력을 회복한 그는 그때 본 꽃에 대한 인상이 너무 강렬해서 『난나, 행성의 영혼』이라는 저서를 남겼다. 페르시아 신비주의에도 심취해 '범신론'을 제창했는데 그 주장에 따르면 인간 영혼은 행성의 영혼과 별들의 영혼 사이에 자리 잡고 있다.

1850년 페히너는 경험을 구체적인 수치로 정량화하는 작업에 착수했고, 그 결과는 최소 분별 법칙을 수학적인 방정식으로 표현하는 것으로 이어졌다. 그 법칙을 누구의 법칙으로 해야 하느냐는 중요하지 않았고 그것이 우리의 상식을 뒤흔드는 의미 있는 사건이었다는 점이 중요했다. 베버가 축적해놓은 자료를 바탕으로 실험에 실험을 거듭한 끝에 마침내 페히너는 어느 정도 강도가 되면 경험은 헤르바르트가 말한 의식의 역치를 넘어서는 경험이 되고, 어떻게 인간이 그것을 감지하게 되는지를 밝혀냈다. 페히너는 인간이 경험하는 자극이 지닌 강도에 따라 우리가 그 경험을 감지할 수 있는가 없는가는 결정된다고 확신했다. 자극이 이전 자극보다 얼마나 더 강한가 약한가에 따라 그 자극이 의식의 역치를 넘어설 것인가 넘어서지 못할 것인가는 결정된다. 즉, 페히너는 자극이 최소한 어느 정도가 돼야 우리가 그 차이를 감지하게 되는지를 밝혀냈던 것이다.

페히너와 베버는 자극과 감각은 서로 수학적으로 일정한 상관관계를 갖고, 따라서 어느 하나를 알면 다른 하나를 예상할 수 있다는 것을 증명하려 했다. 두 사람은 두 자극의 크기 차이를 점점 줄여가면서 언제 차이를 감지할 수 없게 되는지도 실험했다. 또한 무게, 선의 길이, 소리, 빛의 세기, 냄새, 온도, 음의 높이 등의 차이를 감지하는 실험도 시도했다.

페히너와 베버가 예상했던 대로 지각 작용에는 상수관계가 성립되었다. 자극이 두 배가 되면 추가되는 자극도 두 배가 돼야 변화를 감지했다. 약 22.6킬로그램에서는 453그램만 추가돼도 바로 무게 변화를 감지했다면, 45.3킬로그램에서는 907그램이 추가돼야 겨우 무게 변화를 감지했던 것이다.

따라서 그와 같이 자극 변화를 감지하게 하는 최소 차이는 초기 자극이 얼마였는지를 역추적할 수 있게 해주는 자극의 정도와 일정 비례를 유지하는 상수 값이었던 것이다. 그 상수 값이 방정식으로 정의된 법칙으로 정리됨에 따라 인간의 감각도 수치화할 수 있게 되었고 다른 실험에도 정량화된 측정 방법을 도입할 수 있게 됐다. 그 결과 이제 페히너는 실험심리학을 근대 학문으로 정립하게 한 실질적인 주인공이 되었다.

페히너가 생각해낸 것 중에는 별의 밝기와 관련된 것들도 있었다. 그는 천문학에서 별의 겉보기 등급을 나누는 기준이 무엇인지를 자신이 새로 발견한 법칙으로 설명할 수 있으리라고 생각했다. 또한 낮에 별을 관측할 수 없는 까닭은 하늘과 별들을 구분하기에 그 밝기 차이가 너무 적기 때문이라고 설명했다. 한 세기 전, 뮌헨 대학교 물리

290 107 118

학과 교수 카를 슈타인하일은 별의 밝기를 측정하는 천문 관측기구를 하나 고안했다. 가스등[290]의 불꽃 세기를 측정하는 데 사용하기도 하던 광도계라는 기구였다. 이것은 대물렌즈를 두 쪽으로 나누어 한 쪽 렌즈가 축을 따라 움직이도록 만든 망원경이 달린 기구였다. 그래서 서로 다른 두 별의 상을 동시에 관측할 수 있었고, 렌즈를 축을 따라 움직이면 두 별이 서로 같은 밝기가 되도록 조절할 수 있었다. 그리고 렌즈가 움직인 전체 거리를 계산하면 두 별 사이의 상대적인 밝기 차이가 얼마인지를 판단하는 데 필요한 수치를 얻을 수 있었다.

페히너는 광도계를 이용하여 최소 분별 역치(당시까지 천문학에서 별들 사이 밝기 차이를 등급별로 나누는 기준이 된 것)를 측정해 약 2.5라는 수치로 정량화했다. 일등성의 밝기는 이등성의 밝기의 2.5배였다. 일등성의 밝기는 6등성의 밝기의 100배였다. 이와 같은 밝기의 차이는 별이 지구에서 얼마나 멀리 떨어져 있는지를 판단하는 데 반드시 필요한 요소였다. 별에서 어떤 원소가 연소되고 있는지, 그에 따라 별의 표면 온도가 대략 얼마나 되는지, 그리고 별의 실제 밝기가 얼마나 되는지 별빛 스펙트럼을 분석함으로써 얼마든지 알아낼 수 있는 시절이었다.

별들의 밝기 등급만 가지고 따진다면 별의 밝기는 거리의 제곱에 비례해 감소한다. (별이 두 배 멀어지면 밝기는 4분의 1 감소한다.) 이제 천체와 지구 사이 거리를 정확히 가늠할 수 있는 계산법이 생겼다. 이와 같은 계산법을 비롯해 다른 여러 가지 관측 기술을 동원해 미국 하버드 대학 천문대 대장 헨리에타 리비트는 여느 천체와는 다른 특징을 보여주는 별, 즉 세페이드 변광성들을 연구했다. 세페이드 변광성은 광도가 밝아졌다 어두워졌다 하는 변광성 중 하나였는데 리비트는 그와 같은 밝기 변화가 주기에 따라 변한다는 사실을 발견했다. 즉, 가장 밝은 순간과 가장 어두운 순간 사이의 밝기가 세페이드 변광성이 지닌 실제 밝기였던 것이다.

세페이드 변광성에서 발견된 그와 같은 사실은 우리의 상식을 뒤흔들어놓을 만한 것이었다. 역시 같은 미국인 천문학자로 캘리포니아 주 윌슨 산 천문대에서 근무하던 에드윈 허블은 1923년 10월 5일 메시에 목록 31번, 즉 안드로메다 자리에 있는 거대한 성운의 가장자리에서 세페이드 변광성들을 발견했다. 이 변광성과 지구 사이의 거리를 계산한 결과 안드로메다 성운은 우리 은하 바깥쪽에 존재한다는 사실이 밝혀졌다. 뿐만 아니라 그 거리는 75만 광년이 넘었다. 우리 은하에서 60만 광년 떨어진 거리였다. 그것은 당시 천문학자들이 생각하던 우주의 두 배에 달하는 크기였다.

그 결과 1934년 허블은 병뚜껑, 면도날, 크로노미터, 대포 포신, 새로운 교육 방법, 실험심리학, 그리고 별의 밝기 등급과 같은 참신한 아이디어들에 힘입어 우리가 지닌 우주관을 뒤바꿔놓았다. 영원히.

우리를 전율시키는 내용을 강의하던 도중 허블은 다음과 같은 말을 남겼다. "여름날 공중에 벌들이 떼 지어 날 듯, 우주 공간에는 별들이 무리 지어 떠돈다. 우리도 그와 같은 별무리 어딘가에 속해 별들 사이의 틈바구니를 가로질러 그 바깥 경계를 넘어 우주 너머로 시선을 던진다. …… 서로 광활한 시공을 사이에 두고 떨어져 있음에도 우리는 우리 별무리 못지않은 별무리를 발견하기도 하지만 그 간격은 너무나도 멀고, 우리와 가장 가까운 이웃별이라면 혹시 또 몰라도 우리는 그와 같은 별무리 가운데 단 하나에 불과한 별에 대해서도 아는 것이 없다."

한도 끝도 없이 펼쳐진 우주도 역시 팽창하고 있다는 허블의 발견은 결국 우주는 과연 어떤 것인가에 대한 새로운 탐색으로 이어지게 되는데, 그것은 인류가 중세 이래로 줄곧 철학적으로 탐색하던 문제이기도 했다……

인류가 우주에 관해 알아낸
중요한 것들

이 책에서 여러분이 봐온 그대로 사소한 일이 중요한 변화를 초래하기도 한다. 우연, 행운, 개인의 탐욕, 야심, 실수 혹은 우발적인 사건들로 인해 역사의 흐름이 갑자기 뒤바뀌는 일도 때로는 벌어지곤 한다. 그러나 적어도 이제부터 우리가 다룰 주제, 즉 인류가 우주에 관해 알아낸 중요한 것들 가운데 하나는, 지리적으로나 시대적으로 매우 동떨어져 일어나기는 했지만 모두 우주가 움직이는 방식에 대한 진지한 관심에서 시작된 두 개의 사건에서 촉발되었다는 점에서 조금 다르다. 그중 두 번째 사건은 15세기 초 피렌체에서 암호 기술이 발달한 것과 관련 있었다.

첫 번째 사건은 중세 일본의 선불교의 도착이었다. 1133년 에이사이^{榮西}란 승려가 중국에 갔다가 차나무 씨앗을 들고 일본으로 돌아와 규슈 지방의 하카다(오늘날의 후쿠오카—옮긴이)에 있는 절 주변에 심었다. 중국에서는 이미 8세기부터 다례^{茶禮}가 행해지고 있었고, 이것을 일본인들이 받아들인 데는 몇 가지 이유가 있었다. 차가 각기병, 마비, 종기, 식욕 부진 등 온갖 이상 증세에 특효약으로 여겨졌던 것도 그중 하나였다.

그러나 사무라이 정신이 지배하던 일본 바쿠후^{幕府} 시대에 차 마시기와 철학이 결합하면서 차는 뚜렷한 흔적을 남기기 시작했다. 차를 마시는 예법인 다도^{茶道}는 선불교적인 인생관의 표현이었다. 선은 의지를 추구하는 종교라는 점에서 현실적인 사고를 지닌 무사들을 매료시켰다. 선으로 단련된 사람이나 무사들에게 죽고 사는 문제는 그리 중요하지 않았다. 군대의 지휘관과 마찬가지로 선불교 신자들 역시 일단 갈 길이 정해지거나 결심이 서면 뒤를 돌아보는 일 따위는 결코 없었다. 선은 지성보다는 직관에 호소했다. 그리고 종교적 의식 같은 것도 복잡하게 따지지 않았다.

한 번에 네 시간 이상이 걸리는 다도는 자기 수양에 대한 인간의 본능을 일깨웠다. 다도는 엄격한 격식과 절차를 통해 주인과 손님 사이에 윤리적인 유대감을 형성했다. 기본적인 절차는 무척이나 간단하다. 어떻게 차를 만드는가, 어떻게 차를 준비하고 마시는가, 어떤 찻잔을 쓰는가, 그리고 차살피로 어떻게 단숨에 차를 따르는가와 관련된 격식과 절차는 세세하게 정해져 있다. 잔이 놓이면 손님들은 정해진 순서에 따라 잔을 들고 예를 표시하는 손동작과 몸가짐을 하고 다다미 바닥에 앉는다. 잔은 반드시 오른손으로 들되 왼손바닥으로 받쳐야 하고, 잔을 감싼 오른손 엄지손가락이 보여서는 안 된다. 손님이 잔을 잡으면 주인은 가볍게 목례를 해야 한다. 손님은 왼손바닥으로 찻잔을 계속 받친 채 왼손 집게손가락과 엄지손가락으로 잔 테두리를 단단하게 잡고 시계 방향으로 잔을 돌려 차를 한 모금 마신 다음, 차 맛에 대해 덕담을 한마디 해야 한다. 그러는 사이에도 오른손은 항상 자기 무릎 옆 다다미 바닥에 대고 있어야 한다. 한 모금씩 몇 번에 걸쳐 나눠 마시되, 마지막 한 모금은 깊고 나지막한 소리를 내며 음미해야 한다.

그 다음에는 왼손으로 계속 잔을 받치고 왼쪽에서 오른쪽 방향으로 잔 테두리를 천으로 살며시 닦아야 한다. 닦고 난 다음에는 잔을 받치고 있던 손의 같은 쪽 손가락으로 잔을 왼쪽으로 돌려 원래 방향으로 돌려놓되, 엄지손가락은 잔 테두리에 다른 네 손가락은 그 아래쪽에 대고 있어야 한다. 그러고 나서 다다미 가장자리에 잔을 내려놓는다. 손님은 다다미에 대고 있던 손을 떼고 잔을 한 번 응시한 후 주인에게 되돌려 주는데, 그제야 비로소 잔의 정면이 자기 쪽을 향하게 돌린다. 이 모든 격식은 연하게 우린 차를 마시는 경우에 해당하는 것이었다. 진하게 우린 차를 마실 때의 이야기는 또 달랐다.

1610년 네덜란드의 탐험대가 일본에 도착했을 당시, 다도는 상류 계급 사람들 사이에서는 이미 오랜 역사를 지닌 예법이어서 황실 왕자들은 50종에 달하는 차 중에서 어떤 걸 마시면 좋을지를 알려주는 차 전문 자문관을 각자 따로 두고 있을 정도였다. 게다가 다도에 철학적인 성찰을 담은 질문을 곁들이기도 했다. "우주의 본질은 무엇인지요?" 혹은 "한 손으로 손뼉을 치면 무슨 소리가 나는지요?"와 같은 질문을 통해 만물을 관장하는 궁극적인 원리를 깨닫는 데 도움이 되는 실마리를 얻고자 했다. 차를 마시는 행위는 깨달음으로 가는 길에서 결코 없어서는 안 될 단계였다.

수완이 좋은 네덜란드 상인들에게도 차는 이윤 창출에 있어서 빠져서는 안 될 수단이었다. 중국차(중국은 직교역을 금지하고 있었기 때문에 실제로는 일본에서 들여온 차였다.)가 네덜란드에 소개되었을 때 대단한 선풍을 불러일으켰다. 1640년 무렵에는 오후만 되면 차를 마시는 별난 습관이 각계각층으로 퍼져나갔고, 네덜란드 중산층의 차 예절이 불교 의식이던 다도를 대신했다. 네덜란드인들은 차를 마실 때 케이크, 브랜디, 건포도, 담배 등을 곁들였다. 그들은 차라면 환장을 했다. 17세기 말 무렵에 동양과 교역하는 전체 물품 가운데 차의 비중이 무려 4분의 3에 달했으며, 차는 유럽의 부르주아지 사이에서 결코 빠질 수 없는 사치품 중 하나로 자리 잡았다.

그러나 차 무역에서 진짜로 돈벌이가 되는 것은 차가 아니라 찻잔으로 쓰이는 자기[291]였다. 1602년 자기를 가득 실은 포르투갈 국적의 대형 무역선 산티아고호가 네덜란드인들에게 나포되었다. 그때 빼앗은 자기를 미델뷔르흐에서 팔아 챙긴 순이익은 어마어마했다. 네덜란드 동인도회사는 1637년에 2만 5000개의 자기 잔을 수입했는데, 1657년에는 그 양이 300만 개 이상으로 늘었다. 자기 수요는 줄어들 줄 몰랐고 게다가 왕실의 수장품이 되는 바람에 가격도 하늘 높은 줄 모르고 치솟았다. 작센의 선제후 강건왕 아우구스트(폴란드의 왕이기도 했다.)는 자신의 수집품들을 보관할 특별실을 만들었다. 비록 중국인들의 수준에는 못 미치지만 유럽인들이 나름대로 자기 제작법을 찾아내는 데 일조한 사람도 바로 그였다.

1682년 그는 요한 뵈트거라는 망명객에게 마그데부르크에 정착하는 것을 허락했고, 1708년 뵈트거는 표면이 매끄럽고 흰빛이 돌면서도 투명한 자기를 생산하는 데 성공했다. 비록 진품만은 못했지만 그만하면 그리 빠지는 것도 아니었다. 1709년까지 뵈트거는 네덜란드로 이주해서 한때 도자기 산업이 활발하던 델프트 항에서 작업을 했다. 뵈트거가 창조해낸 델프트 도기의 양식은 중국산 자기를 본뜬 것이었다. 당시 강희제康熙帝가 다스리던 중국에서 유행한 꽃문양을 기본으로 하거나, 직사각형 구도에 구름이나 인물이 곁들여진 산수화를 그려 넣어 청화 자기를 만들었다. 같은 시대 중국에서 둥근 혹은 팔각형의 차 주전자, 네모난 모양을 한 차 통과 손잡이가 달리지 않은 찻잔이 그랬던 것과 마찬가지로 후에 유럽에서도 그런 문양이 고전적인 도자기 양식[292]으로 자리 잡았다. 그 밖에 장식용 도자기로 종종 벽에 걸어놓기도 했던 커다란 접시도 만들어졌다.

292   124   151

델프트 도기는 곧 수요가 엄청나게 늘어났지만 값이 비쌌기 때문에 사람들은 도자기가 깨져도 수선해서 다시 사용했다. 1759년 잉글랜드의 도자기공인 조사이어 웨지우드[293]가 깨진 중국산 도자기와 델프트 도기를 수선하는 일을 시작했다. 그 무렵 웨지우드를 포함해 몇몇 잉글랜드의 도공들이 잉글랜드의 도싯과 데번 지방에서 출토되기 시작한 새로운 점토를 사용해 크림 빛깔이 나는 도기를 만들고 있었다. 1762년 웨지우드는 토머스 벤틀리를 만나 절친한 사이가 되었다. 조지프 프리스틀리의 친구였던 벤틀리는 리버풀 출신의 상인이자 지식인으로 유럽 대륙을 장기간 여행하다가 이제 막 돌아온 참이었다. 당시 부잣집 젊은이들 사이에서는 개인 교사를 동반하고 유럽 문화의 중심지를 둘러보는 여행이 유행하고 있었다. 여행하는 동안 그들은 그림이나 조각, 혹은 여타 '소장 가치가 있는 것'들을 기념품으로 사들고 집으로 돌아왔다. 이렇게 수집한 소장품들 가운데 일부는 그 규모

293   223   302
293   307   454

가 어찌나 방대한지 그것들만 보관할 박물관이 세워질 정도였다.

웨지우드는 벤틀리와 동업했다. 그러다 우연히 누군가로부터 선물 받은 윌리엄 해밀턴 경의 신간 한 권이 웨지우드의 인생을 바꿔놓았다. 그 책은 해밀턴 경이 수집한 꽃병들의 도안을 실은 것이었는데 해밀턴은 그 꽃병들을 에트루리아산으로 잘못 알고 있었다. 웨지우드는 그 꽃병들의 모양과 장식물을 본떠 새로운 종류의 크림색 도자기를 제작해 그중 한 벌을 왕실에 바쳤다. 샬럿 왕비가 선물을 마음에 들어 하자, 그는 그 도기에 곧바로 '여왕 도자기'라는 이름을 붙였다. 그 새로운 양식은 유럽 전역에서 선풍적인 인기를 끌었는데, 1774년까지 러시아의 예카테리나 여제가 952점을 한 벌로 맞춘 제품을 주문했을 정도였다. 그것은 훗날 '개구리' 자기라고 불리게 된 것이었다.

웨지우드의 새로운 색깔 배색(엄청난 성공을 거둔 연한 푸른색 바탕에 흰색, 흰색 바탕에 푸른색, 검은색 바탕에 빨간색)들은 그가 입수한 지 얼마 안 된 고대 그리스와 로마 시대의 그림에 바탕을 두고 있었다. 고전적인 예술 양식은 그동안 땅속에 묻혀 있던 도시인 폼페이가 발굴되면서 이미 유행했다. 18세기 말 무렵까지는 '……의 유적'이라는 제목을 단 책들이 유럽 대륙 곳곳에서 출판되었다. 그와 같은 고고학적 발견들로 말미암아 중국풍 델프트 도기 양식도 단종의 운명을 맞게 되었다. 신고전주의가 빠르게 유럽을 발밑에 굴복시킨 데는 1743년 로마 유적을 다룬 첫 인쇄물을 출판한 베네치아의 제도사 조반니 바티스타 피라네시의 작품집이 결정적이었다. 일련의 화집에서 폐허로만 남은 웅장한 신전과 바실리카들을 묘사한 피라네시의 웅대하고 종종 공상적인 그림들은 유럽의 디자이너, 역사가, 건축가들의 상상력에 날개를 달아주었다. 스물아홉 살인 스코틀랜드의 젊은이 로버트 애덤[294]도 그중 한 명이었다. 그는 1757년 유럽 대륙을 여행하던 294 224 302 중 피라네시를 만나 하드리아누스의 대저택과 아피아 가도를 답사하기도 했다. 애덤은 로마와 크로아티아의 스플리트에 있는 디오클레티아누스 궁전을 돌아다니며 직접 스케치하는 일을 계속했다.

영국으로 돌아온 애덤은 조지 3세의 세련된 사교계 인사들에게 그 새로운 양식을 소개했다. 자신들의 안목을 과시하고 싶어 하는 마음에 사교계 사람들은 저택 신축이나 재건축을 애덤에게 맡겼다. 애덤은 그들에게 천장널, 주랑, 포르티코, 반원주를 갖춘 고대 로마와 그리스의 세계를 재현해주었다. 그는 내부를 대좌, 단지, 원형장식물, 트로피, 후원자의 기장(대부분은 웨지우드가 만들어준 것들)으로 장식했고 방은 토머스 치펀데일이 만든 유사 로마풍의 가구로 가득 채웠다.

그러나 사회적으로 가치를 지닌 대의명분에 헌신하는 것을 목적으로 자유주의 사상가들이 주축이 되어 결성한 단체로 제퍼슨[295], 볼테르, 괴테, 프랭클린, 워싱턴, 모차르트[296] 등을 회원으로 거느리고 있던 프리메이슨단의 눈길을 사로잡은 것은 피라네시가 『로마의 경관』에 포함시켰던 것이 아니었다. 그들이 열광한 것은 피라네시가 1769년에 출간한 『화로를 위한 여러 디자인들』에 실은 오벨리스크 기둥, 스핑크스 등을 비롯한 고대 이집트의 모티프에서 따온 그림들이었다. 그것들은 프리메이슨 단원들의 상상력에 불을 붙였고 그들은 1717년 런던에 대지부를 처음 열었다. 자신들의 뿌리가 고전 세계까지 거슬러 올라간다고 믿었던 프리메이슨 단원들에게는 고대와 관계된 것들은 무엇이든 다 매혹의 대상이었고, 그래서 그들은 곧바로 고대 이집트의 유물들을 본떠 자신들만의 의식과 코드를 정했다.

295 80 89
295 113 135
295 213 278
296 188 245

프리메이슨단은 프랑스의 역사에 실질적인 영향을 미치기도 했

프리메이슨단의 입회식 모습.

다. 루이 16세가 다스리던 때의 프랑스에는 이집트에 열광한 사람들
이 많았는데, 이것은 그 당시를 기점으로 수많은 마을에 생겨난 오벨
리스크와 스핑크스 상을 힐끗 보는 것만으로도 알 수 있다. 18세기
말 가장 주목할 만한 프리메이슨 단원은 두말할 것도 없이 나폴레옹
이었다. 프랑스 상류 계급의 상당수가 그랬던 것처럼 제국 통합에 기
여해야 한다는 명분 아래 나폴레옹의 가족과 일가친척 중 많은 수가
그 조직의 일원이 되었다. 1798년 잉글랜드의 위협에 대해 뭔가를 할
수 있는 분위기가 무르익었다고 생각한 나폴레옹은 이집트를 침공함
으로써 영국과 인도 사이의 길목을 끊기로 했다. 프리메이슨 단원으
로서 그것은 문화적으로 놓치기 너무 아까운 것이었다. 한편 그는 이
집트를 프랑스의 식민지로 삼기 위해 이집트의 형편없는 기반 시설을
근대화시켜 놓았고, 수에즈 운하(홍해는 지중해보다 약 76센티미터 정도
더 높아 운하 건설이 어렵다는 기술자들의 말을 듣고 나폴레옹은 공사를 훗
날 취소했다.) 건설에 착수했다. 다른 한편으로 그는 고대 문명의 이 거
대한 보고의 목록 작성을 전문 조사단에 지시했는데, 그들은 그중 몇

가지를 프랑스로 가져와 루브르 궁전에 전시하면 좋을지를 결정했다.

그와 같은 대규모 조사 작업을 완수하기 위해 나폴레옹은 저명한 과학자들을 연구위원으로 임명했다. 이런 결정은 그의 역할모델인 알렉산더 대왕을 의식한 것이었는데, 그는 원정을 다니면서 학자들을 대동했고 전투를 수행하지 않을 때면 늘 그들과 지적인 대화를 즐겼다. 어쨌든 나폴레옹도 과학에 지대한 관심(그것은 포병 출신이었다는 군경력도 일부 작용했다.)을 갖고 있었고, 그래서 수학자이자 화학자인 한 인물을 정부의 장관직에 임명했다. 또한 그는 프랑스의 과학을 선두로 끌어올릴 혁신적인 발명이나 발견을 한 사람들에게 포상하기도 했다.

카이로에 도착하자마자 나폴레옹은 이집트 연구소를 세우고 임무를 주었다. 그는 '연구소의 회원'이라고 쓴 다음에 '총사령관'이라고 서명할 정도로 연구소 일을 중요하게 생각했다. 예술 분야와 관련하여 연구소의 주된 임무는 이집트의 문화 유물과 유적을 연구해 이집트의 고대사를 기록하고 프랑스-이집트 사전을 준비하는 것이었다. 한편 연구소의 토목 공학자들에게는 식수용 저수지를 만들 계획을 세우고 해마다 반복되는 범람의 원인을 밝혀내는 것이 임무로 주어졌다. 농업 전문가들이 맡은 임무는 새로운 작물 실험이었다. 의사들은 안염의 유행을 조사하는 한편, 이집트의 보건과 위생 관리 체계를 재편성했다. 화학자들은 이집트가 화약과 염료의 생산지로 적합한지를 조사했다. 과학자들은 신기루, 악어, 하마를 연구했다. 더불어 인구 조사도 계획되고, 정확한 지도도 제작되고, 그리고 지질과 자연사도 조사되었다.

프랑스 지식계 전체를 대상으로 광범위하게 선발된 연구위원 중에는 화학자, 동물학자, 공학자, 경제학자, 야금학자, 화가, 의사, 고고학자, 시인, 극작가 등이 두루 포함되어 있었다. 그리고 그들 중 한 사람이 로제타라는 마을에서 한 병사가 발견한 돌의 중요성을 깨달았다. 그 돌에는 세 가지 고대 언어가 새겨져 있었는데 그중 두 개는 용도를 달리해서 쓰이던 이집트 문자였고, 하나는 그리스 문자였다. 프랑스인들은 그 돌을 훗날 프랑스가 영국에 패배한 후 영국으로 넘어가는 알렉산드리아 인근으로 가져가 탁본을 떴다. 이 탁본들은 결국 프랑스의 학자 장 프랑수아 샹폴리옹의 손에 들어가 1822년에 그 돌에 새겨져 있던 신비한 상형문자가 해독되었다.

한편 일본 선불교의 등장과 피렌체 암호 기술 발달이 어떻게 우주에 대한 위대한 발견을 낳는 계기가 되었는지를 추적 중인 우리에게 남겨진 비밀은, 또 다른 이집트 학회 연구위원의 손에서 복원된다. 그 또 다른 연구위원은 수학자 장 바티스트 푸리에다. 푸리에는 나폴레옹이 이집트 학회의 상임 간사로 임명했던 인물로서, 그의 주요 업무는 북부 이집트에 분포하는 중요 문화 유적을 조사하는 것이었다. 그는 황제가 총애를 아끼지 않던 인물이었고, 이제르 지방 지사를 역임하기도 했으며, 국가에 공헌한 공로를 인정받아 프랑스 최고 훈장 레지옹 도뇌르를 하사받기도 했다. 그는 이집트에서 기억이 불분명해지고 머리털이 빠지고 입술과 혀가 퉁퉁 부어오르는 질병을 앓았다. 아마도 점액부종(갑상선 계통 질환의 일종)이 아니었을까 짐작된다. 그러나 그보다 중요한 것은 그 결과 푸리에가 남은 생애 내내 한기에 시달리는 후유증을 앓게 된다는 점이다. 푸리에가 열에 관심을 쏟게 된데는 많은 시간을 공기가 뜨뜻하게 덥힌 실내에서 지내야 했다는 사실도 적지 않은 영향을 끼쳤을 것이다.

1807년 푸리에는 당시 물리학 역사에서 뉴턴이 했던 실험에 버금가는 실로 위대한 발견을 담은 성과물을 프랑스 학술원에 제출했다. 열확산 운동을 다룬 첫 논문을 통해 푸리에는 열의 운동성을 수학적으로 설명하는 방법을 제시했다. 푸리에는 열이 지닌 기본적인 속성도 정의했다. 그 속성이란 물체가 열을 보유할 것인가, 방출할 것인가, 전도할 것인가를 결정짓는 것이었다. 이 세 가지 열의 기본적인 속성은 물체가 지닌 물리적 특성에 의해 좌우됐다. 푸리에는 지표면 온도 변화도 자신의 이론을 적용해 설명할 수 있는 사례 가운데 하나라고 생각했다. 그는 지구 표면이 흡수하는 태양열은 낮 동안 시간대별로 달라졌음에도 땅속 온도가 일정한 수준을 유지한다는 사실에 주목했다. 푸리에는 땅속 온도는 표면 온도에 얼마나 영향받는가를 밝히는 법칙을 찾고자 했다. 뜻밖에도 땅속 온도는 깊이 내려가면 갈수록 오히려 상승했다.

몇 해가 흐른 뒤 스코틀랜드인 윌리엄 톰슨은 지구 나이를 계산하는 데 푸리에의 열확산 이론을 활용했다. 톰슨은 그와 같은 작업을 통해 푸리에 열확산 운동이 의미하는 바를 따른다면 땅속으로 깊이 내려갈수록 온도는 상승하는 것이므로 우리 행성은 생성 초기 고체도 녹이는 뜨거운 용융 상태였을 것이라고 가정했다. 그리고 열확산 운동 속도가 시간이 경과함에 따라 점점 느려진다는 점을 고려한다면 지구는 생성 초기 지금보다 몇 배는 더 빠른 속도로 식었을 것이고, 만약 그것이 실제 상황이었다면 화산 활동을 통해 내부 가득한 열기를 방출함으로써 열기를 식혔을 옛날 지구의 표면 온도는 오늘날보다 몇 배는 더 높았을 것이라고 주장했다. 이와 같은 톰슨의 주장은 고고학자와 지질학자들이 야자나무 화석을 프랑스 파리 땅속 지층에서 발견하면서 사실로 판명됐다.

톰슨은 푸리에의 연구 작업을 또 다른 프랑스 공학도인 사디 카르노의 연구 작업과 통합함으로써 푸리에의 연구 결과에서 비범한 결론을 하나 이끌어내기도 했다. 카르노는 푸리에보다 젊은 세대에 속했다. 카르노의 아버지는 나폴레옹 치하에서 육군 장관을 지낸 인물로, 나폴레옹이 패배한 까닭은 영국이 보유한 증기기관에 기반을 둔 가공할 만한 산업 생산력 때문이라고 믿었다. 예를 들어 워털루 전투만 해도 나폴레옹 군대는 영국제 대포와 군복을 사용하고 있었다. 카르노에게 조국 프랑스가 영광을 되찾을 길은 오로지 어떻게든 고효율의 초강력 증기기관을 만드는 것뿐이었다.

1824년 파리에 자리 잡은 작업장과 공장들을 돌아다니며 증기력을 연구한 카르노는 열의 '힘'을 다룬 논문을 한 편 완성했다. 이 논문에서 그는 증기기관 안에서 열이 어떻게 동력을 발생하게 되는지를 밝히고자 했다. 그의 이론은 다음과 같다. 힘은 온도가 높은 쪽에서 낮은 쪽으로 한 방향으로만 이동하기 때문에 발생한다. 그리고 이러한 전달 과정에서, 즉 높은 온도가 낮은 온도로 떨어질 때 열은 일을 하게 된다. 몇 십 년이 흘러 윌리엄 톰슨이 카르노의 이론을 수정하고 가다듬어 열에 관한 일반 이론으로 끌어올렸다. 훗날 톰슨은 켈빈 경이라는 작위를 받았다.

1851년 글래스고 대학교 자연철학 교수로 재직하던 켈빈은 일정 온도 아래로 내려가면 열이 아무런 일도 수행할 수 없게 되는 온도가 존재할 수도 있다는 결론에 도달했다. 분자가 운동을 하기 때문에 열이 발생하는 것이라면, 기체 속 모든 분자가 활동을 멈추는 순간 온도라는 것 역시도 더는 존재하지 않게 된다. 따라서 그 순간에 해당하는 온도 아래로 떨어지면 아무런 일도 발생하지 않게 된다. 그가 계산한 궁극의 낮은 온도는 섭씨 영하 273도였고, 자신이 개발한 절대 온도 측정 온도계인 켈빈 온도계에 근거해 그 온도를 켈빈 온도 절대 0도라고 이름 붙였다. 그 켈빈 온도계 눈금은 섭씨온도계 눈금과도 동등하게 상호 호환된다.

켈빈은 열의 전달과 확산에 대해 당시까지 알려졌던 모든 정보를 종합하여 열역학 제2법칙을 완성했다. 외부에서 에너지가 추가로 공급되지 않는다면 뜨거운 모든 것들은 점점 차가워지고, 결국 구조가 붕괴됨으로써 형태를 잃게 된다. 따라서 이 법칙에 따른다면 우주는 초기 고온 상태에서 대폭발을 일으킨 그 순간부터 계속해서 서서히 식어가고 있는 셈이 된다.

우주는 어떤 질서로 움직이는가를 설명한 열역학 제2법칙이 발견됨에 따라 우리가 주제로 삼아 이 장을 시작한 두 가지 역사적인 발자취 가운데 하나가 무대 뒤로 사라지게 된다. 그 발자취는 재미나게도 우주가 어떻게 돌아가는지를 어떻게 하면 이해할 수 있을지 모색하던 차 마시는 중세 일본 선불교도들에게서 시작됐다. 남은 발자취 하나 역시 우주의 비밀을 풀고자 암중모색하던 이탈리아 르네상스 시대 사람들에게서 시작되었다. (켈빈의 열역학 법칙이 있었기에 비로소 막을 내리게 된다.)

15세기 초, 박학다식한 대학자 조반니 바티스타 알베르티는 새로 발견한 고전 문헌들에 기초해서 『건축에 관하여』라는 중요한 전문 이론서 한 편을 저술했다. 이 책에서 그는 건축에 원근법적 기하학을 활용할 새로운 원칙을 제시했다. 산타 마리아 노벨라 성당 정면 부분과 산 로렌초 성당 같은 피렌체에 남아 있는 알베르티의 건축 작품들은 모든 면에서 에우류드미아, 즉 균형감을 추구했던 르네상스 시대 건축물의 아름다움을 대표했다. 사람들은 그와 같은 보편적 조화미가 우주에 울려퍼지는 메아리이자 신의 창조를 넘어서는 순수한 통일성의 표현인 신비로운 천상의 음향 즉, '천체의 음악'에서 비롯된다고 믿고 있었다.

또한 사람들은 건축 그리고 다른 모든 예술 분야에서 에우류드미아는 기본적으로 숫자들 속에 깃들어 있다고 생각했다. 예를 들어 알베르티에게 산타 마리아 노벨라 성당 설계 작업은 거대한 수학 문제나 마찬가지였다. 성당 정면부는 직사각형과 정사각형으로 분할됐다. 그 사각형들 하나하나는 다른 사각형들과 비례관계를 유지했고, 그것들은 모두 전체와의 비례 속에서 존재했다. 이와 같은 비례적 상호관계는 숫자를 다룸으로써 탄생하는 것이었으므로 신비스러운 성질을 띤 것으로 여겨졌다. 르네상스 시대 전반을 관통해 기하학적 상호관계를 추구하는 열정 가운데 일부는 수수께끼와 암호에 대한 강박감으로 나타났다. 알베르티도 당시 어느 누구보다 암호에 강박적으로 매달렸던 인물이었고, 100여 년이 넘도록 세계 첩보원들에게 영향을 미치는 암호 기술을 다룬 저서를 남기기도 했다. 15세기에 그와 같은 보안에 대한 관심이 강하게 일게 된 까닭은 민족국가의 수가 늘어나고 있었고, 그에 따라 외교관들의 수도 늘어나고 있었기 때문이었다. 외국 주재 대사와 특명 전권 공사 그리고 특히 바티칸 대사와 공사들 숫자는 자꾸만 늘어갔고, 그에 따라 그들 사이에는 남들이 알아서는 곤란하거나 정치적으로 민감한 내용들을 담은 서신이나 문서들을 주고받는 횟수도 늘어났던 것이다.

1585년 프랑스인 비제네르는 알베르티의 저서를 탐독했다. 그는 아무도 깰 수 없다고 장담한 코드를 완성했고, 그것은 유럽에서 가장 널리 쓰인 암호 체계가 되었다. 그 코드는 알파벳 문자를 직사각형 구조로 배열한 순열에 기초했다.

```
A B C D E F G H I J K L M N O P Q R S T U V W X Y Z
B C D E F G H I J K L M N O P Q R S T U V W X Y Z A
C D E F G H I J K L M N O P Q R S T U V W X Y Z A B
D E F G H I J K L M N O P Q R S T U V W X Y Z A B C
E F G H I J K L M N O P Q R S T U V W X Y Z A B C D
F G H I J K L M N O P Q R S T U V W X Y Z A B C D E
G H I J K L M N O P Q R S T U V W X Y Z A B C D E F
H I J K L M N O P Q R S T U V W X Y Z A B C D E F G
I J K L M N O P Q R S T U V W X Y Z A B C D E F G H
J K L M N O P Q R S T U V W X Y Z A B C D E F G H I
K L M N O P Q R S T U V W X Y Z A B C D E F G H I J
L M N O P Q R S T U V W X Y Z A B C D E F G H I J K
M N O P Q R S T U V W X Y Z A B C D E F G H I J K L
N O P Q R S T U V W X Y Z A B C D E F G H I J K L M
O P Q R S T U V W X Y Z A B C D E F G H I J K L M N
P Q R S T U V W X Y Z A B C D E F G H I J K L M N O
Q R S T U V W X Y Z A B C D E F G H I J K L M N O P
R S T U V W X Y Z A B C D E F G H I J K L M N O P Q
S T U V W X Y Z A B C D E F G H I J K L M N O P Q R
T U V W X Y Z A B C D E F G H I J K L M N O P Q R S
U V W X Y Z A B C D E F G H I J K L M N O P Q R S T
V W X Y Z A B C D E F G H I J K L M N O P Q R S T U
W X Y Z A B C D E F G H I J K L M N O P Q R S T U V
X Y Z A B C D E F G H I J K L M N O P Q R S T U V W
Y Z A B C D E F G H I J K L M N O P Q R S T U V W X
Z A B C D E F G H I J K L M N O P Q R S T U V W X Y
```

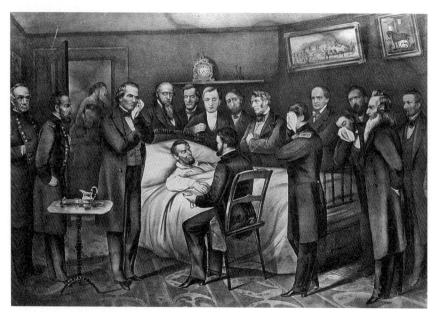

링컨 대통령은 1865년 4월 연극 관람 도중 존 윌크스 부스가 쏜 총에 맞아 사망했다.

그 순열을 사용하기 위해서는 발신자와 수신자는 서로 암호 글자를 일치해야 한다. (우리끼리는 'Booth'라고 하자.) 일단, ('Lincoln Dead'이라고 하는) 메시지를 암호 글자 밑에 쓴다. (암호 글자는 필요한 만큼 반복해서 적는다.)

B O O T H B O O T H B

L I N C O L N D E A D

'Lincoln Dead'를 암호화하려면 해독자는 가로줄 맨 윗줄에서 첫 글자 L을 찾는다. 그 다음에 글자 B로 가로줄(둘째 줄)을 찾는다. 가로줄과 세로줄이 교차하는 곳에 있는 글자는 M이고, 이것이 첫째 암호 글자다. 이와 같은 과정을 반복하면 메시지의 모든 글자가

'MWBVVMB RXHE'처럼 암호화된다. 메시지를 해독하려면 수신자는 암호의 첫 글자 B를 맨 위쪽 가로줄에서 찾는다. 그런 다음 거기서 세로 방향으로 쭉 내려가 첫째 암호 문자 M을 찾는다. 그리고 이번에는 가로 방향으로 그 줄 첫째 글자를 향해 후진한다. (행렬에서는 왼쪽 방향이다.) 그 가로줄 맨 왼쪽에 있는 글자 L이 암호 문자 M을 해독한 글자다. 암호화된 나머지 메시지도 이와 같은 방식으로 되풀이해서 찾는다.

만약 사건이 다르게 흘렀다면, 이 특정한 메시지 'Lincoln Dead'는 미국남북전쟁 기간 중 비제네르 암호를 사용한 마지막 사례로 남았을 것이다. 이 암호는 남부 연합에서 사용되고 있었고, 에이브러햄 링컨을 암살한 저격범을 체포하기 위해 수색하던 중에 존 윌크스 부스가 묵은 호텔방에서는 그 순열의 사본이 발견되기도 했다.

북군은 남군의 암호를 해독하고 있었기 때문에 워싱턴이 남부 연합의 작전 계획을 24시간 안에 알 수 있었다는 것이 남군이 패배한 이유 가운데 하나였다. 남군이 패배한 또 다른 결정적 요인은 연방 정부 지휘부에서는 병사와 기병대에게 물자와 식량을 보급할 때 철도를 이용할 수 있었다는 점이다. 북부의 철도회사들은 유럽과 교역하는 귀한 창구였던 무역항을 남부의 연안에서 미국 북동부로 돌려놓았을 뿐만 아니라 중서부의 대규모 옥수수 재배 지대에 유럽 이민노동자들을 풀어놓았다는 점에서 철도[297]는 전쟁을 일으키게 되는 초기 갈등 요소 가운데 하나였다.

297 27 50

1862년 초, 자작농지법[298]이 발효됨으로써 토지가 에이커(약 4100 평방미터—옮긴이)당 1.25달러 수준에서 거래되자, 수백만이나 되는 사람들이 너나 할 것 없이 농사를 짓겠다고 나섰다. 연방 정부 군대

298 217 292

에 공급하는 것에만 매달리지 않아도, 동부에서는 이미 도시들이 거대한 시장으로 떠올라 미국 중서부 지방에서 생산하는 작물을 모두 소비하고 있었다. 전쟁으로 일손이 딸리자 정부는 농부들에게 기계 농업을 장려했다. 농부들은 정부 시책에 따랐고, 새로 등장한 매코믹 자동 수확 기계 덕분에 1860년대 농업 생산성은 13퍼센트 향상됐다. 1858년으로 들어서자 농가에는 이미 7만 3000대나 되는 기계가 보급돼 돌아가고 있었고, 서부에서 재배하는 옥수수 가운데 70퍼센트를 기계가 따고 있었다. 미시시피 주 넘어 서쪽까지 철도가 들어가게 됨에 따라 곡물 이동량은 정신 못 차릴 정도로 늘어났다. 1838년 시카고에 배로 들어오는 곡물량은 약 2300킬로그램이었지만, 1860년에 그 양은 약 94톤으로 불어났다.

19세기 중반 이후에 식량 생산량이 그렇게 무서운 속도로 급증한 것은 기계화, 자작농지법, 전쟁 수요, 그리고 어지간히도 길었던 60량짜리 화물 수송 열차 덕분이었다. 이 열차로는 인구 만 명이 일 년 동안 먹고도 남을 만큼의 곡물을 실어 나를 수 있었다. 자동 수확 기계, 화물 수송 열차, 양곡기 이 세 가지가 미국이 세계 최대 농산물 수출국으로 발돋움할 수 있었던 원동력이었다. 다음 세기에는 전 세계의 밀 중 29퍼센트가 미국산이었다.

그 결과 대서양 건너까지 배로 실어 날라야 하는 미국산 작물 규모가 하루가 다르게 산더미처럼 불어나자 곧바로 선박 형태와 크기에도 변화가 일어났다. 물론 사업하는 사람들이야 운송비를 더 절감할 수 있는 대형 범선을 선호했지만, 증기동력선은 배편을 정기적으로 운항하고 있었다는 점에서 쉽사리 외면할 수 없었다. 최신형에다 화물 적재 공간을 확보하기에도 용이한 증기동력선의 아쉬운 점은 석탄을 무지막지하게 소모한다는 것이었다. 초창기 이와 같은 문제를 극복하고자 1855년 존 엘더와 찰스 랜돌프는 보일러에서 작은 고압 실린더로 증기를 공급해 실린더 속 피스톤을 가동시키는 방법을 선보였다. 그러면 증기는 좀 더 큰 저압 실린더로 이동해 다시 피스톤을 가동시키는 데 사용됐다. 따라서 선박 소유자들은 석탄을 많이 들이지 않고도 선박 운항편수를 두 배로 늘릴 수 있었다. 1871년 대서양 횡단 선반들에는 그와 같은 2기통 엔진이 달려 있었다. 1882년에는 3기통 엔진이 나왔고, 그 3기통 엔진 성능 실험이 중요한 목적이던 애버딘 호는 영국에서 오스트레일리아까지 오히려 석탄을 남기면서 무사히 첫 시험 운항을 마쳤다.

1884년 또 한 번 획기적인 발전이 이뤄진다. 찰스 파슨스는 증기를 분사해 날이 여러 개 달린 터빈의 축을 돌려서 축과 직접 연결된 선박 프로펠러를 회전시키는 엔진을 발명했다. 이 발명품 덕분에 이제 피스톤 같은 것은 전혀 필요가 없어졌다. 1897년 해마다 스핏헤드에서 열리는 영국 함대 사열식에서 비록 실험용 선박이기는 했지만, 새 엔진에 맞춤 설계한 첫 선박 터비니어호가 구형 함대와 벌인 시합에서 신형 선박을 따라잡기 위해 파견된 어뢰정을 가볍게 따돌리면서 34 1/2노트(시속 약 64킬로미터) 속도를 내는 괴력을 과시했다. 파슨스가 발명한 터빈 엔진은 그 뛰어난 성능 탓에 공동空洞 현상, 즉 프로펠러 회전 속도가 너무 빠를 경우 말 그대로 물속에 구멍을 만드는 현상에 따른 추진력 결손을 막기 위해 오히려 속도를 떨어뜨려야 했다. 새로 등장한 터빈 엔진은 연료도 아주 적게 소모했으므로 1910년 세계 최초의 화물 전용 운송선인 브리티시 케언크로스호에 장착되었다.

이제 화물수송선은 크기도 점점 커졌고, 속도도 점점 빨라졌다. 그렇기는 여객선도 마찬가지였다. 19세기 중반, 대서양을 건너 미국 이민길에 오른 (1875년에 700만 명에 달하던) 유럽인들로 대서양 횡단 노선은 단연 최고 수익을 올리는 여객 항로였다. 그러나 1870년대에 반대로 유럽 방문길에 오르는 미국 기업인들과 여행객들이 객실을 가득 채움에 따라 미국편 항로와 유럽편 노선 양쪽에서 모두 돈이 들어오기 시작했다. 따라서 여객선도 좀 더 향상된 엔진 성능으로 덩치가 커졌고, 전반적인 수준 향상에 힘입어 고객 편의가 고려되었다. 1876년 프랑스 여객선 아메리크호는 전기식 항해등을 달고 있었다. 1833년 노르망디호는 실내에 상하수도 배관을 갖추고 있었다. 1899년 화장실도 대리석으로 꾸며놓은 오세아닉호는 바다 위에 떠 있는 호텔이었다. 화이트 스타즈 켈틱호는 배수량 2만 톤을 돌파한 세계 최초 여객선으로 성능과 안락함 모두 최고를 자랑했고, 객실을 세 등급으로 나누었다. 여객선은 더 커졌고 더 빨라졌다. 1912년 미국 함부르크 노선에 취항한 임프레이터호는 총 배수량 5만 1969톤이었고, 1929년 버먼 호는 평균 시속 약 51킬로미터의 속도를 기록하면서 기존 대서양 횡단 속도 기록을 모두 갈아치웠다.

　　1927년 세계에서 가장 큰 선박은 배수량 5만 5000톤의 리바이어던 호였다. 이 배는 무선 전화[299]를 장치해서 바다 한가운데서도 외부와 연락을 취해 개인 용무를 처리할 수 있게 배려한 최고급 설비를 갖추었다. 잉글랜드를 떠나자마자 단돈 75달러로 뉴욕에 3분 동안 전화를 걸 수 있었다. 그와 같은 설비에 다만 한 가지 흠이 있었다면, 상대방 목소리가 잘 들리지 않는 일이 자주 발생했다는 점이다. 무슨 이유인지는 모르겠지만 단파 전파를 이용한 무선 전화에는 전파 간섭 때문에 일어나는 통신 장애가 자주 발생했다. 그래서 1931년 벨 전화

299　15　41
299　236　322

연구소의 기술자 칼 잰스키에게 그와 같은 잡음의 발생 원인을 조사하라는 임무가 떨어졌다. 그는 네 대의 포드 T바퀴에 장착되어 20분 간격으로 자동 회전하는 조종 안테나로 잡음 발생 방향을 추적하던 중, 아무래도 그 잡음 발생 진원지가 하루 종일 동쪽 상공에서 서쪽 상공으로 느린 속도로 이동하는 것 같다는 사실을 알아냈다. 의아했던 것은 그 잡음 발생의 진원지가 동쪽 지평선에서 하루에 4분씩 일찍 떠오르고 있었을 뿐만 아니라 일 년이 지나자 하루나 일찍 떠올랐다는 사실이었다. 처음에 잰스키는 잡음이 혹시 폭풍우의 이동 경로를 따라 발생하는 것일지도 모른다고 생각했지만 조사 결과 그런 추측은 근거 없는 것으로 판명됐다.

그런데 잰스키의 친구이자 절친한 동료인 천문학자 멜빈 스켈레트는, 지구는 태양 주위를 공전하고 있으므로 지구가 자전함에 따라 별들은 하루에 4분씩 일찍 뜬다는 사실을 알아냈다. 일 년이 지나면 그와 같은 별이 떠오르는 시각 변화는 누적되어 정확히 만 하루가 된다는 것이었다. 1932년 잰스키는 그가 잡아낸 잡음은 지구 밖, 태양계 너머에 있는 별들 사이에 그 진원지를 두고 들려오는 것이라는 사실을 확인했다. 다음해 잰스키는 단파 전파 방해의 진원지는 은하계라는 것을 발표함으로써 일약 세계적인 유명인사로 떠올랐다. 그런데 1965년 벨 연구소의 또 다른 연구원인 아르노 펜지어스와 로버트 윌슨이 잰스키 잡음의 진원지는 우리 은하계가 아니라 우주 공간 전체임을 발견함으로써 인류 역사는 위대한 도약을 이루게 된다.

우주가 돌아가는 비밀을 각각 서로 다른 방식으로 알아내려고 노력하던 중세 일본의 다도 애호가들과 르네상스 시대 피렌체의 건축가들로부터 시작된 이 역사 이야기의 두 줄기가 하나로 합쳐지게 된 것은 바로 이 중요한 발견들 덕분이었다.

톰슨의 열역학 법칙은 외부에서 추가적인 에너지 공급이 일어나지 않는 한 열을 지닌 것들은 모두 차갑게 식을 수밖에 없는 것을 보여주었다. 톰슨은 더불어 켈빈 온도라는 개념을 고안해서 그 온도에 근거해 절대 0도를 명명하고, 냉각 과정 자체도 최종적으로 그 종말에 다다르게 되는 온도를 섭씨 영하 273도로 설정했다. 이제 펜지어스와 윌슨의 연구 결과에 따르면, 그런 뜨거운 물체는 방사선을 방출하게 되고 그 방사선 단파 수신기에 잡음으로 잡혔다는 것이다. 1965년 펜지어스와 윌슨은 지구 상공에서 자신들이 발견한 모든 잡신호들을 조사한 결과, 그 잡음 진원지인 우주의 온도는 켈빈 온도 약 3.5도라는 사실을 밝혀냈다. 이것은 만일 우주가 100억 년도 더 되는 오랜 옛날 최초로 고온의 대폭발에서 생성돼 계속해서 온도가 떨어지고 있는 중이라고 한다면, 열역학 제2법칙에 따라 우주 온도는 켈빈 온도 약 3.5도라는 것이다.

어떤 일의 기원이 누구 혹은 무엇 때문인지를 따지는 일은 인류 역사에서 늘 불화와 논쟁의 원인이 되어왔지만, 이러한 소동이 로마 제국에서 수면 위로 부상했을 때보다 세계를 크게 변화시킨 적은 없었다……

네트워크에
막다른 골목이란 없다

6세기 유럽 대륙의 상황은 냉전 체제가 종식된 20세기 말 무렵과 크게 다르지 않았다. 안정된 균형은 사라졌다. 통일 제국 문명의 흔적은 여전히 곳곳에 남아 있었지만 이민족들은 유럽 대륙을 조각냈다. 이민족들은 자신들이 정복한 로마인의 생활양식에도 무난하게 적응했다. 주민의 대다수가 로마-에스파냐인이었던 에스파냐 지역은 서고트족의 지배를 받았다. 서고트족은 약 200년 전에 오늘날 루마니아에 해당하는 지역에서 서쪽으로 이동한 민족이었다.

서고트족은 이민족들 가운데 가장 로마화된 민족으로, 589년에는 로마 멸망 후 여러 왕국으로 나뉜 유럽 대륙을 가장 넓고 강력하게 지배하기도 했다. 당시 상황을 단지 세속 제국 하나가 무너진 것이 아니라고 인식한 로마 교황에게 서고트족은 유럽 사회를 통합할 잠재력을 지닌, 그리고 혼란에 빠진 시대 상황에 버팀목이 되어줄 만한 존재였다. 당시는 동로마 제국의 그리스정교도들 사이에서 감지되는 우려스러운 분위기로 말미암아 당장 기독교계 자체가 분열할 위험이 있었다. 양측 사이 갈등은 어떤 단어 하나를 쓸 것인가 말 것인가를 놓고 벌어졌는데, 이 단어는 그 어떤 것보다 역사의 흐름을 바꿔놓고도 남을 만했다. 필리오쿠에^{filioque}, 즉 '그리고 그 아들로부터'를 뜻하는 라틴어였다. 사람들이 애매한 라틴어 단어에 신경을 곤두세운 까닭은 이 단어를 받아들여 사용한다는 것이 곧 로마의 교리를 따른다는 것을 의미했기 때문이다.

1세기 이래 정통 기독교가 견지해온 기본 노선은 본질적으로 성령이 교회를 이끄는 스승이자 길잡이며, 우리는 세례를 받음으로써 성령의 힘으로 원죄를 사하게 되고, 예수 그리스도가 재림할 날을 기다린다고 하는 것이었다. 따라서 성령이 있어야 구원도 있었다. 그런데 성 아우구스티누스가 예수 그리스도는 하느님 아버지의 아들인 것은 사실이지만 성령은 근원적으로 하느님'뿐만 아니라' 그 아들 예수 그리스도에게서도 비롯된다고 못 박아놓은 데서 말썽이 생겼다. 기독교 교리에서 성령은 하느님 아버지, 즉 필리오쿠에('그리고 그 아들')에서 비롯되는 것이었다. 그러나 애석하게도 비잔티움의 그리스인들은 그렇게 생각하지 않았다. 그들에게 성령은 오직 단 한 분인 하느님 아버지에게서 비롯되는 것이므로, 교리에 필리오쿠에 같은 단어는 없었다.

589년 에스파냐 톨레도에서 대주교들이 공의회를 연 것도 그와 같은 이유 때문이었다. 그러나 서고트족의 왕 레카레드에게 부추김 당한 공의회는 교리에 필리오쿠에를 쓰지 않으면 개인이고 단체고 할 것 없이 모두 공식적으로 파문을 선고했다. 그리고 교리에 조금이라도 어긋나는 신앙을 표현한 내용을 담은 책들은 모두 불살랐다. 서유럽에서 가장 힘 있는 세속 권력이 보내준 그와 같은 지원은 로마 교회에는 희소식이었다. 그에 따라 서유럽에서 필리오쿠에라는 단어는 널리 사용됐고, 1013년까지도 가톨릭 기도서에 그 단어를 써넣는 것이 일반적이었다.

그러나 서유럽의 시시한 촌구석에서 별 볼일 없는 놈들끼리 모여 공의회를 열었다는 소식 따위는 당시 동로마 제국의 사교계에서 화젯거리가 되지 못했다. 당시 비잔티움 제국은 고도의 세련된 지식이 집결하는 세계의 중심부였다. 비잔티움 제국은 서유럽인들이 이해하는 것은 고사하고 어떻게 써야 하는지조차 모를 기술을 보유하고 있었고, 멀리 인도 같은 나라에도 외교관을 두었다. 전문적인 관료 조직을 갖추고 있었을 뿐만 아니라 금융 · 법률 · 해군 · 황금주화 유통 체계를 제도적으로 정비해놓았으며, 일반 시민들도 교육의 혜택을 누리며 글을 읽고 쓸 줄 알았다. 로마의 교황은 비잔티움인들이 자신들의 교리에 대해 말하는 방식에 반대했지만 비잔티움인들은 그런 것은 철저하게 무시했다. 그들은 필리오쿠에는 교리에 달라붙은 '라틴어'에 불과하다고 주장했다. 그리스인들이 그것을 무시하는 데는 그런 사실 하나만으로도 충분했다.

동로마 제국의 국운이 상승하고 로마 교황이 시골 촌구석에 처박힌 꾀죄죄한 성직자에 불과했다면, 그와 같은 태도도 얼마든지 통할 수 있었다. 그러나 상황은 달랐다. 아르메니아 지역에서 벌어진 만지케르트 전투에서 성난 기세로 덤벼든 터키의 약탈자들에게 비잔티움 군대는 예상치 못한 패배를 당했다. 그들은 셀주크라고 불리는 족장들의 지휘를 받았다. 궁수들이 말에 올라타 쏘아대는 화살은 어디에서 날아오는지조차 알 수 없었다. 비잔티움인들은 충격에 휩싸였고 서유럽에 도움을 요청했다. 그에 대한 응답으로 로마 교황은 1085년 첫 번째 십자군³⁰⁰을 소집했다. 그러는 사이에도 터키의 군대는 발칸 반도를 조금씩 점령해가면서 제국의 수도 콘스탄티노폴리스에 점점 더 가까이 접근해오고 있었다.

300 89 104

14세기에 튀르크 군대는 도시의 성문 바로 턱밑까지 밀려들어왔고, 비잔티움인들은 자신들의 부탁에 귀 기울일 상대라면 아무에게나 지원을 요청했다. 러시아, 베네치아, 프랑스, 영국, 에스파냐, 그리고 물론 이탈리아도 빼놓지 않았다. 1399년에는 유럽의 도움을 얻기 위해 황제 마누엘 2세가 몸소 순방길에 오르기도 했다. 그러나 황제의 호소에도 불구하고 돌아온 반응이라고는 모두 애매모호한 답변들뿐이었다. 1437년 새 황제 요안네스 8세는 페라라에서 로마 가톨릭 관계자들을 만나기 위해 500명에 달하는 '학식 있는 그리스인들'을 데리고 이탈리아를 찾았다. 그러나 흑사병이 발생하는 바람에 장소는 피렌체³⁰¹로 바뀌었고, 그곳에서 요안네스 8세는 지루한 논쟁 끝에 1439년 7월 6일 마침내 필리오쿠에를 교리로 인정했다. 더불어 원칙적으로 서유럽은 동로마 제국을 돕는다는 합의도 이끌어내지만 시기도 너무 늦었고 숫자도 너무 적었다. 4년도 안 돼 콘스탄티노폴리스는 튀르크인에게 함락당했고, 필리오쿠에 논쟁도 다 지난 일이 되고 말았다.

301 248 343

피렌체 공의회에 참석한 그리스정교 신학자들 대부분은 이제 돌아갈 곳이 없었고 따라서 많은 수가 이탈리아, 그중에서도 특히 베네치아에 정착했다. 그곳은 자신들이 수백 년 동안 경제적으로나 문화적으로나 긴밀한 유대 관계를 맺고 있던 곳이었기 때문이다. 니카이아의 대주교 바실레이오스 베사리온도 그렇게 이탈리아로 이민한 사람 중 한 명이었다. 베사리온은 피렌체 공의회 중에도 서유럽 교회의 편을 자주 들어줬기 때문에 로마 교황은 그에게 보답하는 뜻에서 그를 로마 가톨릭 교회의 추기경으로, 나중에는 콘스탄티노폴리스의 로마 교회의 총대주교로 임명하기도 했다. 베사리온이 그리스에서 가져온 500여 권이 넘는 장서 역시 로마 교황 니콜라우스 5세가 그를 아꼈던 이유 가운데 하나였을 것이다. 그는 1448년 베네치아의 산 마르코 바실리카에 그 책들을 모두 기증했다. 니콜라우스 5세는 고대 그리스의 것이라면 무엇이든 최고라고 광적으로 찬양하는 사람이었고, 일찍이 여행을 하며 자신도 직접 고대 그리스 서적들을 수집하기도 했다.

로마에 있는 베사리온의 집은 얼마 안 있어 로렌초 발라[302]를 비롯한 이탈리아 인문주의자들과 그리스 서적 번역자들이 자주 찾는 지식인들의 모임 장소가 됐다. 어떻게 보면, 콘스탄티노폴리스가 함락되어 그리스 출신 학자들이 이탈리아로 넘어와 처음에는 베네치아, 나중에는 이탈리아 전국으로 퍼져 산 것이 르네상스가 개화하는 데 도움이 되었다고도 할 수 있을 것이다. 피란민 신세였던 그리스 학자들은 자신들을 받아준 이탈리아인들에게 그리스어와 철학을 가르쳐주었다. 비로소 이탈리아 지식인들은 그리스 사상의 실체를 제대로 알고 있는 사람들로부터 직접 배울 수 있었다. 이제 이탈리아 지식인들은 중세 암흑기를 거치며 사라졌거나 중세 아랍인들이 번역한 것을 통해서나 겨우 접했던 책들을 읽을 수 있었다.

1469년 베네치아에서 첫 출판물이 등장하자, 그리스 이주민들은

302 245 340

자기 나라 문학작품들이 새로 책으로 나왔다며 입소문을 내 책 선전을 거들기도 했다. 1496년 무렵, 베네치아에서 가장 유명한 인쇄업자였던 알두스 마누티우스는 "역사를 찍는다^{Time Press}"라는 것을 좌우명으로 삼던 인물이었다. 그런데 무조건 많이 찍어내는 것을 제일로 치던 시대였음에도, 책은 양보다는 질이라는 애착이 마누티우스에게는 흠이라면 흠이었다. 마누티우스가 처음 출판한 책들은 일반 학자들이 사기에는 너무 비싸고 화려하다고 비난받았다. 조금이라도 더 싼 책을 찾는 시장이 급성장하고 있다는 사실에 정신 차린 마누티우스가 세계 최초로 포켓북을 출간할 수 있던 것은 자신이 데리고 있던 볼로냐 출신의 활자 개발공 프란체스코 그리포가 오늘날 이탤릭체라는 활자체를 고안한 덕분이었다. 이 필기체 활자는 교황청 관리들 사이에서 글자를 좀 더 빨리 썼으면 하는 바람이 점점 커짐에 따라 15세기 초부터 사용되기 시작했다. 당시로서는 새로운 글씨체를 모체로 한 활자체였다.

새로 만든 작은 판형으로 책을 만들자 종이 사용량도 줄어들었다. 종이는 그동안 책 제작에서 돈이 가장 많이 들었던 요소였다. 이탤릭체는 그리포가 개발한 천공 절삭기 덕분에 책 제작비용을 뚝 떨어뜨렸고, 그것은 과거 마누티우스가 인쇄하던 부수의 다섯 배에 해당하는, 1000부가 넘는 책을 초판으로 찍어낼 수도 있다는 것을 뜻했다. 규모의 경제를 실현함에 따라 책 제작비용은 더욱 떨어졌다. 더군다나 이탤릭체는 아주 작았기 때문에 대형 전지를 여덟 번이나 접지할 수 있었고, 그렇게 함으로써 마누티우스가 새롭게 내놓은 8절판 판형은 말안장 주머니에도 딱 알맞은 크기였다. 1515년 세상을 떠날 때까지 마누티우스는 중요한 그리스 고전 작품을 모두 번역해 출판했다.

그리고 그는 최초로 회사 상표를 사용한 출판업자였으므로, 그 소형 책자의 판형은 알디네 판으로 통했다.

인쇄 출판은 전 유럽으로 들불처럼 번져나갔다. 1455년만 해도 인쇄 책자 같은 것은 없었지만 1500년 마누티우스가 신간을 판매할 당시에는 이미 판본으로는 2만 5000종, 부수로는 2000만 권(25명당 1권)에 달하는 책이 있었다. 1500년에는 스웨덴의 스톡홀름에서 시칠리아의 팔레르모까지 유럽 전역에 걸쳐 모두 200여 곳에 달하는 인쇄 출판업소가 분포하고 있었다. 마누티우스가 이탤릭체로 찍은 값싼 책들을 불법으로 인쇄해 해적 출판하는 자들이 나타나기도 했다. 책이 대량 생산·대량 소비 상품으로 빠르게 변화함에 따라 새롭게 태동하던 자본주의의 방아쇠를 당기는 역할을 하기도 했다. 주로 팔린 책은 성서였지만, 그 뒤를 바짝 쫓아 성서 못지않게 많이 팔린 책은 토마스 아 켐피스의 『그리스도를 본받아』였다. 기도서 판매량을 따라잡으려면 앞으로도 50년은 더 지나야 했지만 그리스어와 라틴어 고전들도 판매량이 꾸준히 늘어났다.

16세기에 들어 인쇄 출판업계는 새로운 문제를 만들어냈다. 책이 너무 많았던 것이다. 인쇄술은 책을 수집하는 귀족들과 왕족들이 늘어나는 데 결정적 기여를 했다. 일찍이 15세기에 헝가리 왕 코르빈 마탸시가 보유한 장서 5만 권을 비롯해 수많은 장서들이 있었다. 최초의 공공도서관은 15세기 피렌체에 세워졌다. 에스파냐, 독일, 영국, 프랑스에서는 왕실 전용 수장고를 두었다. 그러나 책이 불어남에 따라 부닥친 문제는 책들을 제대로 분류하고 배치할 방법이 없었다는 점이었다.

그 해결책은 잉글랜드 여왕 엘리자베스의 개인 밀사로 일하던 토머스 보들리에게서 나왔다. 그는 옥스퍼드 머튼 칼리지에서 잠시 그리스어 강의를 하기도 했고 그러다 외국어 실력을 키우기 위해 유럽 여행길에 나섰다. 1580년에는 잉글랜드로 돌아와 왕실 의전관으로 근무했다. 1585년 여왕은 보들리를 개인 비서로 발탁해서 크고 작은 일처리를 맡기는 한편, 자신이 유럽 각국 왕자들에게 사적으로 보내는 편지를 전달하게 했다. 편지는 아주 은밀하게 전달돼야 했으므로 보들리에게는 부하가 한 명도 없었다. 1588년 그는 네덜란드 주재 영국 종신 외교관이자 영국 고문관이 되었다. 그는 결국 1598년이 되어서야 영국으로 돌아오지만 암투와 모략이 판치는 왕실에 이내 염증을 느껴 좀 더 안전한 학자의 길을 걷기로 했다. 그는 자신의 결심을 감행하기에 앞서 먼저 옥스퍼드 대학의 부총장에게 오래전 '행정 개혁' 동안 폐쇄했던 도서관을 재건하고 싶다는 뜻을 전달했다.

보들리는 자신이 세우는 도서관을 최고의 도서관으로 만들고자 했다. 그는 책을 기증한 사람에게는 보답으로 기증자 이름을 새로 건립되는 도서관 벽면에 장식해주겠다고 약속해서 많은 지인들로부터 도서를 기증받았다. 그뿐만 아니라 서적 판매상을 고용해 프랑스, 이탈리아, 에스파냐, 그리고 독일 프랑크푸르트 책 시장을 다녀오게 했다. 그는 도서관 사서인 토머스 제임스에게 "우리 도서관 명예에 금이 가게 하는 시시한 책은 단 한 권도 있어서는 안 된다"고 지시했다. 1601년에는 출간되는 모든 책을 한 부씩은 도서관에 기증했으면 한다고 공인서적 출판 조합을 설득하기도 했다. 1603년 보들리 도서관이 정식으로 문을 열었다. 도서관에는 30개 언어권에서 수집한 책이 구비되어 있었고, 대학 교수들은 일요일과 성축일만 아니라면 하루에 6시간씩 도서관을 무료로 이용할 수 있었다. 제임스 왕은 버크셔의 농장과 런던의 땅에서 나오는 수입을 도서관에 기부했다. 그러나 그 도서관이 명성을 얻을 수 있었던 가장 중요한 업적은 다른 모든 도서관이 따르는 최초의 보편적인 목록을 만드는 데 동기를 부여한 것이었다.

그러나 얼마 지나지 않아 보들리 도서관뿐만 아니라 모든 도서관을 향해 쏟아진 불평불만의 대부분은 '시시한 책'의 선정 기준이었다. 예를 들어 보들리 도서관의 경우, 잉글랜드 방언으로 쓴 책은 '시시한 책'이었다. 17세기 초에는 광업에서 천문학, 축산업에서 식물학에 이르기까지 책에서 다루지 않는 분야는 사실상 없다고 해도 좋을 만큼 출판물이 넘쳐났고, 그 터진 봇물과도 같은 기세는 수그러들 줄 몰랐다. 더군다나 과학 기술이 발달하고 확장 일로에 접어든 원양 무역의 효과로 유럽 경제가 폭발적인 호황을 누리게 됨에 따라, 그에 발맞춰 교육 체계를 재정비하는 일이 무엇보다 절실한 과제로 떠올랐다. 그리고 새롭게 등장한 민족 국가에서는 국가의 필요성에 좀 더 밀착하는 교과목과 교과서 제작에 대한 요구가 점점 더 커졌다.

그와 같은 필요성을 해소할 실마리를 찾은 최초의 인물들 가운데 한 사람이 라틴어 이름인 코메니우스로 더 많이 알려진, 체코 출신의 전직 개신교 목사 얀 아모스 코멘스키였다. 그는 서른아홉 살이 되던 1631년에 『열려진 언어의 문』이라는 제목의 책을 한 권 펴냈는데, 한 쪽에는 라틴어를 써놓고 다음 쪽에는 체코어를 써놓은 첫 어학 교재였다. 책은 아주 성공적이었고, 다른 유럽 언어뿐만 아니라 심지어는 중동·근동 지역 언어로도 번역돼 출판됐다. 이 일로 그는 자유주의 사상가들 사이에서 유명인사가 되었다. 영국 개신교 신자이자 자유주의 사상가 새뮤얼 하틀립은 사회 개혁을 이끌 대학을 세우고자 코메니우스를 영국으로 초빙했다. 그러나 1642년 잉글랜드는 내란에 휩싸이고, 대학 설립 계획은 물 건너갔다.

그렇기는 했지만 영국과 맺은 인연이 계기가 되었는지 코메니우스에게 새로운 요청이 하나 더 들어왔다. 매사추세츠 만의 식민지 총독의 아들, 존 윈스럽이 네덜란드에 머물고 있던 그를 찾아와 새로 생긴 하버드 대학교 총장으로 초빙하고 싶다는 제안을 한 것이다. 코메니우스는 하버드 대학교에서는 미국 본토인들을 대상으로 교육하고 뉴잉글랜드 지역에서는 사회적으로 자신의 이론을 실험할 기회도 얻을 수 있다는 점에 마음이 끌렸지만 총장직을 거절했다. 그러나 하버드 대학교에는 1650년에 수업 교재로 그의 책이 쓰였다는 것을 짐작할 수 있는 증거가 일부 남아 있다.

그러는 사이에도 코메니우스는 좀 더 효과적인 직업 교육 방법을 개발해 나갔고, 자신이 새롭게 제창한 '지식의 집대성' 운동을 전개하여 인류의 모든 지식 형태에 일관되게 흐르는 통일성을 찾는 데 몰두했다. 그가 궁극적으로 추구한 것은 많은 새로운 지식의 원천일 뿐만 아니라 직업 세계를 준비하는 데도 가장 좋은 종류의 학문 연구를 활성화하는 것이었다. 그와 같은 직업 중심 교육관은 결국 유럽과 미국 전역에서 활짝 꽃을 피웠다. (공교롭게도 그를 영국에서 떠날 수밖에 없게 만들었던 바로 그 사건 때문이었다.) 잉글랜드 내란의 결과로 왕정은 막을 내리고, 올리버 크롬웰[303]이 정권을 장악함에 따라 공화정이 출범했다.

1660년 왕정복고로 그와 같은 사회정치적 실험은 실패로 돌아갔다. 그 결과 청교도혁명을 주도해 크롬웰에게 전권을 넘겨준 자유교회주의자에게는 자신들의 패배를 인정하고, 영국국교회와 왕좌를 되찾은 국왕에게 충성하겠다는 맹세 서약을 의무로 규정하는 법률이

303 156 201
303 208 272

제정되었다. 맹세 서약하기를 거부한 자들은 '비국교도'로 분류됐고, 그들은 생활 전반에서 극심한 차별을 겪었다. 비국교도들의 신세는 그야말로 속담 그대로였다. "오르막길을 걷는 사람에게 친절을 베풀라. 모두 내리막길에서 만나게 될 사람들이다." 공화주의파 개신교도들은 영국 내란에서 첫 승리를 거두자, 곧바로 부패 성직자 심의 위원회를 소집해 성직자들을 '명예를 더럽힌, 자격도 없는, 왕당파를 지지한' 자들이라는 죄목으로 성직에서 박탈했다. 주교의 아들이던 휴 로빈슨은 감옥으로 가는 길 내내 말 엉덩이 쪽에 타고 가야 했다. 교회는 분열했다. 성공회 기도서는 금서가 됐다. 일요일에는 모든 '운동'이 금지되었다.

공화정이 무너지고 왕정이 부활하면서 해묵은 혼란도 안정을 되찾자, 비국교도들은 자신들이 저질렀던 것을 배로 돌려받았다. 클래런던 법전을 제정함에 따라 관련 법령 두 개가 연달아 의회에서 통과된 데 이어 나머지 관련 법령들도 추가로 통과됐다. 그 법령들은 모든 비국교도는 공직과 성직에 진출할 수 없고, 종교 모임도 가질 수 없다는 것을 노리고 제정되었다. 이제 영국국교도가 아니면 시 공무원으로 임용되지 못했다. 주교들은 영국국교회에 변화를 일으킬 수 있는 어떤 시도도 절대 하지 않겠다는 서약을 해야 했다. 결국 비국교도 주교 1000여 명이 교회에서 쫓겨났다. 1664년 영국국교가 아닌 다른 종교 행사에는 참석 가능 인원을 최대 다섯 명으로 제한했다. 세 번 어기면 참석 인원 전부 식민지행 또는 국외 추방형이었다. 그러나 뉴잉글랜드 식민지로는 추방하지 않았는데, 신교도들이 득세했던 그곳이 추방자들에게 오히려 살기 편한 곳일지도 모른다는 판단 때문이었다. 1665년 비국교도 주교나 교사는 자치 도시 인근 8킬로미터 안쪽으로는 아예 발도 못 들여놓게 했다.

쿼이커교도들에게는 가장 가혹했다. 학교 운영은 허락했지만 이사할 수도, 십일조를 바칠 수도 없었고, 군입대도 할 수도 없었다. 그것을 어겼다가 파산한 사람도 드물지 않았다. 벌금을 낼 돈이 없으면 재산을 몰수했기 때문이다. 경찰들은 칼을 뽑아드는 폭력까지 휘둘러가며 예배 모임을 해산시켰다. 가족 모두 한밤중에 끌려나와 경찰이 탄 말의 뒤꽁무니를 따라 30여 킬로미터를 맨발로 걸어서 감옥에 투옥되기도 했다. 당시 질병이 들끓던 감옥에서 많은 쿼이커교 신자들이 죽어나갔다. 그와 같은 학대를 못 이겨 비국교도들 상당수가 고국을 버리고 아메리카나 네덜란드로 이민을 떠났다. 남은 사람들에게 힘은 들더라도 그나마 제명대로 살 수 있는 길이라고는 상업과 제조업 정도가 고작이었다. 법을 어기지 않고 살 방법이 그것밖에 없었기 때문이다. 그 결과 18세기 초반에 이르러 전국 상공업 종사자 대부분은 비국교도들이었고, 그들은 박해받기는 자신들과 마찬가지였던 자유주의자들과 결속하는 연대망을 곳곳에서 구축했다. (제임스 와트가 개량한) 증기기관의 발명자 토머스 뉴커먼이 회사를 차리게 된 것도 같은 침례교 신자들 도움 덕분이었다. 영국 중부 지방 쿼이커교 교도 찰스 로이드 집안이 훗날 은행업으로 이름을 떨치게 된 것도 두 제철업자 집안과의 결혼을 통해 재정적인 기반을 마련한 덕분이었다.

제임스 와트[304], 매슈 볼턴[305], 토머스 뉴커먼, 조지프 프리스틀리[306], 새뮤얼 바클리, 조사이어 웨지우드[307] 같은 유명한 발명가들을 포함해 많은 비국교도인들이 산업혁명을 가능케 한 기술뿐만 아니라 과학과 금융기관들을 발전시키는 데 공헌해 성공할 수 있었던 것은 이들 비국교도들의 사회 진출길이 막혀 있었다는 사실도 한몫했다. 비국교도 집안 부모들은 자식들을 대학에 보내는 것이 허용되지 않았고, 자식들에게 부모들이 당장 먹고살기 위해 몸담고 있는 상공업 업무에 대한 공부를 시키지 않을 수도 없었다. 그래서 그들은 장로교를 필두로 여러 교단에서 직접 자신들만의 학교를 세웠다. 학교에서 학생들에게 장차 자신들의 생계수단이 될 직업 분야에 대한 실무적인 내용을 가르친 것도 그렇게 세운 학교들이 최초였다.

파직당한 주교 스무 명에 의해 최초로 문을 연 비국교도 대상의 사립 전문학교[308]는 어디에 성직자로 내놓아도 좋을 만큼의 교양과 지식을 쌓은 인재를 배출하는 데 기본적인 목적을 두었다. 그러나 1690년 영국에는 스물세 개의 학교가 문을 열었고, 적어도 그 절반의 학교는 성직자가 되기를 희망하지 않는 학생들에게도 입학을 허가했다. 코메니우스의 교육 이념과 교재 편집 방식에 깊이 영향 받아 그 당시의 교육 내용은 직업 실무 중심으로 구성됐다. 과학 수업은 대형 공기 펌프, 온도계, 측정 기구 같은 것들을 갖추고 진행됐다. 프랑스어를 비롯해 거래가 잦았던 나라의 말도 가르쳤다. 18세기 말 그와 같은 사립 전문학교 가운데 명문 중 하나로 꼽힌 학교는 영국 북동부 지방의 작은 도시인 켄들에 자리 잡고 있었다. 퀘이커 교단에서 세운 이 학교는 교단의 든든한 재정 지원으로 커다란 도서관은 물론이고 망원경과 현미경도 구비해 놓고 있었다. 켄들 시는 런던과 스코틀랜드 사이를 잇는 간선도로에 있는 도시였고, 따라서 저명한 자연철학자인 조지프 뱅크스 같은 이도 순회 강사로 초빙할 수 있었다.

학교 조교수 한 명은 역학, 광학, 천문학, 그리고 천문의 같은 천문 기구 사용법 등을 가르치는 수업을 공개 강의로 진행했지만 반응이 신통치 않자 학교를 떠나 맨체스터 지방으로 이사해 평생을 그곳에

308 162 208

서 살았다. 맨체스터에 세운 수학 학원이 대성공을 거두면서 금전적으로나 시간적으로 여유가 생긴 조교수는 날씨로 관심을 돌렸다. 57년 동안 기상 현상을 매일같이 관찰하던 조교수는 마지막 숨을 거두던 날 일기장에 짤막하게 적었다. "오늘 비 한 방울 내리지 않음." 조교수의 이름은 존 돌턴이었다. 그는 무한히 작은 점이라는 주제를 다룬 한 독일 학자의 연구가 인상 깊었다.

309 82 92
309 231 317
309 253 349

이 독일인은 바로 고트프리트 라이프니츠[309]였는데, 그의 인생은 자신이 착수한 일 가운데 성사된 일은 아무것도 없는 사람들의 대표적인 표본 같았다. 라이프니츠는 수학자로서 나무로 계산기를 만들기도 했으나 정작 자신은 작동도 해보지 못했다. 결국 인간의 사고를 숫자로 환원하겠다는 원대한 학문적 포부도 물거품이 됐다. 인간의 사고와 숫자 사이에 존재하는 필연적인 관계를 간단하게 조립하면 어떤 문젯거리든 해법을 찾을 수 있다는 것이 그의 주장이었다. 라이프니츠는 채굴 사업에도 뛰어들었으나 그것 역시 실패했다. 인간의 언어를 보편적 기호의 집합으로 바꿔 표현하는 작업도 실패했다. 또 도서관 사서였던 공작 브룬스빅 가문의 계보를 정리한 역사책을 저술하겠다는 계약을 했지만, 그것을 마무리 짓지 못해 빈털터리가 되기도 했다.

그러나 라이프니츠는 세상을 바꿔놓는 한 가지 일에는 성공했다. 그는 행성 운동을 계산하는 데 필요한 수학적인 방법을 찾고자 했다. 이 계산 방법이란 행성 운행이 가속하는 순간의 속도 변화 비율, 그리고 감속하는 순간의 속도 변화 비율을 수학적으로 계산하는 방법이었다. 1675년 라이프니츠는 그것을 계산할 방법을 창안했다. 그 방법이 바로 미적분이다. 그러나 라이프니츠에게는 자신이 개발한 미적분을 수학에 활용하는 것보다는 철학에 응용하는 것이 더 급했다. 같은 해 네덜란드를 방문한 라이프니츠는 현미경을 통해 살아 움직이는 미생물을 관찰하는 대발견을 한 안토니 판 레이우엔훅[310]을 만나는데, 이 만남이 라이프니츠가 미적분할 새로운 대상으로 눈길을 돌리는 계기가 됐다. 그리고 그것이 훗날 돌턴에게 영감을 불어넣었다.

310 83 93
310 254 349

당시 라이프니츠의 주 관심사는 물질이었다. 모래 한 주먹은 작은 모래알이 모여 한 주먹인데, 왜 돌멩이 한 주먹은 그 자체로 한 덩어리인가? 물질은 얼마나 잘게 부술 수 있는가? 물질을 이루는 무한히 작은 입자들이 존재한다는 이론적인 설명은 있었지만, 어떻게 그 작은 것들이 모여 물질을 이루는지를 해명할 수 있는 사람은 아무도 없었다. 라이프니츠는 더 작은 단위로 나눌 수 없을 만큼 작은 물리적인 대상은 없다고 가정했다. 그러나 어떤 의미에서 무한히 작은 '물질 구성 요소'는 존재해야 한다. 그것도 오로지 기운만으로 뭉친 점으로 존재해야 한다. 그 점 또는 알갱이가 모든 존재를 만드는 궁극적인 요소라는 것이었다. 그러나 어떻게 기운에 불과한 알갱이가 물질로 변화하는가? 라이프니츠는 실체를 하나 설정해 거기에 모나드라고 이름 붙이고 모나드들은 물질 구성의 '필수 요소'로, 점 혹은 알갱이들을 단단히 붙잡아 둠으로써 물질을 만든다고 해명했다. 즉, 그렇게 서로 붙잡힌 점 혹은 알갱이들이 기본 최소 단위가 되고, 그 기본 최소 단위들이 또 그렇게 서로를 붙잡아 둠으로써 중형급 최소 단위가 되고, 그 중형급 최소 단위가 모든 물질을 만드는 바탕이 된다는 것이었다.

라이프니츠의 그런 생각을 돌턴은 날씨 연구에 적용했다. 기상 연구에 푹 빠진 그는 기압계·온도계·강우량계도 만들어 안개·비·구름·기압 등의 기상 정보를 측정했다. 무엇보다도 그에게는 습도,

그리고 어떻게 수증기가 대기 중에 나타났다 사라지는지가 흥미로웠다. 당시에는 아무도 어떻게 공기가 물을 흡수하는지 몰랐다. 화학적인 친화력이 작용하기 때문이라는 것이 당시 널리 퍼진 설명이었다. 돌턴은 그것이 기압 때문임을 증명했다. 고도가 높아짐에 따라 기압이 낮아지는 것은 결과적으로 중력이 공기 알갱이들 대부분을 지표면 가까이 붙잡아두기 때문이다. 즉, 공기에도 무게가 있다는 것이었다.

그러고 나서 돌턴은 공기 중에는 질소의 양이 산소의 네 배라는 사실을 발견했고, 공기 속에 어떤 기체가 얼마씩 섞였는지를 알아보는 일에 착수했다. 그는 기체들을 아무리 섞어도 항상 섞이지 못하고 남는 기체가 있다는 사실을 알아냈다. 그런 과정을 거치며 산소와 수소는 항상 8 대 1의 비율로 혼합된다는 사실도 알아냈다. 다른 기체들 사이에도 어느 정도 일정한 혼합 비율이 있었다. 그렇다면 기체 무게와 관계가 있다는 뜻일까? 압력을 높여 물속에 기체를 집어넣을 경우, 똑같은 압력인데도 어떤 기체는 빨리 녹는 반면 어떤 기체는 천천히 녹았다. 역시 기체 무게와 모종의 상관관계가 있다는 뜻일까? 그뿐만 아니라 마치 기체 하나하나는 아무리 조건이 바뀐다고 해도 변하지 않는 동일성이 있다는 것을 증명이라도 하듯, 모든 기체가 물속에 섞여 있으면서도 개개의 고유한 특성을 잃지 않고 활동했다. 그렇다면 같은 기체는 항상 같은 무게를 유지한다는 뜻일까?

1803년 돌턴은 물속 기체 용해도를 주제로 다룬 논문을 한 편 출간하여, 기체 입자의 무게에 따라 기체 용해 속도와 정도가 달라진다고 밝혔다. 더불어 기체의 무게는 표로 정리해 추가했다. 1805년 돌턴은 최초로 기체의 무게를 정식 목록으로 정리하고, 1807년 에든버러 공개 발표회에서 청중들에게 공개했다. "이제 기체 혼합물, 그리고 기

ELEMENTS

⊙	Hydrogen.	1	Strontian	46
Ⓘ	Azote	5	Barytes	68
●	Carbon	5	Iron	
○	Oxygen	7	Zinc	56
	Phosphorus	9	Copper	56
⊕	Sulphur	13	Lead	90
	Magnesia	20	Silver	190
	Lime	24	Gold	190
	Soda	28	Platina	190
	Potash	42	Mercury	167

돌턴의 원자표.

체 구성 요소 혹은 기본 특징을 연구하는 새로운 길이 열렸습니다." 그 자리에서 돌턴은 다음과 같은 말도 잊지 않았다. "그 길은 화학의 학문 체계를 뒤바꿔 놓는 가장 중대한 변화를 일으킬 것이며, 전체를 대단히 단순한 체계로 환원해 가장 적절하게 이해할 수 있는 길도 열어줄 것입니다." 그는 근대 화학의 기초를 닦아놓음으로써 우리를 화학 원소 이론의 세계로 안내했다. 화학 원소 이론의 출현으로 혼합물은 원자 화합물의 상대 질량에 따라 생성된다는 사실이 밝혀졌다.

돌턴이 유명세를 타게 된 것은 여자를 밝히고, 온천을 좋아하고, 식도락을 즐기고, 자기 몸을 끔찍이도 챙기던 어떤 스웨덴 사람 때문이었다. 돌턴이 기체에 대해 발표한 그해, 스톡홀름 의과 대학에서 의학과 약학 교수로 일하던 옌스 야코브 베르셀리우스라는 사람이 있었다. 대학 실험실에서 그는 화학 연구란 연구는 다 했다. 부잣집 딸과 결혼한 덕분에 그는 자신이 좋아하는 것은 다 할 수 있었다. 그가 좋아하는 것들이란 여행, 음식, 광천수, 그리고 취관吹管 같은 것들이었다. 취관은 당시 흔히 쓰인 도구로 이것을 사용하면 화염 온도를 섭씨 1500도까지 올릴 수 있었으므로, 사람들은 그것을 광석을 가루로 빻아 분석하는 데 주로 사용했다. 베르셀리우스는 이 도구를 다루는 데 무척 능숙했고, 광물 분석 요청이 들어오면 숙식을 제공받는 대가로 의뢰인이 수집한 광물들이 무엇으로 이뤄졌는지 확인해주었다. (괴테도 의뢰인 중에 한 명이었다.)

베르셀리우스는 돌턴이 만든 원자량표를 전적으로 수용해 1818년 원소 49개 가운데 45개의 질량을 확정하는 데 성공했을 뿐만 아니라, 2000여 종에 달하는 화학물 목록을 작성했다. 눈앞이 어질어질할 정도로 복잡한 작업에 혼쭐이 난 베르셀리우스는 화학물질을 합리적으로 표기할 좀 더 효과적인 방법이 있어야 함을 절실히 깨달았다. 그래서 다음부터는 기호를 만들어 표기했다. 그는 원소의 라틴어 이름 첫 글자를 따 원소를 구분했다. 만약 첫 글자가 똑같으면 두 번째 글자를 이용해 구분했다. 화합물일 경우에는 아래첨자로 작은 숫자를 달아 구성 원소 비율을 표시했다. 베르셀리우스 덕분에 이제 근대 화학자들은 '수소, 황, 그리고 산소로 구성된 황산'이라는 말 대신 'H_2SO_4'라는 기호로 표기할 수 있게 되었다.

베르셀리우스는 후세 사람들에게 칭찬 받을 일을 하나 더 했다. 그는 스웨덴 철광 부근에서 발견된 정체 모를 광석의 구성 성분을 알아냈다. 그것은 텅스텐의 일종이었는데, 베르셀리우스와 당시 그를 후원하던 부호는 그것이 당시로서는 알려지지 않았던 원소로 이루어졌음을 확인했다. 그러나 광석에 스웨데니움이나 베르셀리우스라고 이름 붙이는 대신, 당시에 발견되었다가 사라진 지 얼마 안 된 새로운 소행성 세레스의 이름을 따 세륨[311]이라고 했다. 무엇보다도 그 흔치 않은 천문학적 발견에서 가장 특이한 점은 발견자가 어디서 그 소행성을 찾으면 되는지를 알고 있었다는 점이다. 1772년 베를린 천문대의 대장 요한 보데는 행성과 행성 사이 거리에는 어떤 수학적 규칙성이 존재하는 것 같다는 말을 널리 퍼뜨렸다. 태양과 행성 사이 거리에는 등비수열에 바탕을 둔 규칙성이 있었다. 수열은 다음과 같았다.

0, 3, 6, 12, 24, 48, 192. 앞 숫자에 2를 곱한 다음 4를 더한 것이 태양과 행성 사이 거리였다. 해왕성은 예외였지만 나머지 모든 행성의 위치가 이와 같은 계산과 정확히 맞아떨어졌다. 그렇다면 '24 더하기 4' 자리에도 행성이 하나 있어야 했다. 그러나 아직 그 자리에서는 아무 것도 발견되지 않았다.

시칠리아 섬 팔레모 천문대에서 근무하던 주세페 피아치가 1801년 소행성 세레스를 발견했는데도 천문학자들이 그 행성을 찾겠다고 나선 것은 수수께끼다. 그는 흥분에 휩싸여 새 행성을 세 번이나 관측했지만 그리고 나서 병에 걸려 앓아누웠다. 병은 다 나았지만 날씨가 흐려서 몇 주 동안 밤하늘을 관측하지 못했고, 구름이 걷히자 다시 관측을 시작했다. 그러나 불행히도 세레스는 사라지고 없었고 다시 관측할 길도 막막했다. 그는 세레스의 전체 타원 궤도 중 겨우 9도 정도 되는 각도에 해당하는 극히 일부분만을 관측했다. 그것만으로 세레스의 당시 위치를 추적하기는 무리였다. 새 천체가 사라졌다는 소식은 천문학계에 큰 충격이었다. 따라서 사람들은 독일의 젊은 천재수학자 한 명이 새 천체를 다시 발견할 수 있는 방법을 찾았다는 소식에 환호하면서도 미심쩍어했다. 그러나 카를 프리드리히 가우스는 단세 번의 관측만으로도 새 천체의 전체 궤도를 추적할 수 있는 계산 방법을 찾아냈다. 일 년 후 그 날짜에 가우스가 발견을 예측한 위치에서 세레스는 다시 나타났다. 이를 계기로 가우스는 단번에 유럽 전역에 명성을 날렸고, 오늘날까지도 그의 뇌를 보존하고 있는 괴팅겐 대학교의 천문대 대장으로 취임했다.

가우스는 호기심이 많은 사람이었다. 모스에 앞서 전보전신을 발명하기도 했고, 낭만주의에 심취한 독일인들 사이에서 대선풍을 일

으키게 되는 독특하게 생긴 고대 언어 산스크리트어[312]를 취미 삼아
공부하기도 했다. 산스크리트어가 서유럽 학자들 사이에서 관심을
끌게 된 것은 인도에서 근무하던 영국 웨일스 지방 출신의 판사 윌리
엄 존스 경의 노고 덕분이었다. 그는 언어에 천부적인 재능을 타고난
사람이었다. 그는 히브리어, 라틴어, 그리스어, 프랑스어, 이탈리아
어, 아랍어, 포르투갈어, 그리고 에스파냐어를 공부했다. 인도 콜카타
에 1783년 부임하기도 전에 이미 페르시아어 문법책을 출판하기도
했다. 콜카타에서 그는 산스크리트어를 처음 접하고는 마음이 들떴
다. 그는 신앙심이 아주 깊은 사람이었고, 따라서 성서에 기록된 고대
역사가 모두 다 실제로 일어난 역사적 사실이었음이 입증되는 날이
반드시 온다고 굳게 확신했다. 따라서 산스크리트어는 그의 상상력
에 불을 지폈다. 그는 산스크리트어가 에덴동산에서 사용하던 말이
었다는 게 판명될 것이라고 믿었다. 1784년 그는 산스크리트어도 별
어려움 없이 통달했다.

　1786년 존스 경은 자신이 생각하기에 산스크리트어가 유럽의 각
국 언어를 낳은 조상 언어라고 주장함으로써 서양 사회를 발칵 뒤집
어놓았다. 그 자신이 직접 나서서 그리스어와 라틴어, 켈트어, 아르메
니아어와 알바니아어의 계보를 추적했다. 그가 산스크리트어 문법책
도 내놓자 산스크리트어는 유럽학계에서 최첨단을 걷는 유행 언어가
되었다. 독일 학자들이 산스크리트어에 관심을 돌리게 된 것도 그 무
렵이었고, 같은 독일 동료 학자 한 명이 가우스에게도 산스크리트어
를 소개해주었다. 특히 독일인들이 고대 역사에 관심을 두게 되는 데
에는 19세기 말 독일에서도 무르익은 낭만주의 정신·프랑스혁명·
미국독립전쟁으로 불타오른 민족주의에도 적지 않은 원인이 있었다.

낭만주의 정신이 대두함에 따라 기계처럼 질서정연하게 돌아가는 세계라는 구체제적인 세계관은 물러났고, 이제 그 자리를 대신해 대세를 이룬 것은 개인주의와 '느낌'을 찬양하는 분위기였다. 낭만주의자들답게 과거 중세에 대한 복고적인 향수를 되살리는 움직임도 유행했는데, 이와 같은 움직임이 문화적 정체성의 뿌리를 찾고자 하는 동기를 불러일으켰다. 독일 사상가 요한 헤르더는 폴크라고 하는 정체가 아리송한 고대 게르만 부족을 끄집어내, 비록 정치적 경제적으로 존재한 적은 없었지만 그것이 오늘날 게르만족을 낳은 기원이 될 뿐만 아니라 다른 민족에게는 없는 특징을 낳은 기원이 된 문화적 원형과도 같은 근원적 존재를 뜻하는 개념이라고 내세웠다. 그는 튜튼족이라는 정체성이 '인류는 하나'라는 프랑스 계몽사상 속에 잠복된 교활한 성격 때문에 위기를 맞고 있다고 경고했다. 그는 소름 돋는 우생학과 극우 민족주의의 그림자를 드리우면서 사람들에게 멍에와도 같은 프랑스 철학 사상을 벗어던지고 민간 설화와 전설에 담긴 독일 민족의 고유한 문화적 유산을 찾아야 한다고 외쳤다.

1806년 예나 전투[313]에서 나폴레옹이 프러시아 군대를 쳐부수자 313 212 277 상황은 더욱 절박해졌고, 모든 것이 헤르더가 외치던 대로 돌아갔다. 독일 낭만주의자들은 상처 받은 민족적 자존심을 회복하기 위해 인도-유럽 어족 언어의 공통 조상이자 자신의 폴크가 태어난 원래 뿌리이기도 한 산스크리트어에 매달렸다. 바그너가 게르만 민족 영웅을 주인공으로 삼아 작곡한 오페라들의 소재는 상상 속에서만 존재하는 아리아의 역사였고, 바이에른의 광인왕 루트비히는 바그너의 오페라에 감동한 나머지 중세의 성을 재현한 노이슈반슈타인을 건설하여 성 안을 전구 불빛으로 장식하기도 했다. 그뿐만 아니라 아리안

주의는 어느 언어학자에게 언어학이 어엿한 학문의 한 분야로 변모할 수 있게 하는 착상을 심어주기도 했다. 가우스는 그 언어학자의 산스크리트어 연구를 흥미롭게 지켜보기도 했다.

그 언어학자는 야콥 그림이라는 사람이었다. 그는 가우스와 함께 잠시 괴팅겐 대학교에서 근무하기도 했다. 그림은 1822년과 1837년 사이에 인도-유럽 어족 언어 연구 유행에 합류해 유럽 언어나 그 뿌리에서 갈라져나와 걸어온 전개 과정을 되짚어 발음 양상을 분석해 놓은 두툼한 네 권짜리 저서를 출판했다. 이 책은 언어학에 중요한 업적을 남겼다. 그림은 특히 게르만 어군과 연관성이 있는 발음에 연구의 주안점을 두었다. 예를 들어 영어와 독일어에서 라틴어 'p'는 'f'로 (pater→father, fater) 라틴어 'd'는 't'로 (duo→two) 바뀌었고, 그리스에서 산스크리트어 'dh'는 'ph'로, 게르만어권에서 라틴어 'f'는 'b'나 'f'로 바뀌었다.

야콥 그림에게는 형이 한 명 있었다. 형 빌헬름은 동생 야콥과는 떼려야 뗄 수 없는 사이였다. 형 빌헬름 역시도 동생 야콥의 게르만 민족 역사에 대한 집념을 공유하고 있었다. 그림 형제는 언어와 민간에서 전승되는 이야기 속에서 게르만 민족을 하나로 튼튼하게 통합할 표현의 가능성을 발견했다. 야콥은 고백했다. "내가 하는 작업은 모두 조국과 연결되어 있다. 나는 조국의 흙냄새에서 힘을 얻는다." 1807년을 전후로 해서 그림 형제는 옛날 이야기를 들려줄 수 있는 마을 토박이들을 찾아다니며 민간 전승 자료를 수집했다. 집시, 시골 여인, 양치기, 마차부, 나그네, 할머니, 그리고 아이들에게서 이야기를 수집했다. 그림 형제가 1852년 마지막으로 출판한 판본에는 모두 211편에 달하는 이야기들이 실려 있었고, 그 가운데 많은 이야기들은 멀리 페르시아, 스웨덴, 그리고 인도에서 건너온 것들이었다.

『그림 동화』는 아이들의 눈을 사로잡았다. 미래를 짊어질 아이들에게 권장할 만한 이야기책들이 게르만 문화권에도 있어야 한다는 헤르더의 주장에 그림 형제가 영감을 준 것도 사실이었다. 그러나 원래 『그림 동화』는 훗날 표현 수위를 낮춰 출판된 판본들과는 조금 달랐고, 디즈니가 아이들을 위한답시고 아예 각색하다시피 한 것과는 달라도 많이 달랐다. 처음 출판될 당시 동화 내용은 원초적인 폭력으로 가득 차 있었다. 『라푼젤』에서 라푼젤은 왕자에게 강간당해 임신한다. 『신데렐라』의 못생긴 언니들은 눈알이 뽑히고, 늙은 계모는 자기 딸의 목을 딴다. 『헨젤과 그레텔』에서 헨젤과 그레텔은 마녀를 오븐에 처넣고 굽는다. 『백설공주』에 나오는 못된 왕비는 불에 시뻘겋게 달군 신발을 신고 춤을 추는 벌을 받는다. 『잠자는 숲 속의 미녀』는 사실 시체애호증 환자 이야기다.

『그림 동화』는 나오자마자 대중들의 인기를 얻었다. 이야기들이 유래된 문화권이 아무리 달랐다고 하더라도 그 내용은 자신들의 현실과 다르지 않았기 때문이다. 세르비아에서, 영국에서, 혹은 노르웨이에서 서로 동일한 사건들은 계속해서 일어났고, 선행을 베풀면 반드시 보상이 돌아온다는 보편적 가치를 표현했다. 그러나 항상 득세하는 것은 폭력과 공포였다. 사람들은 이방인은 사람 취급도 하지 않았다. 사람들은 명령, 처벌, 독재에는 꼼짝도 못했다. 가족이라는 집단은 없는 집은 없는 집대로 빈곤에 시달렸고, 있는 집은 있는 집대로 유산 상속 문제로 다툼에 휘말렸다. 일상생활은 인간이 인간에게 저지르는 잔인성, 폭력, 혹은 고문으로 파괴되기 일쑤였다. 잃지 말아야 할 덕목은 용기였다.

소녀와 소녀의 할머니를 삼킨 늑대 이야기, 고대 노르웨이의 스콜 신화, 태양을 먹어치운 늑대 사이에 공통점이 있음을 발견한 영국인 에드워드 타일러는 1865년 『빨간 모자』를 학문적인 연구 대상으로 삼았다. 그는 이 이야기의 생성 연대가 그림 형제가 생각하던 것보다 훨씬 더 고대에 속한다는 사실을 알아냈다. 그의 생각에 그 이야기들은 자연 현상에 대한 원시인들의 신화적인 설명이었다. 봄이 되면 왜 어김없이 새 생명이 자라고, 태양은 밤에는 어디로 사라지며, 구름은 어떻게 생겨나 대지를 뒤덮는지 하는 것 등을 설명하는 신화였던 것이다. 『빨간 모자』에 등장하는 주인공 소녀도 새벽 혹은 달님에 대한 신화적인 상징이 변형된 것이었다.

1865년 타일러는 그와 같은 자신의 생각을 『인류의 초기 역사』라 314 154 200 는 책을 통해 밝혔다. 근대 인류학[314]을 창시한 본격적인 첫 인류학 저서였다. 1871년 출판한 두 번째 저서는 좀 더 성공적이었다. 그는 근대 인류학의 근간을 이루는 두 단어로 된 신조어를 만들어 책 제목으로 사용했다. 책 제목은 『원시 문화』였다. 그는 고고학, 언어학, 역사학, 지리학, 고생물학, 그리고 무엇보다도 민간 구전에 대한 연구와 현지답사를 통해 사회 발달 과정을 설명하는 방대한 이론 체계를 구축했다. 그림 형제가 수집한 동화들이 모두 같은 내용을 갖는 것은 모든 인류 집단이 서로 공통된 역사 발전 과정을 공유하고 있기 때문이다. 근대 사회 모두 그 출발은 원시 야만 집단이었으며, 동일한 발전 단계를 밟아 오늘날의 근대 사회를 형성했다. 그와 같은 진보 과정을 통해 근대 사회는 다 같이 같은 단계로 진입해 같은 지식을 소유하고 같은 지식을 사용하고 있는 것이다. 화살과 조약돌을 이용해 불을 붙이던 시절부터 우리는 원시 야만 집단과 똑같이 인간이라면 하게 마련인 우주에 대한 질문을 던졌으며, 신화를 통해 그와 같은 물음에 답했던 것이다. 그는 '잔존물'을 그 사례로 들어 자신의 이론을 증명했다. 잔존물이라는 개념은 본래 목적은 이미 오래전에 사라지고 잊혀졌음에도 그 후로 오랫동안 수대를 지나오면서도 남아 있는 고대 관습이나 습관을 의미한다. 어깨에 소금을 뿌리는 것, 결혼반지를 끼는 것, 사다리 아래로는 지나가지 말라고 하는 것, 모든 종교들이 전통과 관례로 고집하는 것들, 단향나무 가지 아래서 사랑하는 사람에게 입을 맞춰도 되는 것, 그 밖에도 많은 것들이 모두 잔존물에 해당한다. 미신일수도 있지만 그 속에서 우리는 우리의 공통 조상을 만나게 되는 것이다.

마지막 장은 필리오쿠에를 사용해야 한다고 복종을 강요함으로써 로마 멸망 후에도 권력을 유지하려고 한 로마 가톨릭 교회의 이야기로 시작했다. 이제 오늘날 우리 시대의 이야기로 마지막 장을 마치려고 한다. 또 다른 세계 질서가 무너지면서 사회 인류학은 우리가 탈냉전 시대의 혼돈을 넘어서기 위해서는 우리들 사이에 존재하는 이질성을 존중하는 것만이 유일한 길이라고 호소하고 있다.

이 책은 에드워드 타일러가 인간성에 대해 내렸던 결론을 인간의 지식에 대한 결론으로 인용하고자 한다. 그것은 상호의존성이다. 변화라고 하는 거대한 그물망 속에서는 어떤 것도 홀로 고립되어 존재하지 못한다. 나는 그와 같은 사실을, 하나의 장에 실린 연대기에 나오는 수많은 에피소드들이 어떻게 완전히 다른 연대표의 또 다른 사건으로 전이되는지를 밝히고자 했다. 이 책을 읽는 사람들이 마치 요술이라도 부리듯 시간과 공간을 아랑곳하지 않고 언제 어디서 나타날지 종잡을 수 없게 튀어 다니는 핀볼게임공의 변화무쌍한 질주에 적어도 한 번쯤은 재미 붙여보기를 희망한다. 그물망 구조에서, 그리고 인생에서 옳은 길은 하나가 아니다. 그렇지 않다고, 단 하나라고 당신에게 말하는 사람이 있다면 수상쩍게 여기는 것이 신상에 이롭다.

마지막 결론이 무엇일지는 이미 여러분들도 짐작하고 있을 것이다. 이 장이 이 책의 마지막 장이 아니다. 그물망이 그렇듯이 막다른 골목이란 없다. 스무 번째 장은 문화적 다양성에 대한 인류학자들의 통찰로 끝을 맺는다. 우리 인류에서 가장 지속적으로 발견되는 문화적 다양성 가운데 하나는 인간이 역사 속에서 자기 자신을 가꾸고 꾸미는 데 동원했던 방식이다. 그와 같은 장식과 치장의 가장 대표적인 사례 가운데 하나가 서로 다른 사회에서 다양한 방식으로 스타일을 선보였던 여성들의 머리 모양이다.

오늘날 미용 산업은 전체 시장 규모의 수십억 달러를 자랑할 만큼 어마어마한 호황을 누리고 있다는 데서도 그와 같은 사실은 쉽게 증명된다. 이제 그와 같은 내용으로 이야기를 이어나가려고 한다. 이 책의 첫 장에서.

• ── 참고문헌 ── •

- Abbott, George C. *Sugar*. London: Routledge, 1990.
- Ackerknecht, Erwin H. *Rudolph Virchow: Doctor, Statesman and Anthropologist*. Madison: Wisconsin University Press, 1953.
- Aiton, E. J. *Leibniz*. Bristol, England: Adam Hilger, 1985.
- Allan, D. G. C., and R. E. Schofield. *Stephen Hales*. London: Scholar Press, 1980.
- Allen, N. *David Dale, Robert Owen and the Story of New Lanark*. Edinburgh: Mowbray House Press, 1986.
- Allison, H. E. *Benedict de Spinoza: An Introduction*. New Haven: Yale University Press, 1987.
- Anand, R. P. *The Origin and Development of the Law of the Sea*. The Hague: Martinus Nijhoff, 1983.
- Andrews, Henry N. *The Fossil Hunters. Ithaca*: Cornell University Press, 1980.
- Baldwin, E. *Gowland Hopkins*. London: Van den Berghs Ltd., 1962.
- Barakat, R. A. *The Cistercian Sign Language*. Kalamazoo, Mich.: Cistercian Publications, 1975.
- Barraclough, Kenneth C. *Benjamin Huntsman*. Sheffield, England: Sheffield City Libraries, 1976.
- Barthorp, M. *Napoleon's Egyptian Campaigns*, 1798-1801. London: Osprey Publishing 1978.
- Bassett, John M. *Samuel Cunard*. Post Mills, Vt: Fitzhenry & Whiteside, 1976.
- Baxter, J. P. *The Introduction of the Ironclad Warship*. Cambridge: Harvard University Press, 1933.
- Beard, G. *The Work of Robert Adam*. Edinburgh: J. Bartholomew & Sons, 1978.
- Bell, A. K. *Christiaan lluygrns ami the Development of Science in the Seventeenth Century*. London: Edward Arnold, 1947.
- Bleich, A. R. *The Story of X-Rays*. New York: Dover Publications, 1960.
- Blunt, Wilfrid. *The Ark in the Park*. London: Hamish Hamilton, 1976.
- Boring, Edwin B. *A History of Experimental Psychology*. New York: Century, 1929.
- Bourne, J., et al. *Lacquer: An International History*. Marlborough, England: Crowood Press, 1984.
- Boxer, C. R. *The Portuguese Seaborne Empire*, 1415-1825. London: Hutchinson, 1969.
- Brandi, Karl. *The Emperor Charles V*. Brighton, England: Harvester Press, 1980.
- Brandon, R. *Singer and the Sewing Machine*. London: Barrie & Jenkins, 1977.
- Brown, Chandos Michael. *Benjamin Silliman: A Life in the Young Republic*. Princeton, N.J.: Princeton University Press, 1989.
- Brown, Lloyd A. *The Story of Maps*. London: Cresset Press, 1951.
- Brozek, Josef, and Horst Gundlach. *G. T. Fechner and Psychology*. Passau, Germany: Passavia,

1988.

- Bruton, Eric. *The History of Clocks and Watches*. London: Orbis, 1979.
- Buhler, W. K. *Gauss.A Biographical Study*. Berlin: Springer, 1981.
- Burton, Anthony. *Josiah Wedgwood*. London: André Deutsch, 1976.
- _____. *The Rise and Fall of King Cotton*. London: André Deutsch, 1984.
- Campbell, George F. *China Tea Clippers*. London: Adlard Coles Nautical, 1974.
- Carrier, Willis H., ed. *Modern Air-Conditioning, Heating and Ventilating*. Aulander, N.C.: Pitman Publishing, 1940.
- Cassirer, Ernst. *Kant's Life and Thought*. New Haven: Yale University Press, 1981.
- Chandler, Alfred D. *The Visible Hand. The Managerial Revolution in American Business*. Cambridge: Harvard University Press, 1977.
- Cheney, Margaret. *Tesla*. Englewood Cliffs, N.J.: Prentice-Hall, 1981.
  『니콜라 테슬라: 과학문명을 1백 년 앞당긴 천재 과학자』 이경복 옮김. 서울: 양문, 1999.
- Clark, R. W. *Einstein*. London: Hodder & Stoughton, 1979.
- Cohen, Robert S., and R. J. Seeger, eds. *Ernst Mach, Physicist and Philosopher*. Dordrecht, Netherlands: D. Reidel Publishing Co., 1970.
- Cole, Charles W. *Colbert and a Century of French Mercantilism*. London: Frank Cass & Co., 1964.
- Coleman, C. B. *The Treatise of Lorenzo Valla on the Donation of Constantine*. New Haven; Yale University Press, 1922.
- Collis, Maurice. *Raffles*. London: Century, 1988.
- Davidson, H. *Pascal*. Boston: Twayne Publishers, 1987.
- Dawson, T. R., ed. *History of the Rubber Industry*. Cambridge, England: W. Heffer & Sons, 1953.
- de Jong, Cornelis. *A Short History of Old Dutch Whaling*. Pretoria: 1978.
- De Sola Pool, Ithiel, ed. *The Social Impact of the Telephone*. Cambridge: MIT Press, 1977.
- Demus, Otto. *Byzantine Mosaic Decoration*. London: Routledge & Kegan Paul, 1976.
- Desmond, A., and J. Moore. *Darwin*. Harmondsworth, England: Penguin, 1991.
- Deuel, Leo, ed. *Memoirs of Heinrich Schliemann*. London: Hutchinson, 1978
- Dickinson, H. W. *John Wilkinson, Ironmaster*. Ulverston, England: Hume Kitchin, 1914.
- Dorman, C. C, *The Stephensons and Steam Railways*. London Priory Ltd., 1975.
- Downs, Robert B. *Heinrich Pestalozzi, Father of Modern Pedagogy*. Boston: Twayne Publishers, 1975.
- Duffy, C. *Frederick the Great*. London: Routledge & Kegan Paul, 1985.
- Duncum, Barbara. *The Development of Inhalation Anaesthesia*. Oxford: Oxford University Press, 1947.
- Dunkel, H. B. *Herbart and Herbartianism: An Educational Ghost Story*. Chicago: University of Chicago, 1970.
- Eder, Josef Maria. *History of Photography*. New York: Dover Publications, 1978.
- Ehrenberg, Richard. *Capital and Finance in the Age of Renaissance*. New York: Augustus Kelley,

1963.

- Ewald, Peter. *Fifty Years of X-Ray Diffraction*. Utrecht, Netherlands: International Union of Crystallography, 1962.
- Fehervari, G. *Islamic Pottery*. London: Faber & Faber, 1973.
- Fest, Joachim C. *Hitler*. Harmondsworth, England: Penguin, 1977.
『히틀러 평전』 안인희 옮김. 서울: 푸른숲, 1998.
- Ford, Brian J. *The Leeuwenhoek Legacy*. London: Biopress, 1991.
- Forrest, D. W. *Francis Galton: The Life and Work of a Victorian Genius*. London: Elek, 1974.
- Fox-Genovese, Elizabeth. *The Origins of Physiocracy, Economic Revolution and Social Order*. Ithaca: Cornell University Press, 1976.
- Gannon, Jack R. *Deaf Heritage*. Silver Spring, Md.: National Association for the Deaf, 1982.
- Gibbs, F. W. *Joseph Priestley: Adventurer in Science and Champion of Truth*. London: Thomas Nelson & Sons, 1965.
- Gibson, A. H. *Osborne Reynolds*. London: Longmans, Green & Co., 1946. Goldensohn, B. *The Marrano*. Orono: University of Maine Press, 1988.
- Green, C. M. *Eli Whitney and the Birth of American Technology*. Boston: Little, Brown, 1956.
- Greenberg, M. *British Trade and the Opening of China 1800-1842*. Cambridge: Cambridge University Press, 1951.
- Gunston, D. *Guglielmo Marconi*. Geneva: Edito-Service, 1970.
- Hall, G. S. *Founder of Modern Psychology*. New York: Appleton & Co., 1912.
- Hammitszchen, H. *Zen and the Art of Tea Ceremony*. Harmondsworth, England: Penguin, 1979.
- Harding, H. *Tunnelling History*. Toronto: Golder, 1981.
- Hardy, Robert. *Longbow: A Social and Military History*. Sparkford, England: Patrick Stephens Ltd., 1992.
- Herrmann, D. B. *The History of Astronomy from Herschel to Hertzsprung*. Cambridge: Cambridge University Press, 1973.
- Hey, Colin G. *Rowland Hill: Victorian Genius and Benefactor*. London: Quiller Press, 1989.
- Higham, Norman. *A Very Scientific Gentleman: The Major Achievements of Henry Clifton Sorby*. Oxford, England; Pergamon Press, 1963.
- Hill, Christopher. *God's Englishman*. Harmondsworth, England: Penguin, 1972.
- Hobden, Heather, and Mervyn Hobden. *John Harrison and the Problem of Longitude*. Lincoln, England: Cosmic Elk, 1989.
- Homer, W. I. *Seurat and the Science of Painting*. Cambridge: MIT Press, 1964.
- Honour, Hugh. *Neoclassicism*. Harmondsworth, England: Penguin, 1968.
- _____. *Romanticism, Style and Civilisation*. London: Allen Lane, 1979.
- Hounshell, David. *From the American System to Mass Production, 1800-1932*. Baltimore: Johns Hopkins University Press, 1984.
- Hughes, T. P. *Elmer Sperry, Inventor and Engineer*. Baltimore: Johns Hopkins University Press, 1971.

- Hunter, James M. *Perspective on Ratzel's Political Geography*. Lanham, Md.: University Press of America, 1983.
- Inglis, Brian. *The Opium War*. London: Hodder & Stoughton, 1976.
- Jensen, Oliver. *The American Heritage History of Railroads in America*. New York: Bonanza Books, 1987.
- Jenyns, Soame. *Ming Pottery and Porcelain*. London: Faber & Faber, 1988.
- Kellner, Charlotte. *Alexander von Humboldt*. Oxford: Oxford University Press, 1963.
- Kind, Stuart. *The Scientific Investigation of Crime*. Harrogate, England: Forensic Science Services, 1987.
- King, H. C. *History of the Telescope*. London: Charles Griffin & Co., 1955.
- Koenigsberger, Leo. *Herman von Helmholtz*. Oxford, England: Clarendon Press, 1906.
- Kurylo, F. *Ferdinand Braun*. Cambridge: MIT Press, 1981.
- Leitch, D., and A. Williamson. *The Dalton Tradition*. Manchester, England: John Rylands University Library, 1991.
- Leopold, Joan. E. B. *Tylor and the Making of Primitive Culture*. Berlin: Reimer, 1980.
- Lewis, M. A. *The Spanish Armada*. London: B. T. Batsford Ltd., 1960.
- Lovejoy, Arthur O. *The Great Chain of Being*. Cambridge: Harvard University Preess, 1936. 『존재의 대연쇄: 한 관념의 역사에 대한 연구』 차하순 옮김. 서울: 탐구당, 1984.
- Macfarlane, Gwyn. *Alexander Fleming: The Man and the Myth*. Oxford: Oxford University Press, 1984.
- Macintyre, Donald. *The Privateers*. London: Elek, 1975.
- MacKinnon, Neil. *This Unfriendly Soil. The Loyalist Experience in Nova Scotia, 1783-1791*. Kingston, Canada: Queen's University Press, 1986.
- Marshall, P. H. *William Godwin*. New Haven: Yale University Press, 1984.
- Marx, R. *Port Royal Rediscovered*. London: New English Library, 1973.
- McCord, Norman. *The Anti-Corn Law League*. London: Unwin University Books, 1962.
- McGlathery, J., ed. *The Brothers Grimm and Folktale*. Champaign: University of Illinois Press, 1988.
- Melhado, Evan M. *Jacob Berzelius: The Emergence of His Chemical System*. Stockholm: Almqvist & Wiksell International, 1980.
- Mellor, Anne K. *Mary Shelley*. London: Routledge, 1988.
- Merrill, G. P. *The First One Hundred Years of American Geology*. New Haven, Conn.: Philip Hamilton McMillan Memorial Publishing Fund, 1924.
- Middleton, W. E. K. *The History of the Barometer*. Baltimore: Johns Hopkins University Press, 1964.
- Mitchell, D. *Pirates*. London: Thames & Hudson, 1976.
- Moffit-Watts, P. *Nicholas Cusanus*. Leiden: E. J. Brill, 1982.
- Moore, Patrick. *Patrick Moore's History of Astronomy*. London: Macmillan & Co., 1983.
- Morris, R. J. *Cholera*. London: Croom Helm Ltd., 1976.
- Moulton, F. R. *Liebig and After Liebig*. Pennsylvania: Science Press Co., 1942.

- Muirhead, J. P. *Life of James Watt*. London: Archival Facsimiles, 1987.
- Murray, C. H. *Apollo: The Race to the Moon*. London: Seeker & Warburg, 1989.
- Nicholas, David. *Medieval Flanders*. Harlow, England: Longman, 1992.
- Norris, J. D. *Advertising and the Transformation of American Society*. New York: Greenwood Press, 1990.
- Osborn, Frederick M. *The Story of the Mushets*. London: Thomas Nelson & Sons, 1952.
- Paley, Edmund, ed. *An Account of the Life and Writings of William Paley*. Farnborough, England: Gregg International Publications, 1970.
- Palmer, R. *The Water Closet*. Newton Abbot, England: David & Charles, 1973.
- Pierson, Peter. *Philip II of Spain*. London: Thames & Hudson, 1975.
- Piper, R. *The Story of Computers*. London: Hodder & Stoughton, 1977.
- Pratt, Fletcher. *Secret and Urgent: The Story of Codes and Ciphers*. Indianapolis: Bobbs-Merrill Co., 1939.
- Price, M. J., ed. *Coins: An Illustrated Survey*. London: Hamlyn, 1980.
- Raven, Charles E. *John Ray Naturalist: His Life and Works*. Cambridge: Cambridge University Press, 1942.
- Reader, W. J. *Macadam*. London: Heinemann, 1980.
- Rose, W. Lee. *Rehearsal for Reconstruction: The Port Royal Experiment*. Indianapolis: Bobbs-Merrill Co., 1964.
- Schuyler, Hamilton. *The Roeblings*. Princeton, N.J.: Princeton University Press, 1931.
- Scott, Samuel F. *French Aid to the American Revolution*. Ann Arbor, Mich.: William L. Clements Library, 1976.
- Shockley, W. *Electronics and Holes in Semiconductors*. New York: Van Nostrand Co., 1950.
- Skempton, A. W. *John Smeaton FRS*. London: Thomas Telford Ltd., 1981.
- Snyder, L. L. *The Roots of German Nationalism*. Bloomington: University of Indiana Press, 1978.
- Sonnino, Paul, ed. *The Reign of Louis XIV*. London: Humanities Press International, 1991.
- Speed, P, F. *The Potato Famine and the Irish Emigrants*. London: Longman, 1975.
- Stamp, T., and C. Stamp. *James Cook, Martime Scientis*. Whitby, England: Caedmon of Whitby Press, 1978.
- Sutter, J. A. *New Helvetia Diary*. California: The Crabhorn Press, 1939.
- Tannahill, Reay. *Food in History*. London: Penguin, 1988.
  『음식의 역사』 손경희 옮김. 서울: 우물이있는집, 2006.
- Thomas, D. O. *Richard Price, 1723-1791*. Cardiff: University of Wales, 1976.
- Thompson, F. M. L. *The Rise of Suburbia*. Leicester, England: Leicester University Press, 1982.
- von Poelnitz, G. *Baron Anton Fugger*. Tübingen, Germany: Studien zur Fuggergeschichte, 1958-86.
- Wason, K. *Delftware*. London: Thames & Hudson, 1980.
- Watts, Michael R. *The Dissenters*. Oxford, England: Clarendon Press, 1978.

- Webster, John C. *The Life of J.F.W.des Barres*. New Brunswick, Canada: Shediac, 1933.
- Weinberg, Steve. *The First 3 Minutes*. London: André Deutsch, 1977.
『최초의 3분: 우주의 기원에 관한 현대적 견해』 신상진 옮김. 서울: 양문, 2005.
- Williams, L. P. *Michael Faraday: A Biography*. London: Chapman & Hall, 1965.
- Wilton-Ely, J. *The Mind and Art of G. B. Piranesi*. London: Thames & Hudson, 1988.
- Wizniter, Arnold. *Jews in Colonial Brazil*. New York: Columbia University Press, 1960.
- Wright, Lawrence. *Clean and Decent*. London: Routledge & Kegan Paul, 1960.
- Wyld, Lionel D. *Low Bridge! Folklore and the Erie Canal*. Syracuse, N.Y: Syracuse University Press, 1962.

·── 감사의 말 ──·

꼼꼼한 자료 조사로 유익한 도움 준 존 혼스비, 헬렌 샤플스 올리어리, 캐롤린 도리에게 감사의 말을 전해야겠다.

또한 이 책을 쓸 수 있도록 격려해준 퍼트리셔와 아치볼드, 그리고 이 책이 다시 쓰일 수 있도록 조언을 해준 매들린에게도 감사의 말을 전한다.

핀볼효과

1판 1쇄 찍음 2015년 1월 15일
1판 1쇄 펴냄 2015년 1월 20일

지은이 제임스 버크
옮긴이 장석봉

주간 김현숙
편집 변효현, 김주희
디자인 이현정, 전미혜
영업 백국현, 도진호
관리 김옥연

펴낸곳 궁리출판
펴낸이 이갑수

등록 1999. 3. 29. 제300-2004-162호
주소 110-043 서울시 종로구 통인동 31-4 우남빌딩 2층
전화 02-734-6591~3
팩스 02-734-6554
E-mail kungree@kungree.com
홈페이지 www.kungree.com
트위터 @kungreepress

ⓒ 궁리출판, 2015. Printed in Seoul, Korea.

ISBN 978-89-5820-285-1　03900

값 23,000원

★ 이 책은 2006년에 출간된 『핀볼효과』(바다출판사)를 새롭게 펴낸 것입니다.